古典文獻研究輯刊

三八編

潘美月・杜潔祥 主編

第 57 冊

李白詩文在日本江戶時代的影響與詮釋

鍾卓螢 著

國家圖書館出版品預行編目資料

李白詩文在日本江戶時代的影響與詮釋／鍾卓螢 著 -- 初版
-- 新北市：花木蘭文化事業有限公司，2024〔民 113 〕
目 2+290 面；19×26 公分
（古典文獻研究輯刊 三八編；第 57 冊）
ISBN 978-626-344-760-8（精裝）
1.CST：(唐) 李白 2.CST：中國文學 3.CST：日本漢詩文
4.CST：江戶時代 5.CST：文學評論
011.08   112022623

ISBN-978-626-344-760-8

9 786263 447608

古典文獻研究輯刊
三八編　第五七冊　　　　　ISBN：978-626-344-760-8

李白詩文在日本江戶時代的影響與詮釋

作　　者	鍾卓螢
主　　編	潘美月、杜潔祥
總 編 輯	杜潔祥
副總編輯	楊嘉樂
編輯主任	許郁翎
編　　輯	潘玟靜、蔡正宣　美術編輯　陳逸婷
出　　版	花木蘭文化事業有限公司
發 行 人	高小娟
聯絡地址	235 新北市中和區中安街七二號十三樓
	電話：02-2923-1455／傳真：02-2923-1452
網　　址	http://www.huamulan.tw 信箱 service@huamulans.com
印　　刷	普羅文化出版廣告事業
初　　版	2024 年 3 月
定　　價	三八編 60 冊（精裝）新台幣 156,000 元

李白詩文在日本江戶時代的影響與詮釋

鍾卓螢　著

作者簡介

鍾卓螢（1990～），女，清華大學中文系博士畢業生，曾任南京大學文學院博士後研究員，主要從事域外漢籍與東亞漢文學研究，發表過《鍾嶸《詩品》在日本——以其流傳和影響為中心》《日本江戶時代李杜合集考述》《高棅唐詩選本在日本——以江戶後期的重新評價及其文學史意義為中心》等論文，現居香港。

提　　要

　　該專著是在作者博士論文基礎上修改完成的。首次對李白詩文在日本江戶時代的傳播情況及其影響進行了比較全面的調查，尤其注意日本和刻本及選本的印行流傳情況，通過大量文獻資料的梳爬，還原了日本江戶時代李白詩文的接受與傳播規律、變化的過程，揭示了江戶時代日本漢詩人對李白詩文的受容與詮釋，並在此基礎上探索了這一文學現象背後的歷史文化動因。該專著在現有的日本漢詩研究成果的基礎上進行多角度和多維度的延伸與深化，對以往在日本漢詩研究中顯得碎片化的李白接受相關內容進行了整合與梳理，並對日本江戶時代的漢詩人及其歷史文化背景加以剖析，著力挖掘日本江戶時代不同文獻、漢詩人及文學集團之間接受李白詩文的異同與聯繫，甚至將視野擴展至日本俳諧、書畫等其他文學、文藝的領域，通過接受者的角度嘗試勾勒出更具象化和多元化的接受史面貌，體現了日本漢詩研究的新進展，是中華文明海外傳播史的有機組成部分。

目

次

緒　論

　　漢詩在奈良時代（710～794）傳入日本後，經歷了奈良、平安時代（794
～1192）的發展期，五山文化時代（一般指鎌倉［1192～1333］和室町［1333
～1573］時期）的蛻變期，最終在江戶時代（1603～1868）進入全盛期。〔註
1〕江戶時代前後歷時253年，政治上實行「藩幕體制」，由將軍掌握政權，全
國有二百多個規模大小不同的藩地。由於德川家康重視儒學，加上幕府儒官林
羅山的努力推動，朱子學成為統治思想和「官學」，並推廣至民間，在全國各
地建立專門教授朱子學的「藩校」。由於朱子學為漢學，漢詩文也順應成為儒
士們學習漢學過程中必不可少的一環。但是分藩制下的官職多為世襲或直接
任命，不存在科舉制度，導致詩文在江戶日本並不如在中國那般受到重視，尤
其在嚴格推行朱子學治國的江戶初期，相對於經學而言詩文不過被視作「餘
技」。為了阻止西歐宗教的傳入，幕府在1637年開始實行「鎖國政策」，自此
之後長崎港成為對外貿易的唯一渠道。此前，漢文化主要通過兩國人員往來
（前往中國的使臣、留學生或赴日傳教的中國僧人等）傳入日本，鎖國以後連
接日本與中國的唯一紐帶就是通過船舶貿易輸入日本的中國典籍。可以說，以
文獻為媒介的文化傳播就是江戶日本接受中國文學的最大特徵。加之江戶時
代市場經濟、海上貿易、出版業、教育普及等方面的飛速發展，中國文獻典籍
東傳日本的規模和速度均是前所未有，而且中國典籍進入了商業流通領域，作

〔註１〕室町時代和江戶時代的時間的1573～1603年為織田信長和豐臣秀吉稱霸天下
　　　　的安土桃山時代，這是日本從戰國時代走向江戶時代的統一的過渡期。江戶初
　　　　期的漢詩文擔當者多為橫跨安土桃山時代後期和江戶初期的武士和儒士。

為商品在中日兩國商人之間進行買賣。〔註2〕

在江戶時代的不同階段，其社會與思想背景都發生了不同程度的變化，這種改變直接影響到不同階段的漢詩文的發展。思想上最突出的一次轉變是在江戶中期，由於江戶初期以來長期受到朱子學的束縛與限制，江戶儒者之間開始形成各種「反朱子學」勢力，其中以伊藤仁齋的「古義說」和荻生徂徠的「古文辭說」為代表。這種朱子學與「反朱子學」之間的鬥爭的背景下，代表朱子學與「反朱子學」的文學也隨之產生，並衍生出相關的文學觀念與理論，豐富了江戶漢詩文的思想內涵。社會結構上最明顯的轉變，則是江戶後期隨著商業繁盛，商人階級的社會地位逐漸提升，也漸漸參與到文藝的領域。這促進了通俗文學的發展，使漢詩文得以大眾化、通俗化和本土化，為一直以來被視作上流階層專屬的「雅」文學的漢詩文注入了庶民文學的色彩。因此，在探究江戶時代對中國文學的接受時必須注意到，江戶中期以後的接受實際上分為兩個不同層面，其一是以儒者、文人為中心的學術層面的漢詩內部接受，其二則是以不專攻漢文學問的其他領域的文藝家和一般的漢詩文愛好者為中心的通俗層面的漢詩外部接受。這兩個層面的接受於接受人群、方式、背景和表現上均有較大區別，同時又相互影響、融合。正因為江戶漢詩打通了漢詩在社會階層上的隔閡，成功使漢詩滲透且融入到日本各個階層和文化領域，並造成不同程度的影響，才讓江戶時代成為日本漢詩歷史上的「全盛期」。所謂「全盛」，便是指這種在數量和廣度上的豐富性和全面性。

江戶漢詩本身也經歷了幾個不同的階段。按照松下忠對他所界定的江戶漢詩的四個時期的概括，江戶詩壇的詩風大致上經歷了以下變化：第一期（1603～1679）的詩人以朱子學者為主，從經學角度主張道德的、政教的詩文觀，且這時期的詩論尚未分化，普遍來說不存在對特定時代、人物特別推崇的情況，但明、清代的格調說和性靈說已經開始被攝取和提倡。第二期（1680～1759）詩文的地位得到上升，江戶詩壇的主流持「經文兼修」的態度，開始反對宋學的詩文觀而發展純文學，這時期的詩論從以前的「未分化」發展至「明確化」，詩人和文學集團有具體明確的詩學理想和理論，提倡特定時期、人物的作品，其中以木門的「唐詩鼓吹」和古文辭派的古文辭說與「明詩鼓吹」最為突出。第三期（1760～1836）詩文完全與經學分離，專業詩人興起，詩學論

〔註 2〕嚴紹璗、王曉平：《中國文學在日本》第一章《中國古代文學東傳日本的文化背景》，《中國文學在國外叢書》，廣州：花城出版社，1990 年，第 36 頁。

爭空前活躍，詩話作品大量出現。這個時期的詩風呈現從「唐、明詩風」向「唐、宋詩」的轉變，詩論以「反古文辭」為主流，從主張格調說到性靈說、神韻說的提倡，朝著「三詩說」鼎立和詩論折衷化的局面變化。第四期（1837～1867）基本上繼承了第三期的折衷化詩論，不再明確排斥特定時代和人物，也對清詩表現出較多的關注。〔註3〕總的來說，江戶詩壇的詩風從初期的未分化到中期的明確化、互相對立最終發展至後期的折衷融合，實際上就是一個從單純輸入和接受中國詩論，逐漸轉變成選擇性地將中國詩論內化並發展成日本獨自的漢詩理論與特色的過程。

　　關於治學方法，陳寅恪先生曾提出：「一曰取地下之實物與紙上之遺文相互釋證」、「二曰取異族之故書與吾國之舊籍相互補正」、「三曰取外來之觀念與固有之材料互相參證」。「今世治學以世界為範圍，重在知彼，絕非閉門造車之比」的學術眼光〔註4〕。作為一個兼具厚重悠長的歷史和深刻博大的影響力的文化大國，中國在近代以前一直通過漢字與漢文化影響著韓國、朝鮮、日本和越南等周邊國家與地區，並形成了以漢字為媒介的，多樣性與統一性並存的東亞漢字文化圈。

　　上世紀30年代，陳寅恪先生就一針見血地指出「近年以來，奇書珍本雖多發見，其入於外國人手者固非國人之得所窺，其幸而見收於本國私家者，類皆視為奇貨，秘不示人，或且待善價而沽之異國，彼輩既不能利用，或無暇利用，不唯孤負此種新材料」。〔註5〕當時先生所說的「新材料」，正是今天被稱作「域外漢籍」的保存在世界各國的中國古文獻。2006年，張伯偉先生《域外漢籍答客問》一文中正式提出「域外漢籍」的定義，先生在《域外漢籍研究叢書總序》中指出「域外漢籍是漢文化之林的獨特品種，是作為中國文化對話者、比較者和批判者的『異域之眼』。所以，域外漢籍即是古典學重建過程中不可獲取的材料，其本身也應成為古典學研究的對象」，更倡議當今的域外漢籍研究宜從「新材料」出發，在不同方面和層面上對漢文化整體的意義作出「新發明」。2016年，先生再提出作為新材料、新問題和新方法的「域外漢籍研究的三階段」說，認為「作為方法的漢文化圈」不只是揭示中國對周邊國家、民族

〔註3〕參見松下忠：《江戶時代的詩風詩論》上編《總論》，范建明譯，北京：學苑出版社，2008年。
〔註4〕陳寅恪：《吾國學術之現狀及清華之職責》，《國立清華大學二十週年紀念特刊》，1931年5月。
〔註5〕陳寅恪：《吾國學術之現狀及清華之職責》。

的文化傳入，而是呈現漢文化圈在內外接觸中的「受容」與「變容」，強調不同地區人們的相互影響和相互建構。〔註6〕

　　「域外漢籍」指的是二十世紀前在中國之外保存的或用古代漢語寫成的典籍文獻文獻。據卞東波先生的總結，它包括了多個方面的研究內容：首先是漢文化圈國家地區保存的珍稀的中國古典文學文獻，其次是這些國家地區的人們對來自中國的典籍加以刊刻後形成的「和刻本」、「朝鮮本」、「安南本」等獨特版本，第三方面是東亞各國以漢語為學術語言撰寫的關於中國古典文學的注釋與研究著作，最後是域外人士以漢語創作的漢詩、漢文、漢文小說等「域外漢文學」作品。〔註7〕本書以「李白詩文在日本江戶時代的影響與詮釋」為題，主要聚焦在日本江戶時代這一特殊時空和語境的「域外漢文學」對中國文學的接受方式，涉及江戶時代傳入日本的中國古代文學典籍、「和刻本」和多部由江戶學者所著的注釋與研究著作，嘗試從日本江戶時代的「新材料」出發，並運用前述諸位先生提出並發展出來的方法論，考察中國古典文學在古代日本的流傳、影響、接受與「變容」。〔註8〕

　　關於日本漢文學的研究，蔡毅先生曾指出：「作為中日兩國文化共同孕育的文學，由於其特殊的『雙重性格』導致日本學者缺乏熱情、中國學者無意置啄，相關研究在兩國的夾縫中被長期閒置」的尷尬境地〔註9〕。然而，它「既是日本文學也是中國文學」的複雜身世，也注定了必須由中日兩國的學者共同努力才能充分認識和體現其文學價值。因此，本書除了利用江戶日本的漢文典籍以外，還大量參考和採用近現代中日兩國學者的研究成果，務求從「日本看中國」和「中國看日本」的雙向角度互相觀照，發現並解決更多相關的「新問題」。

　　李白作為中國文學史上最具代表性的詩人之一，關於他的各種研究一直是日本學界關注的熱點。日本學者對李白的研究不僅具有久遠的歷史，而且他們以細緻嚴謹的研究方法和獨特新穎的研究視角著稱，其研究成果往往能帶

〔註6〕張伯偉：《新材料・新問題・新方法——域外漢籍研究三階段》，《東亞漢文學研究的方法與實踐》，北京：中華書局，2017年6月第一版，第1～17頁。

〔註7〕卞東波：《域外漢籍對中國古典文學研究的現代意義》，《域外漢籍與宋代文學研究》，北京：中華書局，2017年6月第一版，第1～36頁。

〔註8〕「變容」是日語中的和製漢語，指在「受容」（接受與容納）的基礎上，內化並加以改造，將「受容」對象轉變為新的事物。

〔註9〕蔡毅：《日本漢詩研究斷想》，《日本漢詩論稿》，北京：中華書局，2007年，第166～172頁。

給中國研究者嶄新的視野和啟發，具信服力和參考價值的研究不在少數。然而，日本的李白研究大多傾向於關注遠在中國本土的文獻與問題，反而對近在眼前的日本漢籍鮮少提及。2010 年，王國巍《敦煌及海外文獻中的李白研究》中反思李白研究的現狀，認為改革開放以來的李白研究達到了空前繁榮，取得了極大的成果。但從研究方面來看，還存在「對世界上其他國家的學者對李白研究的成果關注的比較少」、「海外文獻中的李白研究比較薄弱」和「中外文化交流中研究李白詩歌對世界其他國家的影響有待加強」〔註 10〕等三點不足。「日本的李白接受研究」恰恰涵蓋了其中最「薄弱」和「有待加強」的兩個方面，對現今的李白研究具有積極意義。選擇李白為接受研究的主題除了考慮到文學史上的代表性和影響力以外，還有另一個重要的原因。從作者研究的角度而言，目前的日本漢文學研究以白居易研究為主流，已取得可觀的研究成果並形成系統的研究體系。反觀同被視為唐代三大詩人的李白，則至今未有專門探討日本文學與其關係的學術著書面世。2017 年，《20 世紀以來中國的日本漢詩研究》介紹中國詩人在日本的受容情況及其對日本漢詩的影響研究，其中研究最多為白居易、其次是杜甫，李白則屬於「近年來進入研究者視野中的其他詩人」之一。〔註 11〕這種現象與李白在日本漢文學史上的地位顯然是不相稱的。

　　綜合上述原因，筆者選擇了本課題，梳理李白詩歌在江戶時代的傳播情況，探析李白詩文在東亞漢字文化圈的背景下，如何在江戶日本這一特殊時空、語境中被流傳、影響、接受和變容。同時，本書將從比較的角度分析中日兩國在李白接受問題上的異同，探究江戶日本人對李白詩歌的內化、發揮及其背後的歷史文化動因，深化對中日文化交流史的理解。另一方面，通過本研究對不同群體和個人的個案分析，筆者期盼使有關李白對日本文學影響的研究進一步具體化、清晰化，更客觀、深入地審視和評價李白詩歌對東亞漢字圈乃至世界文學的價值，進一步豐富域外漢籍研究的內容，擴充李白研究的空間。

　　江戶時代（1603～1868 年）是日本歷史上最廣泛、全面且積極接受中國文獻、學問與思想的時期，故又被視為日本漢詩文的全盛期。本論以李白為接受研究的對象，涉及的研究對象也以文學文本為主。日本以保留數量龐大且珍

〔註 10〕　王國巍：《敦煌及海外文獻中的李白研究》第一章引論，四川：巴蜀書社，2010年，第 19 頁。

〔註 11〕　《20 世紀以來中國的日本漢詩研究》，劉懷榮、孫麗選編：《日本漢詩研究論文選》，北京：中國社會科學出版社，2017 年，第 23～26 頁。

貴的漢文文獻著稱，其中得以保留至今的多數為江戶時代的文獻，為本書提供了豐富可靠的一手研究材料。江戶時代不僅有大量的明、清書籍通過船舶交易輸入日本，還出現了由儒者、武士、醫者、僧人、商人、市民等不同身份的人創作的數量極多的漢詩文作品。在這些文獻中，反映詩歌傳播情況的是江戶時代輸入日本或在日本國內出版刊刻的詩文專集，反映當時關於李白詩文的評價與看法的是編撰於江戶時代的文學批評作品，而反映李白對日本文學的影響的是江戶時代的漢詩文作品。因此，本書利用大量江戶時代與文學相關的文獻，其中以日本漢學家編撰的詩文專集和文學批評作品為主，並參考中日兩國學界的近現代學者對江戶文學的研究成果，另外還涉及江戶時代的非漢文文獻、史學文獻及其他相關文獻。

　　研究問題主要分為三個層面。首先是文本的傳播史，即李白詩文通過哪些文獻（渠道）東傳、在日本如何得到傳播和流佈；其次是對李白的作品及人格思想的批評史、審美闡釋史，即接受群體——日本讀者對李白其人其詩的理解、論說與評價；最後是對李白詩文的學習、模仿史，即日本的接受者如何通過吸收李白詩歌的養分來學習和創作漢詩文。

　　近代以來，研究江戶時代漢詩史的學者眾多，諸家有關江戶漢詩的時間分期說法不一，至今未有定說。本研究以松下忠《江戶時代的詩風詩論》提出的江戶時代詩風流變史為基礎，此書在時期劃分上採用「四分法」，將江戶時代文學分為四個時期：

　　　　第一期〔慶長八年（1603）～延寶七年（1679）〕
　　　　第二期〔延寶八年（1680）～寶曆九年（1759）〕
　　　　第三期〔寶曆十年（1760）～天保七年（1836）〕
　　　　第四期〔天保八年（1837）～慶應三年（1867）〕

　　另一方面，按照日本歷史的一般說法，江戶時代可以分為江戶前期、江戶中期和江戶後期三段，但這種分法僅用於歷史上的宏觀劃分，並未具體到準確年份。本書將以松下忠所劃分的第一至第三期的具體年份分別代入江戶前期、中期和後期。由於松下忠劃分的「第四期」時間較短，且1853年「黑船」事件至1868年明治維新的十六年相當於日本歷史上的幕府末期，這一時期的漢文學受到洋學的衝擊出現劇烈轉變，筆者認為屬於近代日本漢學的範疇，故未納入本課題中。因此，本書將江戶時代分為三個時期，將松下忠劃定的「第四期」中幕末以前的1837至1852年歸入江戶後期，一併進行論述：

江戶前期〔慶長八年（1603）～延寶七年（1679）〕
江戶中期〔延寶八年（1680）～寶曆九年（1759）〕
江戶後期〔寶曆十年（1760）～嘉永五年（1852）〕

　　據筆者調查所見，從比較文學或接受研究的角度考察日本文學與李白的
關係的學術專著尚未出現，相關的單篇論文則有若干篇，按照年代順序分別
為：大野實之助的《平安漢詩與李白》（1954）、馬歌東的《試論日本漢詩對於
李白詩歌之受容》（1998）、熊慧蘇的《略論日本近世文學中的李白》（2001）
和徐臻的《日本漢詩對謫仙李白的接受》（2015）。

　　大野實之助（1954）主要就日本平安時代的漢詩與李白之間的影響關係進
行論述，其中以平安時代最具代表性的兩位詩人，即管原道真和空海的漢詩為
中心探討。他認為儘管在現存文獻資料中幾乎找不到當時關於李白的直接的
記載，但當時的宮廷詩人們應該都讀過李白的文集，並且受到李白的「風雅」
的影響，在「詩情」「詩想」等抽象的層面上吸取了李白詩歌的營養。尤其是
平安漢詩有著強烈的樂府傾向，平安詩人在創作「閨情」類詩歌時學習李白的
情況較多。但總體而言，李白在平安時代對日本詩人的影響是遠遠不及白居易
的。對於其原因，大野氏總結為以下兩點：一是因為白居易的詩平易近人、對
大部分人來說都容易讀懂，而李白的詩歌中含有大量歷史性的內容，對當時的
人來說難懂的部分較多；二是因為白居易的詩歌內容幾乎都是寫實性的，李白
的詩歌中寫非現實的、夢幻的世界的內容較多，二者之中白居易的詩風更適合
平安漢詩人。

　　九十年代，宋柏年主編《中國古典文學在國外》中的《日本學者對李白
的研究》部分總結、介紹了當時的日本李白研究，可以說是早期的相關研究
綜述。〔註12〕其後，馬歌東（1998）以日本漢詩發展的四個時期為線索，再
以日本文獻為基礎，初步梳理了日本從王朝時代到明治時代的李白受容史。
文章將受容形式分為詩語、試題、韻調、風格四種類型，並分別舉出多個例
子來探討日本漢詩受容李白詩歌的具體情況與特徵。從宏觀的日本文學史中
探索李白受容的軌跡，再把日本方面的第一手文獻資料作為研究對象，採取
實證的研究方法來做微觀的比較研究，為這一課題提供了基本的研究思路和
方法，有較大的啟發性和學術意義。文章雖然題作「試論」，卻是第一篇真正

〔註12〕《日本學者對李白的研究》，載宋柏年編：《中國古典文學在國外》，北京：北
　　　　京語言學院出版社，1994 年。

—7—

關於日本李白接受的專論。

　　熊慧蘇（2001）的論文先後在日本和中國發表，也是目前在日本發表的以「日本的李白接受」為題的唯一一篇專題論文。論文開篇就提出了「為什麼到了近世日本開始推崇李白呢」、「李白的作品是通過哪些書籍得到傳播的」以及「李白的作品及人物的形象又是如何反映在文學作品中的」等三個問題，通過分析日本近世文學作品來對有關李白的接受狀況進行論述。論文的第一部分解釋了李白在近世日本被接受的背景並舉出多個實例來證明當時李白在不同文學領域中都被廣泛引用，解答了開篇提出的第一個問題；論文的第二和第三部分主要圍繞開篇的第三個問題進行分析，首先在第二部分通過列舉眾多接受案例來說明當時日本人對李白的接受的狀況，歸納後得出這些文學作品中對李白接受的特點為：較多地關注李白與酒的聯繫，尤其喜好以李白的相關趣聞傳說為素材。第三部分專寫關於近世文學中對李白《春夜宴桃李園序》的接受，指出對《春夜宴桃李園序》這一作品的偏愛是江戶時代的日本人對李白接受的一大顯著特點；最後，熊慧蘇在第四部分圍繞漢詩文集《古文真寶》的普及和李白接受的關係展開論述，指近世日本開始推崇李白的最大原因在於李白詩文的普及，而其中貢獻最大的就是從近世早期就成為漢詩文教材的《古文真寶》，這也解答了開篇提出的第二個問題。總體來說，熊慧蘇在論文中就以上三個問題為線索，從日本的第一手文獻中找到大量接受案例和證據，範圍之廣、數量之多都是目前之最。尤其是其關於「和文文學」（以日文撰寫的日本古典文學）中的李白「受容」的部分彌補了馬歌東研究中只涉及漢詩領域的不足，擴展了日本李白接受研究的研究視野與空間，為今後的進一步研究提供了大量有價值的線索。而其不足之處，則是文中列舉的接受案例雖然出自不同種類的文學作品，但接受方式卻大多是文化上、文獻傳播上甚至是思想感情上的接受，真正對李白詩歌的文學上的接受沒有得到充分的反映。

　　在前文發表後，「日本的李白接受」研究一直沒有得到有效推進。2007 年楊知國的《李白和白居易對日本古代和歌與文學的影響》一文雖以李白和白居易對日本文學的影響為題，內容卻幾乎只涉及白居易的影響，並未對李白的影響作出有意義的闡發。〔註13〕2012 年，《李白詩路管窺》一書在附錄部分收錄與下定雅弘先生合著的《李白研究在日本》，包含了《日本李白研究狀況》、《日

〔註13〕楊知國：《李白和白居易對日本古代和歌與文學的影響》，《長春理工大學學報》（社會科學版），2007（05），第 90～93 頁。

本學者李白研究的優長分析》和《日本李白研究論著目錄一覽》三部分內容。
〔註14〕此書作為工具書對本研究課題有極大的參考價值，但總的來說還是屬
於研究綜述一類，並未提出和解決與本課題相關的新問題和新思路。直到徐臻
（2015）發表目前最新的相關論文，本課題的長期停滯才得以破解，並重新啟
動。《日本漢詩對謫仙李白的接受》梳理了李白的詩文與形象東傳日本的歷史
軌跡，聚焦日本各時期漢詩中對李白的接受，探討李白在日本被接受的背景、
歷程與特點。文章主要還是以馬歌東的研究成果為基礎，而未採用日本學者最
新的相關研究成果，對於日本各時期漢詩中對李白的接受並未有太多重要的
補充。徐臻在論文第五節「日本漢詩對李白『謫仙』形象的取捨」中認為「如
果說江戶早期和中期對李白的接受還僅限於詩酒人生的文采風流，那麼，到了
江戶晚期，對李白縱酒狂歌性格的外在模仿就已轉為了對其超塵絕世風度的
內在神韻與道家思想的追求」，並得出以下結論：

> 日本文人在接受李白時明顯抽去了典籍中「謫仙」李白的第三
> 層含義——即老莊思想中對統治者的批評精神、對儒家思想進行審
> 視和反思的懷疑哲學，而僅側重於對飛天成仙、出世虛無的自由精
> 神與超曠哲學的汲取。這種接受不能不說在一定程度上反映出日本
> 本民族文化的特點。

雖然分析中關於江戶時代道教神仙思想、老莊哲學的影響與受容問題還需要
進一步的考究，並且當時日本人對李白的接受與此是否有必然關係仍需探討，
但徐臻以「謫仙」形象為中心探討李白在日本被接受的特點，視野新穎，具有
一定的參考價值，並為推動停滯不前的「日本李白接受」研究作出貢獻。

　　2018 年，日本學者吹戶真實在「中國李白研究會第十八屆年會暨成立三
十週年紀念大會」上發表會議論文《淺談李白在日本的受容——以對近世文學
的影響為中心》。他也認為目前鮮少有涉及李白如何影響日本文學的研究，直
言在江戶時代以前李白對日本文學影響甚微，更提出「江戶時代對李白的認知
度迅速提高，但沒有深化對李白的理解。近世文人一方面把李白作為醉客的記
號來對待，另一方面又遠離創作背景和文脈來單純引用」的觀點，認為這種引
用表示「李白被表面、膚淺地消費了」。〔註15〕這是目前為止關於本課題的最

〔註14〕盧燕平：《李白詩路管窺》，北京：中國社會科學出版社，2012 年。
〔註15〕吹戶真實：《淺談李白在日本的受容——以對近世文學的影響為中心》，中國
　　　　李白研究會《中國李白研究》（2018 年集），2017 年，第 296～299 頁。

新的論說，由於是會議論文，在內容上並未正式、詳細和有力地論證作者的觀點。在筆者看來，吹戶真實對江戶時代以前的日本文學與李白的認識是正確的，但將江戶時代的文人對李白的受容一概視為「表面、膚淺地消費」的看法恐怕過於片面和偏激。然而，吹戶真實之論很多大程度上也反映出在日本學界在欠缺全面、充分的接受研究的論證下對「日本的李白接受」的普遍認知和固定觀念。竊以為，無論是為了證明或是改變這種「普遍觀念」，都需要通過實證的方法更進一步地詳細研究和論證。

以上相關研究中，大野實之助和熊慧蘇的論文均以日文在日本學界發表，馬歌東、楊知國、下定雅弘、徐臻和吹戶真實則均以中文在中國發表。研究者中包含三位日本研究者，但在日本發表的日本學者卻僅有早年的大野實之助一位，這也印證了與傳統的李白研究相比，「李白接受研究」在日本學界尚未引起足夠的關注。而中國學界雖然比日本學界對本課題更感興趣，相關研究也尚處於「試論」和概括介紹的起步階段，並未有進一步的深入探索。但是，在日本漢文學研究和中日比較文學研究等範疇中，仍然有不少與李白接受相關的個案研究值得我們關注和借鑒，它們主要是以特定人物、文學集團、作品或文藝領域為對象的學術專著或論文，對本課題所涉及的各方面內容具有較大參考價值和啟發意義。相關研究按發表年次列出如下：

1978《俳文學與漢文學》，仁枝忠著。笠間書院。

1982《〈伊勢物語〉二十三段與李白〈長干行〉》，仁平道明著。《文藝研究》100，34～46頁。

1986《李白對松尾芭蕉的影響》，山下一海著。載馬鞍山市李白研究會《中日李白研究論文集》，中國展望出版社。

1987《〈奧之細道〉與李白詩——序文中的承襲方法——》，大畑健治著。載《日本文學》36（8），11～20頁。

1990《〈奧之細道〉的意圖——圍繞序文中李白詩的引用——》，小林孔著。載《立命館文學》515號（立命館大學人文學會），109～122頁。

1994《其角、草廬、蕪村》，藤田真一著。載和漢比較學會編《俳諧與漢文學》，汲古書院，185～203頁。

1995《芭蕉發句試論：「池をめぐりて」》，西原大輔著。《比較文學、文化論集》11號，東京大學比較文學、文化學會，61～70頁。

2000《〈通俗唐玄宗談〉中李白的人物定位》，熊慧蘇著。載《二松學舍大學人文論叢》65，86～104 頁。

2007《祇園南海與李白》，蔡毅著。載《日本漢詩論稿》，中華書局，26～52 頁。

2009《廣瀨淡窗，向李白的挑戰——〈月下獨酌〉論》，小財陽平著。載《文學》10（3），102～118 頁。

2009《渡過大海的李白像——從中國到日本》，柴田就平著。載《亞洲文化交流研究》第 4 號，197～215 頁。

2010《幾董俳諧與李白傳說——幾董句「花火盡て美人は酒に身投げけん」考——》，安保博史著。載《東洋研究》177 號，31～45 頁。

2011《長相憶——杜甫、李白、芭蕉》，小山田義文著。載《人文研紀要》72 號，135～166 頁。

2011《芭蕉與〈詩人玉屑〉——圍繞李白的受容》，李國寧著。載《江戶風雅》4 號，111～120 頁。

2015《李白詩歌中的「月」意象對日本和歌的影響》，李斐著。載《名作欣賞》，2015（03），116～118 頁。

2016 拙著《江戶美術中對李白的接受》，日文版載南山大學《國際地域文化研究》，中文版載《域外漢籍研究集刊》2017 年。

其中關於「和文學」與李白詩歌的比較研究有十二篇〔註 16〕，占最大比例。關於日本漢詩與李白的比較研究僅有兩篇，其次還有關於李白在日本作為文化現象的研究兩篇，共十六篇。以上研究，為本書提供大量接受案例和線索，也為本課題提供了更多的研究視角。

張伯偉先生提出的「作為方法的域外漢籍」強調四個方面：其一，把漢字文獻當作一個整體。其二，在漢文化圈的內部，無論是文化轉移，還是觀念旅行，主要依賴書籍傳播過程中的「環流」形成統一性中的多樣性。其三，打通中心與邊緣，將各地區的漢籍文獻放在同等的地位上，尋求其間的內在聯繫。其四，注重文化意義的闡釋，注重不同語境下相同文獻的不同意義，注重不同地域、不同階層、不同性別、不同時段上人們思想方式的統一性和多樣性。〔註17〕本書重在探索日本的「受容」與變容，在以上四個方面中尤其注重最後一

〔註16〕這裡專指和歌、俳句等純日本的文學形式和以日語寫作的文學作品。
〔註17〕張伯偉：《新材料・新問題・新方法——域外漢籍研究三階段》，第 16～17 頁。

點，即在日本的江戶時代這一語境下的不同地域、階層、時段和背景的人們接受和理解中國詩歌的統一性和多樣性，以及李白詩文在不同語境下產生的文化意義與價值。研究方法主要沿用目前域外漢籍研究建立和發展起來的方法論，並借鑒文獻目錄學、比較文學和文藝學的方法，按照不同的問題對不同的文獻材料以不同的角度和具體方法進行分析和解釋。另一方面，還要運用比較文化學的方法探尋江戶漢詩接受李白詩文過程中表現出的文化特質與異同及其背後的原因。最後，本書以江戶漢詩為主體，除了著重從接受者的視角切入問題以外，還會使用接受研究和接受美學的方法進行考察和分析。

　　本文將分為四章論述。第一章的主要任務是採取文獻目錄學的方法，並以大量書目、詩文集、隨筆、日記、書信和地方文獻等第一手文獻為根據，盡可能詳細地考證並梳理出與李白詩文相關的文獻輸入日本，被翻刻並加以訓點、注釋、集評、選評和改造，以及這些文獻被收藏、出版和傳播的具體過程。第二至第四章分別為江戶初期、中期和後期的分段考察，縱向地按時間推移探究人們接受李白詩文的方式的流變與發展的大方向，對前後不同時期之間的異同進行比較，並將之與時代背景相聯繫找到江戶日本接受李白的規律、變化和前因後果，橫向地比較同時期的不同群體、人物或文獻之間接受李白的異同，以及同一文獻、文學作品或詩論在中、日兩個不同語境下被接受的統一性與多樣性。具體的研究可以分為多個不同的層面和角度。首先是成長環境、能接觸的文獻範圍、教育背景等客觀接受環境與接受過程中的取捨傾向、共鳴與內化變容等個人主觀選擇的問題。其次，是文學性與思想性的問題，前者屬於對李白的詩文本身的接受，後者則屬於對李白詩文中表達的思想觀念及其人物性格的接受。再其次，接受包括直接接受與間接接受兩大類，前者是接受者直接通過閱讀李白詩文獲得的感受，後者則是通過其他作品、記錄、注解、傳說和文學批評形成的「李白觀」和「李詩觀」。最後，就是文獻、批評和創作三個方面的問題，研究將查明李白詩文如何通過不同文獻得以傳播和解釋，在江戶時代的詩論與詩學鬥爭中如何被批評和討論，以及江戶詩人們如何通過創作漢詩文來模擬李白或通過學習、繼承李白詩文來創作符合他們詩學理想和個性的漢詩作品等一系列問題。

第一章　李白詩文集的輸入與傳播

　　目前關於李白詩文集在江戶時代的流傳與翻刻的資料來源主要有兩種，一是日本現存的江戶舊藏本，二是原本已散逸，但能通過各種書目記載確認曾經存在過的文獻。前者現今主要藏於日本公文書館（內閣文庫）、書陵部圖書寮文庫和國會圖書館等藏書機構，後者則可以分為舊藏書目、出版書目和貿易記錄三大類。現存文庫中的文獻從江戶時代累積至今，存在不少難以確認舊藏者和準確東傳年代的情況。因此，本書主要以能確認為江戶時代編寫、或確認為流傳自江戶時代的書目和舊藏本為研究對象。狹義來說，李白詩文集是指李白別集。但由於江戶時代漢詩壇整體推崇「李杜」，李白往往與杜甫並舉，以致李杜合集所藏較多。因此，本書將把李杜合集也納入李白詩文集範圍，分別論述李白別集與李杜合集的流傳與翻刻情況。

一、李白詩文集在江戶時代的流傳與收藏

　　江戶時代舊藏李白詩文集雖然材料不少，但分布零散，難以搜集，加上文獻破損、丟失等情況在所難免，導致難以全面調查。為了更詳細、直觀地瞭解李白詩文集在當時的流傳及出版情況，最直接的方法就是考察現存的江戶時代編寫的公私書目。這些書目根據年代、藏書者、編者、用途的不同，其編目方法以及展現的內容、規模都各有不同。本研究大範圍考察了相關的舊藏書目近五十種，這些書目大致能分為四大類別：

　　第一類，以天皇和德川家為中心的官家、公家及相關官立教育機構的書目。這一類別的藏書記錄最為豐富，比如：關於天皇家藏書的有《禁裏御藏書目錄》；關於德川家舊藏（紅葉山文庫）相關書目有《御書籍目錄》（又稱「御

書籍來歷志」)、《蓬左文庫駿河御讓本目錄》、《名古屋市蓬左文庫漢籍分類目錄》等多種；關於五代幕府將軍侍講林羅山年少時的讀書書目有《既見書目》；此外，現日本國立公文書館藏內閣文庫中，包括了大量官立教育機構昌平阪學問所以及林家的舊藏書。

第二類，以地方大名家為主的藩主家藏、藩校文庫書目。與官家、公家書目相比，此類書目的保存、整理情況不甚理想。據日本文獻學家高橋智介紹，由於日本在明治四年「廢藩置縣」，導致舊藩校的漢籍遭到廢棄處置，甚至按斤出售。因此，藩校的藏書、出版等詳細情況至今是不明的，大部分連藏書目錄都不復存在。〔註1〕所幸的是，我們仍能通過現存的一些相關舊藏書目瞭解到李白詩文集在當時的各地方區域的流佈概況。在日本有個說法叫「江戶時代三百藩」，江戶時代的大小藩地眾多，要徹底統計其藏書情況是十分困難的。本書調查了相關書目近八十種，涵蓋分佈在日本奧羽、關東、甲信、近畿、中國及九州等不同地區，家格及城池規格各有不同的 23 個藩。例如：現藏於名古屋蓬左文庫的尾張藩《官庫書目》，尾張藩校明倫堂的舊藏《明倫堂御藏書目》、《明倫堂御書物目錄》、《明倫堂御文庫御書目》等，主要反映了親藩中的最高級別，即「御三家」之一的尾張德川家當時的藏書情況。又有《紅粟齋藏書目》和現藏於內閣文庫的「豐後佐伯藩主毛利高標獻上本」，這些文獻來自江戶時代最具代表性之一的大名藏書「佐伯文庫」，讓我們瞭解到李白詩文集在離幕府中心較遠、且規格不大的佐伯藩地方的流傳情況。

第三類，寺院藏書目錄。這方面的資料較少，主要來自京都的曼殊院、圓光寺，東京的凌雲院以及高野山釋迦文院的文獻記錄。

第四類，其他文化人的家藏、個人藏書。這一類別的書目與官家、藩校等以思想教化、人才培養為目的的藏書不同，它更多的反映了文化人各自的興趣所在，展現了與其他類別書目不同的面貌，讓我們從非官方的視角看到李白詩文集是如何被傳播和接受的。例如：《古義堂文庫目錄》是江戶時代「反朱子學」的古義學派伊藤家的舊藏書目；《吏隱亭藏書目錄》是尾張藩士、儒學者松平君山（1697～1783）的個人藏書目錄；《八幡書庫記》是神社神主渡邊政香（1776～1840）的藏書目錄；《海北若沖藏書目錄》和《岸本由豆流藏書目錄》分別是日本國學者海北若沖（1675～1752）和岸本由豆流（1789～1846）

〔註1〕高橋智：《海を渡ってきた漢籍──江戶の書志學入門》，東京：紀伊國屋書店，2016 年，第 39 頁。

的個人藏書目錄。接下來，將就上述四類舊藏目錄中的李白別集與李杜合集分別進行論述。

幕府機構與公家藏書

一般認為，李白別集早在室町時代（1336～1573）已傳入日本。宋、元版書籍大量傳入日本，是在日本中世（鐮倉時代（1192～1333）後期至室町時代（1333～1573））時期。由於十六世紀以後宋、元版在中國本土也成為貴重書物，基本不可能流入日本，所以日本的宋、元版都是室町中期前傳入日本的。〔註2〕日本現存唯一的宋版《李太白文集》為 1907 年靜嘉堂文庫收購「皕宋樓」藏書之一；而元版的數量則較多，且多見於江戶初期舊藏書目。由此可以推斷李白別集最初流傳到日本的為元版。然而，在現存日本中世的公家、官家文庫，甚至是寺院藏書、抄本目錄中均未見李白集，二十多種「五山版」書籍中也不包括李白別集。因此，我們難以確認李白別集東傳的具體時間。但是，今存中世後期日僧策彥周良（1501～1579）在華日記《初渡集》與《再渡集》，其中詳細記載了他本人在中國搜集文獻典籍的實況。其中錄有嘉靖十八年（1539）七月二十七日《李白集》四冊，張古巖所贈。〔註3〕策彥周良曾兩次被派遣入明，第一次是 1538 年，翌年歸國；1547 年他再次入明，1550 年歸國。嘉靖十八年應為周良獲贈《李白集》的時間，可以推斷同年他已把文獻帶回日本。

江戶時代早期的書目中，也有相關記錄可以證明，多種版本的李白詩文集確實在江戶時代以前就傳入日本。林羅山（1583～1657）在 1604 年作《既見書目》，就包括《李白集》。〔註4〕日本內閣文庫現存林羅山舊藏書中，有明刊本《分類補注李太白詩》六冊、明萬曆二十年刊本《李詩鈔述注》十六冊及朝鮮正統十二年（1447）刊《唐翰林李太白文集》一冊。從年代和當時的書籍貿易情況來看，林羅山當年所讀《李白集》為朝鮮本的可能性居多。

名古屋蓬左文庫《御書籍目錄》（又稱「御書籍來歷志」、「寬永目錄」和「紅葉山文庫目錄」）所記載的是江戶前期寬永年間（1624～1643）尾張藩主德川義直的藏書。義直是德川家康的第九男、尾張德川家家祖。1616 年德川

〔註2〕高橋智：《海を渡ってきた漢籍——江戶の書志學入門》，第 169 頁。
〔註3〕嚴紹璗、王曉平：《中國文學在日本》，第 28 頁。
〔註4〕林羅山撰，林鵝峰編：《羅山林先生集》附錄一年譜，六十冊，江戶寬文二年序刊，紅葉山文庫本，日本公文書館。

家康去世時，義直按照家康的遺囑獲賜藏書，這些書一般被稱為「駿河御讓本」。「駿河御讓本」中有兩種李白詩文集，據《御書籍目錄》記錄第一種為《李白集》，韓版活字本，屬於「慶長賜書二十二種」之一。第二種為《分類補注李太白詩》，元時坊刻，紙墨完好，書中附有紅筆國譯（日文譯注），目錄後有「建安餘志安刊」篆文木刻，卷二十五後有「至大庚戌餘志安刊於勤有堂」字樣〔註5〕。據蓬左文庫現存藏書《名古屋市蓬左文庫漢籍分類目錄》所載，兩部帶有「御本印記」的李白詩文集為：《分類補注李太白詩》二十五卷，九冊，蕭注本（至元28年章貢蕭氏序）建安余氏勤有堂刊本，《分類補注李太白詩》二十五卷目一卷附文集一卷，十五冊，朝鮮古活字印版十行本。〔註6〕兩種古今目錄對照下，能夠查證蓬左文庫藏德川家康舊藏「駿河御讓本」中的兩部李白詩文集分別是朝鮮版的詩集附文集和元至大三年（1310）刊本詩集全二十五卷。也就是說，這兩種李白詩文集最晚在德川家康（1543～1616）生活的年代已傳入日本，其中朝鮮本為慶長年間（1596～1614）的賜書，應該屬於豐臣秀吉對朝鮮戰爭「慶長（1597～1598）之役」（又稱「丁酉倭亂」、「萬曆朝鮮戰爭」）時，日本武士在朝鮮大量搜刮掠奪的書物之一。另外，《德川家藏書目錄》還載有《〈蓬左文庫駿河御讓本目錄〉散逸書目》，此為原「駿河御讓本」藏書的一部分，只是在江戶時代已散逸不存。其中，有《太白集》朝鮮古活字版十冊和《李翰林集》唐本（即中國舶來本）九冊兩種。如此一來，德川家康舊藏「駿河御讓本」中的李白詩文集共計有四種。

從林羅山和德川家康兩位生活於安土桃山、江戶前期的官家代表的藏書來看，十七世紀以前傳入日本的李白別集有朝鮮版一冊本、朝鮮版十冊本、朝鮮版詩集附文集十五冊本、元版九冊本和唐本九冊（可能與原版九冊本同版本，但不是同一部書）等五種。加上水戶藩校彰考館舊藏元至元二十八年刊本、佐伯毛利家舊藏元至大三年刊本、尊經閣文庫加賀前田家舊藏元至大刊本等三種《分類補注李太白詩》，我們至少能確認五種元版和三種朝鮮版的李白別集在當時已存在，且元版多為十六世紀前傳入日本，朝鮮本則在安土桃山時期的對朝鮮戰爭期間傳入可能性較高。到第三代將軍德川家光時，紅葉山文庫先後在寬永十六年（1639）新增《李詩鈔述》、《李白集》；正保元年（1645）新

〔註5〕《御書籍目錄》卷四集部，名古屋市蓬左文庫監修：《尾張德川家藏書目錄》
　　　　（全十卷）第一卷，東京：ゆまに書房，1999年8月，第174頁。
〔註6〕蓬左文庫編：《名古屋市蓬左文庫漢籍分類目錄》集部，1975年。

增《李白詩集》；慶安四年（1648）新增《李翰林》十二本。四代將軍德川家綱時，於承應二年（1653）收入《李翰林集》五本，後再於寬文元年（1661）收入《李詩選》。〔註7〕

天皇家藏書方面，可見《禁裏御藏書目錄》。〔註8〕其中載有李白別集三種：《李白集》十四冊、《李太白全集》十冊及《李翰林詩》七冊。〔註9〕

官家教育機構方面，除前述林羅山舊藏的三種李白別集以外，還有昌平阪學問所舊藏本中的七種：（1）明正德元年刊蕭注《分類補注李太白詩》十冊（2）明嘉靖22年刊郭雲鵬校《分類補注李太白詩》八冊（3）明嘉靖刊（後印）玉几山人校《分類補注李太白詩》十四冊（4）江戶延寶七年（1680）刊《分類補注李太白詩》十一冊（5）朝鮮刊《李太白文集》一冊（6）清乾隆24年刊（跋刊）王琦（誤作「縉」）校《李太白文集》十六冊（7）清刊胡震亨編《李詩通》十冊。昌平阪學問所（一般簡稱為「昌平校」）起源於1630年林羅山私塾的孔子廟，後來孔子廟搬遷至神田湯島，將此地重新命名為「昌平阪」。1790年，為振興儒學成式在此成立幕府教學機關，成為江戶最高學府。昌平校擁有江戶時代最多不同版本的李白別集，可以猜想這些別集都是作研究之用，同時供校內學員閱覽，而不是用作一般課程的教科書。

地方藩主、藩校藏書

清康熙二十三（1684）年清政府解除「遷界令」之前，漢籍（尤其是舶來本）一般只為高級官僚和公家學問機構所掌握，其流傳範圍和讀者數量都不大。「遷界令」解除以後，中國對日貿易迅速發展，漢籍輸入日本的數量才得以大幅增加。因此，18世紀前的李白別集多數集中在上述公家、官家之手，「遷界令」解除以後才逐漸得以流傳到各個地方。江戶時代採取封建制，各個藩主規格不同，該藩的資源與實力因應藩主出身與勢力而大有不同。而漢籍在古代日本一直都是貴重物品，即使江戶時代的活版印刷技術迅速發展，和刻本漢籍也並非一般人有能力大量購入的。這種情況下，既非儒家經典，內容涵蓋

〔註7〕《御文庫目錄》（楓山秘府書目），三卷，江戶寫本，日本國會圖書館。其中，據現存內閣文庫資料，有紅葉山文庫舊藏《李詩鈔述注》十八冊，明萬曆二十七年刊本（序刊）。據書陵部圖書僚文庫資料，有舊秘閣本《李翰林集》三十卷，明版。

〔註8〕江戶寫本，具體年份不詳。

〔註9〕《禁裏御藏書目錄》詩文第四，中村幸彥編：《大東急紀念文庫善本叢刊近世篇11書目集一》，東京：汲古書院，1977年，第68頁。

面又相對狹窄，部數多且價格貴的集部別集，幾乎都作教育機構館藏、研究之用，又或是大戶人家、少數文化人的收藏品。因此，從整體來看，擁有李白別集的更多為擁有一國之地、俸祿較高的藩主。本書調查的 23 個藩中，藏有李白別集的有 15 個。這 15 個藩平均俸祿高於 34 萬石，國主比例高達 70%以上，相反，藏書中沒有李白別集的藩平均俸祿為 14 萬 5 千石左右，其中僅有一個屬於國主級別。

表 1.1　江戶各藩收藏李白別集一覽表

藩主‧藩校名	家　格	規　格	俸　祿	種　類	部　數
佐伯藩毛利家	外樣	城主	20,000	5	6
加賀前田家	外樣（德川姻親）	國主	1,025,000	5	5
尾張藩德川家	御三家	國主	619,000	5	5
福井藩松平家	親藩	國主	320,000	4	5
鹿兒島藩玉里島津家	外樣	國主	770,000	2	2
萩藩明倫館	外樣	國主	290,000	2	2
蓮池藩鍋島家	外樣	陣屋	52,000	1	2
仙臺藩養賢堂	外樣	國主	625,600	1	1
佐賀藩鍋島家	外樣	國主	357,000	1	1
水戶藩彰考館	御三家	國主	350,000	1	1
津藩有造館	外樣	國主	323,000	1	1
高田藩榊原家	譜代	城主	150,000	1	1
白河藩松平家	親藩、譜代、外樣	城主	100,000	1	1
對馬藩宗家	外樣	國主	100,000	1	1
德山藩毛利家	外樣	城主	40,000	1	1
熊本藩細川家、藩校時習館	外樣	國主	540,000	0	0
彥根藩弘道館	譜代	城主	350,000	0	0
小城藩鍋島家	外樣	陣屋	73,000	0	0
三河吉田藩時習館	譜代	城主	70,000	0	0
平戶藩碩水文庫	外樣	城主	61,000	0	0
勝山藩成器堂	譜代	城主	30,000	0	0
鹿島藩鍋島家	外樣	陣屋	20,000	0	0
松山藩酒井家	譜代	城主	20,000	0	0

但是，從上表的統計也能明顯看出，擁有最多李白別集的，是既非德川家親屬，俸祿也不高，僅屬城主之格的佐伯藩毛利家。第八代佐伯藩主毛利高標（1755～1801）創立了被譽為「江戶三大文庫」之一的佐伯文庫，收藏了宋、元、明、朝鮮版等珍貴漢籍約四萬冊。他愛好學問，被稱為「柳之間三學者」之一，是當時大名之間最為突出的飽學之士。他因酷愛收藏書籍，而傾盡家產到處購書。任藩主期間，他又努力改善財政、開採金銀礦山、大力發展教育。此外，擁有兩部李白別集的蓮池藩，雖然城池規格上是小於城主的陣屋，但俸祿卻高於許多城主，加上本身是國主佐賀藩鍋島家的支藩，即使是遇到嚴重的財政困難時也獲得了佐賀本藩的支持。五代藩主鍋島直興（1730～1757）被譽為蓮池歷代藩主中的明君，同時也是一位熱愛文學的文人，著有《荷齋集》；六代藩主則獎勵學問、創立藩校成章館；八代藩主直與，更是通曉古今東西學問，精通詩歌書畫的文雅之士。因此，各個藩主家、藩校是否藏有李白別集，除了經濟能力、政治地位以外，很大程度上也受該藩的學問風氣與歷代藩主的個人興趣愛好影響。

接下來，將按照家格順序介紹各級別藩主、藩校所藏李白別集的具體情況。江戶時代除德川幕府本家外，擁有征夷大將軍繼承權的尾張德川家、紀州德川家、水戶德川家等「御三家」就是藩主中的最高級別，其漢籍藏書量也較為龐大。一般來說，藩校的漢籍以經、史二部為主，集部較少，且以總集和韓文、杜詩別集為主。藩主個人藏書則相對收入更多集部書籍。以尾張藩為例，據其1716年編撰的《官庫書目》記載，初代藩主德川義直慶長 12 年（1607）移藩尾張至享保年間，尾張藩德川家書庫藏書中就包括四種李白別集：《李白集》朝鮮版十五冊、《李翰林集》四冊、《李翰林全集》十二冊、《李詩選注》十冊。〔註10〕而尾張藩校明倫堂的藏書則只有和刻延寶七年本《補注李太白集》十一冊。〔註11〕同是「御三家」的水戶藩，由於目前只掌握到藩校彰考館舊藏書目，數量上無法與尾張藩相比。但單就藩校藏書來說，彰考館與明倫堂同樣藏有李白別集一種，且版本遠優於明倫堂的和刻本，為元至元二十八年刊《李太白集》十卷二冊，出版年代甚至比德川家康舊藏的元至大三年本更早。〔註12〕

〔註10〕大冢長干：《官庫書目》（地）詩文四上，七卷，江戶寫本，名古屋蓬左文庫藏。
〔註11〕名古屋蓬左文庫藏《明倫堂御藏書目》、《明倫堂御書物目錄》、《明倫堂御文庫御書目》，均為江戶寫本。
〔註12〕彰考館文庫編：《彰考館圖書目錄》，日本大正七年（1918），日本國會圖書館。

　　大名規格僅次於「御三家」的，還有同樣與德川家有血緣關係的「親藩」。以福井藩為例，其藩校「改正學問所」藏有李白別集五部四種，分別為：《李太白文集輯注》十六本、兩部《李太白文集》一本、《李詩五言辯律》一本、《清言集》二本。〔註13〕藩校改稱「明道館」後，又收入《李太白詩集》二十冊。〔註14〕白河藩主松平定信（1758～1829）生於德川家親藩，後來被送到白河藩松平家當養子，身份較為特殊。他在幕府任老中職位，主導江戶三大改革之一「寬政改革」，擁護朱子學的「正學」地位，禁止「異學」。其個人藏書中，有《李太白文集》二十冊。〔註15〕大名中俸祿最高（百萬石以上）的加賀藩前田家，雖然家格並不屬於「親藩」，但因為與德川家有姻親關係，實際上一直享受著等同於「親藩」的待遇。前田家舊藏「尊經閣文庫」收集漢籍高達 1 萬 7 千多種，其中包括李白別集五種：元至大版《分類補注李太白詩》25 卷、明嘉靖版《分類補注李太白詩編次李太白文》30 卷、《唐翰林李太白文集》鈔本六卷、朝鮮活字版《分類補注李太白詩李太白文集》、清康熙版《李太白文集》30 卷。〔註16〕

　　其次，是親藩以外的國主大名。鹿兒島藩玉里島津家和萩藩明倫館各藏有李白別集兩種。鹿兒島藩（又稱薩摩藩）是島津家的領地，現存玉里文庫只是江戶末期玉里島津家的舊藏書，而非鹿兒島藩島津家整體的舊藏。玉里文庫中的李白別集為《分類補注李太白詩》二十冊和十三冊本，卷數年代版本不詳。萩藩，藩主毛利氏，又稱毛利藩。現存藩校明倫館江戶舊藏目錄《明倫館御書物目錄》、《明倫館藏書目錄注解》及《長門國萩明倫館書庫目錄》等三種中，載有《李青蓮詩集分類補注》25 卷十二冊唐本和《李白詩集分類補注》25 卷十冊，後者未標注版本，可能為和刻本。〔註17〕其餘的仙臺藩、佐賀藩、津藩和對馬藩，均查得舊藏李白別集一種。俸祿最高的仙臺藩校養賢堂，有《李白

〔註13〕《改正學問所書目》集部‧乾‧別集類，朝倉治彥監修、膽吹覺解題：《福井藩明道館書目》第二卷（全九卷），東京：ゆまに書房，平成 15 年（2003）12月。

〔註14〕《明道館書目‧仁‧集部》，朝倉治彥監修、膽吹覺解題：《福井藩明道館書目》第二卷。

〔註15〕《白河文庫全書分類目錄》卷六集部別集，高倉一紀解題：《松平定信藏書目錄》（二卷）第一卷，東京：ゆまに書房，平成 17 年（2005）6 月。

〔註16〕侯爵前田家尊經閣編：《尊經閣文庫漢籍分類目錄》集部，1934 年 3 月，日本國會圖書館。

〔註17〕萩藩舊藏書目均載於畑地正憲編：《明倫館漢籍‧準漢籍分類目錄》，1989 年，日本國會圖書館。

詩集》十一冊。〔註18〕其次是佐賀藩主鍋島家的藏書，有山脇重顯點校《分類補注李太白詩》25 卷江戶延寶七年刊本。〔註19〕此外，津藩的藩校有造館舊藏，有《李青蓮全集輯注》二佚十六冊。〔註20〕國主中俸祿最低的對馬藩宗家，地處漢籍輸入要地長崎，藏書以「文學典籍較少」為特徵。其中，包括朝鮮刊後印本《分類補注李太白詩》25 卷 12 冊。〔註21〕

如前所述，城主級別的佐伯藩毛利家所藏李白別集數量最多，且均為舶來唐本，共六部五種：元版《分類補注李太白詩》25 卷 12 冊、宋敏求編《李太白集》22 卷四冊、明萬曆刊本《李白詩類編》12 卷五冊、明汪瑗編《李律辨注》一卷一冊、清乾隆二十三年《李太白文集》32 卷 16 冊、清王琦《李太白文集》存五卷四冊。〔註22〕其中四種現存於內閣文庫，稱為「豐後佐伯藩主毛利高標獻上本」。高田藩榊原家和德山藩毛利家各藏李白別集一部。前者為《李白詩集》八卷，版本不詳。〔註23〕後者為《分類補注李太白詩》25 卷首一卷，江戶延寶七年版，現藏於日本書陵部圖書寮。

最後是陣屋級別的蓮池藩。據《蓮池文庫漢籍分類目錄》，藩主鍋島家舊藏山脇重顯點校《分類補注李太白詩》25 卷江戶延寶七年刊本兩部，一部無藏書印，另一部有「正義明道齋珍藏圖書」、「清曠居藏書印」。雖然蓮池藩的李白別集在數量上勝過前述的一些國主、城主家，但從版本價值來看，蓮池藩的兩部李白別集均為江戶時代最常見的和刻版本，與水戶藩的元版、對馬藩宗家的朝鮮本都不可比擬。

寺院藏書

江戶時代以前的中世日本，以寺院禪僧為學問中心，漢文典籍也主要藏於以京都五山為首的各大寺院。進入江戶時代以後，禪僧在漢文學的領導地位被

〔註18〕《養賢堂藏書目錄》「御戶棚出御貸本部」，小井川百合子編輯、解說：《藏書目錄にみる仙臺藩の出版文化》（全四卷）第三卷，東京：ゆまに書房，平成 18 年（2006）8 月。

〔註19〕鍋島報效會：《鍋島文庫、蓮池文庫漢籍分類目錄：佐賀縣立圖書館收藏》集部別集，1988 年 3 月，日本國會圖書館藏。

〔註20〕《有造館書目》，四卷，鹿兒島大學附屬圖書館玉里文庫，日本國文學資料館。

〔註21〕宗家文庫調查委員會編：《宗家文庫史料目錄》漢籍部，嚴原町教育委員會，1990 年 3 月，日本國會圖書館藏。

〔註22〕《紅粟齋藏書目》集部，四卷，江戶寫本，農商務省舊藏本，日本公文書館。

〔註23〕《御書物蟲曝帳》（元祿十二年）二冊，淺倉有子、岩本篤志編：《高田藩榊原家書目史料集成》第一卷，東京：ゆまに書房，2011 年。

武士所取代，寺院擁有的教學、研究資源也大幅減少。接下來，將簡單介紹京都曼殊院、京都圓光寺、江戶凌雲院和高野山釋迦文院等四個具代表性的禪宗寺院舊藏李白別集的詳情。

京都曼殊院，是「天台宗五門跡」（由皇族或攝政家子弟擔任住持的寺院）之一。又因為創立者是算大師出身自平安時代的貴族菅原氏，從平安時代至江戶末期為止，歷代曼殊院住持都兼任供奉日本「學問之神」菅原道真的北野神社的管理者，導致曼殊院歷來注重學問、講究風雅的風氣，留下了許多珍貴的國寶級文物。據撰於江戶中期的《曼殊院藏書目錄》，曼殊院當時藏有《李詩分類補注》二十冊。〔註24〕

同樣位於京都的圓光寺，屬臨濟宗南禪寺派，前身為德川家康建立的學問所。江戶初期，德川家康在此開展活字印刷事業，所出版書物通稱為「伏見版」。由此可見，圓光寺創立初始已經與江戶時代的教育、出版發展有著深刻聯繫。據鈴鹿連胤寫於江戶嘉永三年（1850）的《外典書籍目錄（圓光寺常住）》，當時圓光寺藏書中包括《分類補注李太白詩集》二十冊。〔註25〕從文獻名和冊數上來說，有可能與曼殊院本是同一版本。

江戶（今東京）上野寬永寺凌雲院的初任住持，是幕府第三代將軍德川家光的侍講亮運大師。正保四年（1647）家光任命亮運為「學頭」（首席講師），此後慈海、慈等等歷代「學頭」都以凌雲院為居所。同時，凌雲院還是德川家「御三卿」（田安德川家、一橋德川家、清水德川家）的墓地。總之，在德川幕府時代，與德川家有密切聯繫的凌雲院一直是被賦予重要意義的學問重地。現藏於日本公文書館，大約寫於江戶中後期的《凌雲院藏書目》中，載有《李白詩集》十一卷。〔註26〕

最後，是高野山釋迦文院。高野山位於日本和歌山縣，是日本真言密教的大本山，由弘法大師空海在816年開山。高野山釋迦文院初創於平安時代末期，它作為學僧寺院，歷代高僧輩出，到江戶時代達到全盛，旗下分寺院多達五十個。釋迦文院舊藏本現藏於內閣文庫（公文書館），其中有一部李白別集：

〔註24〕佐竹昭廣編：《曼殊院藏書目錄》「選文選苑」部，京都：臨川書店，日本昭和59年（1984）。

〔註25〕《外典書籍目錄（圓光寺常住）》陽之部，大和文華館藏鈴鹿文庫，國文學研究資料館。

〔註26〕《凌雲院藏書目》（全二冊）外典，江戶寫本，農商務省舊藏本，日本公文書館。

明林兆珂《李詩鈔述注》二十冊明萬曆二十七年刊本（序刊）。

個人藏書

江戶時代個人舊藏書籍目錄多且分散，難以一一收集整理。就筆者目前查證過的目錄來看，個人藏書中的漢籍一般以經部和集部總集為主，藏有李白別集的情況較為罕見，其中多數為漢文水平較高的儒學者。

從年代早晚順序來看，最早的是生於江戶前期、活躍於江戶中期的貝原益軒（1630～1714）。益軒，名篤信，字子誠，別號損軒、柔齋。他生於福岡藩的醫官家庭，從小學習醫學與漢學，後來成為藩醫，1657年「棄醫從文」，成為儒學者和教育家。由於益軒的學問非常廣泛，又被稱為「博學家」。儒學上，他初學陽明學，後來轉向朱子學，晚年又轉向古學派。詩文觀方面，他認為學問之要有二，即「經」與「史」，作「浮靡之文與拙陋之詩而廢時日之功」是「無益之事」。〔註27〕甚至謂「作詩真一小技，於道未為貴也」。〔註28〕即便如此，據日本文獻學家大庭修對貝原益軒藏書目《公私書目》的研究，其家藏私書中包括《李白詩抄》一部。〔註29〕比貝原益軒年代稍晚一些的，有江戶中期著名的儒學者新井白石（1657～1725）。白石，名君美，江戶人。曾任德川六代將軍家繼的侍講，政治上成就頗大，其執政期間被稱為「正德之治」。學問上，白石學於木下順庵，是「木門十哲」的首要人物。他雖以經學為主，卻也能詩，且在江戶漢詩壇詩名極高，他的詩歌甚至受到朝鮮使臣和清人的讚揚。據日本書陵部圖書寮現藏資料，新井家舊藏本中有新井君美寫《李白詩》一卷。〔註30〕值得注意的是，以上兩位生於江戶前期的著名儒學者，所藏李白別集都是手抄本。我們可以想像，像新井白石這般地位的政治家、教育家也需要以手抄的方式保留文本，一般漢文學習者自然也難以獲得李白別集的刊本。這也說明了在當時，雖然已開始大量輸入唐本、發展活字印刷事業，李白別集作為需求較少的非基礎教科書類書籍的流傳範圍不大。

〔註27〕見貝原益軒：《慎思錄》卷二、卷四，六冊，江戶正德四年刊本，日本公文書館。

〔註28〕貝原益軒：《初學詩法序》，池田四郎次郎輯：《日本詩話叢書》（全十卷）第三卷，東京：文會堂書店，1920年，第173～174頁。

〔註29〕大庭修：《神宮文庫藏貝原益軒〈公私書目〉》，《皇學館論叢》1999年，60～81頁。

〔註30〕可通過「書陵部所藏資料目錄畫像公開系統」搜索。https://shoryobu.kunaicho.go.jp/Toshoryo/Detail/1000044580000?searchIndex=3。

因此，江戶早期李白詩文主要都是通過《古文真寶》和《唐詩選》等學習漢文的「必讀書物」來傳播的。

松平君山（1697～1783），字士龍，諱號秀雲，別號龍吟子、吏隱亭、群芳洞等，生於江戶中期的尾張藩士家庭，其母為著名儒者、與林羅山、松永尺五、那波活所一同被稱為「藤（原惺窩）門四天王」的堀杏庵的孫女，後入贅松平久忠家為婿，改姓松平。幼時向父母學習漢學，後來自學成材，成為尾張藩士，專門管理藩文庫書籍。熱愛藏書的他，在寶曆六年（1756）建立個人書庫「吏隱亭」，藏書約三千七百冊，其中包括從堀家借用的五百冊書籍。君山死後，其藏書被收入尾張藩文庫中，編為《吏隱亭藏書目錄》一冊。〔註31〕其中，載有《李太白文集》一冊，版本信息不詳。君山以前的舊藏《李太白文集》中，主要有朝鮮版一卷本、（年份版本不詳）二十冊本、明嘉靖三十卷本、清康熙三十卷本、清乾隆十六冊本等。因此，君山舊藏為朝鮮本可能性較大。

生於江戶中期、活躍於後期的熊阪臺洲（1739～1803），名定邦，字子彥，通稱宇右衛門，生於陸奧國伊達郡（仙臺藩）的豪農家庭，父定昭（霸陵）在地方廣泛進行漢詩文活動。受到父親影響，臺洲22歲到江戶先後拜入江南溟和松崎觀海為師，與文人、學者交際甚廣。學問上，他屬於經學派，對當時詩壇出現的專業詩人甚為反感。關於熊阪臺洲的詩文觀，將在後文詳細論述。據日本學者高橋章則的研究，熊阪臺洲建立的「曳尾堂」書庫，曾被稱為「藏書萬卷」。曳尾堂舊藏中有《李白集》十冊，前述江戶舊藏李白別集中，冊數相同的有朝鮮版十冊本《太白集》和明刊二十五卷十冊本《分類補注李太白詩》兩種，熊阪舊藏本可能為以上兩種其一。〔註32〕以上是江戶時代各個時期的儒學者所藏李白別集的大致介紹。

除了代表漢學的儒學者以外，也存在不少通曉和漢學問、博覽漢文典籍的日本國學者。江戶後期的渡邊政香（1776～1840），字三善，通稱助太夫，號保寶葉園，他生於三河國幡豆郡寺津八幡宮的神官家庭，代代為神職人員。他先是師從和漢學者濱島文貞學習各種和漢史籍，之後又向京都的白川資延王、伊勢的足代弘訓學習歷史和和歌。其著書以神道史考證為主，又涵蓋歷史、地理、詩歌、紀行文等各方面。據寫於江戶文政六年（1823）的《八幡書庫記》，

〔註31〕《吏隱亭藏書目錄》，江戶寫本，名古屋市蓬左文庫藏本。
〔註32〕高橋章則：《曳尾堂藏書目錄——翻刻と解說》，《東北文化研究室紀要》通卷第43輯，2001年，第1～24頁。

當時的八幡宮神社書庫藏有《李白詩集》二十卷。〔註33〕年代稍晚的另一位國學者岸本由豆流（1789～1846），號園、尚古考證園，通稱讚岐，是弓弦師岸田家的繼子，師從村田春海，長於考證學。村田春海有較深的漢文素養，岸本由豆流接觸漢籍可能是受其師影響。同時，岸本也是著名的藏書家，據說藏書多達三萬卷。其中，包括《李白詩集》六冊。〔註34〕前述江戶舊藏李白別集中，僅有林羅山舊藏明刊本《分類補注李太白詩》同為六冊，二者為同一版本可能性較高。

以上，大致介紹了李白別集在江戶時代幕府官家、地方藩主藩校、各地寺院以及和漢學者個人藏書中舊藏情況。總的來說，除了書物出版繁盛的江戶、京都和名古屋以外，北至仙臺藩、南至鹿兒島藩，都有李白別集相關的舊藏記錄，可見其流傳範圍之廣。至於版本方面，遺憾的是將近一半舊藏書都缺少詳細的版本信息，在已知的 35 部舊藏李白別集中，最多為明刊本，其次是朝鮮本、和刻本，最少為元刊本和手抄本。其中，目錄所載和刻本全部為延寶七年本，可見其流行度是和刻本中最高的。

延寶本《分類補注李太白詩》

《分類補注李太白詩》二十五卷，附《（唐翰林）李太白年譜》一卷，宋楊齊賢集注，元蕭士贇補注，明許自昌校，明薛仲邕編年，日本山脇重顯（道圓）訓點，明薛仲邕編年。延寶七年（1679）覆明刊本初印本，大二十冊，有多種後印本傳世。本書四周單邊，無界，單黑魚尾，白口。版口心題「李詩補注」，魚尾下注卷次，版心下記葉數。每半葉九行，行二十字，注文為雙行小字。卷端題「分類補注李太白詩卷之幾」，末有刊記「延寶七年己未歲三月吉辰開板」。

楊齊賢，字子見，湖南寧遠人，南宋詩論家。著有李詩注本，被視為最早的李詩注本，今已失傳。蕭士贇，字粹可，寧都（今屬江西）肖田鄉人，元代詩論家、詩人。蕭士贇在《序例》中交代成書原因，曰：

一日，得巴陵李粹甫家藏、左錦所刊春陵楊君齊賢子見注本，讀之，惜其博而不能約。至取唐廣德以後事及宋儒記錄詩詞為祖，甚而並杜注內偽作蘇東坡箋事已經益守郭知達刪去者，亦引用焉。因取其本類此者為之節文，擇其善

〔註33〕《八幡書庫記》，文政六年寫，藤井隆編：《近世三河、尾張文化人藏書目錄》（全八卷）第四卷，東京：ゆまに書房，2005 年 12 月。
〔註34〕《岸本由豆流藏書目錄》第 142 函，寫本，日本國會圖書館藏。

者存之。注所未盡者，以予所知，附其後，混為一注。全集有賦八篇，子見本無注，此則並注之，標其目，曰《分類補注李太白集》。

由此可知，他認為楊齊賢注本「博而不能約」，遂對其進行刪補，撰成《分類補注李太白集》二十五卷。這是現存最早的李詩注本，也是明末以前唯一的李詩全集注本，其後被收入《四庫全書》。據《四庫全書總目》，此書「注中多徵引故實、兼及意義。卷帙浩博、不能無失。」、「大致詳贍、足資檢閱。中如廣武戰場懷古一首、士贇謂非太白之詩、釐置卷末、亦具有所見。其於白集固不為無功焉。」《分類補注李太白集》刊行後，有多種翻印、重刻本陸續出現。明代後期，先後出現郭雲鵬校刻本、玉几山人校刊本、萬曆許自昌刊本、霏玉齋刊本（郭本重刊）和崇禎三年毛氏汲古閣重修本等刪節本。在清乾隆年間的王琦注本面世以前，蕭注本一直是李白集最權威的注本。

《分類補注李太白詩》在江戶時代以前已傳入日本，現藏於日本公文書館的元至大三年刊本和明許自昌刊本分別是德川家康和林羅山的舊藏書目。另外，郭雲鵬校刻本和玉几山人校刊本亦相繼東傳日本，均藏於公文書館。

是書延寶本以明代許自昌刊本為底本。許自昌（1578～1623），字玄佑，號霖寰，又號去緣居士、樗齋道人，別署梅花主人。別業名梅花墅，江蘇長洲人，明代文學家、刻書家、藏書家。與董其昌、王稚登、祁承、曹學佺、臧懋循、陳繼儒、鍾惺諸人交往。喜聚書，貯書連屋。又好刻書，刻有唐代陸龜蒙、李白、杜甫、皮日修等人的文集，《唐詩十二家》、李昉《太平廣記》500卷等。

此書為江戶時代及其以前唯一在日本被翻刻的李詩全集，保留許本《分類補注李太白詩》的原貌，對序文、年譜、詩題、詩歌本文和注文都加以日文訓點。卷首有蕭士贇《序例》、李陽冰《唐翰林李太白詩序》、朝散大夫行尚書職方員外郎直史館上柱國樂史《後序》、尚書膳部員外郎劉全白《唐翰林李君碣記》、常山宋敏求《後序》、南豐曾鞏《後序》、信安毛漸《後序》等序文。與林羅山舊藏的許本相比有所不同的是，延寶本在序文後附有殿中侍御史李華撰《故翰林學士李公墓誌並序》。其後，有薛仲邕編《唐翰林李太白年譜》略述李白生平。卷一「古賦」、卷二「古風」、卷三至六「樂府」、卷七至八「歌吟」、卷九至十二「贈」、卷十三至十四「寄」、卷十五「留別」、卷十六至十八「送」、卷十九「酬答」、卷二十「遊宴」、卷二十一「登覽」、卷二十二「行役」、「懷古」、卷二十三紀「閒適」、「懷思」、卷二十四「感遇」、「寫懷」、「詠物」、

卷二十五「題詠」、「雜詠」、「閨情」、「哀傷」。

　　山脇重顯，字道圓，江戶初期人，生平不詳。曾編校《八陣圖說》（有寬文七年刊本）、《北溪先生字義詳情》（有寬文八年刊本）、《增補下學集》（有寬文九年刊本）、《擊壤集》（有寬文九年刊本）。

　　此書排版清晰，注解詳盡，典故出處均保留許本的標注說明，內容與原本基本一致。與中國刊本相比，此本除了多附一篇《故翰林學士李公墓誌並序》以外，版本差異主要體現在標注方式與字體等細節上。是書每段注文前均有標注「士贇曰」和「齊賢曰」，許自昌刊本大多以上下括號顯示，此書中則括號與四周邊框混用，其中更多以四周邊框標注。如卷三第八葉，第一半葉全部使用四周邊框，第二半葉則全部使用括號。又如卷五第一至五葉均使用括號，從第六葉開始恢復以四周邊框為主，其中又間雜使用括號的情況。

　　卷十八的十一葉至二十葉，版心所注卷次從楷體「卷十八」變成楷書、草書混合的「十八首」，其中「十八」為楷書體，「首」為草書體。其後卷十九恢復楷體「卷十九」的卷次標注。全書僅卷十八中出現此類情況，應為雕版謬誤。日本國文學研究資料館所藏十冊本亦同。

　　與許本、玉本、霏玉齋本等明刊本相比，此本有混用同一文字的不同字體的情況。如全書出現次數較多的「齊賢」注部分，在明刊本中一律寫作「齊賢」，但在此本中可見「齊賢」和「齐賢」兩種寫法混用。又如同此書卷五《秦女休行》同一段注中，同時存在「陸機」和「陸机」兩種寫法，在明刊本則統一寫作「陸機」。以上異體字混用的情況，與江戶時代的漢字運用習慣相符，是為江戶時代和刻本的特色之一。另外，許本與其他明刊本不同的異體字，在延寶本都得以保留。如卷五《宮中行樂詞》其六「豔舞全知巧」和《清平調三首》其二「一枝穠豔露凝香」的「豔」在此本寫作「艷」，在明刊本均寫作「豔」。

　　此外，和刻本還存在和訓上的問題。如卷二十五所收《哭晁卿衡》，是李白聽聞晁衡（阿倍仲麻呂）航海回國路上沉船溺死後所作悼友詩，此詩及其背後的故事一直是中日交流史上的佳話。此詩在不同版本中被記作不同標題，在元刊余氏勤有堂本、明刊郭雲鵬刊本均作「哭晁卿衡」，在玉几山人本、許自昌刊本的目錄中作「哭饒卿衡」，正文標題則作「哭晁卿行」。林羅山舊藏許本上附有手書日文訓點，在正文詩題「哭晁卿行」處加上「衡」字標記，證明林羅山當時已發現此處錯字。但延寶本並未對此進行修改，在目錄和正文兩處均沿用許本標題。由於漢字差異帶來歧義，此詩的注釋也較簡略，加上

作訓者似乎對此詩的背景並不熟悉，將本應和訓為「晁卿衡ヲ哭ス」的詩題訓作「晁卿カ行クヲ哭ス（哭晁卿之將行）」。在此之前，寬文二（1662）年中野小左衛門刊《李杜絕句集》中的李詩部分同樣以許本為底本，且同樣將《哭晁卿行》訓作「晁卿カ行クヲ哭ス」。延寶本刊於此本的十七年後，可能直接沿用了前人的日文訓點，並未加以仔細校對。作為日本最通行的李詩注本，延寶本對《哭晁卿衡》的訓點直接影響到近代以前日本人對此詩的主流認知與解讀。因此，江戶時代的多數日本讀者很可能將《哭晁卿衡》誤以為李白為阿倍仲麻呂所作的一首送別詩，難以真正理解李白「明月不歸沉碧海」句中表達的悲痛之情。

日本現存延寶七年刊本冊數各有不同。二十五卷十冊本，附年譜一卷，日本國文學研究資料館有藏。二十五卷十一冊本，京都大學人文研究科、佐野市須永文庫、二松學舍大學、廣島大學、公文書館等均藏有此本，其中二松學舍、廣島大學和公文書館藏本均附有年譜一卷。二十五卷十二冊本，現藏於九州大學、南葵文庫及東洋文庫。十六冊本，現藏於佐賀縣圖書館，其中二冊已佚。二十冊本，在宮內廳書陵部、高遠文庫、鹿兒島大學、愛媛大學等處有收藏。另外，在立命館大學高木文庫、山口大學藏有京都菱屋孫兵衛十冊後印本。長澤規矩也據吉川幸次郎所藏延寶七年（1679）刊本影印收入《和刻本漢詩集成》（第一輯，東京：汲古書院，1975 年）。

李杜合集

李杜合集包括李杜合選和李杜合刻兩類。據郝潤華關於明人選注或選評本李白詩（含李杜合集本）的綜合研究，其中介紹的十八種明代李白詩選本中，李杜合選有九種，占二分之一。與宋、清諸代李白詩集整理的盛況相比，明代李白詩集的編注刻印，不僅數量少，而且質量也參差不齊，大量為書商翻刻與抄錄本。〔註35〕江戶時代東傳李白詩文集主要以明、清本為主，其中不少為李杜合集、合選本。這些合集東傳到日本後，再受到翻刻、抽印，衍生出不同版本的和刻李杜合集。江戶時代舊藏書目所載李杜合集不少，且版本較多：

> 林家大學頭（林鳳岡 1645～1732）舊藏，錄有（明）梅鼎祚編
> 《唐二家詩鈔》，五冊，明萬曆七年刊本，鹿裘石室（跋刊）；《李杜
> 詩法精選》，（清）游芸編，二冊，江戶文化三年印本。

〔註35〕郝潤華、莫瓊：《明代李白詩選注評點本考錄》，《歷史文獻研究》（總第 40 輯），2018 年 5 月，247～258 頁。

　　水戶藩校《彰考館圖書目錄》，錄有《李杜詩集》九卷，三冊，大德癸卯。〔註36〕

　　福井藩校《改正學問所書目》，錄有《李杜詩鈔述注》十六本、《李杜詩集補注》六本、《唐二家詩鈔》五本、《李杜詩通》十本、《李杜詩法精選》二本。以上五部，版本信息不詳。〔註37〕

　　彥根藩校《彥根藩校弘道館書籍目錄全》、《弘道館御書物目錄》兩種目錄，均錄有《李杜絕句選》一冊。〔註38〕

　　仙臺藩《青柳館藏書目錄》，錄有《李杜狐白》四冊。〔註39〕

　　宮城縣圖書館青柳文庫，現藏《唐二家詩鈔》明余泰垣刊本，四冊，李詩鈔八卷，杜詩鈔八卷。〔註40〕

　　加賀藩前田家舊藏，尊經閣文庫現藏，明何焝《新刻翰林考正京本李杜詩評選》萬曆刊本，李詩評選四卷，杜詩評選四卷。〔註41〕

　　熊本藩細川家細川重賢舊藏，錄有《李杜四聲韻選》四卷，一冊，江戶安永三年刊本。〔註42〕

　　津藩藩校《有造館書目》，錄有《李杜詩絕句》四冊。〔註43〕

　　京都曼殊院《曼殊院藏書目錄》，錄有《李杜全集》二十四冊，李杜各十二冊。〔註44〕

　　高野山釋迦文院舊藏，公文書館內閣文庫現藏，（明）玉几山人校訂《李杜全集》，二十四冊，明嘉靖二十五年刊本。

　　古義學伊藤家《古義堂文庫目錄》下卷「伊藤家舊藏書籍書畫

〔註36〕彰考館文庫編：《彰考館圖書目錄》，日本大正七年（1918），日本國會圖書館。

〔註37〕《改正學問所書目》集部・乾・別集類，朝倉治彥監修、膽吹覺解題：《福井藩明道館書目》（全九卷）第二卷。

〔註38〕朝倉治彥監修、膽吹覺解題：《彥根藩弘道館書籍目錄》，東京：ゆまに書房，平成17年。

〔註39〕《青柳館藏書目錄》，江戶寫本，日本國會圖書館藏。

〔註40〕據《日本所藏中文古籍數據庫》搜索結果。http://kanji.zinbun.kyoto-u.ac.jp/kanseki?record=data/FA010744/tagged/4145007.dat&back=1。

〔註41〕侯爵前田家尊經閣編：《尊經閣文庫漢籍分類目錄》集部。

〔註42〕山田尚子：《細川重賢の藏書と學問》，森正人編：《細川家の歷史資料と書籍：永青文庫資料論》，東京：吉川弘文館，2013年。

〔註43〕《有造館書目》四卷，鹿兒島大學附屬圖書館玉里文庫所收，日本國文學資料館。

〔註44〕佐竹昭廣編：《曼殊院藏書目錄》「百家集苑」部。

之部·漢籍目錄」，錄有《李杜全集》四十五卷，十六冊函，（明）許
自昌校，大慶堂刊，《分類補注李太白詩》與《集千家注杜工部詩集》
合校刊版。〔註45〕

梁川星巖《玉巖書堂儲藏書目》，錄有《李杜合選》六本。〔註46〕

以上所列相關李杜合集，大致能梳理為《唐二家詩鈔》、《李杜全集》、《李
杜絕句選》、《李杜詩通》、《李杜詩法精選》、《新刻翰林考正京本李杜詩評選》、
《李杜詩述注》、《李杜詩集》、《李杜詩集補注》、《李杜狐白》、《李杜四聲韻選》、
《李杜合選》等幾種。其中，部數最多為《唐二家詩鈔》和《李杜全集》，皆
為明人所編。以下將就各種李杜合集版本源流作大致梳理。

1.《唐二家詩鈔》

林家大學頭本、改正學問所本、青柳文庫本均題作《唐二家詩鈔》，林家
大學頭本為五冊本，明萬曆七年刊，鹿裘石室刻本；改正學問所本為五冊，具
體版本信息欠缺，從冊數上推斷應與林家大學頭本同版。」；青柳文庫本則為
十六卷四冊本，明余泰垣刊本，兩者卷冊數不同。明代余泰垣，明代建陽書坊
閩書林自新齋余氏人，具體生平不詳，另刻有《重鋟增補湯會元遴輯百家評林
左傳狐白》一書，版本為「明萬曆三十八年余泰垣自新齋刻本」。據郝潤華介
紹，中國社科院文學所藏有此書明余紹崖刻本。〔註47〕余紹崖同樣為建陽書坊
閩書林自新齋余氏人，從年代上看，余泰垣刊本可能是余紹崖本的翻刻本。

陳晨《〈唐二家詩鈔〉版本考述》一文認為，現藏於內閣文庫的《唐二家
詩鈔》（即「林家大學頭本」）刊刻時間有誤。〔註48〕據郝潤華介紹，《唐二家
詩鈔》萬曆七年本與《唐二家詩鈔評林》的不同在於蹇達、史元熙二序落款時
間與《唐二家詩鈔》不同。蹇達序，《唐二家詩鈔》署「萬曆六載戊寅中冬既
望」，《唐二家詩鈔評林》則不署時間。史元熙序，《唐二家詩鈔》署「萬曆己
卯春季史元熙仲弢父書於的理官覽翠亭」，《唐二家詩鈔評林》則署「萬曆己丑
歲史元熙仲弢父書於的理官覽翠亭」。〔註49〕據查證，林家大學頭本前有兩篇

〔註45〕天理圖書館編：《古義堂文庫目錄》下卷，《天理圖書館叢書》第21輯，1995
年4月，第323頁。

〔註46〕梁川星巖題：《玉巖書堂儲藏書目》，江戶寫本，日本公文書館。

〔註47〕郝潤華、莫瓊：《明代李白詩選注評點本考錄》（2018）。

〔註48〕陳晨：《〈唐二家詩鈔〉版本考述》，《古籍整理研究學刊》，2009年5月第3期，
第68～73頁。

〔註49〕郝潤華、莫瓊：《明代李白詩選注評點本考錄》（2018）。

序,萬曆六年蹇達的《唐二家詩鈔序》和萬曆四年梅鼎祚的《唐二家詩鈔小敘》,蹇達序後署「萬曆六載戊寅中冬既望」,書後有萬曆七年史元熙(仲弢)《刻二家鈔後序》,署「萬曆己卯春季史元熙仲弢父書於理官覽翠亭」。因此,林家大學頭本應為《唐二家詩鈔》萬曆七年本無誤。

2.《李杜全集》

京都曼殊院本、高野山釋迦文院本及古義學伊藤家本均題作「李杜全集」。據《中國文學大辭典》,題名為「李杜全集」的有:正德間鮑松編《李杜全集》八十三卷,嘉靖間許宗魯、邵勳編《唐李杜詩集》十六卷,萬曆間李齊芳編《李杜詩合刻》十九卷,許自昌編《李杜全集》四十七卷,劉世教編《合刻分體李杜全集刀一百二十卷,崇禎間聞啟祥編《李杜全集》共四十二卷,計李白詩二十二卷,杜甫詩二十卷。

曼殊院本與釋迦文院本均為二十四冊,可能為同版。釋迦文院本為玉几山人校訂本,現藏於日本公文書館。據筆者所見,釋迦文院本《李杜全集》共分為四部,前二部為《李詩全集》(封面題為《李詩補注》),後二部為《杜詩全集》。目錄方面,《李詩》採用的是《分類補注李太白詩》的目錄,《杜詩》則採用《集千家注杜工部詩集》的目錄。《李詩全集》在內容上也與《分類補注李太白詩》完全一致,卷首標注「大明嘉靖丙午玉几山人校刻」,嘉靖丙午年即嘉靖二十五年。玉几山人分別校有《千家注杜工部詩集》明嘉靖十五年(1536)本和《分類補注李太白詩》明嘉靖二十五(1546)年本,國家圖書館和內閣文庫均有藏。對照刊刻時間與內容,可以判斷釋迦文院本《李杜全集》即此兩種專集的合刻本,只是合刻以後再以《李杜全集》的名義刊行,內閣文庫目錄中所載「嘉靖二十五年」乃取後刊的李白集刊本年份。

古義學伊藤家本《李杜全集》為四十五卷,十六冊函,(明)許其昌校,大慶堂刊,《分類補注李太白詩》與《集千家注杜工部詩集》合校刊版。「許其昌」應為「許自昌」之誤。《中國文學大辭典》載許自昌編《李杜全集》為四十七卷。國家圖書館藏許自昌校《李杜全集》明萬曆三十年本,《分類補注李太白詩》二十五卷,十冊,《集千家注杜工部詩集》二十卷文集二卷,四冊,合四十七卷十四冊。由於卷數不同,伊藤家本應與國圖藏本為異本,詳情待考。

3.《李杜絕句選》、《李杜詩絕句》

有造館本《李杜詩絕句》,四冊。弘道館本《李杜絕句選》,一冊。二書題

名相似，但冊數不同。據考江戶時代書林出版記錄，有山本三徑輯《李杜絕句》
一冊和二冊本，《李杜絕句集注》四冊本兩種，後者編者不詳。這兩種和刻本
《李杜絕句》選本均多次翻印，可想當時在一般讀者之間較為流行。從冊數來
看，有造館本應為《李杜絕句集注》四冊本，弘道館本則為山本三徑輯《李杜
絕句》一冊本。

4.《李杜詩鈔述注》

改正學問所本《李杜詩鈔述注》，十六本，版本不詳。明林兆珂著有《李
詩鈔述注》、《杜詩鈔述注》。據國家圖書館藏本，《李詩鈔述注》為十六卷八冊，
萬曆刊；全四庫中所收《杜詩鈔述注》為十六卷本，萬曆刻本。改正學問所本
應為《李詩鈔述注》和《杜詩鈔述注》的合刻本。

5.《李杜詩通》

改正學問所本《李杜詩通》，十本，版本不詳。據內閣文庫 1890、1900、
1914 年的三版藏書目錄，1890、1900 年目錄中題作「李杜詩通」，1914 年目
錄作「李杜注通」六十一卷清版，現行數據庫中則作「李詩通」十冊清版。
以上雖題名不一，卻均為胡震亨編，清版。對照郝潤華研究所載臺北「國家
圖書館」藏《李杜通》，六十一卷，其中《李詩通》二十一卷、《杜詩通》四
十卷，清順治七年（1650）朱茂時刻本，改正學問所本與之卷數相同，應為
同版。

6.《李杜詩法精選》

《李杜詩法精選》，二卷二冊，清游藝編。江戶戶文化三年（1806）印本。
是書以清人游藝所編《詩法入門》（又題《李杜諸體詩法》）為底本，為《詩法
入門》第三卷的抽印本。四周單邊，無界，白口。版心上刊「李杜詩法精選／
詩法」，版心標卷次，版心下記葉數。正文每半葉十行，行十八字，雙行小字
雙行，高 24cm，寬 15.75cm。扉頁右上為「閩潭游子六選評」，中為書名「李
杜詩法精選」，左上為「大阪」，左下為「星文堂」。次有《李杜詩法精選序》，
署「東都松元修於文化乙丑（1805）八月撰」。其後是目錄，卷一《李青蓮詩
選》選錄李白古樂府 19 首，五言古詩 18 首，七言古詩 12 首，五言律詩 13
首，七言律詩 2 首，五言排律 6 首，五言絕句 10 首，七言絕句 18 首，共計 98
首。卷二《杜少陵詩選》選錄杜甫五言古詩 24 首，七言古詩 9 首，五言律詩
19 首，七言律詩 12 首，五言排律 4 首，七言排律 1 首，五言絕句 7 首，七言
絕句 5 首，共計 81 首。卷端題「李杜詩法精選卷之一／二」，次行最下方題

「閩潭游　藝子六氏輯」，第三行最下方題「書林余　明汝正氏梓」。第四行空一格，題「李青蓮詩選／杜少陵詩選」。再另起一行標注詩體，前空一字。本書詩題前皆空兩字，下有解題，再題作者名「李白／杜甫」。詩正文及注釋則另起一行頂格書寫。詩題及詩正文皆為大字，題解雙行小字，注釋在正文右側以單行小字書寫。正文後間以雙行小字書寫評語。卷二正文後有《二刻增訂李杜諸體詩法》的《二家詩總評》。末有刊記「文化三年丙寅正月發行」，次「書籍鋪」記「京二條富小路西江入所林伊兵衛」、次「江戶下谷中町北澤伊八郎」、次「大阪高麗橋一町目淺野彌兵衛」，次「同三宅吉兵衛」。

游藝，字子六，號岱峰，清初建陽崇化里人。為天文學家，撰有《天經或問》前後集，收入《四庫全書》。又有《曆象成書》、《萬法歸宗》、《奇門超接》等書，在天文學史上有較大影響。又長於詩作，撰有《詩法入門》一書，在清代流傳甚廣，清人費經虞撰《雅倫》中有所提及。《詩法入門》是面向初學的詩法啟蒙書，卷一「詩法」，卷二「詩式」，卷三為李杜二家詩選，卷四為古今名詩選，別附「詩韻」一冊。文化本《李杜詩法精選》即此書卷三之抽印本。

游藝的具體生卒不詳。據蔣寅先生考證，林雲銘《挹奎樓選稿》有《滿江紅》詞送游藝歸閩，稱「亂後生逢，怪彼此蒼顏難識」，由此可知游藝與林雲銘年紀相當，在康熙年間已屆暮年。又以《詩法入門》於1690年已於日本翻印，判斷此書之刊行應在康熙前期。目前已知最早版本是蔣寅先生所考康熙間慎貽堂重刊本，「慎貽堂」是畢忠吉（約1634～約1688）的堂號，故此書刊行在1688年之前。其他版本有：書業堂刊本、清康熙五十四（1715）年金陵白玉文德堂本、康熙五十五（1716）年越盛堂刊本、學余堂刊巾箱本、1851年刊石印本、民國三（1914）年上海千頃堂刊本、民國六（1917）年上海廣益書局石印本、民國上海文瑞樓石印本、民國十（1921）年雲記書社刊本、民國十二（1923）年上海裕德書局石印本、民國十三（1924）上海東萊書局石印本、民國二十四（1935）年東方書局本、臺灣廣文書局1970年影印本、新文豐出版公司1974年影印本。

日本現存的《詩法入門》和刻本也有不同版本。年代最早的是元祿三年（1690）大阪芳野屋伍兵衛刊本，五卷首一卷，九州大學中央圖書館、島根縣立圖書館、京都產業大學小川文庫有藏本。九州大學藏本卷首題「閩潭游藝子六氏輯、余明汝正氏雕」，前附游藝題《自序》、門人趙希慶撰《游子六詩法入

門》、《詩法入門集諸家書目》、游子六識《讀詩法意小引》、《詩法入門總目》、譚友夏先生鑒定、餘慶堂梓《詩法入門目錄》。可知，元祿本《詩法入門》底本與文化本《李杜詩法精選》同樣為余明刻本。余明（生卒不詳），字汝正，生於建陽余氏，與游藝同為福建建陽人，曾刻游藝的另一著作《天經或問》。另有岸田銀次郎（吟香）訓點明治十七年東都樂善堂刻本，五卷，題作《詩法纂論續編》。

除文化本《李杜詩法精選》以外，還有其他《詩法入門》抽印本在日本刊行。《古今名詩選》一卷（詩法入門卷第四），有江戶玉山堂山城屋佐兵衛刊本和文政七年（1824）江都須原屋茂兵衛、大阪秋田屋太右衛門補刊本，兩種均在京都大學附屬圖書館有藏本。

文化本《李杜詩法精選》正文後附《二刻增訂李杜諸體詩法·二家詩總評》。從題名可以推斷，此書以《詩法入門》的翻刻增訂本為底本。現存康熙五十五（1716）年越盛堂刊，題為「游子六纂輯，譚友夏鑒定」《增訂詩法入門》，《二刻增訂李杜諸體詩法》可能是此書的翻刻本。《總評》載宋吳曾《能改齋詞話》引劉次莊評語、蔡百納《西清詩話》、鄭厚《藝圃折衷》、敖陶孫《詩評》、嚴羽《滄浪詩話》、明朱奠培（竹林嬾仙）《松石軒詩評》、王世貞《藝苑卮言》等宋、明人的李杜詩評。最後評曰：「右錄評二家詩者如此，其他地極推尊之詞耳。既多蔓語，亦鮮冥契。蔡西清頗為為得之。近代李于鱗、王元美互有雌黃，犁然各當矣。而王氏獨伏膺少陵，猶是公論。」此書中並未標注此評語出處。據明萬曆十七年（1589）余紹崖刻屠隆《李杜二家詩鈔評林》，此段評語的署名為「生洲梅鼎祚禹金識」，證明並非游藝所評。

文化本《李杜詩法精選》有日本松元修（生平不詳）撰《李杜詩法精選序》曰：

> 李青蓮、杜少陵以絕特偉傑之才，凌跨百代，古今詩人盡廢。爾來作者，大域以李杜為正鵠矣。然而青蓮有青蓮之詩，少陵有少陵之詩。一時而彼此不同調，一人而前後不同體。要之，其究精入神以感人者，彼此一揆。故古人以二家為正鵠者，不必字字句句效其臠，取法度於彼，求新奇於我，各就才性之所長馳騁，此所以得其真也。蓋法度不法前軌，則不能精整莊嚴也。亦繩約乎其法，一意效其臠，則不能氣韻清高也。有法由焉而可致其才也，不可以繩約其才矣。有游子六所著《詩法入門》者，其中有《李杜詩選》一

卷，浪華書肆星文堂欲表出行世，就余謀焉。乃披讀之，其於近體

莫不備焉，且妙句、變體等處間注於其旁，此大有益於學者。凡泳

學海憩執林者，取法此書，馳騁則可以至其才之美。

從上可知，松元修推崇李、杜二家為「絕特偉傑之才」、「凌跨百代」，認為應從「才性論」的角度取法李杜。此本刊刻時間正值江戶詩壇處於格調、性靈、神韻「三詩說」鼎立、詩風折衷化的階段，松元修之論重視「調」、「體」、「法」，推重李杜的同時，又反對外在摹擬，追求「精神」、「氣韻」之清高、內容之新奇和「才性」之真，具當時折衷化的格調派詩論特色。另外，從序中也得知《李杜詩選》一書的出版緣由，明確《李杜詩選》為游藝《詩法入門》中的一卷。最後，評價該書「於近體尤備」、游藝注對學詩者大有裨益。

《李杜詩法精選》注釋較簡略，詩題後的題解和詩正文右側注文多為地名、人名釋義，少有典故、出處的解說。唯有卷二《新安吏收京後作雖收兩京賊猶充斥》詩正文上方天頭處加以方框標注，引《杜工部草堂詩箋》注曰：「古人千家注曰：掘壕塹，不甚勞民，以盡其力。而牧馬，不甚困民，以竭其財也。況子儀所掌之兵，皆動循法制，而號令分明，非若諸將之兵，桀驁難制也。」全書僅此一例。

如松元修序所言，游藝注的特色在於以圓圈標出變體，並對妙句進行點評。如卷一李白《南陽送客》詩，全詩以圓圈標出需要注意格律之處：「斗㊐勿㊀薄，寸㊃貴㊀忘。坐㊀故㊀去，偏㊀遊㊀傷。離㊀怨㊀草，春㊀結㊀楊。揮㊀再㊀別，臨㊀空㊀腸。」詩後注曰：「此平仄失黏，不是律體。但格局、焰應、對偶、起合，皆是律法，亦可列之五言古詩。」

妙句點評則有卷一李白《長相思》評注：「如泣如訴，怨而不誹。」《扶風豪士歌》評注曰：「讀此令人揮涕如雨」《思邊》評注曰：「妙在『何時』字，正思之茫然處」。又如卷二杜甫《成都府》評注：「語次、寫景、語氣，俱神。」《秋風》評注曰：「寫眼前景，宛轉含蓄，不盡棲感。」《月夜憶弟》評注曰：「今人憶詩，皆是套語。有此功寔者乎？」簡潔易懂，點到即止。

本書在日本國立公文書館、關西大學圖書館有收藏。

7.《新刻翰林考正京本李杜詩評選》

尊經閣本《新刻翰林考正京本李杜詩評選》，明何燵編，萬曆刊本，李詩評選四卷，杜詩評選四卷。據郝潤華關於「李廷機《李杜詩選》八卷」的介紹，《中國古籍善本書目》、《中國古籍總目》錄有《新刻翰林考正京本李詩評選》

四卷、《杜詩評選》四卷，題明何焯輯、明李廷機考正，明萬曆十九年宗文書舍刻本。〔註50〕從題名、刊年、編者和卷數來看，尊經閣本均與上述《新刻翰林考正京本李詩評選》和《杜詩評選》相符，應為二書合刻本。

8.《李杜詩集》

彰考館本《李杜詩集》，九卷，三冊，大德癸卯。大德癸卯即元大德七年（1303），目前所知李杜合刻本均為明刊本，未見此類元刊本，特錄待考。

9.《李杜合選》

梁川星巖本《李杜合選》，六本，版本不詳。據孫琴安《唐詩選本提要》，清人車萬育撰有《李杜詩合選》十六卷，清康熙二十七年刻本，六冊。題名與冊數均相符，應為此本無誤。

10.《李杜詩集補注》

改正學問所本《李杜詩集補注》，六本，版本不詳。上海古籍出版社《中國古籍善本書目》、孫琴安《唐詩選本提要》、郝潤華《明代李白詩選注評點本考錄》等均無著錄。據查「日本所藏中文古籍數據庫」，日本現無此書藏本。從題名來看，有可能為《分類補注李太白詩》和黃希、黃鶴的《黃氏補注杜詩》（又名《黃氏補千家注紀年杜工部詩史》、《集千家杜詩補注》）的合集，但從冊數來看，為二家詩抽選本可能性較大，待考。

11.《李杜四聲韻選》

細川重賢舊藏本《李杜四聲韻選》，四卷，一冊，江戶安永三年（1774）刊本。上海古籍出版社《中國古籍善本書目》、孫琴安《唐詩選本提要》、郝潤華《明代李白詩選注評點本考錄》等均無著錄。據查，此本又稱《四聲韻選》，為千葉玄之編選，江戶須原屋刊，現存於九州大學。千葉玄之（1727～1792），字子玄，號芸閣，江戶中後期儒者，學於秋山玉山。

12.《李杜狐白》

青柳館本《李杜狐白》，四冊，版本不詳。上海古籍出版社《中國古籍善本書目》、孫琴安《唐詩選本提要》、郝潤華《明代李白詩選注評點本考錄》等均無著錄。據查「日本所藏中文古籍數據庫」，日本現無此書藏本。

題名「狐白」為「精粹」之意，應為李杜精選本。明代萬曆間，出現了一系列以「狐白」題名的書籍，且大多由福建書林自新齋余氏刊行：

〔註50〕郝潤華、莫瓊：《明代李白詩選注評點本考錄》（2018）。

　　《三元合評選注戰國策狐白》三卷，明湯賓尹撰，明朱之蕃詳注，明龔三益撝評，明林世選彙編，朝鮮肅宗英祖間，據明余良木自新齋刊本鈔。

　　《新刻湯會元精選評釋國語狐白》四卷，明湯賓尹撰，萬曆二十四年，自新齋余良木刊本，現藏於東京大學東文研。

　　《重鋟增補湯會元選輯百家評林左傳狐白》四卷，明湯賓尹撰，明林世選編，明自新齋刊，現藏於公文書館。

　　《鼎鐫金陵三元合選評注史記狐白》六卷，明湯賓尹精選，明朱之蕃詳注，明龔三益撝評，明林世選彙編，明萬曆版，現藏於前田育德會。

　　《新刻韓會狀注釋莊子南華真經狐白》四卷，明韓敬撰，萬曆四十二年，余氏自新齋刊本，無求備齋莊子集成續編，現藏於京都大學人文研。

　　明代以後，東傳日本的書籍中僅見《傳家寶狐白》以「狐白」題名。《傳家寶狐白》，二卷，清石成金撰，寶曆刊（此「寶曆」應為日本桃源天皇年號，1751～1764），現藏於靜嘉堂文庫。由此大致可以猜想，《李杜狐白》為明萬曆間福建書林的刊本，或是江戶書商蹈襲「狐白」系列之名自行刊印的準漢籍。

二、江戶時代貿易記錄中的李白詩文集

　　江戶時代通過船舶貿易輸入日本的書籍文獻，一般稱為「舶來本」。貿易記錄方面的相關資料，以日本學者大庭修的《江戶時代持渡書研究》和《舶載書目》兩部著作的整理成果最為全面、豐富。二書所收的舶來書目，雖然只是江戶時代進口書籍記錄的一部分，但數量不少、種類繁多。其中錄有李白詩文集（李杜合集在內）相關貿易記錄十八條：

　　　　元祿七年《元祿甲戌秋新渡書目》：《李杜詩通》

　　　　正德元辛卯年《商舶載來書目》：《李杜詩通》一部八本

　　　　正德元年《舶載書目》十三、十四：《李杜詩通》（一部）八本六十一卷

　　　　正德三年《舶載書目》十七：《李太白集》

　　　　享保十年《六番船書籍改》：《李杜全集》一部二套

　　　　寶曆四年《舶來書籍大意書戌番外船》：《分類補注李太白詩》

嘉靖二十五年本，二十五卷，一部二套十二本。

寶曆四甲戌年《商舶載來書目》：《分類補注李太白詩》一部二套

寶曆八戊寅年《商舶載來書目》：《李太白集》一部一套

寶曆己卯（九年）一番船《外船齎來書目》：《李太白集》十五部三十套

寶曆己卯（九年）十番船《外船齎來書目》：《李杜合集》一部二套

寶曆九己卯年《商舶載來書目》：《李杜分體全集》一部二套六本

寶曆十庚辰年《商舶載來書目》：《李太白集輯注》一部二套

天明六年春《舶來書籍大意書》：明胡震亨撰《李杜詩通》十本

弘化三年午五月《書籍元帳》巳三番四番五番船：二十四《李白詩文集》一部一套

弘化三年午七月《書籍元帳》九十六：《李詩補注》一部一套

嘉永二酉年十月《書籍元帳》酉三番船：《李太白集》二部各一包

嘉永三年戌五月《書籍元帳》：新渡《李白帖》一部一帖、（同目錄不同頁）《李白帖》一部一帖

嘉永六年丑四月《書籍元帳》子二番船：《李太白集》一部一套

天保十四卯《落札帳》：《李白詩集》五部各一包四本

時間上來看，最早的輸入記錄為元祿七年（1694），最晚為嘉永六年（1853）。換言之，我們現在能看到的是江戶中期以降到江戶末期約 160 年之間的部分相關記錄。書籍類別來看，十一條為李白別集，占 61%；七條為李杜合集，占 39%。但若從具體部數來看，李白別集的輸入數量能達到一次十五部三十套之多，李杜合集則多為一次一部。李白別集中，以題名為《李太白集》的書籍最多；李杜合集中，則以《李杜詩通》為最多。未見於前述江戶時代舊藏李白詩文集的文獻，則有《李杜分體全集》一部二套六本、《李白帖》和《李白詩文集》等幾種。立命館高木文庫現藏有明劉世教編《分體李杜全集》（即《合刻李杜分體全集》李集序首），二十四冊，明萬曆四十年序刊本，其中《李翰林全集》四二卷目四卷，《杜工部全集》六六卷目六卷，《李翰林年譜》一卷，《杜工部年譜》一卷。《李白帖》和《李白詩文集》則未見於現存文獻資料，據題名猜想，前者或為明人、清人所作李白詩做法帖，後者可能為《分類補注

李太白詩附文集》。〔註 51〕

三、江戶時代出版翻刻的李白詩文集

　　江戶時代在日本本土出版、翻刻的書籍文獻，都屬於「和刻本」。早在江戶元祿十五年（1702），就有日本人為此類書籍進行考據整理。幸島宗意所撰《倭版書籍考》十卷，為江戶慶長至元祿年間出版的和刻書籍的解題。其中，僅錄有李白別集一種：楊齊賢注、蕭士贇補注《分類補注李太白集》二十五卷附太白年譜，具體翻印年代不詳。〔註 52〕江戶和刻本又可以進一步分為幾大類：一是由官學昌平阪學問所出版印刷的「官版書籍」，二是由地方藩校出版印刷的「藩版書籍」，三是由書林書商出版印刷的一般和刻本。〔註 53〕據考，昌平阪學問所在寬政十一年至慶應三年（1799～1867）出版的二百多種官版書籍（又稱「昌平叢書」）中，並無任何李白詩文集。又據日本學者笠井助治關於江戶藩校出版書籍之統計，藩版書籍中中國詩文集僅有三十種，且不包括任何李白詩文集，日本人的詩文集則多達九十種。〔註 54〕可見，藩版書籍主要目的是為了出版本藩著作，而非翻刻市面上已經存在的文本。因此，江戶時代出版翻刻的李白詩文集主要屬於上述第三類——由書林書商出版印刷的一般和刻本。關於這方面的資料，主要來源於《江戶時代書林出版書籍目錄集成》一書，它包括編於江戶時代寬文十年至明和九年（1670～1772）百年之間的多種出版書籍目錄。〔註 55〕其中，十種目錄錄有和刻李白詩文集的相關資料：

　　　　寬文十年（1670）刊《增補書籍目錄》：《李杜絕句》一冊，《李太白詩集》一冊。

　　　　寬文十一年（1671）山田市郎兵衛刊《增補書籍目錄》：《李杜絕句》一冊，《李太白詩集》三冊。

　　　　延寶三年（1675）毛利文八刊《古今書籍題林》：《李太白詩集》

〔註 51〕據查，日本現存《分類補注李太白詩》多為「詩集附文集」形式。

〔註 52〕幸島宗意：《倭版書籍考‧卷七‧詩文尺牘之部》，長澤規矩也、阿部隆一編：《日本書目大成》第三卷，東京：汲古書院，昭和 54 年（1979）。

〔註 53〕此外，還有德川家康在慶長四至十一年（1599～1606）在圓光寺主持的京洛「伏見版」印刷活動。

〔註 54〕笠井助治：《近世藩校に於ける出版書の研究》，東京：吉川弘文館，1962 年，第 577～585 頁。

〔註 55〕斯道文庫編：《江戶時代書林出版書籍目錄集成》（全三卷），井上書房，1962.12～1964.4。

二冊，《李杜絕句集注》四冊，《李杜絕句》山本三徑編一冊。

延寶三年（1675）江戶刊《新增書籍目錄》:《李杜絕句》一冊，《李杜絕句注》四冊，《李太白詩集》廿冊。

天和元年（1681）江戶山田喜兵衛刊《書籍目錄大全》:《李杜絕句》一冊，《李杜絕句注》四冊，《李太白詩集》廿冊。

元祿五年（1692）刊《廣益書籍目錄》:《李太白詩集》二十冊，《李杜絕句集注》四冊，《李杜絕句》山本三徑編一冊。

元祿九年（1696）河內屋喜兵衛刊《增益書籍目錄大全》:《李杜絕句集注》四冊，《李太白詩集》廿冊。

元祿九年（1696）刊，正德五年（1715）修，丸屋源兵衛刊《增益書籍目錄大全》:《李杜絕句集注》四冊，《李太白詩集》廿冊。

元祿十二年（1699）京都永田調兵衛等三名刊《新版增補書籍目錄》:《李太白詩集》二冊，《李杜絕句集注》四冊，《李杜絕句》山本三徑編二冊。

明和九年（即安永元年，1772）京都武村新兵衛刊《大增書籍目錄》:《李太伯詩選》二冊，谷左仲編。

以上十種目錄中所錄二十四種和刻李白詩文集，除最後一條以外，均刻於1702 年以前。也就是說，前述刊於元祿十五年的《倭版書籍考》僅錄李白別集一部，顯然不能反映當時和刻本書籍的真實情況。據考日本現存的和刻本李白詩文集，尚有數種未見於以上書目，補充如下:

《李太白絕句》二卷，明許其（「自」之誤）昌補校，寬文 2 年（1662）刊本。

《李杜絕句》，寬文二年（1662）刊後印本，四卷四冊大本。

《李杜絕句》一卷，山本泰順輯，寬文六年（1666），京都菱華堂山本五兵衛刊巾箱本。

《李杜絕句》四卷，山本泰順輯，寬文六年（1666），京都芳雪齋山本五兵衛刻本。

《分類補注李太白詩》，二十五卷，明許其（自）昌補校，山脇重顯評點，延寶七年（1679）刊本。

同上，京都菱屋孫兵衛後印本。

《箋注李杜絕句集》，文政三年（1820），大阪吉田善藏等刊。

《御選唐宋詩醇李白》八卷，橋本大路箋注，山本時行刊，大
阪伊丹屋善兵衛後印本。

通過以上資料，江戶書林出版的和刻本可以歸納為《李太白詩集》、《李杜
絕句》、《李杜絕句注》、《李太白絕句》、《分類補注李太白詩》山脇重顯評點本、
《李太伯詩選》、《箋注李杜絕句集》及《御選唐宋詩醇李白》橋本大路箋注本
等九種。其中，《李太白詩集》、《李杜絕句》、《李杜絕句注》等三種在 1670 年
至 1699 年的三十年間多次翻印。

題名為「李杜絕句」的和刻本可以分為山本三徑輯《李杜絕句》、編者不
詳的《李杜絕句集注》及《箋注李杜絕句集》等三種。山本三徑，即江戶前期
的儒者山本洞雲，名泰順，字三徑，別號梅室。學於宇都宮遯庵，曾於 1682
年與朝鮮通信使團進行漢詩贈答，著有《詩律初學鈔》、《老子諺解》、《浪華十
二景》、《洛陽名所集》等。最早的《李杜絕句》為 1666 年刊的一卷巾箱本和
四卷刻本，1670 年以降出版的均為一冊本，是為翻印次數最多的版本。直至
1699 年，《李杜絕句》才出現冊數上的變動，成為兩冊本。《李杜絕句注》（又
題作《李杜絕句集注》）四冊本在 1675～1699 年之間多次翻印，日本現存相關
文獻中僅有立命館高木文庫藏《李杜絕句》同為四冊，寬文二年刊後印本，可
能為《李杜絕句集注》早期的版本。《箋注李杜絕句集》文政三年本現藏於日
本國會圖書館，據查實為《李杜絕句集注》二卷。

《李太白詩集》從冊數上可以分為一冊、二冊、三冊和二十冊本等四種，
無論是翻印次數或是舊藏記錄，都以二十冊本為最多。前述江戶舊藏李白詩文
集中，版本信息不詳的福井藩明道館《李太白詩集》、玉里文庫《分類補注李
太白詩》、曼殊院《李詩分類補注》及圓光寺《分類補注李太白詩集》等四部
均是二十冊本。由於舶來本文獻價值較高，一般情況下都會標明版本信息。因
此，上述四部為和刻二十冊本可能性較高。

山脇重顯評點、延寶七年刊《分類補注李太白詩》是日本現存數量最多
的和刻李白別集。長澤規矩也編《和刻本漢詩集成》所收《分類補注李太白
詩》也是此本。關於山脇重顯的生平，目前尚未能查明。據現藏於日本實踐
女子大學山岸文庫的文獻記錄，該本乃「據萬曆中長洲許自昌校刻本重刻」。
國家圖書館現藏有《分類補注李太白詩》二十卷十四冊和明萬曆三十年《李
杜全集》中的《分類補注李太白詩》二十五卷十冊兩種許自昌刻本。日本現
存延寶七年刊本的冊數各有不同，大致能分為五種：（1）十冊大本，附年譜

一卷，京都菱屋孫兵衛刊，現藏於立命館大學高木文庫。（2）二十五卷十一冊本，京都大學人文研究科、佐野市須永文庫、二松學舍大學、廣島大學、公文書館等均藏有此本，其中二松學舍、廣島大學和公文書館藏本均附有年譜一卷。（3）二十五卷十二冊本，現藏於九州大學、南葵文庫及東洋文庫。（4）十六冊本，現藏於佐賀縣圖書館，其中二冊已佚。（5）二十冊本，現藏於高遠文庫。

《李太白絕句》，靜嘉堂文庫、日本國士館、山口大學、東北大學、佐賀縣圖書館、立命館大學等有藏本，均為二卷。據查，國士館本與立命館大學本均為寬文二年刊《李杜絕句》中的李白絕句部分，屬於抽印本一類。

《李太伯詩選》二冊，谷左仲編。谷左仲（1701～1773），名鸑，字子詳、衝天，號眉山、麋山、芙蓉先生。他是伊藤東涯門人，著有《太白詩選》、《谷氏助字解》、《芙蓉詩集》等，《李太伯詩選》即《太白詩選》。現於日本各大藏書機構均查無此本，待考。

《御選唐宋詩醇李白》橋本大路（香坡）箋注本，八卷四冊，嘉永四年（1851）序，山本時行刊，大阪伊丹屋善兵衛後印本。此本為清代《御選唐宋詩醇》中「隴西李白詩八卷」之抽印本，關西大學圖書館、東京大學綜合圖書館、九州大學中央圖書館均有藏本。另有「隴西李白詩八卷襄陽杜甫詩十卷」十八卷九冊抽印本，現於京都大學附屬圖書館和佐野市須永文庫有藏本。

以上資料主要集中在 1662～1700 年之間，十八世紀以後的相關記錄相對缺乏。據查江戶安永八年至文化十二年（1779～1815）間的江戶本屋出版記錄，以經部為主，其中又以《古文孝經》最多。集部以總集類為主，《唐詩選》的不同版本、種類和衍生本基本每年都會出版，別集則出版得極少，其中不包括任何李白詩文。此外，朝倉治彥所編《享保以後江戶出版書目》所收大量書目中，也不包括任何相關和刻本出版記錄。

和刻本與選集對李白詩文傳播的重要性

李白詩文在江戶日本的傳播，在客觀的文獻環境上存在幾個方面的問題。首先，從中國輸入的「唐本」價格昂貴、數量有限，有能力和機會接觸這些文獻的人始終屬於少數。這類文獻大多為珍稀版本，文獻價值較高，往往受到更多研究者的關注，但由於它們一般作收藏之用，在傳播和教育方面實際上起的作用不大。江戶時代的漢詩文主要以和刻本為媒介得到廣泛傳播，據前文對相關和刻本的版本調查，仿照蔣寅先生按一版五千部來粗略估算的話，李白別集

的和刻本數量大概是七萬五千部，其中體量較大的《李太白詩集》二十冊本和《分類補注李太白詩》二十五卷本占三分之二，李杜合集的和刻本則高達十萬部，其中九成都僅選錄李、杜二家的絕句。

其次，李白別集本身的權威注本較少，且這些權威注本在日本並未得到有效傳播。清代王琦《李太白文集輯注序》曾明確指出李白別集注本的問題所在：

> 詩人李、杜並稱，古今注杜者百餘家，而李之注傳於世者乃少，余所見楊子見、蕭粹齋、胡孝轅三家，外此寥寥無聞矣。……嘗讀錢蒙叟、顧修遠諸家杜注，以為勝於昔人，譬之積薪，後來者居上。惜李集無有斐然繼起者，爰合三家之注訂之，芟柞繁蕪，補增闕略，析疑匡謬，頗有更定。至於山川古蹟之地形、鳥獸草木之名狀，尤佳詳考，不厭繁複，蓋將以為多識之助；而觀者議其過於綺碎鱗雜，無當於詩之本義。自念徵經引史，亦不無郢書燕說之誤，或失作者命意修辭之旨，雖摩研編削，虛耗歲時，以上視錢、顧諸先輩，無能為役，安敢與之接武而抗行哉！第思粹齋之作《補注》，所以補子見之闕也，而未能盡補其闕；孝轅之作《李詩通》，力正楊、蕭二家之訛，而亦未能盡正其訛。余承三子之後，捃摭其殘膏剩馥，而廣為綜緝，夫豈誇多而炫麗哉？將以竟三子之業也。〔註56〕

要之，就是李、杜雖然齊名，但李詩注本不僅「量」遠不及杜詩注本多，在「質」的方面也未能達到令人信服的水平，除了存在較多謬誤和疑點之外，還有過於繁雜、解釋不當等不足之處。日本人學習漢詩往往需要借助訓點和詳盡易懂的注解，李詩注本的種種不足無疑是不利於李白詩文在海外的傳播與普及的。在古今李白注本中，以王琦注本傳世刊本最多，影響最大。王琦注《李太白文集》於乾隆二十三年首次刊刻，按照當時船舶貿易的速度和對中國典籍文獻的需求來看，王琦注本最快在一年內，最晚在一、兩年後就能東傳江戶日本。〔註57〕在本章的考察中，列舉了四部傳入日本的王琦注本，分別是昌平阪學問所

〔註56〕裴斐、劉善良編：《李白資料彙編：金元明清之部》（全三冊），北京：中華書局，1994年7月第一版，第841頁。

〔註57〕劉芳亮《日本江戶漢詩對明代詩歌的接受》的第一章對江戶時代漢籍輸入的速度有較詳細的論述，其中列舉了案例證明江戶初期已經能在中國出版的兩、三年後傳入日本，乾隆末、嘉靖年間的傳入速度更加突出，如乾隆五十五年（1790）出版的《隨園詩話》，在翌年已傳入日本。劉芳亮：《日本江戶漢詩對明代詩歌的接受研究》，濟南：山東大學出版社，2013年。

舊藏的乾隆二十四年本、佐伯藩毛利家舊藏的乾隆二十三年本和另一部刊年不明的殘本,以及福井藩校改正學問所舊藏的《李太白文集輯注》。〔註58〕這證明,王琦注本確實傳入江戶日本,且被收入官學和地方藩校等教育機關的藏書中,但這類「唐本」數量太少,影響範圍也有限。另一方面,在前文梳理、總結的和刻本李白詩文集中,並未包括任何王琦注本的翻印本,且接近九成的和刻本的刊刻年份都在王琦本刊出以前,乾隆二十三年後刊刻的僅有四部,分別是編者不詳的《李杜絕句集注》、清代游藝的《李杜詩法精選》和日人自編的《李太伯詩選》、《李杜四聲韻選》。享保九年(1724)由服部南郭校訂的《唐詩選》和刻本出版後,加上古文辭學派的大力推廣,漢詩文在真正的意義上達到了傳播和普及的全新階段和高度,出版市場對中國的新渡書籍趨之若鶩,翻印、校訂、訓解和製作相關衍生書籍的速度也大大提升。這種環境下,王琦注本傳入日本卻沒有被翻印成和刻本,實在令人匪夷所思。其中原因可能有兩個,一是由於讀者滿足於當時市場上的注本,對新的注本沒有太大需求,二是傳入日本的王琦注本太少,又掌握在官方機構和權貴之手,出版商無法獲得文獻,導致無法製作相應的和刻本。無論出於何種原因,在缺少王琦注本的情況下,當時的一般讀者所能接觸到的最完善的李詩和刻本就是山脇重顯點校、蕭士贇補注的《分類補注李太白詩》,也就是王琦所說的「未能盡補其闕」的前人注本。

　　最後,儘管在興教辦學的風氣下漢字識字人口大大增加,江戶時代的書籍中,以日文撰寫或輔以日文注解的書籍始終比純漢文書籍的需求量大。漢文書籍中,以經、史二部為主,子部書籍只有著名的詩文選集和杜甫的詩集屬於官學、私塾等教育機構的必讀書目。幕府官學昌平阪學問所出版的「官版」書籍中有《杜詩偶評》四卷,而李白別集不屬於基礎教育文獻,現實需求性不高。另一方面,缺少流行的通俗本也是李白詩文集在江戶日本傳播的一點不足。杜甫詩文集在江戶時代的流行始於明人邵傅的《杜律集解》,這部僅有六卷的通俗書在江戶日本多次被翻刻,還有著名儒者宇都宮由的標注的《杜律集解詳說》、大典顯常的札記《杜律發揮》、津阪孝綽(東陽)撰寫的《杜律詳解》等日人自編、自著的衍生通俗本陸續出現,這些「接受文本」是江戶日本的多元接受者在杜詩接受過程中的回應,它們既是面對杜詩的經典文本的

〔註58〕改正學問所本無法通過內容考證是否王琦本,但從冊數來看,江戶時代題為《李太白文集》的相關集子中只有王琦本為十六冊本,以此推斷為王琦本。

審美對話，也是對歷代杜詩注本的反思性對話。〔註59〕這些日人撰寫的解說本是對漢人所撰通俗書的進一步解說，對日本讀者來說更通俗易懂，促進了杜詩在初學者和一般讀者之間的普及。然而，李白詩文集的和刻本中，得到日人加工、改造的並不多。山脇重顯點校的《分類補注李太白詩》只在蕭注本的基礎上加以日文訓點和校正，並未有進一步的發揮和闡釋，山本三逕輯《李杜絕句》、千葉玄之編選《李杜四聲韻選》、谷左仲《李太伯詩選》等其餘幾種則重在輯錄、編選，並未觸及內容的解說與評析。這些讀本對漢文素養的要求較高，顯然面向專業的漢文學者和漢文能力較強的讀者。要之，對初學者和一般讀者而言，李白詩文集既不符合現實需求，在市場上也不具備通俗易懂的流行讀本。因此，李白雖與杜甫齊名，在詩文集的出版和傳播程度上卻與杜甫的差異較大。

　　然而，從前人研究和江戶文學對李白詩文的回應來看，李白詩文在江戶日本的不同時期、不同階層和不同種類的文藝作品中都具有較高的影響力和辨識度。要達到這種程度的普及，僅僅依靠中國輸入的李白詩文集和各種各樣的和刻本出版活動還是遠遠不夠的，李白詩文還需要借助暢銷選本的普及性和流行性來實現在江戶日本的廣泛傳播。選本是中國文學批評中包容性廣、最便於擴大影響範圍的批評方式，在域外漢文學圈，影響最大的也是選本。〔註60〕唐詩選本不僅對李、杜詩歌在中國的經典化起到關鍵作用，對包括李白詩歌在內的唐代詩歌在東亞漢字文化圈的經典化同樣起了極大的推動作用。

　　江戶時代流行度最高、影響最廣的選本中，涉及李白詩文的有《古文真寶》、《唐詩選》、《唐詩品彙》和《唐詩正聲》。這幾種選本在日本的流行情況非本書討論的主旨，在前人研究中也已經有所論及，僅列出一些統計數據以作參考：蔣寅先生認為，《唐詩選》僅算南郭校訂本的四十三種版本，其翻印總數已經達到二十萬部，若加上其他相關的衍生書籍，數量更是驚人。〔註61〕筆者所見江戶刊《古文真寶》和刻本的相關記錄共 296 條，其中《古文真寶》前集（詩部）占 98 條，除部分版本信息不詳的文獻以外，共統計出三十一種刻

〔註59〕此處沿用陳文忠《接受史視野中的經典細讀》中的相關理論與概念，「接受文本」指接受者撰寫的，反映了其對作品的理解的評價性文本。陳文忠《文學美學與接受史研究》，合肥：安徽人民出版社，2007.12，第 325～349 頁。

〔註60〕見張伯偉：《選本與域外漢文學》，《南京大學學報》（哲學・人文科學・社會科學），2002 年第 4 期第 39 卷，81～89 頁。

〔註61〕蔣寅：《舊題李攀龍〈唐詩選〉在日本的流傳和影響》，《國學研究輯刊》第十二卷，2003 年第 12 期，第 363～386 頁。

本，估算總數超過十五萬五千部。《唐詩正聲》和刻本版本較前兩種少，共十二種，估算總數在六萬部左右。〔註62〕由上可知，流行詩歌選本的銷量可觀、讀者眾多，對詩歌文本的傳播意義較大。那麼，實際上江戶日本的人們能通過這些流行選本接觸到多少李白詩文呢？李白存世詩歌近千首，《唐詩品彙》收錄了其中的 408 首，佔了四成。但《唐詩品彙》體量較大，和刻本多為抽印本，出版的版本、數量都不及其他三種體量較小的選本。《唐詩選》、《古文真寶》前集和《唐詩正聲》選錄李詩數量分別是 33 首、39 首和 82 首，除去重複收錄的部分，共有 130 首李詩，還有《古文真寶》後集選錄的三篇李白的文章得以通過這些影響最大的選本被大量日本讀者閱讀、賞析。筆者在考察過程中發現，江戶時代接受李白詩文的個案所涉及詩歌絕大多數包含在這 130 首最廣為流傳的李詩中。這一部分李詩被江戶日本的人們視為李白的經典代表作，並在各種各樣的江戶詩文、詩歌批評和文藝作品中被廣泛提起、引用、借鑒和變容。

〔註62〕據蔣寅先生，通常一付木版印刷五六千部就漫漶不清，必須重刻，因此按一版五千部估算。本書刻本「總數」為沿用蔣寅先生以一版五千部來估算的粗略數據。蔣寅：《舊題李攀龍〈唐詩選〉在日本的流傳和影響》。

第二章　江戶初期：宗唐詩風的興起與李白觀

　　活躍於江戶初期（慶長八年（1603）至延寶七年（1679））的漢文學家主要都是生活於中世後期至江戶初期的人物，他們繼承了中世後期的文學思想和詩學作風。說到江戶初期的日本漢文學，不得不提這時期最具代表性的儒學者藤原惺窩（1561～1619）及其弟子林羅山（1583～1657）。日本漢學家神田喜一郎對二人如此評價：「江戶漢文學無疑是由他們打下基礎的，但是這兩位基本上接受的是五山文學的傳統，終究不過是把五山文學延續發展下去而已。」神田氏甚至認為，當時的文學者，包括詩名最高的石川丈山，也沒有掙脫五山文學之遺風，開創出新鮮的景象。[註1] 如此來看，在討論江戶初期的李白接受情況前，有必要先對五山文學，即江戶初期文學者所繼承、接受的文學傳統和風氣進行簡要說明。

一、五山遺風與江戶初期的李白接受

　　江戶時代的江村北海在《日本詩史》中如此評價五山文學的詩歌：「余謂五山之詩，佳篇不鮮，中世稱叢林傑出者，往往航海西遊。自宋季世至明中葉，相尋不絕。」[註2] 五山文學是建立在對宋元明文化、文學、思想的全面學習

〔註1〕神田喜一郎：《日本の漢文學》，《岩波講座日本文學史》第十六卷，東京：岩波書店，1959 年 1 月，第 34 頁。

〔註2〕江村北海：《日本詩史》，馬歌東：《日本詩話二十種》上，廣州：暨南大學出版社，2014，第 104 頁。

基礎之上的禪林文學，其文學主體由中世的五山禪僧組成。在漢詩文方面，當時一般以《三體唐詩》、《聯珠詩格》、《古文真寶》等宋元人所編通俗讀物為教科書，在詩歌批評方面則受《苕溪漁隱叢話》、《詩人玉屑》、《誠齋詩話》等宋代詩話影響最深。這幾部書的影響一直延續到江戶初期。林羅山就曾謂：「本朝耽於文字者，學詩則專以《三體唐詩》，學文則以《古文真寶》」。〔註3〕林羅山本人也曾編有《古文真寶後集諺解》，是一部將《古文真寶後集》通俗化的教科書。生活於江戶初期至中期的俳諧大師松尾芭蕉（1644～1694），在其作品中屢次提及李白並引用李白詩文。然而，芭蕉引用李白的詩只限於《古文真寶》及聯格、詩格等所載，很可能沒有讀到過《李太白全集》。〔註4〕藤原惺窩的漢詩，就被指出有不少模仿《三體詩》。〔註5〕由此可見，《古文真寶》、《三體詩》等教科書在當時的影響力之大。又因為《三體詩》中未收任何李杜詩歌，從李白詩歌傳播的角度來看，《古文真寶》和《聯珠詩格》等通俗選集對李白詩歌在漢詩文初學者（甚至包括不通漢文的一般讀者）之間的普及，發揮著重要作用。

　　青木正兒《中國文學與日本文學》論五山文學對中國文學的學習，指出當時「文章則拿韓柳的古文代駢儷體，詩丟開白樂天而取蘇東坡、黃山谷，並出入於中晚唐」。〔註6〕陳福康《日本漢文學史》則認為「五山時代主要崇尚李、杜、蘇、黃」，但實際上李白對中世日本的影響力，並不能與杜甫、蘇軾、黃庭堅三人相比，這點通過中世流傳的漢籍就能體現。〔註7〕中世日本所刻「五山版」漢籍外典中，有《集千家注分類杜工部詩》永和二年（1376）覆元本、《山谷詩集注》覆宋本、《王狀元集諸家注分類東坡先生詩》南北朝（日本）覆元本，卻無李白專集的覆刻本。五山文學的「抄物」（注疏、講義記錄）中，有惟肖得岩《東坡詩抄》、江西龍派的《天馬玉津沫》（東坡集抄）及《杜詩續翠抄》、萬里集九的《帳中香》（黃山谷詩抄）和雪嶺永瑾的《杜詩抄》，卻未見有關李白詩的抄物。直到江戶初期，藤原惺窩《和楳菴由巳詩並序》一文中

〔註3〕林羅山：《三體詩古文真寶辯》，《羅山林先生文集》卷二十六，京都史蹟會編，日本大正七年（1918），日本國會圖書館藏。
〔註4〕嚴紹璗、王曉平：《中國文學在日本》，第277頁。
〔註5〕嚴紹璗、王曉平：《中國文學在日本》，第97頁。
〔註6〕青木正兒：《中國文學與日本文學》，梁盛志譯，國立華北編譯館，民國31（1942）年四月初版，第34頁。
〔註7〕陳福康：《日本漢文學史》（上），上海：上海外語教育出版社，2011年，第265頁。

論詩，所列舉中國詩人也只有杜甫、蘇軾、黃庭堅三人。〔註8〕

　　五山時代對李白的崇尚，在「李杜」並稱的方式中有所呈現。馬歌東《試論日本漢詩對李白詩歌之受容》一文強調，在日本對於「李杜」一開始就是作為「元白」的對立面提出、並稱的。〔註9〕被譽為「五山文學之祖」的虎關師煉（1278～1346），在中世唯一以「詩話」命名的詩文批評中，留下四則關於李白的論述，是為目前所知日本關於李白及其詩歌最早的評論文字。〔註10〕《濟北詩話》關於李白的批評，前三則都是有關李白詩歌或生平際遇的內容，涉及《秋浦歌》、《送賀賓客》、《王右軍》、《清平調詞三首》等李白作品，除了指出李白詩歌中失考之處之外，就是讚歎「翰林措意及其妙也」，曾提及李白遭高力士讒言事，更斥責「玄宗之不養才者多矣，昏於知人乎」。至於第四則批評，虎關師煉引楊誠齋「李杜之集無牽率之句，而元白有和韻之作，詩至和韻而詩始大壞矣」之論，並發表了個人見解：

　　　　李杜無和韻，元白有和韻而詩壞者非也。夫人有上才焉，有下才焉。李杜者上才也，李杜若有和韻，其詩又必善焉。李杜世無和韻，故賡和之美惡不見矣。元白下才也，始作和韻，不必和韻而詩壞矣，只其下才只所為也，故其集中雖興感之作皆不及李杜，何特至賡和責之乎！

　　從以上「李杜上才，元白下才」之論可以看出，虎關師煉分別將「李杜」和「元白」視作不同詩歌境界的代表，可以稱得上是日本文學史上尊「李杜」之風的先行者。日本漢學家青木正兒在評論《濟北詩話》時，認為虎關師煉之論「雖有宋人詩話的影響，可是比起心醉香山，不能高攀李杜的平安中期以後的詩人眼光，已差距甚遠。」同時，他也強調此為「高等批評眼光的人的好尚」，換言之，就當時一般的詩風而言，還是更偏向學習中晚唐、宋詩，只有像虎關師煉這樣具有「高等」批評視野的人才能獨具慧眼，不同於流俗。〔註11〕

　　五山文學的另一傑出代表中岩圓月，也喜讀李杜。他所作《贈張學士》一詩，就有「夢中得句參李杜，郊島瘦寒何足云」之句，表明尊李杜的詩學態度。

〔註8〕《惺窩文集續集》第七卷，藤原惺窩撰，林羅山編：《惺窩文集》，六冊，江戶寬文四年刊，甘露寺家舊藏本，日本公文書館。

〔註9〕馬歌東：《試論日本漢詩對李白詩歌之受容》，《日本漢詩溯源比較研究》，北京：商務印書館，2011年，第104～105頁。

〔註10〕馬歌東：《日本漢詩溯源比較研究》，第104頁。

〔註11〕青木正兒著、梁盛志譯：《中國文學與日本文學》。

北村澤吉《五山文學史稿》認為,其詩「全以盛唐為準,用力於長篇。其五古效法於太白,能得其輪廓。其七古學少陵,得其氣息。七律亦近於少陵。」據殷燕統計,中岩圓月《東海一漚集》中引用、模仿中國詩歌典故最多為杜甫,蘇軾次之,韓愈與陶淵明並列第三,而關於李白的典故僅有杜甫五分之一。〔註12〕總的來說,中岩圓月雖更多地學習杜甫,但他將李白與他最為崇敬的杜甫並列,足見他對李白的尊崇。

中岩圓月的好友、同出於曹洞宗宏智派的別源圓旨(1297～1364),曾以李白「醉後捉月」為題,作《和天岸首座采石渡》:

> 萬里江天接海天,清波浴出月娟娟。
>
> 醉魂千載若招返,我亦何妨去學仙。

「天岸首座」即天岸慧廣(1273～1335),臨濟宗僧,俗姓伴,諡號佛乘禪師,元應二年渡元,曾任鎌倉五山圓覺寺首座。天岸慧廣作《采石渡》,別源圓旨以此詩和之。李白「醉後捉月」傳說與《濟北詩話》所提高力士讒言一事,均載於元代辛文房《唐才子傳・李白傳》。《唐才子傳》是五山時代被廣泛閱讀的元代著作之一,在日本南北朝已被翻印出版。〔註13〕可見《唐才子傳》的流傳,與李白在中世文學中的歷史、文學形象的塑造有一定關係。

另外,室町前期的入明僧中恕如心(生卒不詳)有《送人至九江》詩:

> 白鷺洲前望去舟,雲濤千里入江洲。
>
> 風帆影滅青天外,日暮蒼蒼楚岫幽。

陳福康認為此詩顯然受李白《送孟浩然之廣陵》影響,同時也化用了《登金陵鳳凰臺》中「三山半落青天外,二水中分白鷺洲」的句意。〔註14〕馬歌東則認為,五山詩人創作中未表現出明顯的(李白)受容,五山詩人詩集中多見對於李白個別詩句的化用蹈襲而已。他所舉之例,同樣來自別源圓旨的漢詩《夜坐》:「秋風白髮三千丈,夜雨青燈五十年。」〔註15〕李白除了與杜甫被並稱為「李杜」外,還以「李杜韓柳」的方式出現。中岩圓月正是詩以李白、杜甫為宗,文以韓愈、柳宗元為宗的代表之一。現存日本南北朝刊古版《唐四賢

〔註12〕殷燕:《中岩圓月〈東海一漚集〉研究——以詩集為中心》,碩士學位論文,浙江工商大學,2012年。

〔註13〕京都東福寺善彗軒舊藏南北朝刊本。

〔註14〕陳福康:《日本漢文學史》上,第329頁。

〔註15〕馬歌東:《試論日本漢詩對李白詩歌之受容》,《日本漢詩溯源比較研究》,第104頁。

精詩》四卷，為無名氏所編，四卷內容為：第一卷李白，第二杜甫，第三韓愈，第四柳宗元，錄有李白詩約五十首。《唐四賢精詩》所收李白詩數量，比當時流行的《古文真寶》、《聯珠詩格》都要多。綜上可見，在虎關師煉提出「李杜上才」論以後，有多位傑出的五山學者都通過詩歌作品表現出尊李杜、學李杜的文學態度。

五山文學中的「李杜並舉」

所謂「李杜優劣論」，一般認為始於中唐。這時期「揚杜抑李」的代表人物為元稹，提倡「李杜並舉」的則以韓愈為首。綜合前人對兩宋及其以前的「李杜」接受的考述，可以大致總結為：中唐、五代文人普遍主張「李杜並尊」；宋初文人總體趨向揚李而不貶杜，主張李、杜二人各有風騷、不分高下，其中又以田錫、王偁偁、梅堯臣、歐陽修最喜學李詩。宋代中後期的王安石選編《四家詩》將李白列於最後，又對李白人品給予了負面評價，引起批評家的爭論。這時期蘇轍、黃徹與王安石持類似觀點。另一方面，以蘇軾和曾鞏為代表的文人則對李白的人品和詩才均景仰不已。即使是主張「獨尊杜甫」的江西詩派之祖黃庭堅，甚至是嚴厲抨擊李白的王安石，在詩歌創作上也會仿傚李白。〔註16〕到了南宋，李白的人品受到讚賞，關於「李杜優劣」的爭論漸趨平靜，呈現「李杜並舉」的基本姿態。陸游是其中重要代表。朱熹、陸九淵從理學角度解讀李白，陸九淵明確提出李杜並舉，而朱熹則明顯偏愛李白，有「揚李抑杜」的傾向。〔註17〕南宋後期，主要有嚴羽、劉辰翁、劉克莊等批評家評點李白詩，其中嚴羽和劉克莊均主張「李杜並舉」，劉辰翁雖更「尊杜」，卻不「貶李」，對李白的詩歌有讚美之詞。同時，李白的人物形象演變為一種文化現象，深受民眾喜愛。總的來看，中唐至南宋普遍以「李杜並舉」為基調，「揚杜抑李」的情況僅發生在北宋中後期，南宋時期對李白的推崇甚至超過以前。然而，黃庭堅的江西詩派與王安石、蘇轍等人之論對後世影響甚大，也是事實。這種強大的影響力，也通過北宋典籍的傳播滲透到日本中世的文學界，以致歷來學界普遍認為李白在江戶時代以前不受重視。

前面已提到，就五山時代的整體詩風來說，是以學習中晚唐、宋詩為主的。由於蘇軾和黃庭堅均是五山時代備受尊崇的文學大家，在探討「李杜」在五山

〔註16〕參照王紅霞：《宋代李白接受史》，上海：上海古籍出版社，2010 年，第 100～104 頁。

〔註17〕王紅霞：《宋代李白接受史》，第 179～183 頁。

時代的接受時，學界傾向於將五山文學對「李杜」的推崇，歸因於蘇軾、陸游等宋代文人對「李杜」的推崇；又將李白不如杜甫受重視的情況，歸因於黃庭堅為首的江西詩派的「尊杜」。另一方面，五山文學受兩宋詩話影響很深，其中有「李杜並尊」的，也有明顯「揚杜抑李」的。其中，最為推崇「李杜」的，當數《滄浪詩話》的作者嚴羽，其詩論也收錄於五山時代被引入且廣為流行的《詩人玉屑》之中。除了兩宋文學思潮的影響外，筆者認為還有一點為歷來文學史論述所忽視的原因，就是五山文學與元代詩學的關係。

張紅《元代唐詩學研究》一書指出，元代處在宋、明之間，而宋、明人的唐詩觀念、詩學思想相差極大，正是由元人完成了這種轉折與過渡。日本漢文學的流變軌跡，從來都與中國文學史的發展緊密相關。一般認為，五山文學深受宋代詩學澆灌，而江戶漢文學則深受明代詩學影響。從五山的「學宋」到江戶時代的「學明」，其間還經歷了「學元」，作為轉折與過渡。這個過程，當發生在大批五山禪僧入元留學、渡日元僧將典籍與知識帶入日本的時期。從中日文化交流史來看，入元日僧人數高達 220 人，幾乎為宋、明兩代的總和。〔註18〕日本現存最早的李白別集，均為元版。前文所提尊「李杜」、學李白的虎關師煉、中岩圓月和別源圓旨等五山學者，都與元有密切關聯。虎關師煉就學於赴日元僧一山一寧（1247～1317）。中岩圓月在思想和學術上曾受虎關師煉指導，1325 年入元，留元七年；別源圓旨 1319 年入元，1330 年歸國，留元十一年。他們三人所接受的詩學觀念，可以說與元代詩學是同時的。尤其是留元多年的中岩圓月和別源圓旨，他們在元留學期間不僅能直接接觸大量元代典籍，還頻繁與中國禪僧和文人交流，詩歌唱和，其文學觀念勢必也會受到當時風氣的影響。有關元代詩壇對「李杜」的評價，張紅認為「李杜並尊為元代較普遍之風氣。元人雖不滿於宋人獨尊杜詩，但元人亦甚重詩歌教化之用，因而對杜詩仍有倚重，視為唐詩之極至。但從美學趣味上更傾心於太白之『天才飄逸』、『瀟灑不塵』，以其更具盛世之氣象。」〔註19〕

文獻方面，日本南北朝翻刻本多為「覆元本」，包括大量元人詩文集。「從刊刻的數量來看，相比於之前的鎌倉時代對宋人詩文集的刊刻和之後的室町時代對明人詩文集的翻刻，元人詩文集在南北朝時代的刊刻數量之多、傳播速

〔註18〕羅鷺：《五山時代前期的元日文學交流》，《四川大學學報》（哲學社會科學版）198，2015 年第 3 期，第 66～73 頁。
〔註19〕張紅：《元代唐詩學研究》，湖南：嶽麓書社，2006 年，第 122 頁。

度之快，都足以成為引人注目的文化現象。」〔註20〕羅鷺在其研究中進一步指出，十五種日本南北朝刊元人詩文集中，「從作者身份來看，趙孟頫、虞集、范梈、揭傒斯、薩都剌五人都是元代第一流詩人，傅習、孫存吾編《皇元風雅》也是元人選元詩的代表性著作，因而在日本被翻刻；其餘九人是禪僧，都直接或間接與入元日僧有交往，其詩作受到五山禪僧的歡迎。」〔註21〕

　　從詩風上來看，一山一寧1299年入元，在此以前，中統、至元年間已形成元代詩壇「宗唐」的詩學思潮。虎關師煉傳世的詩文集有《濟北集》，其中有《詩話》四卷。《濟北詩話》提及詩人中，李白共有四次，僅次於杜甫，位列第二。近年對虎關詩論研究較全面、深入的有臺灣學者梁姿茵，氏著《日本五山文學〈濟北集〉對中國詩文的接受》中指出虎關受宋代詩學觀影響最深：

　　　　虎關主要生長於南宋末，其取得且閱讀中國詩文，應當與中國詩文視為主流之各種書籍相類。若以虎關《濟北詩話》中提及詩人與詩人出現之次數以及引用之書籍而言，與宋代詩人詩作方面，大抵以北宋為要，其對南宋詩人鮮少論述，惟因「詩話」盛於南宋，故多有引用；又虎關為日本從宗白居易詩作為轉向之關鍵者，自非主張宋初宗白之理論者，而是推崇宋代中葉後之詩人及詩作。〔註22〕

　　以上論述，有幾點問題：其一，虎關生於1278年，翌年南宋滅亡，元統一中國。因此，虎關生長年代基本與元代一致，在南宋之後。因此，虎關所讀中國詩文應與元代的主流書籍相符；其二，虎關所論「大抵以北宋為要，其對南宋詩人鮮少論述」，只說明其對南宋詩人詩作關心甚少。而對南宋詩話「多有引用」，與詩話盛於南宋、且南宋詩話大量傳入日本固然有一定關係，但北宋詩話作品數量也不少，虎關引用次數最多的《苕溪漁隱叢話》中就錄有大量北宋詩話。單就《前卷·卷七·李謫仙》來看，已有《六一詩話》、《西清詩話》以及蘇軾、蘇轍、黃庭堅、王安石等北宋人論李詩的內容。因此，從虎關多討論北宋詩人、多引南宋詩論兩點來看，說明他在宋代詩學中較關注北宋的詩作和南宋的詩論。但就整體而言，《濟北詩話》提及的唐代詩人遠比兩宋詩人多；其三，認為虎關「非主張宋初宗白之理論者」實為確論，但稱其「推崇宋代中

〔註20〕羅鷺：《五山時代前期的元日文學交流》（2015）。
〔註21〕羅鷺：《五山時代前期的元日文學交流》（2015）。
〔註22〕梁梓茵：《虎關接受宋代詩學觀之影響》，《日本五山文學〈濟北集〉對中國詩文的接受》（二冊），《古典詩歌研究彙刊》第二十輯第十八冊，臺灣：花木蘭文化出版社，2016年9月。

葉後之詩人及詩作」之論還需商榷。如前文所述，虎關在《濟北詩話》中明確提出尊「李杜」之觀點，這與北宋中後期「尊杜」的詩論主流有一定差異。再結合虎關生活年代與元代詩學之發展來看，虎關詩學觀具有深度、淵源複雜，與元代思想家、文學家吳澄（1249～1333）較為接近。吳澄在思想上折衷朱熹、程若庸之學說，在詩學觀念上主張唐、宋詩並尊，以「李、杜、王、蘇」並舉，合理借鑒，融合唐、宋詩學，觀點與遠在日本、年代相近的虎關師煉有不少相同之處。

中岩圓月入元後歷訪江南寺院，主要在江浙及江西一帶活動。別源圓旨1319～1330 年間遊學於鳳台山、天童山和天目山，均在江浙一帶。二人留元期間，正逢元代唐詩學的鼎盛期，這時期元代詩學隨著文道合一，南北融合，全國上下均提倡「宗唐」、「雅正」之詩風。江浙是元初「宗唐格調派」最早形成之地，浙江的戴表元在至元、大德間已提出「宗唐德古」，著力矯正宋詩之弊。江西詩壇在早期雖有方回繼承江西詩派，也有一批「宗唐」而不「黜宋」的「折衷唐宋派」。〔註23〕與中岩、別源生活年代相近的「元四家」中，虞集、范梈和揭傒斯均出身江西，此三人之詩集均有「五山版」（南北朝）刻本。虞集提倡學唐詩「盛世之音」，對李白、杜甫均有讚美之詞，范梈和揭傒斯也學唐體、追「風雅」。此時的江西詩壇，即使是「折衷唐宋派」的吳澄，也以唐詩為上品，主張「李杜並尊」，甚至「以李白為唐詩詩法之典則」〔註24〕，顯然與傳統的江西詩派觀點已大異其趣。綜上，自稱「夢中得句參李杜」的中岩圓月，和感歎「我亦何妨去學仙」的別源圓旨，在「尊李杜」這一點上與元代當時的普遍詩學觀念相符，足見二人一定程度上受元代詩學之影響。

中恕如心留學之時，已是明代初期。明初繼承元末楊士弘《唐音》的詩學理想，專主盛唐，辨正、變，尊李、杜。高棅《唐詩品彙》作為明初唐詩學的集大成，明確提出「詩莫盛於唐，莫備於盛唐，論者惟杜、李二家為尤」。中恕如心在這時期入明，接受的已是自元代過渡至明初最終得以確立的「宗唐」詩學。也就是說，從中世鐮倉時代的虎關師煉，到南北朝的中岩圓月、別源圓旨，再到室町後期的中恕如心，五山文學通過不同時期的留學僧完成了接受從北宋以「尊杜」為主到南宋「李杜」並尊的轉折、元代「宗唐德古」的過渡，開始吸取以盛唐詩為正音的明代「宗唐」詩學理念，為接下來在江戶時代盛極

〔註23〕參見張紅：《元代唐詩學研究》（2006）第三章第四節。
〔註24〕張紅：《元代唐詩學研究》，第 125 頁。

一時的宗唐格調說開啟了局面。

江戶初期的唐詩觀與李詩觀

學界一般認為江戶時代的尊唐詩風始於木下順庵，盛於荻生徂徠的古文辭學派。這種說法，早在江戶時代已成定論。荻生徂徠就曾言：「錦里先生者出，而扶桑詩盡唐矣」〔註25〕錦里先生，即木下順庵。久保善教《木石園詩話》也持相同觀點：「及元祿之際，錦里先生者出，始唱唐詩，風靡一世。」〔註26〕西島蘭溪《弊箒詩話》則謂：「順庵、徂徠二先生勃興，海內詩風一變。」〔註27〕而這種詩風上的變化，指的就是「唐詩鼓吹」。

舉木下順庵為「始唱唐詩」者，並不是說在此之前的江戶學者不曾提倡學習唐詩。江戶初期詩名最高的石川丈山（1583～1672）在《北山紀聞》中謂：「名人古今先推李杜，李白為詩神，杜甫為詩聖。」江戶初期的朱子學家松永尺五（1592～1657）則批評五山詩人「不貴杜甫之神聖，何仰謫仙之高格」〔註28〕。松永尺五是木下順庵的老師，與林羅山同就學於藤原惺窩門下。前面已提到，五山時代的漢文學已經受元代「宗唐」詩學影響，完成從接受宋代詩學到接受明代詩學的過渡。松下忠認為江戶初期的詩論是「總括的未分化的詩論」，那是相對於江戶中期格調、性靈、神韻三詩說分立而言的。事實上，這時期的詩學觀念正是從接受元代「宗唐」詩風到明初唐詩學的過渡期。之所以將木下順庵確立為「首唱唐詩」者，是因為此時所說的「宗唐」與此前的有所區別。接下來，首先探討木下順庵以前的江戶初期之唐詩觀。

江戶初期，「詩話」創作在日本尚處於草創階段，漢文學的主體為儒學家，他們的著作以經學為主、文學為副，關於詩歌批評的論述不多。所幸，這時期具代表性的儒學家、文學家，如林羅山、伊藤仁齋、松永尺五和貝原益軒等，或多或少都通過文章、詩歌的方式表達其詩學觀念。

伊藤仁齋（1627～1705）是江戶初期反朱子學、建立「古義學」，獨尊孔、孟的儒學家。他所撰《纂正周伯弼唐詩三體序》一文謂：「唐詩前以李、杜，後以韓、柳為最。姚合以下，君子不取焉。由李、杜、韓、柳而上，進於河梁、

〔註25〕家本哲三編：《先哲叢談》卷三・木下順庵，東京：有朋堂書店，日本大正十二年（1923），第153頁。

〔註26〕久保善教：《木石園詩話》，馬歌東《日本詩話二十種》下，第42頁。

〔註27〕西島蘭溪：《弊帚詩話卷上》，馬歌東：《日本詩話二十種》上，第172頁。

〔註28〕松下尺五：《凹凸窠先生詩集序》，石川丈山：《覆醬集》，江戶寬文11年（1671），昌平阪學問所舊藏本，日本公文書館。

柏梁、曹、劉、陶、謝。由河梁、柏梁、曹、劉、陶、謝而又推上溯於《三百
篇》焉。」〔註29〕這種通過學唐詩，上追《風》《雅》的詩學觀念，與元代的
「宗唐德古」基本是一致的。

　　朱子學派代表林羅山，在贊同唐詩勝於宋詩的同時，認為唐詩之「變」，
終究不比三百篇之「正」：「所謂詩學盛於唐，宜哉嗜好之有意也。雖宋亦有好
詩，而奈唐何哉。唐一再變至漢、魏乎。……漢、魏雖幾變，不可至於周也。」
〔註30〕松下忠稱林羅山之詩文論為「道德詩文不二論」，指出羅山雖以經學為
主、詩文為從，卻認為道德與詩文同為一道。〔註31〕這顯然與傳統的宋學詩文
觀不同。

　　稍後於林羅山等人，活躍於江戶初期至中期的貝原益軒（1630～1714）曾
撰《學詩說》一文，明確提出他的詩學理念：

> 　　溫柔敦厚，詩教也。故詩以氣象為主，以體制為要。體制之美
> 惡，亦出於氣象之厚薄而已。如古詩《三百篇》，其氣象渾然、溫厚、
> 清婉，其體制春粹、古雅。而《楚辭》次之。自漢、魏至盛唐，其氣
> 象雖不及乎古，然其溫雅微婉，頗得詩人之風格。此皆可以為學詩
> 之模範。如自宋以後之詩，浮躁淺露，逼迫輕薄。〔註32〕

松下忠在《江戶時代的詩風詩論》中將貝原益軒列為江戶中期詩人，但從上文
來看，貝原益軒的詩論具有江戶初期「以經學為主」的詩文觀色彩，故本書將
其列為江戶初期詩壇人物。

　　以上三人的詩論，均從儒學思想出發，以古詩《三百篇》為詩之理想，又
因唐詩風格近古，進而肯定唐詩。但從對唐詩的選擇上來看，林羅山未對唐詩
進行特定的分類，他所推崇之唐詩應該是指唐代詩歌整體。伊藤仁齋所推崇的
唐詩，是將姚合以下的晚唐詩排除在外的。而被貝原益軒稱為「學詩之模範」
的，僅限於漢、魏至盛唐之詩，換言之，貝原益軒對盛唐以後的中、晚唐詩是
不推崇的。雖然他們在對唐詩的選擇上各有不同，但與後來古文辭派的「文必
秦漢、詩必盛唐」相比，他們推崇、學習唐詩的範圍還是比較廣泛的。

〔註29〕藤原惺窩撰，林羅山編：《惺窩文集》卷三，六冊，江戶寬永四年（1628）序
　　　　刊，甘露寺家舊藏本，日本公文書館。

〔註30〕林羅山：《示石川丈山》，京都史蹟會編：《羅山林先生文集》卷一之卷七。

〔註31〕松下忠：《江戶時代的詩風詩論》，第194頁。

〔註32〕貝原益軒：《學詩說》，載《自娛集》卷一，江戶正德四年刊本，昌平阪學問所
　　　　舊藏本，日本公文書館。

　　前面提到，松永尺五是被譽為「始唱唐詩者」的木下順庵的老師，曾批判
五山詩人不以「李杜」為學詩榜樣。松永曾為石川丈三詩集撰《凹凸窠先生詩
集序》，序中他對中國歷代進行點評，認為「詩本於賡歌，權輿於三百篇」，漢、
魏、六朝則「或質過於文，或華浮於實」，「惟至唐聲律大備，文質彬彬，得風
人之體」。在松永尺五看來，唐代詩歌聲律完備，文質彬彬，是繼三百篇以後
的高峰，也是最接近古詩風體的。對唐以後的詩歌，松永也不排斥，認為「宋
興以降，文明之祥臻，《雅》《頌》之風又起」，「近代（元）虞、楊、范、揭，
分得老杜骨髓，依其國風之本源。詩道之隆盛而綿綿不絕」。〔註33〕論詩法，
松永尺五則引嚴羽之論：「論詩如論禪。漢、魏、晉與盛唐之詩，則第一義也。
大曆以還，小乘禪也。晚唐聲聞辟支果也」。從以上論述來看，松永尺五的詩
論既具有江戶初期經學派詩文觀的特色，又受嚴羽詩論影響頗深，在肯定不同
時代詩歌的同時，又獨以漢、魏、晉與盛唐詩歌為理想，對大曆以後的中、晚
唐詩歌均不推崇。我們可以看到，在江戶初期實際上已經出現了松永尺五和貝
原益軒這樣推崇盛唐詩，排斥中、晚唐詩的傾向。

　　除以上詩論以外，松永尺五還作有《魚山瀑布》一詩：

> 峭壁崢嶸碧四圍，陰陽昏曉靜清暉。
> 深林淋岸洞黿浴，高漲木標冰雪飛。
> 水精宮欄懸素練，香爐峰頂散明璣。
> 銀河萬丈衣裳冷，洗卻惡詩乘月歸。〔註34〕

可以看出，此詩一方面蹈襲李白《望廬山瀑布》詩歌內容，又對李白的詩才表
達欣賞之情。最後一句「洗卻惡詩乘月歸」的主語既是指身處魚山瀑布的松永
尺五本人，也暗指遊廬山瀑布的李白。以「銀河萬丈」來「洗卻惡詩」的表達
可以理解為李詩即「好詩」之意，「乘月歸」之語出於李白《遊南陽白水登石
激作》詩「長歌盡落日，乘月歸田廬」。在李白以前，張若虛《春江花月夜》
詩「不知乘月幾人歸，落月搖情滿江樹」中已用此語。在李白以後，蘇軾追慕
李白作《李白謫仙詩此詩或謂李白作》一詩，其中「欲乘明月光，訪君開素懷」
一句也使用了「乘月」語。「乘月」本為趁著月光之意，在詩歌中也有神話色
彩濃厚的「乘坐在月亮之上」之意。劉希夷《嵩嶽聞笙》詩謂：「仙人不可見，

〔註33〕松下尺五：《凹凸窠先生詩集序》，石川丈山：《覆醬集》，日本公文書館。
〔註34〕松永尺五：《魚山瀑布》，瀧川昌樂編：《尺五先生全集》二，二冊，江戶寫本，
　　　　和學講談所舊藏本，日本公文書館。

乘月近吹笙。絳脣吸靈氣，玉指調真聲。」其中所說的「乘月」即為此意。李白被譽為「謫仙人」、「詩仙」，松永尺五仿傚蘇軾，將「乘月歸」的神仙意境與李白的仙人氣質聯繫在一起，運用於詩歌上，向李白表示崇高的敬意。總的來看，松永尺五既吸收嚴羽奉漢魏晉與盛唐詩為「詩之第一義」的詩論，又批判五山詩人學詩「不貴杜甫之神聖，何仰謫仙之高格」，更通過詩歌創作表達對李白詩歌的學習及敬慕之情。

木下順庵（1621～1699）成為繼老師松永尺五之後，江戶初期的另一位傑出儒學家，更於 1682 年受聘成為德川家第五代將軍綱吉的儒學老師。他一生致力於經學研究和教育事業，詩文類著作相對較少。其子為他編撰《錦里文集》並撰序稱：「先君不以詩文為業，故平日所作，往往不留稿，散逸者多矣。」〔註35〕菅原胤長所撰的另一篇序也稱：「夫不欲以詞章著，以故散佚者少。」〔註36〕即便如此，被譽為「始唱唐詩者」的木下順庵與松永尺五一樣，會通過詩文作品表達其詩文主張。他曾作《三體詩絕句跋》，其中提到李白：「唐人絕句，以青蓮、龍標為正宗。雖以少陵聖於詩者，有不逮焉。則其難可知矣。」〔註37〕這裡，木下順庵提出唐詩中的絕句以李白、王昌齡為正宗，同時又肯定杜甫的詩聖地位，頗具明代格調派詩論色彩。與松永尺五一樣，木下順庵也通過詩作表達對李白的仰慕之情。

木下順庵曾於天和二年（1682）八月二十六日與成翠虛、洪滄浪兩位朝鮮使者進行筆談，九月四日再與洪滄浪、李盤谷進行詩文酬唱。〔註38〕在《呈李盤谷》一詩中，順庵借對李白的誇讚襃揚李盤谷，謂：

太白仙才誰共論，賦成鵬翼掩天門。

百篇一斗豪吟客，大雅千年今又存。〔註39〕

詩中不但明言「詩仙」李白的才能無人能比，又化用杜甫《飲中八仙歌》中

〔註35〕木寅良：《錦里文集序》，載木下順庵撰，木下寅亮編：《錦里文集》，十冊，江戶寬政元年刊，昌平阪學問所舊藏本，日本公文書館。

〔註36〕菅原胤長：《錦里文集序》，木下寅亮編：《錦里文集》。

〔註37〕木下順庵撰，木下寅亮編：《錦里文集》卷十七。

〔註38〕據洪禹載《洪譯士東槎錄》，木下順庵在 1682 年九月十一日在江戶與朝鮮通信使成、李兩儒、洪禪進行詩歌唱和。兩種文獻記載在時間上稍有出入，由於《錦里文集》對此次筆談記錄更詳盡，取其中所記日期。《洪譯士東槎錄》，載復旦大學文史研究院編：《朝鮮通信使文獻選編》第三冊，上海：復旦大學出版社，2015 年，第 50 頁。

〔註39〕木下順庵撰，木下寅亮編：《錦里文集》卷十二〈對韓客〉。

「李白斗酒詩百篇」句，盛讚其才思之敏捷，更提到李白的《大鵬賦》、《古風‧大雅久不作》等經典詩文作品，極盡盛讚之意。又作《呈李副使》一詩，稱讚朝鮮使團副使李有獜的詩才，將對方比喻為李白：「謫仙豪氣天才異，文靖冰壺地步清」。此外，《錦里文集》卷五錄有木下順庵為李白畫作的兩首題畫詩：

> 《李白觀瀑圖》
>
> 豪氣能知天下士，眼高四海有深情。
>
> 盧山暗挽銀河水，付與汾陽洗甲兵。
>
> 《李白醉像》
>
> 懶看傾國醉冥冥，狂態猶含豪氣馨。
>
> 惆悵漁陽莨蕩酒，大唐朝士幾人醒。

木下順庵詩中所表現的李白的外在形象是豪氣、狂傲的，內裏卻是「深情」、「惆悵」的。《李白觀瀑圖》詩中，「汾陽甲兵」指的是汾陽王郭子儀，此處引《新唐書‧李白傳》、《唐才子傳》等史料中所載關於郭子儀和李白互救的傳說，通過「挽銀河水洗甲兵」這樣富有想像力和神話色彩的表達方式，暗指李白救郭子儀一事對郭子儀後來平亂立功有直接的正面作用。歷來學者雖然普遍肯定李白的詩歌才華與成就，但由於李白身陷永王李璘一案，對其人品思想和歷史、政治地位都存在不少爭議。即便在詩歌創作上私淑李白者如蘇軾，從道德角度審視此事，亦謂：「李太白，狂士也。又嘗失節於永王璘，此豈濟世之人哉？」〔註40〕顯然，蘇軾認為李白跟隨永王是「失節」的行為，因為斷定他不是「濟世之才」，對李白的政治品格給予了負面評價。蘇軾又謂：「太白之從永王璘，當由迫脅；不然，璘之狂肆寢陋，雖庸人知其必敗也。太白識郭子儀之為人傑，而不能知璘之無成，此理之必不然者也。吾不可以不辨。」〔註41〕這裡，蘇軾也同樣提及了李白與郭子儀之逸事，然而，那只是證明李白並非不具有識人的眼光，而是明知永王璘必敗卻不得不從。正如明代陸時雍所言：「宋人抑太白而尊少陵，謂是道學作用」（《詩經總論》）。宋代詩論對李白的負面評價，主要根據的是儒家詩教觀念。而木下順庵身為當時的儒學大家，能夠不因李白從永王而否定他的思想為人，甚至將郭子儀救國之大功歸因於李白當年

〔註40〕〔宋〕蘇軾：《李太白碑陰記》，〔唐〕李白撰，〔清〕王琦注：《李太白全集》卷三十三附錄三，北京：中華書局，1977 年 9 月，第 1508～1509 頁。

〔註41〕〔宋〕蘇軾：《李太白碑陰記》。

的幫助，無疑是對李白歷史地位的一種拔高。

《李白醉像》詩中，木下順庵則提到有關「漁陽」的典故逸事。漁陽即唐代薊州漁陽郡。752年，李白遊幽州一帶，寫下《幽州胡馬客歌》、《北風行》、《出自薊北門行》、《公無渡河》等作品。《北風行》寫幽州危機之嚴重，《公無渡河》則預言大亂將起。〔註42〕對於這段經歷，後來李白曾如此形容：「十月到幽州，戈鋋若羅星。君王棄北海，掃地借長鯨。呼吸走百川，燕然可摧傾。心知不得語，卻欲棲蓬瀛。」(《經亂離後天恩流夜郎憶舊遊書懷贈江夏韋太守良宰》)顯然，李白此時已感知到安祿山將叛，卻「欲言不能，述之猶覺痛切」。〔註43〕因此，木下順庵將李白醉酒形象與幽州之行相結合，認為李白「惆悵漁陽莨蕩酒」之苦悶，是源於他對當時情況的洞察與無能為力。末句「大唐朝士幾人醒」，更直指當時朝廷官員的無能無知，認為李白才是「眾人皆醉我獨醒」的傑出人物，是對李白政治眼光、才華的一種褒贊。

綜上所述，我們看到江戶前期的幾位具代表性的學者在詩學理念上均推崇唐詩，在唐詩中又以李、杜為首，然而他們對李白的接受集中在詩學層面。而木下順庵除了尊崇李白文學上的卓越才能，也充分肯定李白在歷史上、政治上的地位，這正是他與同時期的其他學者在李白評價上明顯的不同之處。

二、貝原益軒的詩學理念及李白觀——以《歷代詩選》和 《初學詩法》為例

江戶時代初期詩壇，狹義的詩話創作尚未流行。〔註44〕以初學者為對象編寫的教科書式廣義詩話則有山本洞雲的《詩律初學鈔》(1678)和貝原益軒的《初學詩法》(1679)。

《詩律初學鈔》，一卷，以和文撰寫，是一部向初學者講述五七言絕句作法的教科書。〔註45〕這部廣義詩話中，有四處提及李白、引用李白詩歌。首

〔註42〕〔唐〕李白撰，安旗、薛天緯、閻琦、房日晰箋注：《李白全集編年箋注·李白簡譜》，北京：中華書局，2015年10月第1版，第1992頁。

〔註43〕《李白全集編年箋注》卷十四《經亂離後天恩流夜郎憶舊遊書懷贈江夏韋太守良宰·集說》，第1415頁。

〔註44〕馬歌東《日本詩話二十種》將日本詩話分為廣義和狹義詩話，將關於漢詩文詩法、聲律、詩語、作詩技巧等內容的誘掖初學詩話定義為廣義詩話。按照馬歌東對關於狹義詩話的定義，應以石川丈山於1684年撰寫的《詩法正義》為江戶時代最早的狹義詩話作品。

〔註45〕山本洞云是江戶前期的儒者，名泰順，字三徑，別號梅室。學於宇都宮遯庵，曾於1682年與朝鮮通信使團進行漢詩贈答。

先，在介紹五七言絕句的學習方法和對象時，山本洞雲作以下論述：

　　　詩ヲ學ニハ一人ノ風ヲ學ブヘシ、古風ノ體ヲ得タルハ陶淵明

　　二如ハナシ、五言七言ノ絕句ノ妙ヲ得タルハ李太白ニ如ハナシ、

　　唐三百年ニ李白一人ト云リ。〔註46〕

他認為，學詩應學詩人之風體，若想學得古風之體，應學陶淵明；若想學
得五七言絕句之妙，則應學李白。最後，引用了李攀龍《唐詩選序》中「李白
五七言絕，實唐三百年一人」之論，可見李攀龍詩論在此時已有一定影響。這
種以李白作為五七言絕句的學習標準的觀點，與木下順庵在《三體詩絕句跋》
中提出的「唐人絕句，以青蓮、龍標為正宗」一致，可見這在當時屬於主流觀
點，普遍受到認可。

之後，在「五言詩式」部分，山本洞雲以李白《靜夜思》為例，提倡五言
絕句應傚仿李白：

　　　五言絕句：此體ノ妙ヲ得ルコト極テ難シ、辭ヲ簡易ニ、心ヲ

　　含蓄シテ雲出スヲ上トス、アラハニ雲出スヘカラズ、意味深長ニ

　　作ルヘシ、李白の詩ヲ法トス。

他認為「要得五言絕句之妙極其困難，此體以言辭簡易、感情含蓄為上，切忌
流於表面，要達到意味深長的效果，以李白詩為法」。換言之，山本洞雲對李
白五絕作品的評價即是「言辭簡易」、「感情含蓄」、「意味深長」的理想境界。

在具體論述關於絕句的做法時，山本洞雲又舉出兩首李白詩，以《贈汪倫》
為例說明古風絕句中不須忌諱使用重複的詞語，又以《山中答俗人》為「問答」
詩格的例子。

值得一提的是，山本洞雲同時也是和刻本《李杜絕句》的編者。據現存文
獻和出版目錄的記載，《李杜絕句》先後在寬文六年（1666）、寬文十年（1670）、
寬文十一年（1671）、延寶三年（1675）、元祿五年（1692）和元祿十二年（1699）
三十餘年間被不同地區的書商多次翻印出版，並有一卷本、二卷本和四卷本等
不同版本，足見這部和刻選本在當時的暢銷程度。《詩律初學鈔》撰於1678年，
其時《李杜絕句》已有多種版本面世。在《李杜絕句》流行的背景下，山本洞
雲再通過《詩律初學鈔》向學詩者灌輸「絕句應學李白」的觀念，這對一般學
詩者的影響力是不言而喻的。僅從這兩部廣義詩話，顯然不足以窺探江戶初期

〔註46〕梅室雲洞：《詩律初學鈔》，池田四郎次郎輯：《日本詩話叢書》第三卷，第94
　　　　頁。

的詩歌批評的全貌。作為這時期詩學觀念的一種反映，以林羅山為首的林家三代與貝原益軒均編選過中國歷代詩歌選本。〔註47〕後文將圍繞這些選本及其相關文獻進行討論。

《歷代詩選》所選李白詩

前文提到，貝原益軒是具有江戶初期「以經學為主的詩文觀」的一位儒學家。他明確提出學詩以《三百篇》為首，《楚辭》次之，漢、魏、六朝至盛唐雖不及古，但「頗得詩人之風格」，因此皆為「學詩之模範」。貝原益軒在明曆三年（1657）二十八歲時到京都遊學，曾跟隨松永尺五、山崎闇齋、木下順庵等著名儒者學習。貞享元年（1684）五十五歲時，貝原益軒移居江戶，再次與同樣移居到江戶的木下順庵交遊。如前所述，松永尺五和貝原益軒同樣具有推崇盛唐詩，排斥中、晚唐詩的傾向。而與貝原益軒交好的木下順庵，更是被譽為江戶時代「始唱唐詩者」之人物。這三位儒學家之間既是師生關係，在經文的側重點上均以經學為主，詩學觀也大致相同，可謂一脈相承。

據《益軒先生年譜》，貝原益軒在延寶六年戊午（1678）四十九歲時曾編錄《古今詩選》。〔註48〕現日本公文書館藏有貝原益軒所編、題作《歷代詩選》的江戶刊本一冊，分上、中、下三卷，上卷設唐虞、夏、殷、周、春秋、漢、魏、晉、宋、齊、梁等條目，收錄詩歌 113 首，中卷收錄唐詩 282 首，下卷收錄宋、元、明詩 304 首，全書共錄中國歷代詩歌 699 首。〔註49〕從歷代所錄詩歌數量來看，漢以前詩歌有 25 首，漢代 42 首，魏、晉 36 首，宋、齊、梁 10 首、唐代 282 首、宋代 210 首、元代 6 首、明代 88 首，所佔比重分布見下圖：

〔註47〕在江戶時代以前，日本詩壇一直存在通過編撰詩歌選集表達詩學理念的傳統。單就日本人編撰的漢詩集而言，最早的《懷風藻》（公元八世紀成書）只收日本詩人作品，以皇族顯貴為主，內容上多為侍宴從駕、宴遊、述懷、詠物等主題，講求對仗，風格華美，顯然深受六朝宮廷詩風影響。成書於公元十一世紀的詩歌合選集《和漢朗詠集》由貴族文人藤原公任編選，收錄了二百餘條中國詩文佳句，其中半數以上出自白居易詩，其餘大多為中晚唐詩人的作品，體現了當時學習白居易及中晚唐詩歌的詩學風氣。而後在十五世紀的中世日本，前後出現了江西龍派《新選分類集諸家詩卷》、《續新編分類諸家詩集》、天隱龍澤《錦繡段》等日本人編撰的中國詩歌選集。這些選集雖然都廣泛選取唐、宋、金、元、明歷代作品，但從收錄詩歌和詩人數量上來看終究以宋詩為最多，這也是中世禪僧熱衷學習宋詩的一種反映。

〔註48〕貝原好古：《益軒先生年譜》，寫本，一冊，白井文庫，日本國會圖書館。

〔註49〕具體收錄詩歌見附錄《貝原益軒〈歷代詩選〉目錄》。

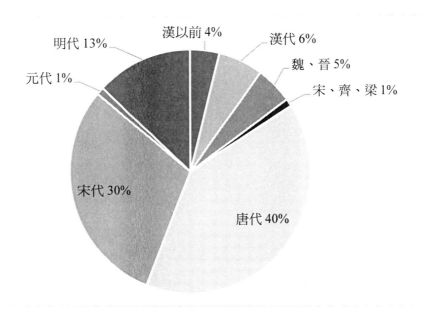

圖 2.1　貝原益軒《歷代詩歌》選詩比重（按時代）

　　唐以前的古詩部分，貝原益軒並未把《三百篇》、《楚辭》放入選詩範圍內，大都從《文選》和經、史典籍中選出。貝原益軒《學詩說》中認為，除《三百篇》、《楚辭》以外，應以漢、魏至盛唐詩為模範，甚至謂「自宋以後之詩，浮躁淺露，逼迫輕薄。」但從選詩情況來看，宋、元、明詩所佔總比重高達 44%，其中大部分為宋詩。唐代詩歌之中，貝原益軒選入了中、晚唐詩人的一百餘首詩歌，並未因推崇盛唐及以前詩歌為模範而專選初、盛唐詩歌。從詩人詩歌數量來看，選錄超過十首的詩人共 14 人，依次為：杜甫 54 首、白居易 31 首、李白 28 首、邵雍 25 首、黃庭堅 19 首、陶淵明 18 首、程顥 14 首、蘇軾、朱熹各 13 首、韓愈、陳師道、陳與義、宋景濂各 9 首。從以上數據看，選詩數量最多的三位均為唐代詩人，其餘有七人為北宋人，其中邵雍、程顥和朱熹三位是理學家，黃庭堅、陳師道、陳與義均是江西詩派代表，晉代、明代僅有一人。

　　總的來看，貝原益軒選詩不只從文學角度考量，詩人在歷史、政治、學問上的成就也是他選詩標準中的重要環節。這可以從幾方面得到印證：一、漢以前詩歌中所選詩歌數量最多的是孔子；二、唐詩部分大致按時代順序排列，唯有玄宗皇帝在太宗皇帝之後，在其他初唐詩人之前。三、大量收錄邵雍、程顥和朱熹等理學家的詩歌。因此，我們很難以貝原益軒《學詩說》中提出的學詩理論來理解其《歷代詩選》的選詩標準。

　　《歷代詩選》共選李白詩歌 28 首，位居歷代詩人中第三，僅次於杜甫和白居易。這 28 首作品中，有一首《清江曲》誤將宋人蘇癢詩作繫於李白名下。因此，實際上所收李白詩應為 27 首，具體篇目如下：

表 2.1　《歷代詩選》所選李白詩篇目一覽表

詩　題	選錄該詩的流行選本
子夜吳歌	唐詩訓解，古文真寶
友人會宿	古文真寶
送張舍人之江東	古文真寶
送友人	唐詩訓解
春日醉起言志	古文真寶
早春寄王漢陽	古文真寶
登金陵鳳凰臺	古文真寶
題東谿公幽居	古文真寶
秋下荊門	唐詩訓解
與史郎中欽聽黃鶴樓上吹笛	唐詩訓解
清江曲	——
把酒問月	古文真寶
戲子美	萬首唐人絕句
三五七言	古文真寶
廬山瀑布（日照香爐）	萬首唐人絕句
峨眉山月歌	唐詩訓解，古文真寶
答山中俗人	古文真寶
黃鶴樓送孟浩然之廣陵	唐詩訓解
山中與幽人對酌	古文真寶
清平調三首	唐詩訓解
客中行	唐詩訓解
早發白帝城	唐詩訓解
蘇台覽古	唐詩訓解
越中懷古	唐詩訓解
春夜洛城聞笛	唐詩訓解
哭晁卿衡	萬首唐人絕句

　　《歷代詩選》所選 27 首李詩中，24 首見於當時流行的《唐詩訓解》、《古文真寶前集》兩種詩歌選本中。《唐詩選》最初以《唐詩訓解》的名目在江戶初期傳入日本，且最晚在萬治二年（1659）以前已有和刻本刊行。〔註50〕《歷代詩選》中的《清平調三首》和《峨眉山月歌》注解都引《唐詩訓解》中語，因此可以確定貝原益軒在選詩中參考了《唐詩訓解》。此外，貝原益軒在《格物餘話》中對舊題李攀龍所編《唐詩訓解》評價極高，他認為「集詩者甚多，獨李攀龍之所輯《唐詩選》最佳。其所載風格淳厚清婉，且其訓解亦頗精詳，是可為諸詩集及詩解之冠。」〔註51〕貝原益軒視《唐詩訓解》為「諸詩集及詩解之冠」，在自己編選詩集時也將其作為主要參考書。貝原益軒選詩的參考書目繁多，反映在《歷代詩選》的注解中。唐以前詩歌主要參考書有《古詩歸》、《文選》，唐詩部分的注釋最多引自《唐詩訓解》，此外還有《瀛奎律髓》、《文章軌範》、《藝苑卮言》、《明皇雜錄》等。杜詩多引自《（杜詩）集注》，白詩則多引自《本集》（應指《白氏文集》）。唐以後的詩歌注解則引了多部宋代詩話。如本書第一章文獻介紹所述，貝原益軒藏書目《公私書目》的家藏私書中包括《李白詩抄》一部。由於缺少卷冊數等參考資料，目前尚無法確定這部抄本中錄有多少李詩。但從《歷代詩選》李詩注解部分並未如杜甫、白居易那樣提及、引用李白別集，筆者推測貝原益軒在選李詩時沒有使用李白別集，而是從其他選本抄錄而來，《唐詩訓解》便是其中的重要文獻來源之一。

　　同被選入《歷代詩選》與《唐詩訓解》的李詩有 14 首，重複率占《歷代詩選》所收李詩總數的一半以上，其中從《唐詩訓解》卷七《七言絕句》的 17 首李白詩中選出的多達 12 首。那麼，《歷代詩選》的 27 首李詩中，除了來自《唐詩訓解》的 14 首以外，其餘作品又是從何而來？根據對當時在日本流行的詩歌選本逐一排查，筆者認為可能性最高的為王堅《古文真寶前集》。《歷代詩選》中雖然並未提及《古文真寶》，但《古文真寶》從中世開始直到江戶末期，一直是日本漢詩初學者必讀的教科書，尤其在江戶中期《唐詩選》流行以前，一直與《三體唐詩》、《聯珠詩格》齊名，是傳播最為廣泛、影響力最大的選本之一。單就《魁本大字諸儒箋解古文真寶前集》和刻本而言，當時已有五

〔註50〕詳見蔣寅：《舊題李攀龍〈唐詩選〉在日本的流傳和影響》（2003）及劉芳亮《日本江戶漢詩對明代詩歌的接受研究》（2013）第 112 頁。

〔註51〕貝原益軒：《格物餘話》，《甘雨亭叢書》，三冊，江戶刊本，昌平阪學問所舊藏本，日本公文書館。

山覆元版十卷、釋笑雲清三點校慶長十九年（1614）跋刊本二冊、慶安（1648～1651）版三冊本、萬治三年（1660）萬治三年木村次郎兵衛刊本、宇都宮遯庵箋解寬文五年（1665）武村三郎兵衛刊本五冊、寬文六年（1666）刊二冊本等多種版本流傳。更重要的是，貝原益軒自身就為《古文前集》做過校點工作，可想而知他對《古文前集》的內容相當熟悉。〔註52〕《古文真寶》與《歷代詩選》所選詩歌重複的有 12 首，重複率約 44%。其中四首出自《古文真寶》「五言古風短篇」，七首出自「七言古風短篇」，一首出自「長短句」，以上作品在《古文真寶》中均屬於古體詩。但《歷代詩選》中同時被《唐詩訓解》與《古文真寶》選入的作品僅有兩首，這兩種選本作為參考書是互補的，覆蓋了所選李詩的 89%。根據以上數據，《歷代詩選》所選詩歌主要來自《唐詩訓解》的近體詩部分和《古文真寶》的古體詩部分。

　　被選入《歷代詩選》而未載於《唐詩訓解》和《古文真寶前集》的只有《戲子美》（《戲贈杜甫》）、《哭晁卿衡》和《望廬山瀑布水》三首，均是在日本為人熟知、膾炙人口的李白作品。首先，《戲贈杜甫》載於多部流傳於日本的宋代著作中：歐陽修《六一詩話》中論及此故事與詩歌，宋代筆記小說總集《類說》卷五一中有「李白戲杜甫」條目，《萬首唐人絕句·卷五九》、《苕溪漁隱叢話後集卷八》「李太白戲子美詩」、《詩林廣記》前集卷二「附太白戲子美」等均收錄全詩。《歷代詩選·戲子美》注釋中，貝原益軒雖引《六一詩話》語，但《六一詩話》並未載《戲贈杜甫》的全詩。另一方面，從益軒將詩歌題作「戲子美」這點看來，詩歌部分極有可能抄錄自同樣題名為「太白戲子美」的《苕溪漁隱叢話後集》或者是《詩林廣記》。前文已提到，貝原益軒的老師松永尺五和木下順庵都曾有蹈襲李白《望廬山瀑布水》的作品，足見他們對此詩的喜愛之情。加上在江戶時代，「李白觀瀑圖」作為文人畫的詩題受到歡迎，進一步擴大了《望廬山瀑布水》在漢詩以外的文藝領域的影響範圍及認知度。與前述《戲贈杜甫》一樣，《望廬山瀑布水》也同時載於《萬首唐人絕句》、《詩林廣記》和《苕溪漁隱叢話》等集子。至於《哭晁卿衡》一詩，則未見於《詩林廣記》和《苕溪漁隱叢話》，但收於《萬首唐人絕句》中。換言之，《萬首唐人絕句》是同時選錄這三首詩的選本，雖在《歷代詩選》中未被提及，但也可能是貝原益軒的參考書目之一。

〔註52〕參見浩然齋主人編：《貝原益軒百話》，大學館，日本明治四十三年，日本國會圖書館。

《初學詩法》中有關李白的詩論

　　《初學詩法》是貝原益軒在延寶己未七年（1679）五十歲時所編的詩法教科書。《初學詩法序》中，以經學為主，鮮少論詩的貝原益軒闡述了他編輯這部作品的用意：

> 　　詩以言志，拘於對儷、聲律，則專從事乎句字組織之間，而不得發乎性情也。國俗之言詩者，往往以拘忌為定式，與中華近體之格律不同，又無知其規格之所由出者，蓋所謂不知而妄作者也。其去古昔風雅之道，何當千里哉。夫作詩，真一小技，於道所未為貴也。然則學者之於詩，不學則已，苟欲學之，不知其法度而妄作，可乎。……而倭俗詩法之謬舊矣，學者終身由之而不知其道者眾也，不可亦歎乎。……輯古來詩法之切要者，約以為一書。

據這篇自序所言，此書的出現主要因為當時日本詩壇有太多「不知詩法而妄作」之人。貝原益軒雖視作詩為「小技」，但這種詩壇風氣嚴重敗壞了詩歌的風雅之道，則是最令他歎息之處。但是，《初學詩法》也並非由貝原益軒講述作詩之法，而是他從古今詩學論著中輯錄他認為重要的內容，性質上更像是一部詩法筆記。

　　《初學詩法》內容不多，只有一卷，其中「總論」和「論詩人」部分包含七則與李白相關的詩法，抄錄如下：

1. （晦庵）又曰：作詩先用看李杜，如士人治本經，然本既立，次第方可看蘇黃，以次諸家詩。（《朱子語類》、《詩人玉屑·卷五·晦庵誨人學六朝李杜》）

2. 梁橋曰：學詩須取材於《選》，效法於唐。又曰：學詩須枕藉《騷》、《選》，死生李、杜。（《冰川詩式》）

3. 李杜二公，正不當優劣。太白有一二妙處，子美不能道。子美有一二妙處，太白不能作。子美不能為太白之飄逸，太白不能為子美之沉鬱。（《滄浪》）

4. 少陵詩，如孫吳，太白詩法如李廣，少陵如節制之師。（《滄浪詩話》）

5. 宋子景：昌黎韓愈，於文章少許可，至歌詩獨推曰：李杜文章在，光焰萬丈長，誠可信云。（《詩人玉屑·卷一四·宋子京贊》）

6. 王世貞：李杜長歌，所以妙者，有奇語為之骨，有麗語為之姿，若十萬眾長驅而中無奇正，器甲不精麗，何言師也。（《弇洲四部稿》）

7. 李太白終始學《選》詩，所以好。杜子美詩好者，亦多是做《選》

詩，漸放手，夔州諸詩則不然也。《朱子語類》

以上七條，主要來自朱熹《朱子語類》、梁橋《冰川詩式》、嚴羽《滄浪詩話》、魏慶之《詩人玉屑》和王世貞《弇州四部稿》，均是江戶時代流行的文本，具有較高的普及性。從貝原益軒所摘錄的內容來看，他對李白詩歌的看法可以總結為：一，學詩以李杜為準；二，李杜並列，各有所長，不分優劣；三，李白詩風飄逸，才氣無雙，取法《文選》，有古風之妙。這幾個觀點，與前述貝原益軒之詩學觀念相符，由此也體現出貝原益軒詩論的一致性。

三、林家的選詩活動與鵝峰、讀耕齋兄弟的李白觀

林家三代選詩

　　林羅山在江戶文學史上具有標誌性的地位，林家二代的林鵝峰（1618～1680）、林讀耕齋（1624～1661）和三代長子林梅洞（1643～1666），受到最好教育，是繼羅山以後的傑出儒學家、史學家和文學家。鵝峰和讀耕齋兄弟則繼承家業，先後為五代將軍綱吉和八代將軍吉宗所用，在政治、儒學教育上都有卓越貢獻；梅洞雖英年早逝，卻是被祖父羅山和父親鵝峰寄予厚望的天賜之才。後世對林家三代的評價極高，明治時代久保天隨所著《近世漢學史》謂：「林氏之學，雖與幕府終始，然以初三世為最盛」，「文雅蔚然，三世著述宏富」。〔註53〕林家三代的海量著述中，包括多部中、日詩人的漢詩與和歌集。其中，中國詩人的漢詩選集有中院通村、林羅山合編《本朝中華詩歌合》（又題《倭漢詩歌合》、林羅山、鵝峰、讀耕齋合編《百人一詩》（又題作《中華百人一詩》）、林鵝峰、讀耕齋合編《唐百人一詩》、林鵝峰《唐宋百花一詩》、《百人一詩寬文十年冬改本》及林梅洞《唐才子一人一首》。〔註54〕

　　「詩歌合」原是一種吟詠漢詩與和歌的宴會形式，但《本朝中華詩歌合》與其他「詩歌合」集子不同，它由林羅山和中院通村兩位漢、和文學大家分別從日本歷代經典和歌選集和中國歷代詩歌中選取而成，是一部匯聚經典和歌、漢詩作品的精選集。《本朝中華詩歌合》的漢詩部分主要由林羅山選出，共錄唐、宋漢詩30首，以杜甫《絕句》開篇，所選的均是《百人一詩》所選唐宋

〔註53〕久保天隨述：《近世漢學史上》第二章「林羅山及林家三世」，東京：早稻田大學出版部，《早稻田大學三十九年度文學教育科第二學年講義錄》，日本明治四十年（1907）。
〔註54〕《百人一詩》系列選本的選詩目錄詳見附錄。

詩人的七絕作品，其中以盛唐、晚唐和北宋詩人最多，南宋僅有陳與義一人，初唐詩人一首未收。所錄詩歌作品如下：

表2.2　林羅山《本朝中華詩歌合》選錄漢詩目錄

序　號	詩　　題	作　者	年　代	序　號	詩　　題	作　者	年　代
1	絕句	杜子美	盛唐	16	讀韓杜集	杜牧	晚唐
2	洞庭	李太白	盛唐	17	四皓廟	許渾	晚唐
3	濟江問舟子	孟浩然	盛唐	18	對月	姚合	晚唐
4	除夜作	高適	盛唐	19	七夕	李商隱	晚唐
5	題湖上草堂	皎然	盛唐	20	薔薇	皮日休	晚唐
6	戲題輞川別業	王維	盛唐	21	翠禽（翠碧鳥）	韓偓	晚唐
7	閨怨	王昌齡	盛唐	22	龍右竹花	陸龜蒙	晚唐
8	簡寂觀	靈徹	中唐	23	獨夜吟	梅聖俞	北宋
9	春夢	岑參	盛唐	24	浮山洞	蘇東坡	北宋
10	得閻伯鈞書	李季蘭	盛唐	25	書湖陰壁	王荊公	北宋
11	江行	魚玄機	晚唐	26	暮寒見白鳥	惠洪	北宋
12	題明霞臺	顧況	中唐	27	席上示妓	道潛	北宋
13	王昭君	白樂天	中唐	28	晝寢	黃山谷	北宋
14	聞樂天左降	元稹	中唐	29	絕句	陳無己	北宋
15	玄都觀	劉禹錫	中唐	30	墨梅	陳簡齋	兩宋

　　從詩人所屬時代來看，盛唐9人，中唐5人，晚唐8人，宋代8人。盛唐、晚唐和北宋詩歌數量相近，分布比較均衡。唐、宋詩相較而言，則唐詩佔有壓倒性地位。通過羅山選詩的情況，我們大致可以看出他對唐、宋七言絕句的看法，即：唐詩優於宋詩，唐詩之中，以盛唐為最優，晚唐次之，中唐稍差，不學初唐。宋詩之中，北宋優於南宋，與晚唐詩並列。

　　《本朝中華詩歌合》以外的《百人一詩》、《唐百人一詩》、《唐宋百花一詩》、《唐才子一人一首》，基本上都採用了和歌文學傳統的「百人一首」選集形式。日本文學史上，首次用「百人一首」形式選漢詩的是室町時代的橫川景三（1429～1493）。他所編選的《百人一首》，收錄日本僧侶一百人的代表作共一百首。林羅山為《百人一詩》所撰跋文中謂：「漢魏六朝唐宋之詩名於世者多矣。其中擇一人一篇，則人與詩固是一百也。而限之以百，豈取捨之

際，何容易哉。」〔註55〕正因為受限於只能一人選一首的形式，林家三代的「百人一詩」系列並不能客觀反映其詩學主張。但是，通過這幾部選集所選詩歌內容，也能大致看出林家三代之間所推崇學習詩歌的異同。

《百人一詩》為林羅山、鵝峰、讀耕齋父子合編，所收詩歌上自漢魏六朝，下至唐宋，跨越時代範圍較大。選詩的分工方面，漢、魏、六朝詩由羅山選，共 30 首；唐代詩歌由鵝峰選，共 40 首；宋代詩歌則由讀耕齋選，共 30 首。林羅山死後，鵝峰、讀耕齋兄弟又編《唐百人一詩》，所選一百首詩歌均為唐代詩人作品。鵝峰的長子梅洞所編《唐才子一人一首》同樣只錄唐詩，按年代順序排列，涵蓋各種詩體。就選詩年代而言，後來的《唐百人一詩》和《唐才子一人一首》強調唐代詩歌的地位，已具有明顯的「獨尊唐詩」傾向。而從李、杜詩歌的選擇上來看，《百人一詩》選入李白《登金陵鳳凰臺》和杜甫《和賈至早朝大明宮》兩首七律作品，《唐百人一詩》選入李白《秋登宣城謝朓北樓》和杜甫《登岳陽樓》兩首五律作品。《唐才子一人一首》則選李白《古風·松柏本孤直》和杜甫《懷古·諸葛大名垂宇宙》，前者為五言古詩，後者則為七言律詩。林家三代所選李白詩歌，唯有梅洞所選是古體詩，而且是學習漢魏的沉雄渾厚風格的五言古體，這與當時學習近體詩的主流有明顯不同。梅洞曾在父親鵝峰所撰日本詩人選集《本朝一人一首》的跋文中直言「不屑五嶽蔬筍之味」，明確貶斥五山漢詩。眾所周知，五山禪僧大抵以學宋詩為主，中世以前則以漢魏六朝、中晚唐詩為學習典範。梅洞如此推舉五山之前的日本漢詩而貶低五山漢詩，實際上反映了他主張學習漢魏六朝古體詩和唐詩、排斥宋詩的詩學觀念。〔註56〕

鵝峰獨力編選的《唐宋百花一詩》收錄唐、宋詠花詩一百首。唐詩從《文苑英華》、《萬首唐人絕句》和《唐詩類苑》中選六十首，宋詩則有四十首。鵝峰《唐宋百花一詩》唐詩部分凡例謂：「六十花不拘四時次第，以作者世次載之，以分四唐。但以李杜為最首者，以為詩家之冠也。」至於宋詩，他則明確表示：「詩盛於唐，故其數減二十首。以歐、梅為最初者，猶唐詩李、杜之例。」〔註57〕顯然，鵝峰與羅山《本朝中華詩歌合》的選詩傾向相近，主張唐詩優於

〔註55〕林羅山：〈百人一詩跋〉，京都史蹟會編：《羅山先生文集》卷二之五十二，第354頁。

〔註56〕林梅洞：《本朝一人一首跋》，林梅洞撰、林鳳岡編：《梅洞林先生全集》文集卷五，十二冊，江戶寫本，林家大學頭舊藏本，日本公文書館。

〔註57〕林鵝峰：《唐宋百花一詩》，一冊，江戶寫本，林家大學頭舊藏本，日本公文書館。

宋詩。唐詩之中，鵝峰以李、杜為首，宋詩則以歐、梅為最。鵝峰對唐代詩歌採取了高棅《唐詩品彙》中的「四唐」分法，可見已經在一定程度上受到明代復古格調詩學影響。鵝峰在《凡例》中又謂：「牡丹重於唐，稱花主，故取李白詩為最初，子美對之。子美詠群花不少，然取麗春者，以少見別人之作，乃知子美著意於此花也。」鵝峰以李白《清平調・雲想衣裳花想容》開篇，首先是因為《清平調》在日本備受推崇，是日本人最熟悉的李白詩之一。其次，如鵝峰所說，牡丹是唐之花主，唐詩又以李、杜為首，李、杜之間，鵝峰選擇了詠牡丹的名詩《清平調》，是出於選題需要，並無在李杜之間分優劣之意。總的來說，從第一代林羅山到第二代林鵝峰、讀耕齋，再到第三代林梅洞，顯示出越來越強烈的「宗唐」詩學主張，且均以李、杜為唐詩之首。這兩點與江戶初期整體的詩壇潮流基本相符。

林鵝峰和林讀耕齋的李白觀

林家三代活躍於江戶初期，學問上造詣非凡、對江戶時代的經、史、文學都有很大貢獻。如前所述，從第一代林羅山到第二代林鵝峰、讀耕齋，再到第三代林梅洞，顯示出越來越強烈的「宗唐」詩學主張，且均以李、杜為唐詩之首。林家三代的傳世文獻當中，對李白顯示最多關注的是第二代林鵝峰和林讀耕齋。林鵝峰兄弟與父親羅山在詩文觀上的不同之處，主要表現在強調「尊唐詩」、「尊李杜」這一點上。前面已提到，鵝峰與羅山同樣主張唐詩優於宋詩，唐詩之中，鵝峰以李、杜為首，對唐代詩歌採取了高棅《唐詩品彙》中的「四唐」分法，已顯示出明代復古格調詩學的影響。至於讀耕齋的詩文觀，在選詩部分較少體現。下面將通過林鵝峰和讀耕齋的個人詩文全集中與李白相關的詩文，討論分析林家兄弟的李白觀。

李杜並舉：「杜甫苦吟李白敏，遺稿讀了味不盡」

林鵝峰在選《唐宋百花一詩》的凡例中，已明確主張「以李杜為最首者，以為詩家之冠也。」寬文壬子（1672）年，鵝峰作《釣詩香餌序》論「詩之優劣」云：「詩之優劣亦猶魚有大小也。詩人之志，亦各可協其量也。不審其所庶幾者，為誰哉。蘇李何人也。曹劉陶謝何人也。杜李韓柳何人也。歐梅蘇黃何人也。」〔註58〕鵝峰列舉漢、魏、六朝、唐、宋詩人十四名，以為詩人之最

〔註58〕林鵝峰：《鵝峰先生林學士文集》卷八十八《釣詩香餌序》，林鵝峰撰、林鳳岡編：《鵝峰先生林學士全集》，一〇五冊，江戶元祿二年序刊，紅葉山文庫本，日本公文書館。

優者。與鵝峰相比，讀耕齋更傾向於通過在詩歌創作中致敬「李杜」。《讀耕先生詩集》中，錄有《父兄又各有二十八辰字詩於是余遂擴之為二十八首》詩，不但表達了對「李杜」的崇拜之情，同時抨擊五山漢詩：

> 杜甫苦吟李白敏，遺稿讀了味不盡。
>
> 流俗一樣禪林風，對此中心常結軫。

詩中首先對比「李杜」的創作特徵，強調杜甫的「苦吟」和李白的敏捷的不同，並表示二人的詩文讓人讀後回味無窮，也就是嚴羽所說的「言有盡而意無窮」。下聯轉而批評禪林風，即江戶時代之前的五山禪僧的詩風是「流俗一樣」，表達對此感到鬱悶和悲傷。言下之意，即是要糾正前人「流俗」的詩風，以李、杜詩歌為「雅正」的學習榜樣。

　　江戶初期被譽為「日東之李杜」的石川丈山，與林羅山交好。酷愛詩文的讀耕齋與石川丈山尤關係尤為親近，集中載有多封二人的書信來往和詩歌唱和之作。石川丈山在隱居處所建的詩仙堂聲名極高，林家父子屢次到訪，並留下相關的詩作。其中，讀耕齋有七律《和也詩仙六六人之中聊標出其七人於此云》一首：

> 詩仙窟裏幾時遭，安得對君拈禿毫。
>
> 栗里停雲和靖鶴，草堂殘水翰林鼇。
>
> 尤思坡老波瀾闊，又見庭堅格韻高。
>
> 千歲風流皆絕世，就中擊壤最人豪。

石川丈山的詩仙堂選出三十六位中國詩人，奉為「詩仙」。讀耕齋在這三十六人之中再選出陶淵明、林和靖、杜甫、李白、蘇軾、黃庭堅和邵雍七人於詩中歌頌，認為他們的「絕世風流」是詩仙中之最。這裡我們可以注意到，讀耕齋所選七人，與同時期貝原益軒《歷代詩選》中選詩最多的詩人大致上相同。〔註59〕「栗里停雲和靖鶴，草堂殘水翰林鼇」兩句，上句將陶淵明和林和靖兩位隱逸詩人並列，下句則將杜甫與李白兩位盛唐詩人並列。其中，讀耕齋引用了關於李白「海上釣鼇客」的典故。〔註60〕此本為傳說中的李白自稱，讀耕齋在

〔註59〕貝原益軒所選詩歌數量最多的詩人為杜甫、白居易、李白、邵雍、黃庭堅、陶淵明、程顥、蘇軾、朱熹。

〔註60〕據〔宋〕趙令時《侯鯖錄·卷第六》（清知不足齋叢書本）：「李白開元中謁宰相，封一板，上題曰：海上釣鼇客李白。相問曰：先生臨滄海，釣巨鼇以何物為釣線？白曰：以風浪逸其情，乾坤縱其志。以虹霓為絲，明月為鉤。又曰：何物為餌？曰：以天下無義氣丈夫為餌。時相悚然。」

詩中引「釣鼇客」之典故、以「鼇」比喻李白，實際上就是頌揚李白豪邁奔放的性格和胸懷遠大抱負的志向。此外，讀耕齋在《寄石丈山並序》中將石川丈山比作「李杜」，以表達他對尊敬的石川丈山的讚美：「請君彌進詩壇步，李杜遺塵別是誰。」〔註61〕這裡，讀耕齋將石川丈山奉為當時日本詩壇第一人，認為能繼承李杜遺風的非他莫屬。石川丈山是江戶初期詩壇「獨尊唐詩」的代表人物，從讀耕齋對石川丈山的詩才與詩壇地位的高度評價來看，他對石川丈山的詩學觀念是贊同的。

　　林家對李、杜的格外關注，也表現在家庭教育上。對一般學習者來說，學習漢詩文以詩歌選本為主。林鵝峰就曾就此批評道：「今初學之者以《三體詩》、《古文真寶》為詩文之門戶，故於唐宋大家，則束閣之。習俗之弊，可憫笑焉。我所不欲也，況於近世禪林之徒所編纂乎。（三年庚子）」對首屈一指的學問大家族林家來說，對於家族子弟的漢詩文教育固然比一般家庭嚴格、優質。據《鵝峰全集年譜》，可知鵝峰年幼初學詩時也是先從《三體詩》、《聯珠詩格》、《古文真寶》等自中世以來流行的選本入門的。因此，鵝峰是通過親身經驗所得，反對使用《三體詩》、《古文真寶》為教科書，認為李白、杜甫這樣的大家的詩文別集才是必讀書目。據《讀耕先生全集》年譜：「靖（讀耕齋）十三歲讀遷《史》及李、杜、韓、柳集等。」可知，讀耕齋在早年就開始讀李白、杜甫、韓愈和柳宗元等唐代大家的別集，其詩才也是受到石川丈山讚賞的。嚴羽在《滄浪詩話》中主張「詩者以識為主，入門須正，立志須高」。讀耕齋正是通過「工夫須從上做下」的學詩方法，打下堅實的漢詩文基礎。這種英才式的漢詩文教育不僅限於讀耕齋一人，到了下一代依然得到貫徹。鵝峰之子梅洞與鳳岡，均在十一、十二歲時開始作詩。鵝峰曾作《聞姪憲館暇讀漢書及李白集乃作一律且喜且勵》一詩：

> 而立齡過半，欲傳家業遺。
> 公稽千歲事，私惜短宵移。
> 燈淡二班史，筆馳太白詩。
> 尤期諳萬卷，我亦可譽兒。〔註62〕

〔註61〕《讀耕先生詩集·卷四》，林讀耕齋撰，林憲編：《讀耕先生全集》，三十冊，
　　　　江戶寬文九年序刊本，林家（大學頭）舊藏本，日本公文書館。
〔註62〕林鵝峰：《鵝峰先生林學士詩集》卷八十一《聞姪憲館暇讀漢書及李白集乃作
　　　　一律且喜且勵》。

如詩題所述,這是他因聽聞侄子憲館在讀《漢書》與《李白集》而感到欣慰,為了激勵侄子而作的詩歌。侄子當時而立之齡過半,即十五歲左右。身為非母語學習者,讀耕齋和憲館能在十三、十五歲的年紀研讀《史記》、《漢書》等深奧的漢文史書和李、杜、韓、柳等唐代頂尖詩人的詩文專集,可見林家對家族子弟的漢詩文教育著力之深。

象徵文雅風流的李白:「登李杜之壇,聞雅風之清」

林家除了在學問、思想、教育上富有成就以外,在詩文中還表現出作為文人雅士的審美情趣。日本學者宮崎修多在討論日本狂詩的發展歷程過程中,曾指出林家的漢詩文作品中的「遊戲性」。〔註63〕《鵝峰文集》中有《逍遙園賦》一文,曰:「滕君子默以逍遙名其園……余輩屢往遊息,緬懷少陵題何氏園,追尋太白宴桃李園……登李杜之壇,欲聞雅風之清。」從這首賦中我們看到,鵝峰與親友遊園賞花,追摹杜甫、李白的詠園林名作,享受吟花弄月的雅趣。此外,還有寫給友人,描述與好友之間聚會情景的《寄野靜軒》:

> 余雖不需於酒食,而得不速之客一人,半日之清話,不覺燕子
> 之日長也。及晚,靖也節也來會,不待李白之月影,以足三人之數。
>
> 不假晚梅之易占,而得終吉之象。〔註64〕

從上文中看到,鵝峰與在其他著述中談經論學的嚴肅形象截然不同,表現出他富有文人雅士氣質的一面。友人的到訪使他聯想到李白在《月下獨酌》所詠「舉杯邀明月,對影成三人」的場景,笑稱自己與李白不同,不需月亮與影子已湊足三人。可見,鵝峰在雅興大發之時,自然而然地想起了這首李白詩歌,並借題發揮,抒發雅情。

《倭漢十題雜詠》中的詠李白詩

在林家三代的詩文集中,還能看到不少和漢雜詠的內容。和漢雜詠是一種定題和歌、漢詩吟詠活動,在江戶初期的文人學者之間相當流行,創作數量之多以致被編輯成《倭漢十題雜詠》總集。林鵝峰在寬文元年(1661)所撰《倭漢十題雜詠序》中介紹了「倭漢十題雜詠」活動最初的成立及其具體做法:「偶遊一蘭若,標出倭漢故事各十件,使陪座者探闍賦詩歌,以追文明(日本室町

〔註63〕宮崎修多:《國風・詠物・狂詩──古文辭以前における遊戲的漢詩文の側面》,《語文研究》(56),昭和58(1983)年12月。

〔註64〕林鵝峰:《鵝峰先生林學士文集》卷三十《寄野靜軒》。

時代的年號，1469～1487）。」〔註65〕究其由來，是因為自古以來的漢詩「《雅》
《頌》十篇以之為什者，姑尊閣之。李翰林《姑孰十詠》、杜少陵《夔州十絕》、
韓昌黎《琴操十首》、元微之《楚歌十首》、皮陸之之《十漁具十茶具》、王半
山《華亭十詠》、蘇子瞻《荊州十首》」〔註66〕，故而倭漢詩歌雜吟也仿照古人
之制，定為「十題」。從《倭漢十題雜詠》集中可見，以林羅山、林鵝峰和讀
耕齋為首的文人學者集團前後多次進行「倭漢十題雜詠」活動，每次所定詩歌
題目、吟詠詩歌的數量都不同。

　　在以中國故事命題的詩歌中，有不少關於李白的內容。《倭漢十題雜詠》
中的詠李白詩，以頌揚李白其人其詩為主，故而較多引用李白詩句以及相關的
典故、逸事。如壬午（1642）年秋末十月朔日，在京都文殊院進行的「倭漢十
題雜詠」的定題「十歌人十詩人」，就有十如長老所詠《李白》一詩，曰：「李
白佳名元拔群，騷壇千古愜清聞。世人言是開元鳥，飛入江東日暮雲。」〔註
67〕這裡就引用了杜甫《春日憶李白》中的「江東日暮雲」句。辛卯（1651）
年十一月十二日詠「十讀書」題，羅山的弟子阪井伯元賦詩《李白匡山讀書》
曰：「曾在匡山吐繡腸，杜陵憐殺彼佯狂。飛流雖洗讀書眼，瀑布應輸白髮長。」
〔註68〕此處引杜甫《不見》與李白《望廬山瀑布》、《秋浦歌》詩。壬辰（1652）
年正月十六日詠「十曲」題，人見卜幽賦《清平調》：「李白擅名翰墨場，清平
調裏意深長。明皇若得聽詩諫，妃蓑何為踏破唐。」〔註69〕這裡不僅讚揚李白
所作《清平調》詩，更將此詩視作「諫詩」，將李白視作與楊貴妃、安祿山等
人對立的忠臣。承應癸巳（1653）年二月二十三日詠「十聞」題，元晴《李白
聞搗衣》曰：「謫仙暮感搗衣聲，秋意沉沉素月清。杵響夢驚知盛事，長安千
里玉關情。」〔註70〕此處蹈襲的是李白《子夜吳歌·秋歌》一詩。

　　作為「倭漢十題雜詠」的主要人物，林家父子三人所作此類詠李白詩也不
少。具體數量來看，最多的是讀耕齋的三首，其次是鵝峰的兩首，羅山僅有一
首。羅山於慶安辛卯（1651）年詠「十月」題，賦《峨眉月》詩：「家在峨眉

〔註65〕　《倭漢十題雜詠序》，立詮編：《倭漢十題雜詠》，寫本，五冊，江戶承應二年，
　　　　　林家大學頭舊藏本，日本公文書館。
〔註66〕　《倭漢十題雜詠序》，立詮編：《倭漢十題雜詠》。
〔註67〕　立詮編：《倭漢十題雜詠》第一冊。
〔註68〕　立詮編：《倭漢十題雜詠》第二冊。
〔註69〕　立詮編：《倭漢十題雜詠》第三冊。
〔註70〕　立詮編：《倭漢十題雜詠》第五冊。

山下鄉，一天佳月古秋光。平羌水影鏡千尺，曾照翰林白髮長。」〔註71〕除了與詩題相關的《峨眉山月歌》以外，還引用了《秋浦歌》中最為人熟知的「白髮三千尺，緣愁似個長」句。至於林鵝峰的兩首詠李白詩，則分別作於壬午（1642）年和辛卯（1651）年：

> 《十洲・白鷺洲》
>
> 白鷺振振羽翼披，洲前佳景古人詞。
>
> 鳳皇臺上仙何去，二水中分似舊時。〔註72〕
>
> 《十八倭・李白筆跡》
>
> 謫仙文字價千金，異世殊方隔古今。
>
> 語帶霞分花在筆，海東蟫蠹入芳林。
>
> （僧萬里曰鐮倉芳林寺藏李白筆跡）〔註73〕

前者所詠的是李白《登金陵鳳凰臺》的內容，直接襲用「二水中分白鷺洲」句，又謂「鳳皇臺上仙何去」，充滿對「謫仙人」李白的追懷之意。後者則用傳說李白筆跡傳入日本、藏於鐮倉芳林寺一事，此事是否屬實雖尚存疑，但從詩歌內容來看，此事在當時並未受到懷疑。因此，鵝峰才會感歎李白親書「價千金」，輾轉在多年後傳到「異世殊方」的江戶日本，實在不可思議。

讀耕齋的三首詠李白詩，分別為壬午（1642）年仲冬五日、癸未（1643）年四月九日和辛卯（1651）年九月二十日的「倭漢十題雜詠」活動所作：

> 《十園・桃李園》
>
> 花月滿園相共清，開筵幽賞謫仙情。
>
> 文英獨步數千歲，絕勝一春桃李榮。〔註74〕
>
> 《十峯・五老峰》
>
> 五老峰高絕世塵，芙蓉削出特尖新。
>
> 韋丹終不免憂死，輸卻麻衣草坐身。〔註75〕
>
> 《十魚・東海鯨》
>
> 延袤數里躍吞舟，明月珠縱鯨眼投。

〔註71〕立詮編：《倭漢十題雜詠》第二冊。
〔註72〕立詮編：《倭漢十題雜詠》第一冊。
〔註73〕立詮編：《倭漢十題雜詠》第三冊，又收於《鵝峰文集》卷二十四。
〔註74〕立詮編：《倭漢十題雜詠》第一冊。
〔註75〕立詮編：《倭漢十題雜詠》第一冊。此詩亦收錄於《讀耕先生詩集》，題作《四月九日會於文殊院揭十河十峯十阪十洲十權十倖為題探得八題》。

　　　　碧海掣來工部句，青天飛上謫仙遊。〔註76〕

第一首《桃李園》所詠的是李白文章之中最廣為日本人喜愛、收錄於《古文真寶後集》中的《春夜宴桃李園序》。從詩歌中看到，讀耕齋與兄長鵝峰一樣將李白稱為「謫仙」，並讚歎李白「文英獨步數千歲」。這種說法雖然誇張，但也反映出讀耕齋對李白才華極為欣賞，並認可李白在中國文學史上的崇高地位。第二首《五老峰》的上聯從李白《登廬山五老峰》「青天削出金芙蓉」句化出，下聯則提及唐代僧靈徹《東林寺酬韋丹刺史》中的「年老心閒無外事，麻衣草座亦容身」句。第三首《東海鯨》則用「李白騎鯨」典故和謫仙人的形象，營造與詩題中「東海」、「鯨」兩個富有神仙色彩的關鍵詞相符的詩歌風格。在吟詠李白的詩仙形象時，讀耕齋也不忘在下聯中提及杜甫，明顯透露出「李杜」在他心中並列的地位。

　　上述所引用、蹈襲的李白詩文，除了讀耕齋所引《登廬山五老峰》一首以外，其餘均收錄於當時最流行的《古文真寶》、《唐詩訓解》選本中，這也反映了流行選本影響、推動李白詩歌的流行的一面。

「李白觀瀑圖」、「桃李園圖」相關題畫詩文

　　林鵝峰與林讀耕齋兄弟的全集中，有不少關於「李白觀瀑圖」的題畫詩文作品。「李白觀瀑圖」從日本中世時期就開始作為傳統的李白像畫題被採用，可以說是在日本的李白畫像中最具代表性的畫題。從江戶初期的狩野尚信、狩野守信，到中期的吉村周山、鈴木春信、與謝蕪村，再到後期的葛飾北齋、谷文晁等畫家都曾創作以「李白觀瀑圖」為題的繪畫作品。這些由日本畫家創作的「李白觀瀑圖」中，既有踏襲中國「觀瀑圖」風格的作品，也有把「觀瀑圖」以日本風格製作的作品，充分顯示江戶時代的文藝作品「和漢混合」、「雅俗融合」的特徵。〔註77〕「李白觀瀑」作為一個流行的文藝主題，在美術領域中表現為大量不同風格、形式的「李白觀瀑圖」陸續出現，在漢詩文領域中則表現為「李白觀瀑」題畫詩文以及引用、化用李白寫瀑布詩的文學作品的創作。丁未（1667）年，林鵝峰為《李白觀瀑詩卷》題序曰：

　　　　卷中有十三首，戲倣本朝歌合之體。或句意相類者，或用字同

　　格者。試分左右，以為六番。……唯今十三首，以廬瀑洗之，則他

〔註76〕立詮編：《倭漢十題雜詠》第二冊。

〔註77〕詳見拙論《江戶美術中的李白接受》，《域外漢籍研究集刊》2017（02），第343
　　　～369頁。

日三千尺之流，可以清吟骨乎。祝畢自歎曰：詩卷欠一人，追謫仙

上天乎？方寸之愁，半百之翁，唯添白髮三千尺之長而已。〔註78〕

而今雖不見這部《李白觀瀑詩卷》，但據序文所述，詩卷仿傚日本的歌合體制，收錄十三首與「李白觀瀑」主題相關的詩歌作品，可見「李白觀瀑詩」在當時是流行於文雅之士之間的詩歌題材。據前人統計，林羅山所作畫贊中有六首李白相關作品，包括五首「李白觀瀑」和一首「李白桃李圖」，而求贊之人主要為鵝峰、讀耕齋兄弟及其他羅山門下學生。〔註79〕林鵝峰也曾多次為「李白觀瀑圖」題詩作贊，先羅列如下：

1. 李翰林觀瀑圖（《鵝峰先生林學士文集・卷一百零八》）

傾倒銀潢水簾。仰望三千尺色。白髮聯長。

2. 李白觀瀑（《鵝峰先生林學士詩集・卷七十八》）

山高濺瀑布，人老發文光。

直下銀河一貶謫，落則白髮千丈長。

3. 李白觀瀑圖（《鵝峰先生林學士詩集・卷十五》）

廬瀑飛流左界潢，翰林坐愛遠瞻望。

豈唯白髮三千丈，一派文章光焰長。

4. 李白觀瀑圖《鵝峰先生林學士詩集・卷一百零六》

泉自山頂飛，謫仙來為客。直下瀉銀河，仰見垂玉帛。

一條色破青，千丈髮逾白。長川掛有餘，引流到七澤。

從以上作品可以看出，鵝峰所作「李白觀瀑圖」題畫詩文雖然形式各有不同，但內容基本相類似，都將《望廬山瀑布》的「飛流直下三千尺」與《秋浦歌》中的「白髮三千丈」相聯繫，這與鵝峰在《題李白觀瀑詩卷首》一文中所言「唯添白髮三千尺之長而已」可謂異曲同工。這裡，鵝峰將「瀑布」、「三千尺」、「白髮」和「三千丈」等詩中詞語串聯使用，採取類似和歌創作中「緣語」的修辭方式。「緣語」是和歌中使用複數關聯詞語建立內部聯繫，使詩歌內容前後照應並令人產生更多聯想的表現方式。前面提到在「倭漢十題雜詠」中，羅山的弟子阪井伯元賦詩《李白匡山讀書》曰：「曾在匡山吐繡腸，杜陵憐殺彼佯狂。飛流雖洗讀書眼，瀑布應輸白髮長。」這裡，伯元使用了同樣的表現方式，可見《望廬山瀑布》與《秋浦歌》兩首詩歌的內部聯繫並非鵝峰一人獨創，

〔註78〕林鵝峰：《鵝峰先生林學士文集》卷八十四《題李白觀瀑詩卷首》。

〔註79〕鈴木健一：《林羅山の畫贊》，《江戶詩歌の空間》，1998 年，161～172 頁。

而是詩人們的共識。

　　此外，鵝峰與讀耕齋都曾在關於「李白觀瀑」的詩文中表達對李白的看法。讀耕齋《李白觀瀑圖》謂：「廬山瀑布者，海內之壯觀。李謫仙人者，古今之天才。然非廬瀑，則不能施謫仙之天才。非謫仙，則不能模廬瀑之壯觀。可謂人傑地靈者矣。」〔註80〕鵝峰則在《示宮道次房九篇（其八）》一文中謂：「廬瀑者，壯觀之秀也。李白題詠，則詩與瀑共清。徐凝賦之，則有惡詩之訕。凝猶然，況於其餘乎。詩不可不作，亦不可妄作。」〔註81〕這裡，鵝峰與讀耕齋都將瀑布之美與李白的詩才結合來頌揚，認為只有李白的天才能描繪出廬山瀑布的壯觀。蘇軾《廬山瀑布》詩曰：「帝遣銀河一派垂，古來惟有謫仙詞。飛流濺沫知多少，不為徐凝洗惡詩。」鵝峰引蘇軾此論，明言其他人所寫廬瀑詩都是「惡詩」，言下之意即李白將廬山瀑布詩描繪到極致，後人再也無法突破其成就。

　　與「觀瀑圖」一樣，「桃李園圖」也是江戶時代最流行的李白畫題之一，像著名俳諧大師、文人畫家與謝蕪村，就有多幅「桃李園圖」作品傳世。讀耕齋曾作《高力左近倩畫工圖李白桃李園圖以李白酌月為一畫又以桃李各為一畫並三幅求贊嚴君嚴君使余賦李》：「滿園明李媚春風，萬丈文光奪眾紅。太白坐花花太白，其名其姓亦相同。」〔註82〕前面一提到，讀耕齋在《倭漢十題雜詠》中有《桃李園》一詩，稱讚李白「文英獨步數千歲」。而在這首「桃李園圖」的贊詩中，讀耕齋又盛讚李白「萬丈文光奪眾紅」。鵝峰的全集中雖未見任何「桃李園圖」的題畫詩文，但收錄了《讀李白春夜宴桃李園序》一詩，謂：「天倫樂事兩肩差，園裏春遊筆有華。其姓其名明李白，朧朧月下暗桃花。」〔註83〕從詩歌內容來看，此詩與讀耕齋的贊詩相互呼應，且鵝峰多次使用「筆有華」來形容李白的文采，如前述「倭漢十題雜詠」詩中的《李白筆跡》使用了「語帶霞兮花在筆」的表現，另一首詩歌《讀李白惜餘春賦》則謂「語有煙霞筆有花」。〔註84〕可以說，「筆有華」就是鵝峰對李白文采的整體評價。

　　另外值得一提的是，日本學者揖斐高曾在《風雅論──近世期朱子學古典主義詩論的成立》一文中談及林家一門的「吟風弄月論」，現摘其重點簡單

〔註80〕林讀耕齋：《讀耕先生文集》卷十二《李白觀瀑圖》。
〔註81〕林鵝峰：《鵝峰先生林學士文集》卷四十四。
〔註82〕林讀耕齋：《讀耕先生詩集》卷七。
〔註83〕林鵝峰：《鵝峰先生林學士詩集》卷六十七〈讀李白春夜宴桃李園序〉。
〔註84〕林鵝峰：《鵝峰先生林學士詩集》卷二〈讀李白惜餘春賦〉。

介紹：首先，林羅山在《吟風弄月論》（《羅山文集卷二四》）這篇文章中通過羅列曾點、邵康節、周敦頤、程明道及朱熹等「享受詩文風流之樂」的儒者的事例，明確提出詩文風流與作為儒者的道德實踐及修養並不矛盾的觀點。也就是說，林羅山反對將詩文視作「玩物喪志」之論。繼羅山之後，林鵝峰又作《程子吟風弄月贊》（《鵝峰詩集卷三八》）來稱揚「吟風弄月」論：「此景此時遊以熬，程公年少既英豪。吟風弄月樂何事，攀得濂溪光霽高。」隨後，鵝峰的次子鳳岡又在《梅洞先生全集序》中稱頌兄長梅洞「公性嗜著述，往往吟風弄月，遣興抒情，其長其短開口成章」。日野龍夫先生曾指出林家雖然執掌幕府官學，但並未視詩文為經學的阻礙而加以否定，反而在林家內部提倡積極發展詩文的家風。〔註85〕揖斐氏也持有相近觀點，他指出林家一門主張的「吟風弄月」論肯定了詩文風流的正面價值，對江戶時代朱子學文學觀的發展有重要貢獻。〔註86〕

「李白仙才詩無敵」的雙重意義

林羅山曾在詩歌中感歎「太白文章苦難讀，明堂製造要離驚」〔註87〕，可見李白詩歌中包含了許多令日本人深感難以理解的、超越文章法度的內容。讀耕齋曾作《李白梨雪》一詩，自注曰：「梨花白雪香，雪豈有香乎。是詩人所以必不遵繩墨也。作李白梨雪。」詩曰：「李白飄然思不群，雪花何得有香芬。一言粗率堪寒殺，蔡正孫云我亦云。」〔註88〕「梨花白雪香」出自李白《宮中行樂詞八首》，讀耕齋認為此句是詩歌內容不必拘守規矩、符合常識的一例，詩中又直接襲用杜甫《春日憶李白》的「白也詩無敵，飄然思不群」句，與自注所說的「不遵繩墨」相對應，表明李白才思不同尋常，有其獨特之處。「蔡正孫云我亦云」一句，指的應是《詩林廣記・卷二・春日憶李白》部分的內容：

> 蔡寬夫詩話云：予為進士時，嘗舍於汴中逆旅，數同行亦論杜
> 詩。旁有一押糧運使臣，或顧之曰：爾亦嘗觀杜詩乎？曰：平生好
> 觀，然多不解。因舉「白也詩無敵」，相問曰：既言無敵，安得卻似

〔註85〕日野龍夫：〈延寶前後の江戶詩壇〉，《宣長と秋成》，日本昭和59年。

〔註86〕參照揖斐高：〈風雅論──近世期朱子學古典主義詩論的成立〉，和漢比較文學會編：《和漢比較文學叢書16俳諧と漢文學》，東京：汲古書院，1994年5月。

〔註87〕林羅山：〈精視冰背〉，《倭漢十題雜詠》第二冊「十未詳」。

〔註88〕林讀耕齋：《讀耕先生詩集》卷一〈李白梨雪〉。

　　　　鮑照、庾信？時座中雖笑之，然亦不能遽對。則士亦不可忽也。胡

　　　　苕溪云：庾不能俊逸，鮑不能清新。白能兼之，此其所以無敵也。

　　　　武弁何足以知之。〔註89〕

從上可見，蔡正孫同意杜甫、胡苕溪「白詩無敵」之說，而讀耕齋也同意蔡正

孫的意見。前文已提到，讀耕齋在《李白觀瀑圖》一文中，盛讚李白是「古今

之天才」。讀耕齋又有《演和嚴君歲旦詩韻二十八首・其二十五》詩云：「李白

仙才詩無敵，頭風全愈孔璋檄。書窗尋常登音稀，偶然唯聽雨淅瀝。」〔註90〕

這裡，讀耕齋表明李白的才能是「仙才」，是「無敵」的。李白的詩歌雖被讚

譽為無人可敵的佳篇，然而「仙才」是人力不可及、更不可模擬的。這點對於

多數日本漢詩文學習者來說，顯然既令人憧憬、又抱有距離感。

　　讀耕齋曾在丙申年（1656）與石川丈山的往來書信中，討論朝鮮通信使的

漢詩及其學詩方法，其中包括了以下內容：

　　　　韓客之詩律，皆白家淺俗之體，而未見一首有唐味者也。信然

　　　　矣。詩至杜子美，而天下之能事畢矣。三百篇置而不論，楚謠、漢

　　　　風、魏造、晉制，時勢漸改，風骨漸衰。齊梁陳隨之浮靡輕淫，頻

　　　　頻續續，而其繹風、騷，該諸體，劘屈、賈，短曹、劉，而所以為詩

　　　　人之冠冕者，杜少陵也。學詩之人，盡窺其牖窗乎。足下所言之唐

　　　　味，蓋指之乎。然則直可謂無浣花之意味也，又可謂乏盛唐之風味

　　　　乎。初盛中晚，均是唐也。正變高下，精粗厚薄之雋永余膏，固不

　　　　相通。……韓賓申竹堂贈我背詩云：筆可師懷素，詩宜效謫仙。由

　　　　是推之，韓人之所師所效，可以知焉。蓋或竹堂之私見乎。藏真之

　　　　奇縱快活，既難摹擬焉。長庚之豪放飄逸，最不可及也。然其所以

　　　　傾心，固在此乎。豪放飄逸之果不可及也。故韓人作為淡浮清淺之

　　　　語，稍以與白俗之姿格相類者耶。〔註91〕

石川丈山批評朝鮮通信使的漢詩仿傚白居易、沒有「唐味」。讀耕齋對此表示

認同，又指出雖然初盛中晚均是唐，但其中的正變、高下是不同的。在讀耕齋

看來，石川丈山所說的「唐味」其實專指「盛唐之風味」，而這種「唐味」的

代表正是杜甫。因此，讀耕齋奉杜甫為「詩人之冠冕者」，提倡學詩之人都應

〔註89〕〔宋〕蔡正孫：《詩林廣記》前集卷二，清文淵閣四庫全書本。

〔註90〕林讀耕齋：《讀耕先生詩集》卷三。

〔註91〕林讀耕齋：《讀耕先生文集》卷三《申復石丈山》。

以杜甫為榜樣。然而,朝鮮通信使詩中所言「筆可師懷素,詩宜效謫仙」,反映了當時日、韓學詩者之間不同的學習方向。對於韓人選擇以李白為仿傚對象,讀耕齋明顯表示出不贊同的態度。縱然讀耕齋對李白詩歌評價極高,但他反覆強調李白的豪放飄逸是不可及的,這正是他對韓人學李白抱有消極意見的主要原因。

從才學論的角度討論李杜詩歌,歷來是「李杜優劣論」的經典議題之一。李白的「才」和杜甫的「學」,逐漸被定義為這一命題中的二元對立面。讀耕齋這種學詩宜效杜甫,認為李白詩才「不可及」的看法,實際上也是襲自中國歷代詩學批評家的理論。《歲寒堂詩話》曰:「才力有不可及者,李太白、韓退之是也;意氣有不可及者,杜子美是也。……杜子美,李太白、韓退之三人,才力俱不可及,而就其中,退之喜崛奇之態,太白多天仙之詞,退之猶可學,太白不可及也。」(宋張戒《歲寒堂詩話·卷上》)這裡,雖然列舉了杜甫、李白、韓愈並稱三人「俱不可及」,但在三人之間,張戒著重強調韓愈的「崛起」和李白的「天仙」,並明言二者相較之下韓愈「猶可學」,而李白則更「不可及」。到了明代,王稚登《合刻李杜詩集序》曰:「聞諸言詩者,有云:供奉之詩,仙。拾遺之詩,聖。聖可學,仙不可學。」〔註92〕胡應麟曰:「李杜二家,其才氣本無優劣、似工部體裁明密,有法可尋;青蓮興會標舉,非學可至。」(《詩藪·外編四》)直到清代,這種論調一直沒有停止。趙翼《甌北詩話》曰:「(白)詩之不可及處,在乎神識超邁,飄然而來,忽然而去,不屑屑於雕章琢句。亦不勞勞於鏤心刻骨,自有天馬行空,不可羈勒之勢,若論其沉刻,則不如杜;雄鷙,亦不如韓。然以杜、韓與之比較,一則用力而不免痕跡,一則不用力而觸手生春;此仙與人之別也。」由是,這一系列從才學論出發,經過歷代批評家總結得出的「杜可學、李不可學」之論,通過詩學批評著作的傳播影響了日本學詩者對李杜詩歌的學習態度。胡應麟在《詩藪·內編四》中謂:「太白風華逸宕,特過諸人。而後之學者,才匪天仙,多流率易。」讀耕齋強調李白的「不可及」、不認同仿傚李白詩風,正是因為這種刻意的模仿「多流率易」。在讀耕齋看來,朝鮮通信使的詩歌之所以「淡浮清淺」,正是因為模仿李白卻又缺乏天才所致。為了避免這種情況,以創作、應用為目的的日本學習者對李白詩歌的接受更多表現在鑒賞的層面,而不是像對杜甫詩歌那般積極地研究、學

〔註92〕〔唐〕李白撰,〔清〕王琦注:《李太白詩集注》卷三十三,三十六卷,清文淵閣四庫全書本。

習、模仿。

江戶初期李白詩文受容的特點與意義

江戶初期（1603～1679）的漢詩上承五山文學，下啟江戶中期的復古詩學，是詩學潮流從學宋詩轉向學唐詩，再轉向專學盛唐詩的過渡期。這一過程中，李白詩文經歷了從「揚杜抑李」到「李杜並尊」的轉變，受到更多日本詩人的推崇，逐漸奠定其唐詩最高代表的地位。

本章嘗試追溯江戶初期漢詩對它之前的五山文學的繼承與發展，以及它們與宋、元詩學的關係。在這一脈絡中，與李白接受直接有關的「唐詩觀」和「李杜論」等詩學命題，最早在五山文學中已經有所體現。到了江戶初期，伊藤仁齋、林羅山、松永尺五、木下順庵、貝原益軒等江戶初期的著名儒學家，雖在經學上立場不同，但在詩學上一致地推崇唐詩和「李杜並尊」的態度，可見李白與杜甫一同作為唐詩最高代表的觀念已經定型。其中，木下順庵在江戶文學史上被定位為「首唱唐詩」者，他的漢詩作品中不僅表現出對李白詩歌和文章的讚賞，更肯定了李白的個性、思想與歷史地位，這對室鳩巢和祇園南海等「木門」弟子有一定影響。

在詩學批評方面，同為朱子學代表的林羅山一家和貝原益軒都編選過中國詩歌選本，從中可以總結出他們以經學為主、廣泛學習歷代詩歌，又尤其推崇盛唐詩，排斥中、晚唐詩，以李杜為唐詩代表的共同點。但林家與貝原益軒看待詩文的態度稍有不同，前者主張「吟風弄月論」，肯定了詩文風流的正面價值，而後者則持「經主文從」的態度，在《歷代詩選》中大量選錄經學上的重要人物的作品。

通過考察林羅山一家的詩文集，本書進一步討論了林家漢詩文中與李白有關的內容。總的來說，其特點可以概括為以下幾點：第一，林家的「宗唐」傾向在第二、三代明顯較林羅山強烈，而且逐漸強調盛唐詩、排斥中晚唐詩，這也從側面印證了江戶中期「詩必盛唐」的復古詩風興盛的必然性。第二，比起化用具體的詩歌內容，他們更傾向於在作品中詮釋李白的「詩仙」形象，顯示出一種偶像崇拜式的接受。第三，他們除了創作漢詩和漢文以外，還通過「和漢雜詠」這樣的文學活動，以及題畫詩文等方式表現他們對李白的追慕與模仿，顯示出當時李白詩文與日本傳統文學以及書畫藝術等領域的交流與融合。

把視野擴大至這一時期的江戶文學整體來看，林家的受容特點實際上也

反映出當時不同文藝領域接受李白的普遍特徵。一般認為，江戶初期的日本文學具有「隱逸趣味」、「文人游藝」的特徵。〔註93〕林家兄弟對李白的「仙才」、「文雅風流」的崇拜即為一例。這一時期的漢詩尚未被視為一種專業領域，更多的是知識分子和文雅之士用來交流消遣、抒發感情的一種技藝，除了前述由林家父子主導的「和漢雜詠」以外，還有由山口素堂組織，松尾芭蕉和人見竹洞等參與的文學交流活動。人見竹洞是林家的門人，《倭漢十題雜詠》中也載有他吟詠李白的《清平調》題詩作品。目前有關俳諧與漢詩的研究中，山口素堂在漢詩文素養上對松尾芭蕉的影響已成定論，也明確了山口素堂與人見竹洞、林鳳岡等林家漢學者之間的交往關係。日本學者大庭卓也認為，這一時期的俳諧家與漢學家之間的交流對後來的俳諧發展趨向具有文學史意義，但他並未對這種文學史意義進行具體的闡釋。〔註94〕。

　　江戶初期不同文藝領域的代表人物的交往，促進了雅俗文學、和漢文學之間的相互刺激與融合，使日本文學在思想、形式和內容上都得到一定的發展和轉變。在這樣的文化背景下，林家漢詩文顯示出俳諧文學的「遊戲」特質的同時，松尾芭蕉從中日傳統「雅文學」中吸取養分，在《笈之小文》和《奧州小道》中提出「風雅論」和以「風雅之誠」為根本的「不易流行」說。〔註95〕〔註96〕

〔註93〕前文提到的石川丈山是漢詩領域中「隱居詩人」的典型代表，俳諧領域則有「俳聖」松尾芭蕉和他的好友山口素堂。

〔註94〕大庭卓也：《山口素堂と江戶の儒者をめぐって》，《連歌俳諧研究》（106），2004年，第1～10頁。

〔註95〕俳諧屬於「俗文學」，是一種以戲謔為主的文學形式。在俳諧文學中，一般把芭蕉以前的俳諧風格視作「古體」，蕉風俳諧是俳諧史上的重大改革，又被稱作「正風俳諧」，對後來的俳諧文學影響深遠。蕉風俳諧以「不易流行」說作為理論基礎，此說最早在芭蕉《奧州小道》中形成。據芭蕉弟子服部土方《三冊子》：「師の風雅に萬代不易あり。一時の変化あり。この二つ究り、其の本は一つなり。その一つといふは、風雅の誠なり。」（師之風雅，有萬代不易，有一時變化。究此二道，其本為一。其一為何，風雅之誠也。）仁枝忠《芭蕉の俳論と漢文學》指出，「風雅之誠」的內涵有兩個層面，首先是與《中庸》的「天道之誠」的關係，其次是《周易》、《莊子》中所謂的「造化」與自然之道。（《津山高專紀要》2（2），1969年，第245～275頁。）

〔註96〕芭蕉的「風雅」與中國詩學傳統中《詩經》的「風雅」內涵不同，實際上日本文學中「風雅」一詞常作為一種廣義的概念被使用。據井上敏幸《風雅の定位：刊本〈笈の小文〉冒頭文と〈幻住庵記〉》，芭蕉的在《笈之小文》中提出的「風雅論」受《方丈記》影響，具有強烈的人生論色彩，這種人生論一方面強調他作為漂泊者的意識，另一方面也確立了自身文學的意義。（九州大學國語國文學會《語文研究》（52、53），1982年，第42～55頁。）芭蕉《笈之小

　　眾所周知，松尾芭蕉的代表作《奧州小道》開篇化用李白《春夜宴桃李園序》的內容，表達了他在「風雅論」中強調的「漂泊者意識」和極具老莊色彩的人生觀：

　　　　月日は百代の過客にして、行き交ふ年も又旅人なり。舟の上
　　　　に生涯を浮べ、馬の口捉らへて老を迎ふる者は、日日旅にして旅
　　　　を棲とす。古人も多く旅に死せる有り。〔註97〕（日月乃百代之過
　　　　客，流年亦為旅人。舟上浮浮一生，攬馬首而迎老境者，累日以旅
　　　　途作棲身之所。古人命終於旅途者，亦多有之。）

在此之前，芭蕉已在《虛栗集》跋中，將李杜、寒山和西行一同列為「侘（わび）」和「風雅」的審美境界的代表。〔註98〕如前所論，林家學者視李白為「文雅風流」的象徵，在《倭漢十題雜詠》中以漢詩和和歌吟詠與李白有關的詩歌，在書畫領域則有《李白觀瀑詩卷》和「春夜宴桃李園圖」相關的詩、畫交流，又通過人見竹洞、山口素堂、林鳳岡和松尾芭蕉的交往與俳諧領域相聯繫，以林家為中心的文人學者圈以不同的文藝形式或多或少地受到漢文學的影響，將李白納入各自的文藝領域中進行詮釋，芭蕉的「風雅」俳論中對李白的定位和借鑒正是以此作為文化背景。在這一脈絡中，李白被視作「風雅」人物的代表，李白詩文則被視作「風雅」文學的代表。值得注意的是，幾乎同一時期的漢詩領域中，木下順庵的門生將林家的「吟風弄月」論進一步發展為復古格調詩的「風雅論」，從中國詩歌傳統的角度推舉李杜代表的盛唐詩為「風雅」的榜樣，為其後興起的古文辭派開了理論先河，其影響一直延續至十八世紀後半。〔註99〕因此，李白作為「風雅」象徵的形象和觀念在江戶初期的各個文藝領域得以定型，可以說是對大庭卓也所提出的「文學史意義」相關問題的一個側面反映與回應。

　　文》認為，風雅貫穿於西行之和歌、宗祇之連歌、雪舟之繪畫、利體之茶道之中。井上氏指出，芭蕉將心中的西行、宗祇觀總結為「旅泊為家園，風月為生涯」，其心目中對「風雅」的定義基本上等同於「風月」，廣義上指傳統藝道。結合仁枝忠對「風雅之誠」之論，「風雅」應指包含和歌、連歌、畫道和茶道的傳統日本藝道以及符合中國儒學、老莊思想的中國藝道。

〔註97〕與謝野寬等編：《日本古典全集·芭蕉全集·前》，日本古典全集刊行會，1926年，第100頁。

〔註98〕與謝野寬等編：《日本古典全集·芭蕉全集·前》，第140頁。

〔註99〕相關內容將在下一章詳細討論。

第三章　江戶中期：作為擬古對象的李白詩文

　　江戶中期，即延寶八年（1680）至寶曆九年（1759）約八十年間，前後分別以元祿時期（1688～1704）和享保時期（1716～1736）為漢詩發展的中心時期。前人對江戶漢詩的相關研究主要集中在這一時期，其中又以木門學派和徂徠學派為主要研究對象，可見這兩個學派不僅代表著江戶中期詩壇的主流思潮，更是江戶漢詩在日本漢詩史上的標誌。〔註1〕

　　木門與古文辭學派在經學上看似對立，在詩文上卻同樣主張學唐、明詩，鼓吹復古格調詩風，在江戶詩壇掀起了一股強烈的擬古風潮。正如西島蘭溪

〔註 1〕據松下忠所述，儒學在江戶地區，有林家、木下順庵的木門和荻生徂徠的古文
　　　　辭學派（又稱「萱園學派」、「萱門」）；在京都地區，山崎闇齋、伊藤仁齋等學
　　　　者門下精英輩出。在詩文方面，最引人注目的是木門和萱門。松下忠《江戶時
　　　　代的詩風詩論》，25 頁。元祿時期以後，隨著伊藤仁齋和荻生徂徠等人開始對
　　　　朱子學提出質疑，日本儒學進入了全新的階段。在經學方面，當時的儒學者大
　　　　致分為朱子學者和「反朱子」派兩大類。從整體來說，江戶初期以後的朱子學
　　　　以木門為代表，而「反朱子」派的主力軍則是古文辭學派。（關於木門儒學思
　　　　想上的問題，前人研究已經指出並不能將木門內部每一個人都完全視作純然
　　　　的朱子學者，因為古文辭學派的服部南郭稱木下順庵為批判朱子學的「古學之
　　　　祖」，而且新井白石已經明確認識到朱子學、宋儒中確實存在缺點，但另一位
　　　　木門儒者室鳩巢卻是從始至終堅守朱子學立場，因此木門內部是存在分化
　　　　的。）在文學觀上，這一時期在整體上呈現出從「經主文從」到「經文兼修」
　　　　的變化，詩文逐漸受到重視，甚至逐漸獨立於經學之外，江戶漢詩文得到空前
　　　　的發展。

《弊帚詩話》中所說的「順庵、徂徠二先生勃興，海內詩風一變，為唐為明」〔註2〕。如上一章所述，江戶初期已有松永尺五、林鵝峰、林讀耕齋、木下順庵等人推崇唐詩。荻生徂徠稱：「錦里先生者出，而扶桑詩盡唐矣。」久保善教《木石園詩話》也認為：「及元祿之際，錦里先生者出，始唱唐詩，風靡一世。」今人杉下元明《江戶漢詩——影響與變容的系譜》一書指出「早在荻生徂徠還未找到前進方向的元祿末期到寶永年間，木門詩人已率先開始創作格調詩。」〔註3〕山本嘉孝在近年的研究成果中也贊成杉下氏的意見，並進一步指出，江戶時代對盛唐詩的模仿始於木門，具體方式是通過熟讀《唐詩訓解》所收的詩歌，並加以模仿，創作擬古詩。〔註4〕但松下忠並不贊成把木下順庵歸為唐詩的提倡者的說法，而認為順庵的詩論屬於未分化的江戶初期詩風。〔註5〕關於這一問題，筆者認為松下氏之說與杉下、山本二氏之觀點並不衝突。木下順庵本人的詩論從整體來說確實並未提倡或排斥特定時代的詩風，而杉下、山本的觀點均認為開創學習、摹擬盛唐詩先河的是木門詩人，即木下順庵的門人。荻生徂徠、西島蘭溪和久保善教等江戶時代學者，將「首唱唐詩」之功歸於木下順庵，也許只是出於木門學派以木下順庵為首的原因。

　　儘管木門與古文辭派在詩文論上有許多相似之處，但實際還是有所不同。二者的差異主要可以總結為以下兩點：其一，木門之風以經學道德為主，詩文為從，而萱門、徂徠明確排斥宋儒的詩文無益論，而主張詩文必要論，追求經學與詩文的調和，主張經、文兼修。其門下的高野蘭亭、服部南郭，就更加重視詩文。其二，木門最先提倡學習唐、明詩，但木門較強調唐詩，萱門更注重明詩。〔註6〕木門的唐詩鼓吹以元祿（1688～1703）時期為中心。古文辭學派的明詩鼓吹以享保（1716～1735）時期為中心。可以說江戶時代對明代復古格調詩論的學習始於木門，盛於古文辭學派，其巨大影響一直延續至十八世紀末期才逐漸消退。

〔註2〕西島蘭溪《弊帚詩話·卷上》，《日本詩話二十種》上，172 頁。
〔註3〕杉下元明《江戶漢詩——影響と変容の系譜》，東京：ぺりかん社，2004 年，P87。
〔註4〕山本嘉孝〈室鳩巢の辺塞詩——盛唐詩の模仿と忠臣像の造形〉，《語文》108，大阪大學國語國文學會，2017.6。
〔註5〕松下忠《江戶時代的詩風詩論》，274 頁。
〔註6〕松下忠：《江戶時代的詩風詩論》，第 25～29 頁。

一、木門的唐詩鼓吹與「風雅論」：室鳩巢的李白觀

木門以「木門十哲」為中心，這十個木門子弟各有所長，在政治、經學、文學上都頗有成就。〔註7〕江戶時代的「寬政三博士」之一柴野栗山（1736～1807），對他們有如此評價：

> （木下）錦里先生門得人也。參謀大政，則源君美在中（新井白石），室直清師禮（室鳩巢）。應對外國，則雨森東伯陽（雨森方洲）、松浦儀禎卿（松浦霞沼）。文章則祇園瑜伯玉（祇園南海），西山順泰健甫，南部景衡思聰（南部南山）。博該則榊原玄輔希翊（榊原篁洲）。皆瑰琦絕倫之材矣。岡島達之至性，岡田文之謹厚，堀山輔之志操，向井三省之氣節，石原魯學之靜退，亦不易得。而師禮之經術，在中之典則，實曠古之偉器，一代之通儒也。夫以若數之資，而終身奉遵服膺先生之訓，不敢辭有異同焉，則先生之德與學可想矣。〔註8〕

關於木門在江戶詩歌史上的貢獻與意義，松下忠曾如此評價：「木門在江戶時代的詩論史上的意義在於，唐詩鼓吹是木門的主張，且木門是唐詩鼓吹的主流。木下順庵的兒子菊潭，門徒白石、鳩巢、南海、向井滄州和雨森芳洲等人，都鼓吹唐詩。南海排擠宋元之詩，鼓吹唐（明）詩，以盛唐的李白為宗。」〔註9〕此外，他又補充道：「唐詩鼓吹實際上是當時的時代特色，同一時代的木門以外的人大都推重唐詩，但木門有組織地、積極明確地打出鼓吹唐詩的旗幟，因此在文學史上一般把唐詩鼓吹之功歸於木門。」〔註10〕木門

〔註7〕包括新井白石、室鳩巢、祇園南海、松浦霞沼、南部南山、雨森芳洲、三宅觀瀾、榊原篁洲、服部寬齋、向井滄州等十位木下順庵的得意門生。

〔註8〕關於「木門十哲」的生平，首席大弟子新井白石是六代將軍德川家宣的幕臣，主導了歷史上稱為「正德之治」的文治政治政策，政績顯著，在學問上也成就極高；室鳩巢曾侍奉家宣、家繼、吉宗三代將軍，兼備經學、詩文的優秀才能；祇園南海任紀州藩儒官，以「一夜百首」的詩才享譽江戶詩壇，又被視為「日本南畫始祖」；南部南山的詩才被祇園南海盛讚為「最所景慕，莫如南山思聰」；雨森芳洲與松浦霞沼任對馬藩儒官，曾一同作為外交官招待朝鮮通信使；榊原篁洲任紀州德川家儒官，精通法律、天文、測量之學。至於柴野栗山評論中未提到的三宅觀瀾和服部寬齋，前者為水戶藩主所召，參與編撰《大日本史》，後來又成為幕府儒臣，後者是德川家宣的幕臣。向井滄州的相關資料較少，目前只知其曾為折衷學派儒者宇野明霞之師。

〔註9〕松下忠：《江戶時代的詩風詩論》，第35頁。

〔註10〕松下忠：《江戶時代的詩風詩論》，第36頁。

的詩歌理念以唐詩為理想，實際上是出於對詩歌「風雅」和「格調」的追求。前文已提到江戶初期林家一門主張的「吟風弄月」論，從朱子學的角度肯定了詩文風流的正面價值，但這種對通過吟詠「性情之正」詩文追求《詩經》中的風雅傳統的意識，還未得到定型和理論化。真正把「風雅論」成功理論化的，是木門的詩人。〔註11〕室鳩巢率先從理論角度提出「風雅」的文學觀。他在《駿臺雜話‧卷五》中，從繼承《詩經》風雅傳統的角度來論述詩史發展。又在《鶴樓詩稿序》中主張：「今之所謂詩者，風雅之流也。其必有風雅之趣者，然後可以能之。故善觀詩者，先觀其人之雅俗何如，則其詩之工拙有不可誣者矣。」〔註12〕在鳩巢之後將「風雅論」和「雅俗觀」徹底理論化的是祇園南海。他認為，風雅詩觀是既表達《詩經》中所包含的古代的「雅」，又能表達「人情」、「真情」。這實際上是將朱子學中的「性情論」與提倡《詩經》風雅傳統的尚古意識相結合。〔註13〕此外，同門的雨森芳洲也從追求「風雅」的角度教導學生學習李、杜詩歌。據其門人所記錄《芳洲先生口授》中的記載：「讀謫仙而大其體，學少陵而致其曲、其本，則風雅如此而已矣。」〔註14〕可見，木門內部基本上都強調詩歌之「風雅」，且視李、杜為首的盛唐詩為「風雅」詩的學習榜樣。

下面，將以室鳩巢與祇園南海兩位「風雅論」的主要提倡者為例，探析木門詩人在唐詩鼓吹的文學主導思想下對李白的學習和接受。

「李在杜上，理所當然」

室鳩巢（1658～1734），名直清，字師禮、汝玉，號鳩巢，別號滄浪、駿臺。十五歲時受加賀藩候賞識，被派往京都拜木下順庵為師，鑽研朱子學。木下順庵曾以詩稱讚其為「五嶽英靈鍾少年」，又因其天賦和文采被稱為「木門神童」。鳩巢在經學上，是木門中最忠於朱子學並對徂徠學派表示最強烈批判的一位，在詩文上，他推崇唐宋古文復興派的文章和唐詩。他在《山脇伯玉字

〔註11〕揖斐高：《風雅論——近世期朱子學古典主義詩論的成立》，和漢比較文學會編：《和漢比較文學叢書16俳諧と漢文學》，第40頁。
〔註12〕室鳩巢：《後編鳩巢文集》卷十二《鶴樓詩稿序》，室鳩巢撰，大地昌言、伊東貞編：《鳩巢文集》，二十五冊，江戶崇文堂（寶曆十三年序）刊，內閣修史局舊藏本，日本公文書館。
〔註13〕參照揖斐高：《風雅論——近世期朱子學古典主義詩論的成立》，第44頁。
〔註14〕雨森芳洲：《芳洲先生口授》，江戶刊本，昌平阪學問所舊藏本，日本公文書館。

序》中曾讚歎：「管仲、子產之政，宰我、子貢之言語，韓退之、蘇子瞻之文，杜子美、李太白之詩，人而珠者也。」〔註15〕

　　室鳩巢的詩論觀點，集中體現在其晚年與學生的交談記錄《駿臺雜話》卷五「詩文評品」一節中。他在談話中從繼承《詩經》風雅傳統的角度來論述詩史發展，明確提出「風雅論」。現將原文主要部分翻譯如下：

　　　　翁論詩曰：「《詩》三百篇，自不必言。漢魏以後之詩，文理悠暢，意思淵永，而不失風雅之趣。蕭統《文選》載《古詩十九首》，諸多樂府歌行之詩。然至六朝，競綺靡，務浮華，風雅之體亡矣。唐興，而李杜王孟之徒出，一洗六朝餘習，大振古風。至今學詩者，莫不學唐詩。盛唐之詩，雖去古已遠，而寫風景、述人情，猶有風雅殘膏剩馥，自有感發人心之妙。學者吟詠性情，難捨唐詩。……然自中唐至晚唐，韋蘇州、柳儀曹以外，昌黎文章雖可謂古今卓絕，其詩離風雅稍遠矣。更無論孟郊、賈島之寒瘦，元稹之輕浮，白居易之淺俗，李商隱之僻澀，溫庭筠之媚豔，均可謂詩之厄也。其作雖偶有出入盛唐之作，然論其大概，則意趣鄙薄，品格低下。其餘作者，大抵拘聲律、落窠白，而不知詩乃吟詠性情。……詩若拘於辭，則陷道理而無味，若發乎於情，則飽含意志而有味。初學之人，若不知雅俗之辭，則難以論情。」〔註16〕

　　室鳩巢提倡學盛唐詩的原因，是因為盛唐詩具備「古風」，即《詩經》中吟詠性情的風雅傳統。學習盛唐詩的具體方法，有兩個方面，一是熟讀盛唐詩歌，二是創作擬古詩。室鳩巢曾在《與桑原生論近體之詩書》向後學之輩建議：「以李、杜及諸名家之詩反覆誦讀，夫如是既久，然後漸以意賦出，則其口氣自別矣。」（《後編鳩巢文集·卷九》）鳩巢的同門新井白石在《白石先生詩範》這部專門指導學詩理論的著作中也有相同的主張，他首先指出「近來唐土、朝鮮、日本都以唐詩為作詩規範」的事實，強調熟讀、背誦初盛唐詩的重要性，認為如此自然就能寫出像唐詩一樣的詩歌。這樣的論調明顯受到嚴羽《滄浪詩話》「取盛唐諸名家詩蘊藉胸中，久之自然悟入」之論的影響。據山本嘉孝對

〔註15〕室鳩巢：《補遺鳩巢文集》卷一《山脅伯玉字序》，室鳩巢撰，大地昌言、伊東貞編：《鳩巢文集》。

〔註16〕室鳩巢著，森銑三校：《駿臺雜話》卷五詩文評品，東京：岩波書店，1936年12月。

木門擬古邊塞詩之考證，木門的盛唐詩模仿以《唐詩訓解》為規範開始，新井白石提倡學唐詩的基本詩集為《唐詩訓解》，在寫給鳩巢的書簡中又有參照《唐詩訓解》和《詩人玉屑》的部分，這證明二人都參照過這兩部書。此外，他通過比對室鳩巢 49 歲（1706）時寫的《從軍行》、《塞下曲》和 1716 年寫的《塞外客意》等三首邊塞詩與《唐詩訓解》所收邊塞詩，認為鳩巢作品的字句多與《唐詩訓解》所收詩歌相通，因此得出鳩巢通過對《唐詩訓解》的熟背和模仿來創作這些擬古邊塞詩的結論。〔註 17〕

在上一章關於江戶初期的貝原益軒選詩的論述中，筆者已提到貝原益軒《歷代詩選》主要以《唐詩訓解》為參考書目。《唐詩訓解》最晚在 1660 年代的寬文年間已有和刻本流通日本國內，及室鳩巢、新井白石等木門詩人之時，已是在學詩者之間普及度較高的選本。因此，筆者也贊同山本氏的觀點。需要補充的是，除了《唐詩訓解》以外，明代高棅所編《唐詩品彙》和《唐詩正聲》所選詩歌接近鳩巢的詩歌理想，可能也是鳩巢學習盛唐詩的參考書目之一。久保善教《木石園詩話》謂：「及元祿之際，錦里先生者出，始唱唐詩，風靡一世。然其所奉書，僅止於《滄浪詩話》、《品彙》、《正聲》、滄溟偽《唐詩選》、胡氏《詩藪》而已。」〔註 18〕此處所謂「滄溟偽《唐詩選》」指的應是《唐詩訓解》，而高棅之唐詩選本與之並列，是為木門所奉的三部詩歌選本。相較之下，由於《品彙》、《正聲》在木門興盛之時尚未有和刻本面世，只能通過珍貴稀少的唐本（明刊本）和抄本的方式流傳，在一般學生之間的普及度自然不如《唐詩訓解》高。

至於擬古的方法，首先就如山本氏所指出的，從熟讀、熟背開始，久而久之自然就能漸漸接近古詩「風雅」的境界。鳩巢在寫給學生的一封書信中如此建議：「姑輟其賦詩之心，移其力於讀詩，以李杜及諸名家之詩反覆誦讀。夫如是既久，然後漸以意賦出，則其口氣自別矣。」〔註 19〕製作擬古詩的風氣，其實早在江戶初期已經出現。只是，江戶初期的林羅山等人，擬古對象多為日本平安時代的漢詩文。木下順庵所思慕的對象並非古代日本，而是古代中國。木下順庵的擬古，是通過日本的平安王朝和德川幕府之治擬作古代中國的文

〔註 17〕山本嘉孝：〈室鳩巢の辺塞詩──盛唐詩の模倣と忠臣像の造形〉《語文》108，
　　　　大阪大學國語國文學會，2017.6，37～50 頁。
〔註 18〕馬歌東：《日本詩話二十種》下，第 42 頁。
〔註 19〕室鳩巢：《後編鳩巢文集》卷九《與桑原生論近體之詩書》，室鳩巢撰，大地昌
　　　　言、伊東貞編：《鳩巢文集》。

治之世。〔註20〕不難看出，江戶初期的「擬古」，更多的是在經世治國方面的一種尚古精神，其核心並非文學本身。而江戶中期的木門詩人，更傾向以儒學者的身份，通過學習古詩和創作擬古詩，來繼承古代中國的風雅，以建立、頌揚當代太平之世的風雅，他們對文學，尤其是詩歌本身的價值和意義，也有了更深入的認識與重視。

雖然木門內部整體上都推崇學習盛唐詩，但各人對盛唐詩的具體學習方法和對詩歌功能的看法，是具有差別的。就室鳩巢而言，從他個人的詩歌創作可以看出，擬古詩具有兩種主要功能：一是記時事，二是追古撫今，或是借古諷今。山本氏在 2017 年發表的《室鳩巢的邊塞詩》一文中，已詳細論述了室鳩巢學習杜甫以創作詠史詩的方式記錄時事，表達個人志向和忠心的相關問題，在此不再贅論。本書將結合室鳩巢對李白的學習和追慕，探討第二方面，即他如何通過擬古詩將古代中國與他所生活的江戶日本聯繫起來。

室鳩巢的中秋詩與李白詠月詩

《駿臺雜話》卷五中記載，室鳩巢引《把酒問月》詩，並評價說：「氣象之高，出類拔群，詩之豪蕩超逸，非其他詩人能及，自古以來稱李杜，李在杜上，理所當然。」這是室鳩巢晚年對李白的評價，可以稱得上是至高無上的讚譽。在此必須先澄清的是，室鳩巢此言絕非貶低杜甫之意。鳩巢在詩文中屢次高度評價杜甫，稱其為集諸家所長的「絕代詩人」。《題杜律新注書後》一文中，他如此評價杜甫：「夫唐興，黜浮華、崇理致，激頹風而歸之於正，兼之結撰之富、體制之備，洋洋乎成一代風謠，追及漢魏以上，與之比隆，可謂盛矣。……兼諸家之所長，擅百代之絕技者，杜少陵一人而已矣。當其磅礴萬家，陶鎔群言，變化縱橫，莫之能敵。……雖然杜詩之奧，豈可以章句求之哉？」從鳩巢的創作中也不難看出，他在寫詩的技巧上更傾向學習和效法杜甫。加上，儘管當時日本詩壇以「李杜並尊」為主流觀點，若必須在二者之間定孰高孰低，絕大多數儒學者都偏向從經世、教化的等角度認為杜詩的價值高於李詩。然而，以經學道德為主、以詩文為從的木門裏最堅定維護朱子學正統的室鳩巢，卻提出了不一樣的論調。那麼，他所說的「李在杜上」具體所指的到底是什麼？

室鳩巢在詩文作品中直接提及李白的次數不多。詩歌方面，《鳩巢文集》

〔註20〕山本嘉孝：〈室鳩巢の擬古詩——模倣、虛構、寓意〉，《北陸古典研究》第33號，2018 年 12 月，第 33 頁。

中所見有以下幾首：

《用前韻疊和君美見酬二首・其二》

白雪幾回聞楚謳，客中復上仲宣樓。

夷門感知一麾出，泗水從師十載遊。

李白文才傾寵貴，井丹經術倒王侯。

舊來何處思玄度，明月清風碧玉流。〔註21〕

《畫竹歌》

（前略）安得思如李杜筆，同工異曲與翱翔。

空還此畫向君謝，洗滌煩熱不可忘。〔註22〕

《觀白石中秋詩有感五首・其五》

一醉鶴樓二十年，舊時人物自依然。

近來風義多零落，珍重汪倫識謫仙。〔註23〕

以上三首，均是將友人比作李白，以歌詠李白來讚美對方。尤其是寫給新
井白石的兩首，前者頌揚白石的文才像李白般傾倒權貴，後者將新井白石與其
門人鶴樓之間的友情喻作李白與汪倫，同樣是將白石比作李白。鳩巢與白石多
有唱和之作，新井白石更在《室新詩評》中專門對室鳩巢漢詩作品進行點評和
提供修改意見，可見二人在詩歌創作上的交流相當密切。

山本嘉孝氏在《室鳩巢的邊塞詩》文中指出，室鳩巢為數不多的幾首邊塞
詩中有學習模仿李白的痕跡。如《從軍行》「高旗卷隴雲」句，與李白《侍從
遊宿溫泉宮》的「霓旌卷夜雲」句，「何時清朔漠」句與《子夜吳歌》的「何
日平胡虜」等幾處。〔註24〕除了山本氏指出的幾首以外，還有《塞下曲》詩：
「八月秋霜下，鐵衣更覺寒。馬鳴沙草短，人渴井泉乾。烽火燒雲盡，笛聲吐
月殘。欲知酬國日，須我斬樓蘭。」〔註25〕此詩與李白《塞下曲》同題、同韻，
甚至在字句上都十分相似。如首句「八月秋霜下，鐵衣更覺寒」，與李白詩「五

〔註21〕室鳩巢：《前編鳩巢文集》卷三〈用前韻疊和君美見酬二首・其二〉，室鳩巢撰，
　　　　大地昌言、伊東貞編：《鳩巢文集》。

〔註22〕室鳩巢：《後編鳩巢文集》卷一〈畫竹歌〉，室鳩巢撰，大地昌言、伊東貞編：
　　　　《鳩巢文集》。

〔註23〕室鳩巢：《後編鳩巢文集》卷二。

〔註24〕山本嘉孝：〈室鳩巢の辺塞詩──盛唐詩の模倣と忠臣像の造形〉，第41頁。

〔註25〕室鳩巢：《前編鳩巢文集》卷五〈塞下曲〉，室鳩巢撰，大地昌言、伊東貞編：
　　　　《鳩巢文集》。

月天山雪，無花只有寒」句雷同，尾聯同樣以「斬樓蘭」結尾。但這些模仿僅僅是在字句上的相似，與其他日本詩人對李白詩歌表面的模仿並無區別。

　　2018 年，山本氏發表了關於室鳩巢中秋詩的論文，討論鳩巢詩中李白、屈原與中秋之月的關聯，並將新井白石也聯繫起來。詩歌的創作背景正是以上所列《觀白石中秋詩有感五首》。江戶正德三年（1713）的中秋宴會上，新井白石在席上吟詠漢詩，後被題為《癸巳中秋小集》。

> 二十二年秋，年年醉鶴樓。
>
> 梅花江上笛，桂樹淮南謳。
>
> 不恨催衰老，何妨及勝遊。
>
> 幸將今夕月，更喜故人留。〔註26〕

　　據山本氏分析，頷聯「梅花江上笛」化自李白《與史郎中欽聽黃鶴樓上吹笛》中「黃鶴樓中吹玉笛，江城五月落梅花」句，「梅花」指笛曲「梅花落」，鶴樓是白石門人的號，又與詩中「黃鶴樓」相對應。此外，「江上」之語出自崔顥《黃鶴樓》「煙波江上使人愁」句，可視作黃鶴樓的「緣語」。白石所推崇的《唐詩訓解》在此詩注解中引顧華玉「此篇太白所推服」語，加深了黃鶴樓與李白的關聯。同樣收入《唐詩訓解》的，還有李白《江上吟》：「屈平辭賦懸日月，楚王臺榭空山丘。」下一句「桂樹淮南謳」，化自李白《寄淮南友人》的「復作淮南客，因逢桂樹留」句。〔註27〕李白的詩句，是以《楚辭·招隱士》為背景寫下的。王逸《楚辭章句》謂此篇主旨為「閔傷屈原」之作，這樣，白石中秋詩與李白、屈原之間的關聯得以確立。

　　有趣的是，前述《觀白石中秋詩有感五首》，正是室鳩巢對白石這首中秋詩的讀後感。這組詩的第五首除了將白石喻作李白以外，「近來風義多零落」中的「風義」一語，同樣出自李白五古《答高山人兼呈權顧二侯》「風義未淪替」句。李白詩中同時提到「讒惑英主心，恩疏佞臣計」，表明自己受讒言所害而失去恩寵一事。正德元年（1711），室鳩巢在當時最深得德川家宣器重的新井白石推薦下出仕，正式成為幕府官員。翌年，家宣去世。年僅四歲的幼子德川家繼，在新井白石的輔助下於正德三年正式繼將軍位。前面提到新井白石的《癸巳中秋小集》，正是作於這以後。先主薨逝，新主年幼，當時的朝廷內

〔註26〕新井白石撰，新井明卿編：《白石先生餘稿》卷二，三冊，江戶享保二十年，昌平阪學問所舊藏本，日本公文書館。

〔註27〕新井白石撰，新井明卿編：《白石先生餘稿》卷二。

部無疑是動盪而危機四伏的。德川家繼繼位後,新井白石雖然擔起「將軍之師」
的重任,與家繼同心合力繼承家宣的遺志,實行「正德之治」,但年幼的主君
始終沒有足夠的權威應對朝廷諸臣的反對,白石提出的建議遭到政敵聯手否
決,這使白石感到失意鬱悶。正因為鳩巢詩中的白石,與失寵離開朝廷,在《江
上吟》中想起同樣受到讒言所害的屈原的李白境況相似,鳩巢才會將白石比作
李白,而不是像「李白文才傾寵貴」句中那樣單純借李白的詩仙形象來讚美白
石的文才。換言之,在鳩巢詩歌中的李白,代表著身懷絕世文才,卻又遭小人
所害、官場失意的悲劇形象。

　　山本氏所論深入詳實,極具啟發性,但其考察範圍以室鳩巢、新井白石擬
古詩中與李白、屈原相關的部分為主,而室鳩巢的全集中有四十首以上的中秋
詩歌,尚有進一步考察的餘地。我們看到,在前面介紹的中秋詩中,鳩巢所擬
的對象多為新井白石,而關於其自身的復古志向並未能得到清晰的體現。其
實,室鳩巢在早年也有不少值得探討的中秋詩作。如他在中秋宴上與新井白石
的唱和詩《次韻井處士秋夜宴集友人宅四首・其二》:

　　　　大雅今淪沒,徒勞文士遊。
　　　　斯人懷藻思,為我急頹流。
　　　　今望交朋慕,遺賢世主愁。
　　　　秋來風月好,何當共登樓。〔註28〕

此詩無論是主旨還是內容上都讓人聯想起李白的五古詩篇《古風・大雅久不
作》:

　　　　大雅久不作,吾衰竟誰陳?
　　　　王風委蔓草,戰國多荊榛。
　　　　龍虎相啖食,兵戈逮狂秦。
　　　　正聲何微茫,哀怨起騷人。
　　　　揚馬激頹波,開流蕩無垠。
　　　　廢興雖萬變,憲章亦已淪。
　　　　自從建安來,綺麗不足珍。
　　　　聖代復元古,垂衣貴清真。
　　　　群才屬休明,乘運共躍鱗。

〔註28〕室鳩巢:《前編鳩巢文集》卷三,室鳩巢撰,大地昌言、伊東貞編:《鳩巢文
集》。

　　　　文質相炳煥，眾星羅秋旻。

　　　　我志在刪述，垂輝映千春。

　　　　希聖如有立，絕筆於獲麟。

　　這首收於《前編鳩巢文集》中，應為鳩巢在加賀藩任官職時的作品。鳩巢在開篇就提出「大雅今淪沒」，意思與「大雅久不作」幾乎相同，都體現出以追求風雅正聲為目標的復古精神。而「徒勞文士遊」和李白的「吾衰竟誰陳」，都表現出失意之情。頷聯「斯人懷藻思，為我急頹流」提到日本最早的漢詩集《懷風藻》（成書時間約在 751～752 年），追懷日本古代的文雅之風，這與李白詩中「王風委蔓草」至「綺麗不足珍」六句關於古代中國文風流變的內容相當。頸聯「今望交朋慕，遺賢世主愁」形容在座友人都是令人欽佩的人才，卻有不少人才能未得以施展，鳩巢因此不得不替當今主君感到憂慮。這與李白詩中所說的「群才屬休明，乘運共躍鱗。文質相炳煥，眾星羅秋旻」同樣表達著對君主能賞識、重用人才的期盼。李白詩的最後兩句「我志在刪述，垂輝映千春。希聖如有立，絕筆於獲麟」，重點表現出他的理想與抱負。同樣，鳩巢詩在末句感歎「何當共登樓」，這表面是指中秋夜與友人一同登樓賞月，實際上是期望終有一天能與在座的有才之士一同在仕途上取得理想成就。新井白石在當時已是幕府近臣，又與鳩巢有同門之親，顯然鳩巢是借詩歌向白石表達自己的遠大志向，期盼能得到白石的賞識與提攜。

　　鳩巢以創作擬古詩的方式，傚仿將恢復「正聲」視為己任的李白，感歎雅聲已喪，自身有才難展，以表達在政治和文學上的理想。顯然，在鳩巢眼裏，李白至少在文學上達到理想，成為了大振古風的盛唐詩風代表詩人。因此，鳩巢在創作這首詩歌時企圖將自己擬作李白，心中同樣抱著「志在刪述」、「希聖如有立」的抱負與理想，這或許也是鳩巢認為「李在杜上」的原因之一。

　　在這次中秋宴後，鳩巢又在返回加賀藩前贈詩予新井白石，題為《將赴北追用前韻寄井白石四首》，其中第三首曰：

　　　　美人歌靜夜，曲罷月低欄。

　　　　攀桂碧霄近，抱珠白屋寒。

　　　　歲時更代謝，顏色恐摧殘。

　　　　報我新詩在，殷勤青眼看。〔註29〕

　　首聯的「美人歌靜夜」句中，「靜夜」應指李白詩《靜夜思》。《靜夜思》

〔註29〕室鳩巢：《前編鳩巢文集》卷三。

收於《唐詩訓解》，也是李白最膾炙人口的詠月詩之一。「攀桂碧霄近，抱珠白屋寒」句，謂自身出身寒門（非武士階級出身），又將白石喻作能在仕途上給予他幫助的「碧霄」。據葉夢得《避暑錄話‧卷下》所載：「世以登科為折桂，此謂卻詵對策東堂，自云桂林一枝也，自唐以來用之。」隋唐以後，桂樹被賦予科舉高中的象徵意義，而鳩巢所生活的江戶時代並無科舉取士的制度，因此「攀桂」在此應指出仕任（幕府）官的意思。尾聯「報我新詩在，殷勤青眼看」更是明顯表達對白石示好、獻殷勤之意。後來就如他所期盼的那樣，在 1711 年受新井白石推薦終於出仕。

此外，同卷中還有《中秋二首》，均為五律仄起式：

《中秋二首‧其一》
海天白玉盤，推上碧雲端。（十四寒）
影國銀河冷，明凝金闕寒。（十四寒）
嫦娥長不老，蟾魄幾回團。（十四寒）
置酒親闈夕，笑談到夜闌。（十五刪）

《中秋二首‧其二》
獨見瑤臺鏡，高懸霄漢間。（十五刪）
瓊華堪可贈，桂樹杳難攀。（十四寒）
爽氣通滄海，寒光動白山。（十五刪）
秋風吹不去，長此照人間。（十五刪）

這組中秋詩的字句和音韻都襲自李白的《古朗月行》：

小時不識月，呼作白玉盤。
又疑瑤臺鏡，飛在青雲端。
仙人垂兩足，桂樹何團團。
白兔搗藥成，問言與誰餐。
蟾蜍蝕圓影，大明夜已殘。
羿昔落九烏，天人清且安。
陰精此淪惑，去去不足觀。
憂來其如何，悽愴摧心肝。

首先，用韻上《古朗月行》用上平聲的「十四寒」韻，一韻到底。《中秋二首》也用上平聲「十四寒」韻及鄰韻「十五刪」。對比《中秋二首》的首聯與《古朗月行》的前四句的內容，可以看到「海天白玉盤」中採用了「小時不

識月，呼作白玉盤」句中將月亮稱作「白玉盤」之語，第二首的「獨見瑤臺鏡」句與第一首的「推上碧雲端」句與《古朗月行》的「又疑瑤臺鏡，飛在青雲端」句相對應。鳩巢不止一次使用「白玉盤」語，《瀟湘八景・其二・洞庭秋月》詩：「洞庭葉下水生瀾，湧出中天白玉盤。」〔註30〕又有《病中翫月作》詩：「不知明月上雲端，回首驚呼白玉盤。」〔註31〕

接下來看鳩巢詩的頷聯和頸聯與《古朗月行》的中間四聯，二詩均使用了大量與月亮相關的神話詞語，李白詩有「仙人」、「桂樹」、「白兔」、「蟾蜍」、「后羿」、「九烏」，鳩巢詩則有「瓊華」、「桂樹」、「嫦娥」、「蟾魄」、「滄海」、「白山」等語。其中，相同的只有「桂樹」，但在意思上有所不同。李白詩的「桂樹何團團」是形容月亮的圓滿，而鳩巢詩的「桂樹杳難攀」以天上的桂樹太遙遠，難以攀登之意，暗指自身在仕途上尚未達成所願的無奈，與前述寫給新井白石的贈詩中「攀桂碧霄近」用意相同。

第二首的尾聯「秋風吹不去，長此照人間」，分別與李白的兩首詠月詩歌相關聯。《子夜吳歌》詩曰：「長安一片月，萬戶擣衣聲。秋風吹不盡，總是玉關情。」《把酒問月》則有「惟願當歌對酒時，月光長照金樽裏」句。這兩首詩均收於五山以來盛行的《古文真寶前集》中，是江戶時代最廣為人知的李白詩之一。在中秋月圓之夜，詩人在創作《中秋二首》時模擬詠月詩《古朗月行》，並聯想到李白另一首膾炙人口的《子夜吳歌》詩中所詠的「一片月」與「秋風」等相關詩語。此外，第一首中秋詩的尾聯談及「置酒親闈夕，笑談到夜闌」這樣在中秋夜裏把酒言歡的場景，詩人腦海中自然又聯想到《把酒問月》詩中所描述的畫面，寫下了「秋風吹不去，長此照人間」這樣的詩句。通過《中秋二首》可以看出，詩人除了模擬學習《古朗月行》中吟詠的「月」意象外，更將其他李白詩歌中與詩題「中秋」相關的「月」、「秋風」和「宴飲」等詩語關聯的詩句也融匯進來，運用到自己的作品中。

即便在出仕後，鳩巢依然喜愛創作中秋詩和詠月詩。試舉一例，《後編鳩巢文集・卷五》中題為《中秋》的七律：

　　　　南樓待月月徘徊，萬里蒼流煙霧開。

　　　　水底魚疑新鑄鏡，雲中蟾上欲傾杯。

〔註30〕室鳩巢：《後編鳩巢文集》卷二，室鳩巢撰，大地昌言、伊東貞編：《鳩巢文集》。
〔註31〕同《後編鳩巢文集》卷五。

金尊何處歌叢桂，玉笛誰家奏落梅。

自恨茂陵無起日，病來偏覺夜愁催。

首句「南樓待月月徘徊」中用「月徘徊」語，出自李白《月下獨酌》的「我歌月徘徊，我舞影零亂」句。末句「玉笛誰家奏落梅」，化自李白《春夜洛城聞笛》的「誰家玉笛暗飛聲」句，此處「落梅」的用法與前述新井白石《癸巳中秋小集》的「梅花江上笛」一樣，指笛曲《梅花落》。

總的來看，鳩巢從字句、用韻、意象到詩歌表達的思想感情和個人理想等多個方面模擬李白，文學上其蹈襲李白詩歌多為古體詩和樂府詩題，主要見於《唐詩訓解》、《古文真寶前集》和《唐詩正聲》等流行選本。其中對李白「詠月詩」的接受最為明顯。在政治上，早年未出仕的鳩巢與李白同樣以「雅正」的繼承者自居，渴望滿腹文才得以施展；出仕後，又將仕途上遇到挫折的新井白石比作失意的李白，表達惋惜和抱不平之意。

「月乃累代之遺物」

下面再回到室鳩巢提出的「李在杜上，理所當然」論。這句話出自室鳩巢晚年的講義筆錄《駿臺雜話·卷五》的第一節「月乃累代之遺物」，主要講述了他對李白《把酒問月》一詩的解讀，闡發他對文學中「月」的意象與人生觀、歷史觀的理解與感受。《駿臺雜話》全書以日文古文撰寫，國內尚未有權威譯本，筆者現將部分原文翻譯如下：

> 諸客皆醉而起興，其中一人停杯，高聲朗詠李白詩曰：「青天有月來幾時。我今停杯一問之。」又有二人傍而來之，歌詠：「人攀明月不可得。月行卻與人相隨。」又有人在外紛紛唱和，其後又吟唱道：「皎如飛鏡臨丹闕。綠煙滅盡清輝發」再其次，詠曰：「但見宵從海上來。寧知曉向雲間沒。白兔搗藥秋復春。嫦娥孤棲與誰鄰。」而後，翁（鳩巢）亦助其音，吟詠詩篇至最後：「今人不見古時月。今月曾經照古人。古人今人若流水。共看明月皆如此。惟願當歌對酒時。月光長照金樽裏。」其後又數次斟酒，只見玉山將倒。翁曰：「諸人大抵喜愛賞月，老（鳩巢自稱）亦望月而感心慰。若不興其千載無窮之感，則謂月乃人之老去矣。」〔註32〕

〔註32〕日語原文為：「諸客皆醉て興に入とぞ見えし。其中に一人、盃を停て、「青天有月來幾時。我今停盃一問之」と、李白が詩を高らかに打吟じけるを、又ふたり脇よりつけて、「人攀明月不可得。月行卻與人相隨」とうたふ。又外の

　　據以上記事所述，室鳩巢晚年與門生一同賞月，飲酒吟詩，其中一人有感
而發，開始吟誦李白的《把酒問月》，其他門生陸續接著吟誦下句，直到鳩巢
發聲，將最後三聯吟誦完畢。首先可以看出，鳩巢的門生都能熟背《把酒問月》
全詩，這大概也得益於鳩巢平日教導學生讀詩要「以李杜及諸名家之詩反覆誦
讀」。其次，是鳩巢表達出對月亮的喜愛，稱賞月能讓他心靈得到慰藉，並提
出了「月」在他心目中所具有的「千載無窮之感」。之後，鳩巢解釋賞月實際
上也分很多種方式，談及「世俗賞月」和「騷人墨客詠月」的不同，進而解釋
「千載無窮之感」的含義：

　　　　如今想來，世俗賞月，誇月光之明、贊月影之清，以為良夜…
　　…又有騷人墨客詠月，字字雕金玉，句句裁錦繡，聽似風雅，其實
　　僅僅玩賞景色，而不知月有「深感」（ふかき感，此為鳩巢造語）。
　　翁所言「千載無窮之感」，意為我等追慕古人，讀其書、知其心，常
　　懷年月流逝之恨，而古今唯月常照世人，故今日所見之月，可謂古
　　人之遺物也。對月緬懷往昔，便覺古人面影映於其中。月雖不言，
　　猶似在語，使人慾問往昔之事。今李白之詩，捨月之景色，而洞察
　　古今，吟詠「青天有月來幾時」之句，其氣象之高，出類拔群，詩
　　之豪蕩超逸，非其他詩人能及。自古以來稱李杜，李在杜上，理所
　　當然。〔註33〕

　　　　人々迭に唱和して、其次を「皎如飛鏡臨丹闕。綠煙滅盡清輝発」とうたふ。
　　又其次を、「但見宵従海上來。寧知曉向雲間沒。白兔搗藥秋復春。姮娥孤棲
　　與誰鄰とうたふ。其次よりは翁も助音して、「今人不見古時月。今月曾経照
　　古人。古人今人若流水。共看明月皆如此。惟願當歌対酒時。月光長照金樽
　　裏」とうたひをきめけり。其後數獻におよびて、玉山倒る、ばかりに見えけ
　　り。さて翁いふやう、「大かたは月をもめでじとはよみたれども、老の心も
　　月みるにぞなぐさみ侍る。されど其につきて千載無窮の感もおこりぬれば、
　　むべ月を人の老となるともいふべかめり。」

〔註33〕　日語原文為：「今おもへば世俗月を賞して、光のあかきをほこり影のきよき
　　にめでて、良夜とてただ打より、物喰酒のみなどして歌ひのゝしるを楽と
　　するは、かの寸尺を語るにひとしかりぬべし。又騷人墨客の月を詠めて、字
　　ごとに金玉を雕、句ごとに錦繡を裁するも、風雅には聞ゆれど、其もただ景
　　気のうへを翫ぶばかりにて、月にふかき感ある事をしらぬなるべし。翁が
　　千載無窮の感と申すは、我儕古人をしたひて、其書をよみ、其心をしりつゝ、
　　常に世をへたる恨あるに、月ばかりこそ世々の人を照し來て、今にあれば、
　　古人の形見ともいふべし。されば月に對して昔を忍びては、さながら古人
　　の面影もうつるやうに覚え、月はものいはねども、語るやうにもおぼえ、忘

就如文中所解釋的，鳩巢所說的「深感（ふかき感）」即「千載無窮之感」。在鳩巢看來，文人賞月不應浮於表面，只關注景色之美，那不是真正的「風雅」。月亮是貫通古今的載體，通過賞月、詠月，今人能夠與古人超時空地溝通，追思古人的風采。換言之，鳩巢眼中的「月」代表著古人的遺物，賞月和詠月則是追求風雅、實現復古的具體方式。而在鳩巢看來，李白的《把酒問月》就是能表現出「月」的「千載無窮之感」的詠月詩。如此一來，就不難理解鳩巢為何在創作擬古詩時，尤其偏愛模擬李白的詠月詩，化用李白詩歌中的「月」意象和與「月」相關的詩語。

綜上所述，室鳩巢認為「李在杜上，理所當然」的根本原因，在於他和李白在對歷史時空的認知以及追求復古和風雅的方式上的一致性。加上二者在文學觀念、人生理想上的相似點，導致室鳩巢的作品中呈現多方位接受、學習並模擬李白的傾向。

二、木門學派的唐詩鼓吹與「風雅論」：「江戶詩壇上的李白」 祇園南海

祇園南海（1676～1751），名瑜，字伯玉，號南海。十四歲時入木門，與新井白石、室鳩巢等同門之間有著將近二十歲的年齡差距，加上其少年時表現出來的驚人詩才，在當時的木門是備受寵愛和看重的門生。南海十七歲以「一夜百題」名震詩壇後，其師木下順庵贈詩稱揚曰：「十八山東妙，聲名世共聞。厄言甜若蜜，藻思湧如雲。人稱斗南一，馬空冀北群。百篇不終日，行看任斯文。」〔註34〕伊藤蘭嵎《南海先生詩集序》謂：「南海子以詩賦鳴於紀。」〔註35〕室鳩巢在《跋祇園白玉詩卷後》中稱南海詩「豪放超邁」，並讚歎道：「豈李謫仙之逸篇耶？」〔註36〕可見，早在當時木門內部已經認同南海的詩

れてはむかしの事をとはまほしくもおもふぞかし。今李白が詩、月の景気をすてゝ、一気に古今を洞観して、「青天有月來幾時」といひ出すより、気象の高さ抜群に聞えて、詩の豪蕩超逸なるも、外の詩人の及べき事がらにあらず。むかしより李杜とて、杜甫が上に稱するも理にてこそ侍れ。」

〔註34〕 祇園南海：《南海先生文集》卷一〈木公賜韻（瑜時年十八前後一夜百題成）〉，富士川英郎等編：《詩集日本漢詩第一卷》（全二十卷），東京：汲古書院，1985年，第380頁。

〔註35〕《南海先生文集·南海先生詩集序》。伊藤蘭嵎，名長堅，日本古義學派之祖伊藤仁齋的第五子。

〔註36〕 室鳩巢：《補遺鳩巢文集》卷六，室鳩巢撰，大地昌言、伊東貞編：《鳩巢文集》。

風與李白相近。

到了近代，松下忠氏在《江戶時代的詩風詩論》中多次強調祇園南海和李白的相似性，他認為「南海喜歡單刀直入，忌諱綿密周致，追求天真爛漫。從這一點看，可以說南海天生就是天馬行空的李白型詩人，不是推敲磨煉的杜甫型詩人。」又評價南海「激昂不羈的詩人性格、終身愛酒的嗜好、天才的一氣呵成的作詩之風，都充滿神仙之趣」，提出「可以把南海看作江戶詩壇上的李白，南海的詩篇有很多能使人聯想起李白的詩」，「無論是自然之子的風貌，還是一氣呵成的詩調，或是高蹈遺世的詩思，都可以說與李白相類似」。〔註37〕又著專論《祇園南海與李白》，指出「南海是日本近世詩壇唯一可擬於李白的詩人」。〔註38〕此後，蔡毅先生受松下氏啟發，從「影響比較」的角度探討祇園南海追崇李白的時代及個人的原因，其漢詩內容、形式所受李白的影響，並討論中日漢詩的異同。這不僅是國內學界最早關於祇園南海和李白的比較研究，也是目前篇幅最長、討論最為具體深入的。先生也贊同前人觀點，認為「南海堪稱日本漢詩人中最忠實的李白追隨者」，指出除了當時崇尚盛唐詩的時代原因以外，「性格的契合，遭際的相似，也使南海與李白心心相應，息息相通。」先生更評價南海「學李白之『神』，尚遠難當之，而得「氣象趣興」，則略稱其職。」〔註39〕要之，以上諸家一致認同祇園南海與李白在性格、嗜好和詩風上的相似點，並高度評價南海為「江戶詩壇的李白」。

南海本人也自擬於李白。1692年，南海十七歲時作《偶作》詩：「千里依劍去，十年抱玉歸。若逢知己問，山東一布衣。」〔註40〕「山東一布衣」出自李白《五月東魯行答汶上君》「顧余不及仕，學劍來山東」句。前述木下順庵詩稱南海為「十八山東妙」，是指南海當時十八歲，住在富士山以東的關東地區。據南海此詩自注：「元祿壬申，余年十七，偶然成比詩，成後不知何所言，然後以為慷慨之氣，可以頡頏盛唐。後八年，點遷江南，僚友葛山生置酒餞別，酒酣請詩留別，余臨紙忽然憶此詩，遂書以別。主人問以新舊，余曰舊作耳。

〔註37〕松下忠：《江戶時代的詩風詩論》，第315～317頁。

〔註38〕松下忠：〈祇南海與李白〉，載《漢文學會會報》14，東京文理科大學漢文學會，1953.6.25，第8～11頁。

〔註39〕論文最早發表於1995年，後收於氏著《日本漢詩論稿》（北京：中華書局，2007）中。

〔註40〕山本和義、橫山弘注：《江戶詩人選集第三卷：服部南郭、祇園南海》，東京：岩波書店，1991年4月，第278～282頁。

主人撫掌曰：是殆為今日設矣！相顧以為詩讖，予時竄逐，其地名山東。」年少時模擬李白的豪壯詩風寫下的這首詩，竟與多年後自己的遭遇如此貼切，本來用來形容李白的「山東一布衣」，在八年後卻指向淪為「布衣」、將要被放逐到「山東」（指「連名字都沒有的荒野山地之東」）的自己。這種命運一般的巧合，使南海對李白抱有更強烈的親近感和共鳴。《明光浦泛舟次柳浪韻》詩云：「醉後胸襟覺最豪，長流日落釣金鼇。」〔註41〕詩中又稱「託酒百篇堪託世」，自命為「斗酒百篇」、自稱「海上釣鼇客」的李白的轉世。〔註42〕南海又曾作詩稱「吾今傲雲月，斗酒搜枯腸。安得李太白，百篇共商量。」〔註43〕這裡與杜甫《春日憶李白》的「何時一尊酒，重與細論文」句意思相同，或許南海也像杜甫一樣將李白視為文學上的「知己」吧。從「李杜論」的角度來看，南海詩論中雖屢屢將李杜二人並提，但他對待二人的態度卻明顯不同。南海對李白始終是敬慕推重的，對杜甫則有不少批評之詞。〔註44〕他譏諷杜詩因「一字寓褒貶」、論時事、講忠君而獲「詩聖」之名為「可笑」，認為杜甫晚年之作有與白居易相同的「俗氣」，又在詩論著作《詩學逢源》中指謫杜甫晚年作品中趣向、詞語上有卑俗之處，並認為這開了白樂天、張籍等人鄙俗的先河。〔註45〕前述室鳩巢雖然也有「李在杜上」之論，卻對杜甫同樣推崇有加，稱其為「絕代詩人」。相比之下，祇園南海明顯傾向「揚李抑杜」，可見木門內部雖大致上崇尚以「李杜」為首的盛唐詩風，但各人的取向依然存在一定的差異。

在討論南海的詩歌之前，首先需要先對南海的生平經歷進行簡要的介紹。1676 年生於紀州藩醫官家庭的祇園南海，十四歲入木下順庵門，十七歲（一說為十八歲）那年的春分與秋分，兩度挑戰，即席創作「一夜百首」，聲名大噪。據今關天彭《江戶詩人評傳集》，南海於此後幾年移家青山，不知行蹤，

〔註41〕冢本哲三選，落合東郭校：《新撰名家詩集》，東京：有朋堂書店，大正三年，日本國會圖書館，第 79 頁。

〔註42〕〔宋〕趙令畤《侯鯖錄》卷六：「李白開元中，謁宰相，封一板，上題曰：『海上釣鼇客李白。』相問曰：『先生臨滄海，釣巨鼇，以何物為釣絲？』白曰：『……以虹霓為絲，明月為鉤。』又曰：『何物為餌？』曰：『以天下無義氣丈夫為餌。』時相悚然。」〔清〕王琦注：《李太白全集》卷三十六附錄六「記逸事三十三則」，北京：中華書局，1977 年 9 月第一版。

〔註43〕祇園南海：《南海先生文集》卷二〈秋日遊明光浦〉，富士川英郎等編：《詩集日本漢詩第一卷》，第 383 頁。

〔註44〕松下忠：《江戶時代的詩風詩論》，第 323 頁。

〔註45〕參見松下忠：《江戶時代的詩風詩論》第 323 頁及蔡毅先生《祇園南海與李白》。

期間創作詩歌明顯與以前的豪爽詩風判若兩人。之後又返回紀州藩，認為「南海可能在江戶因事獲罪，失意回國（紀州藩）的他一到達就因「放蕩」罪名被逐至「山東」。〔註46〕目前能確定的是，南海在1697年（21歲）繼紀州藩儒官職，二十五歲被貶黜後度過了約十年的謫居生活。後來，在新井白石和室鳩巢等同門的聯手解救下，南海在寶永七年（1710）順利從謫居生活中解放出來，正德元年（1711）年被正式召還回江戶（又稱「正德辛卯召還」）接待朝鮮通信使。1713年，紀州藩創立藩校湊講館，命祇園南海為督學。此後直至南海七十六歲去世，生活一直穩定平安。人生際遇上的起伏體現在祇園南海在不同時期創作的詩歌上，故而南海的詩歌展現的氣象和風格也是多變的。

　　關於這種詩風上的變化，今關天彭指出，南海「早年詩風與元祿的華麗詩風一樣，專學盛唐詩，雄渾悲壯，豪邁不羈。中年詩風漸入初唐詩境，七古偶有學韓愈使用難字險句之處」，將南海的詩風分為早年（元祿時期）和中年以後兩個階段。〔註47〕南海早年詩作主要是木門詩會上的創作，以古體詩和擬古詩為主。蔡毅先生則認為南海二十五歲至三十五歲的謫居生活是其人生重大轉折點，詩風由「有為」轉向「無用」，從「狂放」化為「虛無」。他對李白的取徑效法，也從早年對其縱酒狂歌性格的外在形式的模仿，進而轉為對李白超塵絕世風度的內在神韻的追求。〔註48〕松下忠認為南海詩風分為修辭格調時代（十三至四十歲前後），和倡導其獨自的「影寫說」的時代（四十五歲以後）。杉下元明《祇園南海的壯年時代》則以南海被赦免召還的正德元年（1711）為分水嶺。以上諸說，相去不遠，可見南海詩風明顯在謫居生活結束以後發生了變化，逐漸從格調轉至神韻的追求。

　　關於南海私淑李白的個人原因，前人已多有討論。總的來說，主要可以歸因於南海與李白以下幾個方面的共同點：1. 才思敏捷，性格豪放不羈。2. 南海論詩主「情」，追求天然、氣格高的風雅之趣，排斥字句雕琢。3. 南海以老莊為「至道」，好求仙。4. 愛酒，愛自然山水。性格、思想、愛好和文學風格等多方面的相似，使南海對李白詩歌情有獨鍾，倍感親切。以下，從南海與同時期日本詩人（尤其是同門的室鳩巢）之間橫向比較的角度，考察南海在學習、

〔註46〕今關天彭著，揖斐高編：《江戶詩人評傳集·祇園南海》（二冊），東京：平凡社，2015年。

〔註47〕今關天彭著，揖斐高編：《江戶詩人評傳集·祇園南海》，第118頁。

〔註48〕蔡毅：《祇園南海與李白》，《日本漢詩論稿》，北京：中華書局，2007年，第31頁。

接受和模擬李白詩歌問題上的異同和特徵。

祇園南海的「風雅論」與「雅俗之辨」

祇園南海是詩人，也是詩論家。他的詩論著作有《詩訣》、《詩學逢源》和《湘雲瓚語》等。〔註49〕本章開頭提到，室鳩巢率先在《駿臺雜話》中從理論角度提出「風雅」的文學觀念，認為詩史的發展即繼承「風雅」的過程，又認為評判詩歌的標準是先「觀其人之雅俗」。其後，祇園南海完成並確立風雅論和雅俗觀，但二者的「風雅」論並非完全一致。南海的風雅詩觀主張表達「人情」、「真情」，認為用語和境趣均有雅俗之區別。這種「雅俗之辨」主要是文學上的，而非鳩巢主張的思想、學識上的「人之雅俗」。例如《詩訣》，這部面向初學者的學詩啟蒙類著作只有短短一卷的篇幅，主要講述字句、體格的雅俗之辨與古風近體之異同兩方面的問題，可見南海認為「雅俗之辨」是詩歌的根基。南海《詩訣》的「雅俗之辨」部分，認為白樂天是「故意作俗詩」的詩人，批評道：

> 本邦昔日不識詩，因俗人唱此（白詩）之故，稱揚白樂天為詩人之最。然（唐）三百年之詩人，其數幾百人。如樂天之類，遠列下品。高棅《品彙》，選白詩僅數首。是以知其詩非上乘者也。

> 白樂天集中皆俗。用俗字、俗語，其風體自然也俗。

可見，祇園南海以高棅所選《唐詩品彙》為判斷詩歌優劣之標準，贊同高棅以「正聲」選詩的詩學觀念。他又指謫「本邦人」不懂雅語，容易染上「俗病」，認為「唯有時常吟誦李太白、岑參此二家詩集，才能自然能免除俗病。」〔註50〕但這不等於南海認同李白的全部詩歌均為雅詩。他在《詩訣》中指出「李太白《瀑布》七言絕，文字、語皆不俗，然全篇看來乃俗詩」。〔註51〕由此看來，南海對李白的崇尚是有選擇的，且具有清晰的判斷標準。

南海在一些文章中也發表過與詩歌批評有關之論。南海七十四歲時，所作題《己巳歲初作》後序曰：

> 夫詩言志，無志不可言。何必以詩為。近世俗者每歲且必具篇什甚者，臘中腹藁以塞索，故大率剽竊駢儷，足嘔噦耳。若夫兒輩初讀《三體》《千家》，以學章句者，豈得有情志乎？若待其有情思

〔註49〕關於祇園南海的詩論，松下忠和杉下元明均有深入討論，詳見前引二氏論著。
〔註50〕祇園南海：《詩訣》，池田四郎次郎輯：《日本詩話叢書》第一卷，第17～25頁。
〔註51〕池田四郎次郎輯：《日本詩話叢書》第一卷，第24頁。

而後吟詠，則口中荊棘長已三尺矣。故姑擁摭《韻府》之活套，分
裂風雲之陳言，以習章句之制度耳。苟捨之則無有學詩法矣。〔註52〕

這篇序文代表了南海晚年的詩論，這裡南海依然堅持「詩以詠志」的原則，極
力反對當時風靡一世的古文辭學派等人「剽竊駢儷」的詩歌作風。但他也清醒
地認識到，對於初學者而言，學習章句制度等詩法是每一位學詩者的必經之
路，但重要的是在掌握詩法之後，再吟詠自身的情志，而不是「為作詩而作詩」。

此外，《南海先生文集》文部所載《題白石源公垂裕堂詩後》一文也談到
詩歌的「雅俗之辨」，明確主張學習初、盛唐詩：

> 宜乎唐初之作，氣象莊麗，格律齊整，儼乎衣冠，煥乎圭璋……
> 蓋唐家三百年之規模，全見於此云。又曰：漢魏氏變風也，杜甫氏
> 變雅也，李白大雅韓奕常武惟肖，初唐正雅，時有頌聲。余故曰：
> 醫俗莫如太白，變野莫如初唐。及於近世作者，亦多其所言，大抵
> 不過於告譏號寒，投閒居散，憔悴枯槁之談，其辭亦侏離俳優，往
> 往不可解者，其弊在鄙俗之習，不之知變耳。〔註53〕

祇園南海認為李白詩就像《詩經·大雅》中的《韓奕》、《常武》，而初唐詩繼
承的是《詩經》正雅，部分還有《詩經·頌》篇之聲。因此，他主張詩歌有「俗
病」的人應該學習李白和初唐詩歌，方能「醫俗變野」。以上這段文字中，南
海甚至沒有提到盛唐詩，而僅僅以李白為盛唐「雅」聲的代表與初唐詩並舉。
結合《詩訣》中提出的「以李太白、岑參詩集免除俗病」之論來看，以「風雅」
為詩論核心，提倡「雅詩」、排斥「俗詩」的南海始終明確以李白作為「免俗」、
「醫俗」的「雅詩」詩人代表。

「功名」與「無用」

祇園南海是個文人、詩人，而不是像室鳩巢、新井白石那樣熱衷於經世論
道的經學家、政治家。前面提到室鳩巢是木門中最堅持擁護朱子學的一位，而
南海恰好與之相反，堪稱木門中最重視詩文、最不像儒者的一位。這種區別，
自然使二者在取法李白的方式上出現差別。

蔡毅先生曾指出，由於江戶時代的政權由武士掌握，既無科舉考試制度，
也無李白那般被特別拔擢、平步青雲的機運，儒者在諸藩眼中形同弄臣。加上

〔註52〕祇園南海：《南海先生文集》卷一《己巳歲初作後序》，富士川英郎等編：《詩
　　　　集日本漢詩第一卷》，第378頁。
〔註53〕祇園南海：《南海先生文集》卷五文部《題白石源公垂裕堂詩後》，第430頁。

日本文學歷來具有明顯的脫離政治的傾向，導致南海在汲取老莊、踵武李白時，抽去了道家思想和李白精神中批判現實的內髓，而更多沾染上莊、李的出世、虛無色彩。〔註54〕在詩歌中一邊模擬李白，一邊感歎「大雅今淪沒」、「造賢世主愁」、「桂樹杳難攀」的室鳩巢，則在人生理想、歷史觀念的層面上與李白產生共鳴，認為「追慕古人，讀其書、知其心」，才是理想的復古方式，並強調學習李白詠月詩中體現的「千載無窮之感」，和李白「洞察古今」的宏大眼光。可以說，李白詩歌中表現得最為矛盾的是儒家積極入世的抱負和道家出世求仙的追求，而鳩巢和南海恰好各取一端，並結合自身的思想、感情與經歷進行改造與發揮。

其實，祇園南海少年時期也曾經有過像鳩巢那般志向高遠、渴望功成名就的想法。南海二十五歲以前所作《詠懷二首其二》便是證明：

> 名足以榮親，義豈忘報國。
>
> 既操千歲志，微細詎可測。
>
> 一朝凌高雲，君勿生疑惑。〔註55〕

然而，1700 年的夏天，剛遭受貶謫的南海就賦詩感歎：

> 十年功業竟不成，徒為白面一書生。
>
> 口吐萬言皆糟粕，身守一經何營營。〔註56〕

可見當時他因多年努力追求功業不成反而遭此大劫，已經開始否定墨守經書的意義。1705 年，三十歲的南海在謫居地所寫的《乙酉試筆》詩中，則自嘲稱：「非農非賈又非隱，獨作太平遊惰民。」〔註57〕另一篇寫於謫居時代的文章則謂：「抑雖僕亦自棄，以為卒於天下無復用矣。」〔註58〕顯然，這時的南海已徹底脫離政治和社會，認為自己是一個「無用」之人。即使在被赦免召還以後，南海依然沒有改變這種想法。其晚年所作《己巳歲初之作》詩曰：「我

〔註54〕蔡毅：《祇園南海與李白》，《日本漢詩論稿》，第 33 頁。

〔註55〕山本和義、橫山弘注：《江戶詩人選集第三卷：服部南郭、祇園南海》，第 311 ～313 頁。關於〈詠懷二首〉創作年代，據此注本考證當在南海被貶謫流放以前。

〔註56〕祇園南海：〈庚辰夏，余竣罪南海，鬱鬱居一室，六月溽暑，中夜不寐，因思江都舊遊〉，山本和義、橫山弘注：《江戶詩人選集第三卷：服部南郭、祇園南海》，第 188～190 頁。

〔註57〕山本和義、橫山弘注：《江戶詩人選集第三卷：服部南郭、祇園南海》，第 327 頁。

〔註58〕祇園南海：《南海先生文集》卷五文部《與加府記室岡仲通》，第 434 頁。

素人間無用客，設令有用亦何益。」〔註59〕從以上不同階段的詩歌明顯可以看出，祇園南海遭遇的十年貶謫生活對其影響極大，直接導致他從胸懷大志、追求功業，到消極避世、陷於「無用」、「無為」的精神變化。

南海傾心老莊本來就源於他對現實世界的逃避，仕途上的失敗甚至使他詠出「儒服誤吾生」這樣徹底否定自己作為儒者身份的詩句。「生涯已付一杯酒，依舊猶成無用文」〔註60〕，對南海來說，文學創作是他惟一的精神寄託和實現自我價值的方式。因此，南海主要從文學精神、風格趣味上接近老莊，並追步李白。正因為南海對政治的疏遠，對功名的淡漠，我們難以從他的詩中看到李白那樣強烈的內心衝突和憤世嫉俗，因而也就缺少李白詩那樣深沉厚重的歷史感。〔註61〕南海在晚年回憶自己生平，感歎道：「予平生無憂患，故不能瀝杜少陵無位而憂國之淚；又無歡樂，故不能餐李青蓮未仙而乘鸞之霞。」〔註62〕或許，「無用」正是南海對自己人生經歷的定位。

蔡毅先生《祇園南海與李白》一文中，結合了日本學者野口武彥之論，就南海對李白的接受的特徵進行了一番精要的分析點評：

> 南海是個典型的文人。他對漢詩的執著，也主要矚目於精神的暢適和審美的愉悅。他認為詩和畫的出發點都應是「快」，即自我娛悅。晚年所作《湘雲瓚語》更進一論：「某一生作詩，都以為戲。」認為「閔時傷世」「關乎世教」之說，為「老生常談，腐亦甚矣」。這種對自我內心世界的關心，亦即對文學自身的關心，不僅大大越出了朱子學「載道」文論的樊籬，比當時漸興的「言情」說，也要更深入、更徹底地揭示了文學「人慾」的本質。……站在這種文學立場上看李白，當然不會去追尋太白仙風中的錚錚傲骨，浩浩世情，而是「文采風流憶昔時，青蓮去後有君詩」，李白在南海心目中的形象特徵，仍是「文采風流」而已。要之，祇園南海之於李白，主要是文學趣味上的接受。

〔註59〕祇園南海：《南海先生文集》卷一《己巳歲初之作（余時年七十四有後序）》，第 378 頁。

〔註60〕祇園南海：《田子信書問生計答以詩》，多紀仁之助編：《南海先生後集》，和中金助，日本昭和三年（1928），第 18 頁。

〔註61〕蔡毅：《祇園南海與李白》，《日本漢詩論稿》，第 34～35 頁。

〔註62〕祇園南海：《南海先生文集》卷一《己巳歲初之作（余時年七十四有後序）》，第 378 頁。

如前文所述，木門的朱子學代表室鳩巢更傾向繼承李白詩中表現的歷史觀、人生觀。而正如蔡毅先生所言，南海對李白更多是文學趣味上的接受。這種接受層面上的不同，導致兩人雖然在學問背景、詩論、詩風上都有不少相同點，但又在學習、接受李白詩歌時各有取捨和側重。

南海的謫居詩作與李白流夜郎詩

元祿十三年（1700）六月，25 歲的祇園南海獲罪被貶後，寫下了七言古詩一首，題作《庚辰夏，余瘝罪南海，鬱鬱居一室，六月溽暑，中夜不寐，因思江都舊遊》：

> 男兒少小氣勃勃，古人可及道可達。
> 江東才子多豪俊，相遇交際不容髮。
> 夜月追隨詩酒筵，春風走馬遊俠窟。
> 學劍豈可敵萬人，習射徒誇穿七箚。
> 十年功業竟不成，徒為白面一書生。
> 口吐萬言皆糟粕，身守一經何營營。
> 由來方圓不同器，世上謗譽共轟轟。
> 豈知一朝蒙嚴遣，南竄窮荒路幾程。
> 南中六月多毒熱，終日昏昏醉若醒。
> 倚人紀水家未定，帶經山田身自耕。
> 丈夫遭遇皆有時，一浮一沉自古爾。
> 生涯窮通不足歎，唯恨親友無相期。
> 相思綠水又青山，夢寐杳然見容顏。
> 緘書相傳君且慰，猶能雙劍在腰間。〔註63〕

蔡毅先生的專論中也舉出此詩，並指出：「詩頗有幾分李白《答王十二寒夜獨酌有懷》的風調，李詩中『萬言不直一杯水』，『蒼蠅貝錦喧謗聲』，『達亦不足貴，窮亦不足悲』等句，直為此詩所本。」〔註64〕《答王十二寒夜獨酌有懷》大約作於天寶八載（749）漫遊金陵期間，即天寶三載的「賜金放還」之後的第五年。誠如蔡毅先生所言，南海詩中的「口吐萬言皆糟粕」與《答王十二寒夜獨酌有懷》的「萬言不直一杯水」、「世上謗譽共轟轟」與「蒼蠅貝錦喧

〔註63〕山本和義、橫山弘注：《江戶詩人選集第三卷：服部南郭、祇園南海》，第 188 頁。
〔註64〕蔡毅：《祇園南海與李白》，《日本漢詩論稿》，第 36 頁。

謗聲」,「一浮一沉自古爾」、「生涯窮通不足歎」與「人生飄忽百年內,且須酣暢萬古情」、「達亦不足貴,窮亦不足悲」等處,均表達了類似的內容。然而在感情色彩上,《答王十二寒夜獨酌有懷》雖表達了不滿和憤慨,但詩人顯然是驕傲、不屑的。反觀南海被貶謫後寫的詩,我們看到他對過往的懷念、對自身遭遇的無奈、悲傷與委屈,但卻絲毫看不出南海少年時期那種李白式的豪放激昂,更談不上驕傲和蔑視。從詩歌感情的角度來看,南海的這首詩反而更接近李白的流夜郎詩。

流夜郎詩即李白從乾元元年(758)春開始流放夜郎,直到乾元二年(759)至巫山遇赦放還期間所作的詩。這期間的李白詩歌主要體現出絕望的心境和期或赦免的心情,甚至已經沒有了早期的浪漫主義情調,如《流夜郎題葵葉》:「慚君能衛足,歎我遠移根。白日如分照,還歸守故園。」〔註65〕筆者試將李白流夜郎詩與前述南海詩對比,發現有一些明顯相似之處。其中,從形式和結構上來看,最為相似的是《流夜郎贈辛判官》:

> 昔在長安醉花柳,五侯七貴同杯酒。
> 氣岸遙凌豪士前,風流肯落他人後。
> 夫子紅顏我少年,章臺走馬著金鞭。
> 文章獻納麒麟殿,歌舞淹留玳瑁筵。
> 與君自謂長如此,寧知草動風塵起。
> 函谷忽驚胡馬來,秦宮桃李嚮明開。
> 我愁遠謫夜郎去,何日金雞放赦回。

南海詩與李白《流夜郎贈辛判官》詩體上同為七言古詩,結構上也有相似點。李白詩在開篇部分回憶過去的意氣風發,再轉而敘述寫詩時的現實情況,最後感歎自身的遭遇、抒發悲傷的心情。而南海詩同樣在開篇部分描述少年時期的美好時光,「江東才子多豪俊,相遇交際不容髮」與「氣岸遙凌豪士前,風流肯落他人後」,「春風走馬遊俠窟」與「章臺走馬著金鞭」,「夜月追隨詩酒筵」與「歌舞淹留玳瑁筵」等句雖然並未在字詞上過多的襲用,但表達的意思相去不遠。當然,這也許是由於南海的人生經歷和性格上與李白有太多相似之處。

從「學劍豈可敵萬人」到「身守一經何營營」的四聯,主要講述南海受人

〔註65〕 參照王曉陽:《李白流夜郎遇赦心態與詩歌研究》第一章《李白流夜郎詩歌與遇赦心態》,碩士論文,首都師範大學,2013 年。

排擠誹謗，以及感歎自身的學問才華均「無用」，這一部分與前述《答王十二寒夜獨酌有懷》詩中表達內容更為接近。之後，作為全詩的轉折部分，南海以「豈知一朝蒙嚴遣，南竄窮荒路幾程」句道出現狀，與李白「與君自謂長如此，寧知草動風塵起。函谷忽驚胡馬來，秦宮桃李嚮明開」二句的功能相同。值得一提的是，「南竄窮荒路幾程」句與李白的另一首流夜郎詩《流夜郎聞酺不遇》中的「南冠君子竄遐荒」句也頗為相像。李白曾將自己南流夜郎喻作「鷓鴣南遷」，《醉題王漢陽廳》詩云：「我似鷓鴣鳥，南遷懶北飛」。也許是出於同樣遭受「南流」的命運，使南海不禁想起心中仰慕的李白。

與《流夜郎贈辛判官》不同的是，南海詩「南中六月多毒熱，終日昏昏醉若醒。倚人紀水家未定，帶經山田身自耕」數句描述了謫地的環境與被流放後的生活狀況。南海的描述更接近歸園田居的陶淵明，而不是李白。流夜郎後的李白在流放路上途經之地雖是被貶之身，卻有故人、友人接待，途經江夏時甚至被奉為上賓，設宴暢飲，遂有《流夜郎至江夏陪長史叔及薛明府宴興德寺南閣》詩中所形容的「天樂流香閣，蓮舟颺晚風。恭陪竹林宴，留醉與陶公。」在獲赦以後，李白在《經亂離後天恩流夜郎憶舊遊》中描述流夜郎路上的心情，詩云：「夜郎萬里道，西上令人老。掃蕩六合清，仍為負霜草。」但是，李白行至巫山就遇赦放還，並未到達夜郎真正過上流放後的生活，自然也不會有南海詩中所言的田耕經歷。正是因為這種經歷上的不同，使南海詩與李白《流夜郎贈辛判官》的結尾部分顯示出在心態上最大的差異。李白詩的結句「何日金雞放赦回」表達了對前途未卜的不安與悲歎，但我們至少能看出李白依然期盼有一天能被赦免罪。《流夜郎聞酺不預》詩云：「漢酺聞奏鈞天樂，願得風吹到夜郎。」當時局勢逐漸好轉，朝廷大赦天下，讓他看到了被赦的希望。反觀南海，他被貶謫完全屬於個人問題，在前往謫居地的路上沒有受到太多的照顧，更沒有李白那樣遇上「大赦」的機運，故而在南海詩中完全看不出對未來的期望，只有無奈接受現實的絕望。期盼早日被赦的李白還沒到夜郎就遇赦放還，而絕望的南海則在荒地謫居長達十年。可見，南海雖然在生平際遇上與李白有共同點也有不同點，他在遭遇與李白相同的處境時通過詩歌與李白產生共鳴，再以創作詩歌的方式吟詠真情，追求他心目中真正的「風雅」。

詩酒風流與文學趣味上的「受容」與「變容」

祇園南海曾作《會吳淞宅呈主人》詩云：「三日不飲酒，心神不相親。三

月不啥詩，柴棘生吻唇。此夕亦何夕，詩酒保性真。非與風流客，安得對賢人。」
〔註66〕可見，南海追求「詩酒」和「風流」，強調「性真」。這一點，可謂與吟
詠「所願得此道，終然保清真」(《避地司空原言懷》)、「立德貴清真」(《南陵
五松山別荀七》)、「垂衣貴清真」(《古風·大雅久不作》)，又被譽為「詩仙」、
「酒仙」的李白最為接近。關於祇園南海與李白飲酒詩的比較，前人討論得較
多，在此不再贅論。祇園南海在詩酒風流上對李白的繼承不僅表現在飲酒詩
中，以下筆者擬從文學趣味上的「風流」的角度，探討南海繼承與接受李白詩
風的另一面。

祇園南海中年以前詩風多屬於豪放的格調詩，這與他本人早年豪放不羈
的性格與生活有關。南海年少成名，前途光明，毫不掩飾自己的驕傲與氣焰，
這也是他後來遭「放蕩罪」的主要原因。南海後來在贈松浦霞沼的詩中回憶年
少時代：

> 憶昔匡廬讀書處，風雨紅燈連床眠。
> 又憶章臺走馬日，紅顏照耀桃李前。
> 東山攜妓春草綠，牛渚方舟秋月懸。
> 轟飲百斛氣如虹，不惜日費千萬錢。
> 醉後大言驚四座，興來雄筆掃九天。
> 傲睨宇宙高歌裏，世人觀者言是仙。
> （略）古來覆水難再酌，為之更傾三百杯。〔註67〕

詩篇中所描述的少年南海處處充滿狂傲的氣勢，以至蔡毅先生稱此詩為「活
脫脫一個李白再世」。李白詩詠「金樽清酒斗十千，玉盤珍羞直萬錢」(《行路
難》)，南海則詠「轟飲百斛氣如虹，不惜日費千萬錢」；李白稱「會須一飲三
百杯」、「與爾共銷萬古愁」(《將進酒》)，「人生飄忽百年內，且須酣暢萬古情」
(《答王十二寒夜獨酌有懷》)，南海則稱「古來覆水難再酌，為之更傾三百杯。」
李白誇讚自己的文采稱「興酣落筆搖五嶽」(《江上吟》)，南海則謂自己「興
來雄筆掃九天」。被賀知章稱為「謫仙人」的李白狂妄自負，稱「我本楚狂人，
鳳歌笑孔丘」(《廬山謠寄盧侍御虛舟》)、「仰天大笑出門去，我輩豈是蓬蒿人」
(《南陵別兒童入京》)，南海也不甘落後，自稱「傲睨宇宙高歌裏，世人觀者

〔註66〕祇園南海：《南海先生集》上，江戶寫本，一冊，林家（大學頭）舊藏本，日本公文書館。
〔註67〕祇園南海：《南海先生文集》卷一〈贈對州松浦子儀〉，第369頁。

言是仙。」

　　值得注意的是，南海詩中使用了大量的典故。首先，「匡廬讀書處」出自杜甫寫給李白的詩《不見》尾聯「匡山讀書處，頭白好歸來」和蘇軾《登廬山》的「讀書廬山中」句。「又憶章臺走馬日」的「章臺走馬」指出入妓院，典出《漢書・張敞傳》，李白也曾用此典故，如《流夜郎贈辛判官》：「夫子紅顏我少年，章臺走馬著金鞭。」。南海詩中還提到了魏晉時期謝安「東山攜妓」和謝尚「牛渚賞月」的相關典故。南海「東山攜妓春草綠」句化自李白《留別西河劉少府》的「東山春酒綠，歸隱謝浮名」句。李白曾多次在詩中使用「東山攜妓」的典故，如《東山吟》：「攜妓東土山，悵然悲謝安。」《憶東山二首・其二》：「我今攜謝妓，長嘯絕人群。欲報東山客，開關掃白雲。」《示金陵子》：「謝公正要東山妓，攜手林泉處處行。」關於「牛渚賞月」的則有《夜泊牛渚懷古》：「牛渚西江夜，青天無片雲。登舟望秋月，空憶謝將軍。」《勞勞亭歌》：「昔聞牛渚吟五章，今來何謝袁家郎。」《答杜秀才五松見贈》：「吾非謝尚邀彥伯，異代風流各一時，一時相逢樂在今。」

　　對魏晉名士的崇拜與相關典故的運用，是南海接受、學習李白詩歌的明顯例證。眾所周知，李白詩中經常提到魏晉的人物典故，據文紅《論李白對魏晉人物的接受》的統計，李白詩中出現重複率最高的是謝安和陶淵明，各提及 24 次，其次就是王子猷和阮籍。〔註 68〕詩歌創作上，李白則多取法於二謝和鮑照，故而杜甫贊李白「俊逸鮑參軍」，王士禎則說李白「一生低首謝宣城」。〔註 69〕胡應麟《詩藪》曰：「太白五言沿洄魏、晉，樂府出於齊、梁。」南海早年所作兩百首「一夜百題」詩歌均為五律、樂府詩，《南海先生文集》所收 490 首詩歌中，五律占 126 首，七古 37 首，五古 16 首，五排 13 首，共占總體的百分之四十。南海若想在五言、樂府詩上追步李白，就必須先從以《文選》為代表的六朝詩歌下工夫。作為追隨者，南海在通過學習六朝詩歌接近李白詩風的同時，也通過李白詩歌理解六朝詩歌及其相關人物。

　　除了謝安「東山攜妓」和謝尚「牛渚賞月」等典故以外，祇園南海詩中還提到謝靈運和王徽之。1717 年，祇園南海四十二歲時所作《浴龍泉途中作》中提及謝靈運：

〔註 68〕 文紅：〈論李白對魏晉人物的接受〉，《北方文學》下，2017 年 6 期，第 48～49 頁。

〔註 69〕 出自杜甫《春日憶李白》和王士禎《戲仿元遺山論詩絕句三十二首》。

出郭纔十里，物色便不同。甘雨溢畎澮，宿雲帶遙峰。
早晚飄晚素，舊林間新紅。藍輿晨石磴，步屧憩琳宮。
處世固紛糾，微官疲鞠躬。奇服俗所眩，不才毀所叢。
探討銘夙昔，天姥夢常通。欲攀神樂巖，赤松庶相逢。
賴有濟勝具，獨往途未窮。歎息謝康樂，跡同意不同。〔註70〕

從「處世固紛糾，微官疲鞠躬。奇服俗所眩，不才毀所叢」數中不難看出南海對俗世無比厭倦，即使在赦免召還後已經過了七年，他依然受到周圍人的排斥與攻擊。此處「奇服」比喻高潔的志行，南海在詩中自比屈原，稱自己高潔的志行遭到世俗的嫉妒，以致招來眾人的詆毀。〔註71〕後面「探討銘夙昔，天姥夢常通」句，表達他對隱世求仙的憧憬。這裡南海提到了李白的《夢遊天姥吟留別》詩，描寫自身也跟李白一樣時常在夢中遊仙，逃離現實。李白不滿現實，寄情山水，「且放白鹿青崖間，須行即騎訪名山。」南海也同樣，於是有「賴有濟勝具，獨往途未窮」句。這首詩的最後，南海提到了謝靈運，顯然是通過李白詩而產生的聯想。《夢遊天姥吟留別》詩云：「謝公宿處今尚在，淥水蕩漾清猿啼。腳著謝公屐，身登青雲梯。」南海在前往郊外的龍神溫泉的路上想到李白的詩，又想到自己同謝靈運一樣正在徒步登山，故而吟詠出「歎息謝康樂，跡同意不同」，感歎自己與與謝靈運一樣縱情山水。但他的心願與謝靈運完全相反，只是一心想安靜過隱逸求仙的生活，不再被俗事所困擾。以上我們看到南海自擬作屈原、李白和謝靈運，並且以李白的《夢遊天姥吟留別》貫穿其中。屈原和謝靈運都是在文學上給予李白很大影響的人物，南海在引用他們時除了找到自己與他們的共同點以外，相信也通過李白找到更多思想感情上的內在關聯。南海在詩中表達對現實的不滿和內心的苦悶，雖然不如李白那樣強烈激憤，但「微官疲鞠躬」的他當時心裏想必十分贊同李白所詠歎的「安能摧眉折腰事權貴，使我不得開心顏！」

另外，祇園南海不止一次在詠雪詩中使用王徽之（子猷）雪夜訪戴興盡而返的典故。李白曾多次引用此典故，其集中直接引用「子猷雪夜訪戴」典故的用例就有十四次，若包括其他言及「剡溪」、「剡中」、「剡水」等相關地名的詩歌，數量更超過二十次。李白一生四度入剡，留下大量相關的詩作，其中又對

〔註70〕山本和義、橫山弘注：《江戶詩人選集第三卷：服部南郭、祇園南海》，第196頁。

〔註71〕《楚辭・九章・涉江》：「余幼好此奇服兮，年既老而不衰。」

王子猷訪戴的故事情有獨鍾。此典故收於《世說新語》的「任誕」篇中，是魏晉名士隨性放縱，不遵禮法的生活方式的其中一個典型例子。王子猷的言行在許多人看來是荒唐、不切實際的，但李白詩中顯然可以看出他對率性的王子猷的企慕之情。「若教月下乘舟去，何啻風流到剡溪。」對李白而言，王子猷雪夜泛舟就是「風流」典範。同樣，祇園南海也喜愛王子猷的魏晉風流，他的詠雪詩連作《十雪詩》的第九篇就以「子猷棹雪」為題：

> 雪後山川四望空，美人相思剡溪東。
>
> 吟蓬晴掀千山月，醉鬢寒生一棹風。
>
> 平日猶尋茅舍竹，中宵況倚蕊珠宮。
>
> 酒醒興盡杳然去，何必相逢聽奏桐。〔註72〕

這首詩中把子猷和戴逵換成「美人」和「寒生」，但「山陰雪後」、「酌酒」、「四望皎然」、「剡溪」、「興盡而返、何必見戴」等相關內容均有言及，在頸聯中還提到《世說新語》所載王子猷的另一典故「王子猷種竹」。

此外，詩中「吟蓬晴掀千山月」和「何必相逢聽奏桐」兩處細節還透露出李白影響的痕跡。首先，「吟蓬晴掀千山月」提到了了「月」的意象。在《世說新語》中並未提到「月」，《招隱》詩中也未用「月」字，唯一能讓人聯想到「月」的是「四望皎然」句。然而，李白引用「雪夜訪戴」典故的十四首詩歌中有十三首都與「月」相關，比例超過 92%：

> 輕舟泛月尋溪轉（《東魯門泛舟二首‧其一》）
>
> 若教月下乘舟去（《東魯門泛舟二首其二》）
>
> 青天中道流孤月／孤月滄浪河漢清（《答王十二寒夜獨酌有懷》）
>
> 千里相思明月樓（《對雪醉後贈王歷陽》）
>
> 月華若夜雪（《秋山寄衛慰張卿及王徵君》）
>
> 掛席拾海月（《敘舊贈江陽宰陸調》）
>
> 人乘海上月（《潯陽送弟昌峒鄱陽司馬作》）
>
> 憶昨新月生（《答裴侍御先行至石頭驛以書見招期月滿泛洞庭》）
>
> 月色醉遠客（《寄韋南陵冰余江上乘興訪之遇尋顏尚書笑有此》）
>
> 昨玩西城月（《玩月金陵城西孫楚酒樓》）

〔註72〕祇園南海：《南海先生文集》卷三〈十雪詩〉，第 400 頁。據杉下元明《祇園南海的壯年時代》所推測，《十雪詩》應作於正德至享保年間（1711～1736），即南海謫居生活結束以後的三十五至六十歲之間。

－116－

　　　　湖西正有月（《陪從祖濟南太守泛鵲山湖三首》）〔註73〕

　　　　寒月搖清波（《望月有懷》）

　　　　捲簾見月清興來（《單父東樓秋夜送族弟沈之秦》）

　　以上李白詩不僅是用「月」字，甚至有若干首以「月」為題的詠月詩歌。這樣，李白詩中的「雪夜訪戴」典故與「月」的意象形成了密切關聯，使熟讀李白詩、一生追慕李白的祇園南海在詠「子猷棹雪」時自然地加入了「月」的意象。至於末句「何必相逢聽奏桐」，在《世說新語》所載「王子猷雪夜訪戴」原文及左思《招隱》詩中均不見「桐」字，唯有《招隱》詩中「岩穴無結構，丘中有鳴琴」句提到「琴」字，但卻是表達「非必絲與竹，山水有清音」之意，並不是指真正的桐琴。李白《單父東樓秋夜送族弟沈之秦》詩云：「絲桐感人弦亦絕，滿堂送君皆惜別。捲簾見月清興來，疑是山陰夜中雪。」《對雪醉後贈王歷陽》雖未提到「桐琴」，卻在「子猷聞風動窗竹，相邀共醉杯中綠」句後詠「君家有酒我何愁，客多樂酣秉燭遊」這樣一邊暢飲一邊奏樂高歌的場面。而且，李白另有關於山陰的《送紀秀才遊越》詩曰：「仙人居射的，道士住山陰。禹穴尋溪入，雲門隔嶺深。綠蘿秋月夜，相憶在鳴琴。」因此，本來與彈琴無關的「子猷訪戴」典故在南海詩中也受到李白詩的影響，發展成「興盡而去，何必聽琴」。

　　《南海先生文集》中，還收錄了另一首題為《雪》的五言律詩：

　　　　千山飛雪合，寒逼鷫鸘裘。

　　　　天上素鸞舞，月中白玉樓。

　　　　陰□凝未散，歌館煖先流。

　　　　為報剡溪客，一尊載夜舟。〔註74〕

在這首詩歌中，南海更是同時提到「王子猷雪夜訪戴」和「相如鷫鸘」的典故。試將之與李白《對雪醉後贈王歷陽》詩對比：

　　　　有身莫犯飛龍鱗，有手莫辮猛虎鬚。

　　　　君看昔日汝南市，白頭仙人隱玉壺。

　　　　子猷聞風動窗竹，相邀共醉杯中綠。

　　　　歷陽何異山陰時，白雪飛花亂人目。

〔註73〕《陪從祖濟南太守泛鵲山湖三首》組詩中提及「王子猷雪夜訪戴」典故的是第一首，使用「月」字的是第二首。由於是同時同地所作五絕組詩，在此一同論之。

〔註74〕祇園南海：《南海先生文集》卷二〈雪〉，第382頁。

君家有酒我何愁？客多樂酣秉燭遊。

謝尚自能鴝鵒舞，相如免脫鷫鸘裘。

清晨鼓枻過江去，千里相思明月樓。

南海的《雪》無論是意境還是用語，都明顯襲自李白詩。「千山飛雪合」的「飛雪」與李白詩的「白雪飛花」對應，「寒逼鷫鸘裘」句則與李白「相如免脫鷫鸘裘」使用同一典故，「月中白玉樓」與「千里相思明月樓」對應，「歌館燧先流」又與「客多樂酣秉燭遊」對應。以上出自司馬相如典故的「鷫鸘裘」語，以及「歌館」、「月」、「樓」等詞語，均與「王子猷雪夜訪戴」的原文無關，卻全部見於《對雪醉後贈王歷陽》。這樣來看，南海的《雪》並非只是吟詠王子猷典故而更像是擬李白《對雪醉後贈王歷陽》的作品。那麼，南海詩的最後一句「為報剡溪客，一尊載夜舟」所說的「剡溪客」，除了指「雪夜訪戴」的王子猷以外，實際上也指四度入剡，仿傚王子猷剡溪泛舟飲酒，並留下多首膾炙人口的剡溪詩歌的李白。由此可以推斷，祇園南海所作的《子猷棹雪》和《雪》都受到李白的「子猷」、「剡溪」詩歌的影響，因而在詠「子猷雪夜訪戴」題時使用不少並非直接與典故原文相關的意象和詩語，從而呈現出濃厚的擬李白色彩。

綜上，我們看到祇園南海在作品中常常言及一些李白極為欣賞的魏晉名士。與南海同時或以前的江戶詩人，一般更傾向於仰慕和追懷陶淵明，對「為性褊激，多愆禮度」（《宋書》）的謝靈運和「卓犖不羈」（《晉書》）的王徽之，則較少提及。這兩位被視為「任誕」代表的人物，均是李白經常在詩歌中吟詠的對象。祇園南海由於天性與李白接近，崇尚隨性、本真、風流的生活態度，因此受李白對魏晉風度憧憬的影響，以致在詩歌創作上也表現出具李白特色的對魏晉風度的崇拜。這一點是南海與以前的江戶儒學者在李白接受問題上的明顯不同。

三、古文辭學派的「擬古」學說與實踐

受明代李攀龍、王世貞的「古文辭說」啟發，荻生徂徠（1666～1728）在40歲時創立了日本江戶時代最具影響力的古文辭學派（又稱「萱園派」和「徂徠學派」）。在詩文論方面，古文辭學派接受了李、王的復古詩文論，主張「文必秦漢，詩必盛唐」，只是在此基礎上又尤其推崇以李、王為首的明詩，認為明詩兼有漢魏與三唐的特質，是理解漢魏、唐詩的階梯。徂徠提出有關漢詩文

的「益友損友論」：

> 《唐詩選》、《唐詩品彙》，是等皆可看作益友。明代李空同、何
> 大復、李于鱗、王元美之詩文，是亦益友也。……東坡、山谷、《三
> 體詩》、《瀛奎律髓》……皆可看作損友。〔註75〕

荻生徂徠的古文辭學說，重點並非李、王的復古詩文觀，而是通過古文辭法明
「六經」真義，得「聖人之道」。

> 聖人為中華人，經書亦為中華語。故不通曉文字，難得聖人之
> 道。欲通曉文字，非以古人著書時之心境，則不可解。故不作詩文，
> 則多有難解之處。只學經書之人，不善詩文，是以牽強附會，難以
> 貫通。〔註76〕

徂徠學派的「雙璧」之一太宰春臺，亦持相同觀點：

> 夫六經者文也。故欲學孔子者，必自文章始。文章之道，論世
> 為先。故善為而後六經明，孔子之道可得矣。〔註77〕

本多猗蘭在為《南郭先生文集》撰寫的序中也說：

> 古文辭者，古言也。古言通而六經可論也。〔註78〕

徂徠強調詩文的重要，原因是「先王之道，緣人情以設之。苟不知人情，安能
通行天下莫有所窒礙乎！」。〔註79〕他還指責當時專學宋學的江戶朱子學者
「不善詩文」、「牽強附會、難以貫通」，但事實上，前文提到的木下順庵、室
鳩巢、新井白石、祇園南海等江戶時代的朱子學者，都並非「只學經書之人」，
反而在詩文上成就頗高，是在古文辭學派之前就率先高舉「唐詩鼓吹」大旗的
學者群體。徂徠之說，只是用以打擊朱子學者、彰顯自身「反朱子」學的正確
性的一種說辭。徂徠的古文辭學說將「人情」從朱子學的束縛中解脫出來，但
在很大程度上還是以經學為主。在徂徠以後，真正將古文辭學說發展為江戶時
代最具代表性的文學主張的是徂徠的高徒，與太宰春臺並稱為「徂徠學雙璧」

〔註75〕 荻生徂徠述：《徂徠先生答問書》下，中村幸彥校：《日本古典文學大系94 近
　　　　世文學論集》，東京：岩波書店，1966 年12 月。

〔註76〕 中村幸彥校：《日本古典文學大系94 近世文學論集》，第170 頁。

〔註77〕 太宰春臺撰，稻垣長章、堤有節編：《春臺先生紫芝園稿》卷二十五《復柳州
　　　　內山生》，十二冊，江戶寶曆二年刊，昌平阪學問所舊藏本，日本公文書館。

〔註78〕 服部南郭撰，望月三英編：《南郭先生文集・南郭稿序》，二十四冊，享保十二
　　　　年至寶曆八年刊，昌平阪學問所舊藏本，日本公文書館。

〔註79〕 荻生徂徠：《弁名》，吉川幸次郎等校：《日本思想大系36 荻生徂徠》，東京：
　　　　岩波書店，1973 年4 月，第222 頁。

的服部南郭。

服部南郭（1683～1759），名元喬，字子遷，號南郭，別號芙蕖館、芙蓉館，通稱幸八、小右衛門。南郭生於京都的歌人、畫師家庭，13 歲因父親亡故下江戶，17 歲仕於甲府藩主柳澤候，因仰慕荻生徂徠的學問而轉修漢學。1718 年離開柳澤家後，南郭就開始專事詩文，古文辭學派至此分裂為以南郭為首的「詩文派」，和以太宰春臺為首的「經學派」。在日本文學史上，南郭與祇園南海、柳澤淇園一同被視為「日本文人意識的確立者」。如中村幸彥所評價：「在日本，詩文也從儒學中獨立出來，就個體而言，服部南郭是第一人」。〔註 80〕

關於古文辭學派的詩文主張及其對李、王的接受，日本學者以日野龍夫的研究最為權威，國內學者則以劉芳亮《日本江戶漢詩對明代詩歌的接受研究》一書的論述最為詳盡深入。日野龍夫指出，荻生徂徠開創愛好盛唐詩風氣，使漢詩人從長期以來的道德壓抑中解放出來，體會到感情的自由並且渴望將之表現出來。漢詩能夠在江戶中期以後完全扎根於日本的風土，成為日本文學的固定樣式之一，主要得益於徂徠學派創造的契機。〔註 81〕劉芳亮則認為萱園派與明七子不僅在詩學上是接受與被接受的關係，對後世的影響也頗為類似。他評價道：萱園派對日本近世的文學、哲學、經學的影響是極為深遠的。在文學層面上，徂徠的嚴密而富有體系的理論和萱園諸子的文學活動，將文學從儒學和道德的框架內釋放出來，由此產生了第一批唯文藝是務的文人。此外，萱園派門徒眾多，他們在日本各地下帷講誦、教人詩文，對促進漢詩的普及起到了十分重要的作用。在萱園派的影響下，創作漢詩的風氣由大都市向地方，由一般文人向普通庶民階層滲透，儒者、醫生、僧侶、武士、商人等莫不能作詩，結創詩社的風氣也是自萱園派以後逐漸轉濃。〔註 82〕誠如二家所言，古文辭學派對日本文學的意義主要在於，他們不僅繼承並推廣荻生徂徠主張的古文辭方法論和詩文論，更通過整個學派的力量，以實踐的方式推動了漢詩乃至漢文

〔註 80〕中村幸彥：《近世的なるものの否定の樣相》，《中村幸彥著述集第三卷》，東京：中央公論社，1983 年，第 120 頁。

〔註 81〕參照日野龍夫校注《唐詩選國字解》（東京：平凡社，1982）的解說和氏著《江戶の儒學（日野龍夫著作集卷一）》（東京：東京：ぺりかん社，2005 年初版）中「徂徠學派の役割」一章。

〔註 82〕參照劉芳亮《日本江戶漢詩對明代詩歌的接受研究》第二章《明七子派在江戶詩壇的流播與接受》，第 135～136 頁。

化在日本各個階層、各個地方之間的普及，促使江戶時代進入日本史上漢文化流行範圍最廣、漢文教育最普及的全盛時期。

試梳理江戶中期（1680～1759）從木門到古文辭學派江戶詩學的發展，先有木下順庵及其門生以元祿時期（1688～1704）為中心，主張學唐詩，大量製作擬古、格調詩作，其影響一直延續至享保年間（1716～1736）。友野霞洲《錦天山房詩話》稱：「至元祿、享保，作者林立，就中木門、萱園之徒最盛，人人開天而不捨，羞用唐以後之事。」〔註83〕荻生徂徠於 1706 年建立古文辭學，但古文辭學派的興盛並非一蹴而就。

最初，徂徠門人僅有安藤東野和山縣周南二人，師徒三人在很困難的情況下倡導古文辭說。〔註84〕在享保年間（1716～1735）的初期，此時木門的新井白石、祇園南海等人也開始鼓吹明詩。松下忠據此判斷，江戶詩風從「唐詩鼓吹」到「明詩鼓吹」，交替期在正德年間（1711～1715）。〔註85〕據徂徠本人所言，「予倡古文辭於關以東者十年，海內喁然向風，豪傑之士往往裹糧以至者，西薄大海之濱，而京洛獨寥寥亡聞焉」。又據那波魯堂《學問源流》：「徂徠之說享保中期以後誠可謂風靡一世，然盛於京都，則以徂徠歿後元文初年之延享、寬延十二三年間為甚。」〔註86〕按照徂徠所說，古文辭學派約在 1716 年已興起，但按照那波魯堂的說法，則徂徠學的流行始於享保中期，即 1725～1726 年左右，二者之說相差長達十年。

諸家在討論古文辭學派的詩文時往往會結合《唐詩選》的流行來進行論述，可見徂徠的古文辭詩文論是通過選本的方式推廣普及的。一般認為，《唐詩選》成為家喻戶曉的流行選本，是在享保九年（1724）嵩山房刊行《唐詩選》服部南郭校訂本之後。結合《唐詩選》流行的時間來判斷，那波魯堂之說更為客觀，古文辭學派真正開始主導江戶詩壇，應該在 1725 年左右。直到山本北山 1783 年在《作詩志彀》中以袁宏道的性靈說理論徹底否定古文辭學說，江戶詩壇的詩風才開始正式從格調說轉向性靈說，從推崇唐、明詩轉變至崇尚清新的宋詩風。也就是說，1725～1783 年的五十八年間，古文辭學派勢力一直

〔註83〕友野霞洲：《錦天山房詩話》，池田四郎次郎編：《日本詩話叢書》第八卷，第306頁。

〔註84〕松下忠：《江戶時代的詩風詩論》，第357頁。

〔註85〕松下忠：《江戶時代的詩風詩論》，第38頁。

〔註86〕劉芳亮《日本江戶漢詩對明代詩歌的接受研究》引那波魯堂《學問源流》語，原日文，劉芳亮譯，第117頁。

強盛不衰，處於江戶詩壇的主導地位。

此外值得一提的是，前面提到祇園南海在晚年雖極其憎惡古文辭學派的剽竊模擬之風，但對明詩還是推崇的。他著有《明詩俚評》，其敘文曰：「然學詩者，初讀漢唐之詩，猶夢中聽鈞天樂，非不知其音之靈妙，但其茫然不能識靈妙之所在，不如先讀明詩之易成功耳。」〔註87〕由此可見，南海與古文辭學派在視明詩為學唐詩之階梯這一點上是一致的。木門的祇園南海和古文辭學派的服部南郭同為鼓吹學唐、明詩的詩人。南海中年以前主張格調詩風，1711年後詩風轉變，其獨特的「影寫說」雖並未直接受到王士禎的影響，但與神韻說有許多類似的地方。〔註88〕而南郭詩論以格調為中心的同時還重視神韻的境界，他的詩文論中雖然沒有提到王士禎的名字，但是與嚴羽的興趣論有關的部分確實屬於神韻詩論。〔註89〕可以說，正德年間不僅是從「唐詩鼓吹」到「明詩鼓吹」的轉折點，神韻說詩論也開始抬頭，初步形成江戶詩壇格調、性靈、神韻的「三詩說」並存的詩論格局。

那麼，1725年古文辭學派與南郭校訂本《唐詩選》風靡一時之後，古文辭學派對李白詩文又持有什麼態度？他們在接受、學習李白詩文時具有什麼特徵？以下將就這些問題進行探討。

古文辭學派的「擬古」學說與對李白的態度

荻生徂徠的古文辭學，將創作擬古詩文作為通「先王之道」的一種手段來推崇。但對徂徠的門人而言，擬古詩文的創作即是目的。〔註90〕古文辭學派繼承明代古文辭派「文必秦漢，詩必盛唐」的主張，贊同《唐詩選》以盛唐詩為宗的詩學觀念。模仿盛唐詩的表現方式對古文辭學派的詩人們來說，意味著通過已經在盛唐詩歌中定型的措辭與表現，將詩人從朱子學的束縛中解放出來。〔註91〕簡而言之，就是用古文辭的方法論，模仿盛唐詩的修辭表達和抒情方式。日野龍夫將古文辭學派的這種擬古的文學行為，稱為「在想像的虛構世界

〔註87〕祇園南海：《明詩俚評敘》（享保辛丑），祇園南海述、新井白蛾考：《明詩俚評》，一冊，梧桐館梓，寶曆六年刊，佐野文庫舊藏本，日本國文學研究資料館。

〔註88〕松下忠：《江戶時代的詩風詩論》，第332～336頁。

〔註89〕松下忠：《江戶時代的詩風詩論》，第385頁。

〔註90〕日野龍夫：《壺中の天——服部南郭の詩境》，《江戶人とユートピア》，岩波書店，2004年5月，第158頁。

〔註91〕日野龍夫：《江戶人とユートピア》，第169～170頁。

中成為古人」。〔註92〕

　　然而，在古文辭學派的詩論中，頻繁被提及的多為明人而非唐人，他們在創作時也學習明人的擬古詩，極力追求在修辭格律上對唐詩的模擬。換言之，古文辭學派的擬古詩歌是在學習明代文學理論的同時，又在實踐上通過明詩對唐詩的模擬而接近唐詩。林東溟在《諸體詩則》的「明詩」一節中說：

　　　　本邦三十年來，徂徠先生之學化被海內，是以一時後進，皆能
　　知開元、天寶後又有明詩，因明學唐則自然至於盛唐。〔註93〕

這一段話簡要概括了古文辭派詩論的基本觀點，即視明詩為盛唐詩的繼承者，以「因明學唐」的方法來模擬盛唐詩風。服部南郭認為：

　　　　詩至唐極矣。極矣，故知者不創物，求之守之，參之風雅。故
　　古詩曰漢魏，律絕曰唐，天工人其代之，造化之蘊，其盡於斯乎。……
　　漢魏自盡漢魏，不知後有唐。唐自盡唐，未能前盡漢魏，明人並兼
　　之。（《南郭先生文集‧卷七‧唐後詩序》）

這裡南郭清楚表明，古體詩以漢魏為準，律絕以唐為準，而明人則「並兼」二者，言下之意就是提倡通過學明達到兼備古體詩與近體詩的境界。南郭更強調「知者不創物」的觀點，認為唐以後的詩人的職責並非在於「創造」，而是像明代復古詩派那般「述之守之」、「參之風雅」，將古詩的傳統傳承下去。關於學習明人擬古詩的具體方法，南郭曾在書信中回憶荻生徂徠的教導門人學詩的方法：

　　　　辭已古人所用，意亦古人所盡，試以吾詩，並誦古人，克肖難
　　辨。如是而非為踏襲，抒軸成我，是詩所以難也。昔有人，自患詩
　　格不覺墜卑者。物子教之以依調構思，得辭作篇，先闇熟盛唐諸名
　　家，合作句調，而後習此事爾。不比先立意，一唯求似古人。此亦
　　一道也。（《南郭先生文集‧答鵝湖候》）

這裡我們看到古文辭學派論詩與木門學者一樣重視追求古詩的「風雅」，注重格調，並且主張通過熟讀盛唐詩來提高格調。他們的不同點在於，木門在創作上重視詩歌「言志」、「述情」的功能，強調作詩必須「發乎於情」、「無志不可言」，而古文辭學派雖主張通「人情」的重要性，在創作上卻主張「唯求似古

〔註92〕日野龍夫：《擬古主義とナルシシズム》，《江戶の儒學（日野龍夫著作集卷一）》，東京：ぺりかん社，2005年初版，第197頁。
〔註93〕林東溟：《諸體詩則》卷上，池田四郎次郎輯：《日本詩話叢書》第九卷。

人」，字字句句必須使用唐詩中的用例。這與李攀龍「無一字一句不精美」、「似臨摹帖」的擬古詩〔註94〕是一致的。日野龍夫將古文辭派的擬古方式比喻為「演技」，即通過作詩演繹一名古人的身份。正因為是想像的虛構世界，詩人們追求的不再是現實生活中與自身相關的感情與事物，而是在新構建的擬古世界中最大程度地「演」得像一名古人（這裡特指中國的古人）。對他們而言，「似」才是優劣的標準，獨創性和真實性反而只會削弱相似程度，從而降低詩歌的價值。

不同於此前推崇唐詩的學者，古文辭學派在文章中提及「李杜」的頻率並不高。「詩自三百，以至李杜，雖其調隨世移，體每人殊，而一種色相。辟諸春風吹物，燁然可觀者，迺為不異也。」〔註95〕在荻生徂徠看來，「李杜」的詩歌與《詩三百》屬於「同一種色相」，都是「燁然可觀者」。但在徂徠門人的集子中，「李杜」並未受到同等的重視與推重。服部南郭的文集中，未見「李杜」、「李白」、「杜甫」等相關人名，在談論唐詩時往往也僅用「唐人」、「古人」等籠統說法，相反，在討論明代文學時則常提及「李王」、「于鱗」、「元美」，可見其對李攀龍、王世貞之重視。

《萱園錄稿》是選錄古文辭學派詩人作品的專集，平野金華（1688～1732）所撰序中提及「李杜」：「彼土提杜挈李，長揖開天，濟濟之士者。……吾黨言詩者，稍稍皆睥睨彼土，其意以為杜者憒焉，逗漏晚季，李者率爾，不約於律。」從這一段話可以看出，當時的古文辭學派已經逐漸出現厭倦盛唐詩風、排斥「李杜」的傾向。實際上，《萱園錄稿》由徂徠所選，收錄詩歌多為模擬之作，其中有不少模擬李白詩歌的。試舉一例，如源長愷《擬金陵鳳凰臺作》：

> 金陵城外鳳凰臺，李白當年此處來。
>
> 二水秋風仍颯爾，三山晚雨賦悲哉。
>
> 地形南走龍盤陷，天塹西連虎踞開。
>
> 六代風流江左變，登臨自古使人哀。

然而，從平野金華的序文中也可以瞭解到，學派內部對李白詩歌的整體評價是「率爾，不約於律」。可想而知，對於「求似」的古文辭學派來說，沒有定律、難以模仿的李白詩歌雖為李、王所推崇，但在實踐層面而言並非理想的

〔註94〕引王世貞《藝苑卮言·卷七》評李攀龍擬古樂府詩語。
〔註95〕荻生徂徠：《徂徠集》卷十九《題唐後詩總論後》，富士川英郎（等）編：《詩集日本漢詩第三卷》，東京：汲古書院，1985年。

模仿對象。

此外，平野金華在《唐後詩後序》中也揭示了當時古文辭學派不再熱衷於學唐詩、學李杜的另一個側面：

> 蓋風雅之變，楚騷漢賦、蘇李十九首、建安六代、唐而變極矣。
> 唐既出近體，而生李杜。李杜之後，不過數十年，文運兆衰，藝苑披髮而祭。〔註96〕

平野金華一方面承認唐詩之「極」，同時又指出「李杜之後不過數十年，文運兆衰」，並將近體詩與李杜的出現聯繫起來。言下之意就是，詩至唐代盛極而衰，而這種衰退的原因主要與近體詩的出現相關。因此，平野金華在文章中提出「古之唐詩出今之唐詩」之論，認為唐代的古體詩優於近體詩，原因就在於唐代古體詩少變，保留了古詩的風雅，而近體詩則「變極」，導致後來文運的快速衰敗。然而，就像南郭所說的「古詩曰漢魏，律絕曰唐」，倘若不學唐代的近體詩，即使唐代的古體詩再好，也不如漢魏的古詩純正。基於這種觀點，就不難理解以「復古」為最終目的的古文辭學派為何會逐漸摒棄唐詩。

據《五山堂詩話》所述，「（安）藤東野《遺稿》所載樂府、白紵歌，全出《太白集》，蓋東野生前手錄李詩者，編時不察，遂誤收之也。」〔註97〕安藤東野（1683～1719）是荻生徂徠最早入門並協助徂徠將古文辭學派發展起來的主要人物之一。從以上記錄得知，安藤東野曾手抄李白詩集中的樂府詩歌。這給了我們兩點提示：第一點是在當時出版業發達的環境下依然存在手抄詩歌的習慣，刊刻文獻並非李白詩文唯一的傳播途徑。結合第一章關於和刻本李白詩文集的介紹來看，安藤東野生前已有多種題為《李太白詩集》的和刻本存世，其中除了一冊本、二冊本和三冊本收錄詩歌不全以外，翻印次數最多的二十冊本和最廣為通行的延寶七年刊山脇重顯點校《分類補注李太白詩》二十五卷本，都屬於全集一類。對當時的漢學者來說，獲得李白詩集的難度大幅降低，這也是漢詩文得以普及的前提。儘管如此，安藤東野依然選擇手抄李白詩，原因可能是經濟上困難，又或是出於個人興趣，以品賞或學習為目的進行抄寫。第二點提示，是安藤東野在詩體上選擇樂府詩這一點，恰好從另一個側面印證了日野龍夫在《唐詩選と近世後期詩壇——都市の繁華と古文辭派の詩風》一

〔註96〕平野金華撰，松平賴寬編：《金華稿刪》卷四《唐後詩後序》，江戶享保十三年，錦山堂，昌平阪學問所舊藏本，日本公文書館。
〔註97〕馬歌東：《日本詩話二十種》上，第 260 頁。

文中指出的「古文辭派對《唐詩選》的偏向性解讀及其詩風，以樂府詩題與豔詞為特徵」的觀點。誠然，學習李白樂府詩並非古文辭派獨有，在木門的詩文集中，我們也能看到大量模擬盛唐詩風的樂府詩作（祇園南海《一夜百首》即為一證）。但古文辭派對樂府詩題的模擬創作，與當時充斥社會的「享樂主義」都市文化以及「反朱子學」、解放「人性」的學術思想息息相關，具體將在後面章節論述。

古文辭學「詩文派」：高野蘭亭的「擬李白」實踐

古文辭學派是一個集古文辭學、經學、史學、教育及詩文等各種學問於一體的龐大學派。他們一方面在啟蒙的層面，通過教育和出版向一般讀者推廣古文辭說和《唐詩選》，促成《唐詩選》的流行，同時又在學問層面通過倡導古文辭詩文論和創作大量的擬古詩文，來實現「復古」的理想，主導江戶詩壇近六十年。徂徠以後，古文辭學派由太宰春臺和服部南郭帶領。前者專於經學研究，後者則專於詩文。古文辭派內部逐漸分為以太宰春臺為首的「經學派」和以服部南郭為首的「詩文派」兩個系統。「古文辭派詩歌」就是指古文辭派詩學脫離經學以後，由服部南郭等「詩文派」成員所倡導的擬古詩歌。

劉芳亮的研究已提出，高野蘭亭與服部南郭是古文辭學派中在模擬唐詩方面做得最徹底的詩人。〔註98〕考察這兩位詩人的專集，服部南郭兼顧詩歌與文章，也有不少內容涉及經、史學，而高野蘭亭堪稱專於詩學。據高野蘭亭的門人松崎惟時（號觀海，1725～1776）所述：

> 服子兼美詩文，淹貫古今，而別出機軸，蔑以加焉。（蘭亭）先生學不攻乎異端，而獨為詩，具體而獨竭思近體，歷觀諸家，而獨刻意于鱗，是其用心，若有所局。然服子之業大，則出入可也。先生之業專，則不踰矩。〔註99〕

由此得知，高野蘭亭不僅專攻詩學，而且在眾多詩家中唯獨專意於李攀龍，詩體上則專注於近體詩。

在李白接受的問題上，如前所述，南郭的全集中未見直接討論李白詩歌的內容，唯有其擬古詩歌可以看出模擬李白詩的痕跡。其中最著名的是《夜

〔註98〕劉芳亮：《日本江戶漢詩對明代詩歌的接受研究》第二章《明七子派在江戶詩壇的流播與接受》，第100頁。

〔註99〕松崎惟時：《蘭亭先生詩集序》，高野蘭亭著，竹川政辰編：《蘭亭先生詩集》，江戶寶曆八年刊，六冊，昌平阪學問所舊藏本，日本公文書館。

下墨水》：

> 金龍山畔江月浮，江搖月湧金龍流。
>
> 扁舟不住天如水，兩岸秋風下二州。〔註100〕

結句的「下二州」出自李白《峨眉山月歌》的「思君不見下渝州」，韻腳也與《峨眉山月歌》同，詩歌整體描繪的情景也頗為相似。然而，這首詩實際上寫於江戶（今東京）都內，「墨水」指的是東京灣內的隅田川（又作「墨田川」），金龍山指的是高度僅有十米的淺草待乳山，可以看出詩人在江戶都市文化中通過模擬詩歌來體驗「古人」生活情趣的一面。另外，還有模擬痕跡更濃的七言古詩《聞笛》：

> 二月梅花洛城東，欲落不落待輕風。
>
> 君不聞風前笛裏情，翩翩吹滿洛陽城。
>
> 吹者不知聽者恨，三弄都作斷腸聲。〔註101〕

全詩化用李白《春夜洛城聞笛》詩「誰家玉笛暗飛聲，散入春風滿洛城」，和杜甫《吹笛》詩「吹笛秋山風月清，誰家巧作斷腸聲」，韻腳也與李、杜詩相同。南郭詩中的「洛陽城」，指的是東都江戶。首二句使用與笛曲《梅花落》相關的「緣語」（關聯語），與同時代新井白石的「梅花江上笛」和室鳩巢的「玉笛誰家奏落梅」等句相同，都襲自李白《與史郎中欽聽黃鶴樓上吹笛》「黃鶴樓中吹玉笛，江城五月落梅花」句。由此可知，「梅花落」在當時應是比較流行、常用的詩語。以上南郭模擬的李白詩，均收於《唐詩選》，同時也是江戶時代被模擬、化用頻率較高的作品。

　　這種以字句為主的外部描寫上的模擬，雖然在今天看來並無太大文學價值，但對當時的學詩者而言，卻是模擬盛唐詩風的模範樣本。1782 年刊行的《大東詩集》，是古文辭派詩風完全通俗化時期的古文辭派詩歌選集。集中可見不少模擬南郭的擬唐詩作品，其中就有模仿上引南郭《聞笛》詩的兩首：

> 《春夜聞笛》山高圭
>
> 江天明月散煙霞，一夜春風玉笛斜。
>
> 孤客聞時腸欲斷，曲中吹出落梅花。〔註102〕

〔註100〕日野龍夫等校注：《萱園錄稿》，《新日本古典文學大系 64》，岩波書店，1997年，第 29 頁。

〔註101〕日野龍夫等校注：《新日本古典文學大系 64》，第 12 頁。

〔註102〕舟木藻雅堂輯：《大東詩集》卷七，七卷，四冊，江戶：西村宗七，寬政十一年（1799）刊本，早稻田大學圖書館。

《聞笛》土歧貞

江上秋風月色寒，故園何處望漫漫。

誰家此夜吹橫笛，獨坐燈前淚不乾。〔註103〕

另一方面，高野蘭亭不僅在其詩集中也多次襲用、化用或是模擬李白詩歌，而且屢次直接提及李白，展示了超出字句模擬的內容。目前關於高野蘭亭的研究尚存在較多空白，以下將以他為代表，在前人研究成果基礎上，嘗試探討古文辭學派的「詩學派」對李白的學習和受容。

高野蘭亭（1704～1754），名惟馨，字子式，號蘭亭、東里，俳諧家高野百里之子。十五歲入荻生徂徠門，十七歲失明後專注詩學，其詩風以模擬盛唐詩為主，被視為江戶格調派詩歌之典型。日野龍夫認為高野蘭亭失明後在現實世界中喪失了歸屬感，唯有通過徹底地將自己虛構為古詩中的士大夫，才能找到自身的存在意義，故而將其稱為「最具古文辭派色彩的詩人」。〔註104〕高野蘭亭存世著作有《蘭亭先生詩集》，松崎惟時所撰序中論及「李杜」，稱「李杜」為「近體詩之冠」，又稱王世貞、李攀龍為繼唐以後的明代「近體詩之冠」：

三百篇、十九首尚矣。近體之詩，一盛於唐，而李杜為之冠，再盛於明，而王、李為之冠，文章之道與世行隆。……物夫子倡復古之業，而俊民雲集，家握靈蛇，人擁連城，千載一時。於茲為烈，而（蘭亭）先生實與平安服子主盟斯道，更為桓文。海內之詩，為之一變矣。

從序文中不難看出，松崎惟時對唐詩和「李杜」的讚譽更多的是為了藉此證明明詩（這裡指明代復古詩歌）和「李王」在詩學史上具有繼承詩歌風雅的崇高地位。這種所謂對唐詩的推崇，實際上是通過明代的唐詩選集、唐詩理論及明人創作的擬唐詩來學習唐詩。換言之，他們接受的很大程度上是李、王等明代復古詩學家所理解的「唐詩風」，而不是唐詩本身。古文辭學派對李白的接受，基本上是一種以明代復古詩論為媒介的間接接受。

《蘭亭先生詩集序》還敘述了高野蘭亭的「李杜」論：

請試論之，少陵於詩，上溯《風》、《雅》，下開晚季。縱橫變化，

〔註103〕舟木藻雅堂輯：《大東詩集》卷七。
〔註104〕參照日野龍夫《演技する詩人たち》，《江戶の儒學（日野龍夫著作集卷一）》，東京：ぺりかん社，2005年初版，第225～227頁。

集厥大成。而青蓮獨以飄逸之致，與之頡頏。自元微之、白樂天，
工詩猶謂杜過李遠矣。宋氏一代，祖述其論。明人廢晚季而獨法盛
唐，推杜大家，而正宗歸之李，則李杜無優劣論始定矣。……今時
誦法王、李，則李無凡境，王無神境論始定矣。要之四家，命世千
載也。……服子才俊骨清，神韻獨勝。先生格正調高，法度森嚴。
夫才也者，固天縱之。而詩所尚，在格調。由此言之，二公代興，
主盟斯道，其誰曰不。然李杜之後五百年而有王李，王李之後，彼
未有聞，而二君子振之於此。

文中提及了唐以後的「李杜優劣論」，從前後文對「明人」的推重可以判斷，
這裡對明代復古詩學家的「獨法盛唐」和「李杜無優劣論」是贊同的，且「推
杜大家」、「正宗歸李」具體所指，就是高棅在《唐詩品彙》中提出的詩學觀，
可以推斷，高野蘭亭等「詩文派」學者在詩歌選本上以《唐詩品彙》為模範，
詩人則尊唐代的李、杜和明代的李、王為「四家」，甚至稱李、王以後中國無
人，而日本則有服部南郭和高野蘭亭二人振興詩歌大業，可見當時的學派成員
都自視甚高，有好自矜誇的風氣。

那麼，被視為「李杜」和「李王」詩歌的承者的高野蘭亭，是如何在詩歌
創作中模擬李白的呢？從《蘭亭先生詩集》所收作品看來，高野蘭亭對李白詩
歌的接受主要分為兩個方面。首先是古文辭派所熱衷的字句上的模擬，其次是
在內容上，對李白飲酒詩中人生苦短的感歎和借酒消愁的感情產生共鳴。字句
上的模擬顯而易見，故將此類模擬作品與所擬李白詩一同列出，以便對照：

表 3.1　高野蘭亭擬李白詩對照表

高野蘭亭擬作	李白詩
萬頃琵琶水，天開日夜流。 湖心涵月色，枉殺洞庭秋。 （《蘭亭集卷八・江中八勝・琵琶湖》）	巴陵無限酒，醉殺洞庭秋。 （《陪侍郎叔遊洞庭醉後三首》）
雪滿枝頭照掌新，名花不宜染紅塵。 天香一夜分春色，疑是瑤臺月下人。 （《蘭亭集卷九・白牡丹》）	若非群玉山頭見，會向瑤臺月下逢。 （《清平調詞・其一》）
江南二月送行人，此日梅花入笛新。 一曲春風無限恨，不知吹作馬蹄塵。 《蘭亭集卷九・賦得梅花落送別》	黃鶴樓中吹玉笛，江城五月落梅花。 （《與史郎中欽聽黃鶴樓上吹笛》） 解釋春風無限恨，沉香亭北倚闌干。 （《清平調詞・其三》）

香爐瀑布掛嵯峨，千刃飛流入座多。 曾自彩毫瀉餘響，至今疑是落銀河。 （《蘭亭集卷九‧題廬山瀑布圖》）	日照香爐生紫煙，遙看瀑布掛前川。 飛流直下三千尺，疑是銀河落九天。 （《望廬山瀑布》）

內容和情感上的類同，也與字句上的模擬分不開。高野蘭亭 17 歲雙眼失明，集中多有傷感之作，如《病中秋文學見過》：「蕭條伏枕廢銜杯，空老風流作賦才。」又《病中答石子玉》：「春風高枕臥荒蕪，散髮蕭條一病夫。」蘭亭 54 歲時病逝，按說並未真正步入老年，詩中卻多有「老」、「病」、「衰」、「白髮」等感歎生老病死的詞語，可見他的一生都被疾病困擾，不僅因為失明而不得不放棄作為儒者的經世之業，就連出門享受山水樂趣也非易事。由於在現實生活中因身體原因受到限制，蘭亭的作品中常常會有在醉酒時忘卻現實憂愁或藉以抒發胸中苦悶的描寫，這類借「飲酒」抒情的詩歌也是蘭亭學習李白詩歌較明顯的作品。

首先，來看同時使用了「浮太白」和「玉壺」語的兩首七言古詩：

《田伯鄰家花樹歌》

君家置酒百花前，芳園花媚豔陽天。

千朵萬朵花如雪，春風吹送主人筵。

主人好事多愛客，斗酒十千浮太白。

階前傾盡玉壺春，看花誰惜斜陽迫。〔註105〕

《秋風引》

八月九月玄風哀，飄飄遙從西北來。

……有客日夜傷落魄，不堪秋聲浮太白。

青絲繫得白玉壺，滿酌須飲葡萄碧。……

杳然願駕雙白鶴，欲聞天籟凌碧空。〔註106〕

「浮太白」即「浮大白」，「大白」為酒杯之意，「浮大白」即飲酒之意。同時，「大」通「太」字，令人容易聯想到李白的字「太白」。《秋田伯鄰家花樹歌》的「斗酒十千浮太白」句，將「斗酒十千」與「浮太白」直接連成一句。「斗酒十千」語襲自李白著名的飲酒詩《將進酒》「斗酒十千恣歡謔」與《行路難》「金樽清酒斗十千」句。顯然，蘭亭是有意將本不是指向李白的「浮太白」與李白詩歌中的詩語「斗酒十千」結合，產生一種一語雙關的意趣。《秋風引》

〔註105〕高野蘭亭著，竹川政辰編：《蘭亭先生詩集》卷一。
〔註106〕高野蘭亭著，竹川政辰編：《蘭亭先生詩集》卷一。

中，蘭亭在使用「浮太白」語後用了「白玉壺」語。詩中「青絲繫得白玉壺」與明代袁宗《夜遊曲》的「青絲縚結白玉壺」幾乎相同，應是蘭亭模擬明人所作。「白玉壺」在唐代則見於李白、白居易和元稹的詩歌中，其中以李白使用次數較多，如：「魯酒白玉壺」（《秋日魯郡堯祠亭上宴別杜補闕范侍御》）、「白玉壺冰水」（《贈清漳明府侄聿》）和「對君白玉壺」（《秋浦清溪雪夜對酒，客有唱山鷓鴣者》）等。其中，《秋日魯郡堯祠亭上宴別杜補闕范侍御》與《贈清漳明府侄聿》，均收於《唐詩品彙》中。此外，蘭亭還有《玉壺吟》一首。《玉壺吟》為李白自創歌行詩題，可以判斷這首詩是擬李白的詩作。以下將蘭亭詩與李白詩一同列出：

> 《玉壺吟》　高野蘭亭
>
> 君不聞魏武曹操歌更起，老驥伏櫪思千里。
>
> 誰將如意擊玉壺，老來慷慨看如此。
>
> 鏡中但見生白髮，滿頭種種渾如雪。
>
> 人生百年能幾時，形影衰謝心未折。
>
> 牀頭銀甕貯五斗，偃蹇日醉三杯酒。
>
> 囊中用盡買酒錢，功名富貴豈能久。〔註107〕
>
> 《玉壺吟》　李白
>
> 烈士擊玉壺，壯心惜暮年。
>
> 三杯拂劍舞秋月，忽然高詠涕泗漣。
>
> 鳳凰初下紫泥詔，謁帝稱觴登御筵。
>
> 揄揚九重萬乘主，謔浪赤墀青瑣賢。
>
> 朝天數換飛龍馬，敕賜珊瑚白玉鞭。
>
> 世人不識東方朔，大隱金門是謫仙。
>
> 西施宜笑復宜顰，醜女傚之徒累身。
>
> 君王雖愛蛾眉好，無奈宮中妒殺人。

李白《玉壺吟》首聯用東晉王敦擊鼓的典故：「（王敦）每酒後輒詠魏武帝樂府歌曰：『老驥伏櫪，志在千里。烈士暮年，壯心不已。』以如意打唾壺為節，壺邊盡缺。」（《晉書》卷九十八《王敦列傳》）同樣，蘭亭詩的首二句用了相同的典故，模擬之意顯而易見。其中，蘭亭詩中「老驥伏櫪思千里」句的「思」

〔註107〕高野蘭亭著，竹川政辰編：《蘭亭先生詩集》，卷二。

字日語發音與「志」相同，或為錯字。以上兩首同是描寫「暮年」內容的相同詩題的作品，詩歌表達的思想卻完全不同，李白在詩中抒發個人志向和憤慨，蘭亭則感歎人生苦短，主張飲酒行樂，對功名富貴毫不在乎。蘭亭詩的第五、六句並用「鏡」與「白髮」語，蘭亭在另一首詠李白詩《題李白圖》中也用了同樣的詩語：「白髮三千丈，秋霜照鏡新。此長誰得似，萬古謫仙人。〔註108〕」這裡顯然襲用了《秋浦歌・其十五》全詩的內容：

> 白髮三千丈，緣愁似個長。
>
> 不知明鏡裏，何處得秋霜。

又引李白「緣愁似個長」句之意，化出「此長誰得似」句，直接點出李白「謫仙人」的稱號。「鏡中白髮」的詩意可以追溯到南北朝顏之推《古意》詩：「白髮窺明鏡，憂傷沒余齒。」到了盛唐，李白多次使用這一詩意，除了上述《秋浦歌其十五》之外，還有「君不見高堂明鏡悲白髮，朝如青絲暮成雪。」（《將進酒》）和「自笑鏡中人，白髮如霜草。」（《覽鏡書懷》）句。同一時期的岑參也有類似的用例：「白髮悲明鏡，青春換敝裘。」（《武威春暮，聞宇文判官西使還，已到晉昌》）從蘭亭《題李白圖》詩以《秋浦歌其十五》的詩意來詠李白這一點來看，加上《秋浦歌其十五》本身收錄於《唐詩選》，蘭亭對「鏡中白髮」的用法主要借鑒自李白詩。蘭亭《玉壺吟》的最後一句「功名富貴豈能久」則化自另一首收於《唐詩選》的李白詩《江上吟》的「功名富貴若長在，漢水亦應西北流」句。由此可知，蘭亭在模擬李白《玉壺吟》時，並非只以原詩為摹本，而是同時加入其他與李白相關的詩歌元素，且主要來源是古文辭派推崇的詩歌選本。

蘭亭還有《歲暮醉歌》和《耽酒行贈谷文卿》兩首以酒為主題的七言古詩，二詩在字句和內容上較為相似，都是通過「借酒消愁」的方式來表達「功名無用」和「及時行樂」的思想，其中多有化用李白飲酒詩的地方：

> 《歲暮醉歌》
>
> 西山夕日迫虞泉，河水滔滔歎逝年。
>
> 眼前風光斯須過，人生行樂復如何。
>
> 即今呼酒滿金罍，萬事忘憂數百杯。
>
> 一杯一憂憂且忘，從他老大日徒傷。
>
> 暮年如意歌老驥，唾壺應節不妨狂。

〔註108〕高野蘭亭著，竹川政辰編：《蘭亭先生詩集》，卷八。

君不見人情世態如覆手，功名富貴何能久。

人壽百年生有涯，一月幾日笑開口。

疾病死喪不可除，榮枯百歲盡人壽。

一年三百六十日，樽前無日不對酒。

醉時日午醒時暮，白駒過隙不宜住。

潦倒脫巾無禮數，世上悠悠共誰語。〔註109〕

《耽酒行贈谷文卿》

攬鏡便照千莖髮，老來如雪歎憔悴。

開樽便貯三斗酒，飲來如泥拚沉醉。

世間萬事若浮雲，潦倒不解風塵事。

人生三萬六千日，即今行樂須適志。

生前只有一杯酒，身後安知名不朽。

樽前恨少舊酒徒，榮名安保千載壽。

君不見今日揚子雲，閉關酩酊老論文。

君乃候芭能載酒，每問奇字任酒釀。〔註110〕

　　高野蘭亭在飲酒詩中使用的字句和表達的思想內容都與李白的飲酒詩多有相似之處。「一杯一憂憂且忘」與李白的「舉杯消愁愁更愁」（《宣州謝朓樓餞別校書叔雲》），「一年三百六十日，樽前無日不對酒」和「飲來如泥拚沉醉」與李白的「三百六十日，日日醉如泥」（《贈內》）、「傍人借問笑何事，笑殺山翁醉似泥」（《襄陽歌》）等句都明顯有模擬化用的痕跡。

　　詩語方面，除了前述「大白」和「白玉壺」等形容酒杯的詩語外，蘭亭詩中還常見「金罍」一詞。除了《歲暮醉歌》的「即今呼酒滿金罍」句以外，蘭亭集中還有「斗酒相斟酌，金罍日常盈」（《蘭亭集卷一‧雜興四首》）、「金罍玉椀紅顏是」《蘭亭集卷二‧大道曲》和「金罍春酒葡萄綠」《同卷二‧放歌行》等用例。反觀蘭亭最熱衷於學習模擬的唐、明詩歌，明詩中鮮少使用「金罍」一詞，而唐詩中用例較多，就中又以李白使用頻率最高：「何如月下傾金罍」（《襄陽歌》）、「明月窺金罍」（《對酒》）、「彈弦醉金罍」（《金陵鳳凰臺置酒》）、「相過醉金罍」（《過汪氏別業其一》）、「與爾傾金罍」（《酬張卿夜宿南陵見贈》）及「外與金罍並」（《詠山樽二首》）等六例。由此看來，蘭亭對「金罍」一詞

〔註109〕高野蘭亭著，竹川政辰編：《蘭亭先生詩集》，卷二。

〔註110〕高野蘭亭著，竹川政辰編：《蘭亭先生詩集》，卷二。

的使用取法自李白詩歌的可能性較高。

《耽酒行贈谷文卿》的「人生三萬六千日」句的「三萬六千日」是李白愛用的詩語,而少見於其他詩歌作品。李白《襄陽歌》有「百年三萬六千日,一日須傾三百杯」句,《古風・其二十三》有「三萬六千日,夜夜當秉燭」句,《陽春歌》則有「聖君三萬六千日,歲歲年年奈樂何」句,以上三處均是將「三萬六千日」代替「百年」、「人生」、「百歲」的用法。眾所周知,李白在詩歌中常使用誇張的數字的表現事物,除了前面提到的「三萬六千日」和「白髮三千丈」以外,還有「飛流直下三千尺」、「天台一萬八千丈」、「爾來四萬八千歲」等諸多用例。古文辭派注重從修辭和字句上模擬唐詩,高野蘭亭作為個中代表,除了對李白詩中的個別字句進行化用以外,還有意模仿李白以數字來呈現龐大意象的修辭手法。《歲暮醉歌》的「萬事忘憂數百杯」和《耽酒行贈谷文卿》的「榮名安保千載壽」皆屬此類,在蘭亭集中還有大量類似的誇飾手法,在此不一一贅述。

從思想內容來看,高野蘭亭傾向模仿李白飲酒詩中所表達出「人生苦短」的慨歎、「及時行樂」的人生觀和對功名富貴的蔑視,以抒發他內心的悲傷與苦悶。如「功名富貴何能久」、「疾病死喪不可除,榮枯百歲盡人壽」和「生前只有一杯酒,身後安知名不朽」等句中內容,與李白《悲歌行》的「富貴百年能幾何,死生一度人皆有。孤猿坐啼墳上月,且須一盡杯中酒」、《江上吟》的「功名富貴若長在,漢水亦應西北流」、《答王十二寒夜獨酌有懷》的「人生飄忽百年內,且須酣暢萬古情」及《行路難》的「且樂生前一杯酒,何須身後千載名」等詩歌中的表達方式和思想感情都相當類似。儘管古文辭派喜好從字句上摹擬古人,故而缺乏原創性,屢屢被批評為剽竊之作,但從蘭亭的詩看來,雖然詩歌字句上均襲自李白詩,但詩歌所抒發的感情是發自真心的,源自蘭亭本人從現實生活中經歷的無奈與苦痛的。正因為與李白同樣懷著入仕的大志卻遭到重大挫折,高野蘭亭更偏向選擇李白飲酒詩中帶有消極出世思想的作品作為模擬對象。此外,以上兩首高野蘭亭的飲酒詩中的「人生行樂復如何」和「即今行樂須適志」句均使用了「行樂」一詞,這同樣是李白詩中使用頻次較高的詞語,見以下用例:

「世間行樂亦如此」(《夢遊天姥吟留別》)、「行樂須及春」(《月下獨酌其一》)、「此時行樂難再遇」(《憶舊遊寄譙郡元參軍》)、「行樂爭晝夜」(《古風・其十八》)、「襄陽行樂處」(《襄陽曲》)、「吾兄行樂窮曛旭」(《幽歌行上新平長

史兄粲》)、「行樂泥光輝」(《宮中行樂詞・其七》)、「當年失行樂」(《相逢行二首》)。以上模擬特徵,均符合古文辭派詩歌主「情」的詩學思潮與當時頌揚享樂主義和虛無主義的社會、文學風氣。

　　綜上所述,高野蘭亭模擬李白的詩作多見於《蘭亭先生詩集》「七言古詩」部分,多為歌行體。這些詩作所模擬參照的對象不僅限於《唐詩選》,更多的見於以李白為七言古詩之「正宗」的《唐詩品彙》,且從內容來看多為李白的飲酒抒情詩。前文提到,高野蘭亭「竭思近體」、「刻意于鱗」,在近體詩上更多地以李攀龍的詩歌為模擬刻畫的對象與規範。然而,在古體詩(主要是七言古詩)的創作上,高野蘭亭在字句、表達方式、詩意甚至思想感情等各方面都明顯表現出模仿、襲用李白詩的傾向。這與李攀龍在《唐詩選序》中「太白縱橫,往往強弩之末。間雜長語,英雄欺人耳」之論相左,反而是對《唐詩品彙》中以李白七言古詩之「正宗」、《詩藪》中「太白筆力變化,極於歌行」以及周敬「青蓮雄姿逸氣,變化無方,七古千載罕有並驅」(《唐詩選脈會通評林》)等詩歌理論的接受與贊同。可見,儘管高野蘭亭以李攀龍為宗,也並未對其詩學觀念無條件地全盤接受。

　　作為補充,試列舉兩條日本詩話中涉及李白詩的內容,對比古文辭派「經學派」與「詩文派」在接受李白或是對學習李白的看法上的不同。古文辭派的「經學派」代表太宰春臺的詩歌批評著作《詩論》中,從經學者的角度比較杜甫、白居易、李白和王維等詩人,曰：

> 　　唐人作詩之多者,莫如杜子美,次則白樂天是已。然子美好紀時事,所以有「詩史」之稱也。樂天亦好紀時事,而不及子美之雅馴,徒以常語矢口為詩而已,雖多至千首萬首,亦何足觀哉？唯《長恨》、《琵琶》二歌行較佳而已。子美雖稱「詩聖」,然終於此耳,一生更無他事業,則亦猶二王之終身於書,顧長康之終身於畫,不免為曲士,何望不器之君子乎？……李太白、王摩詰雖有詩名,然其作不及子美之多,且唐人之詩多漫興無題,因事而發,所以有自然之妙也。……夫唐人太白、子美皆終於詩人,明人于鱗、元美好弄文辭,至死不倦。〔註111〕

從詩學審美的角度而言,太宰春臺認為杜甫優於白居易,李白與王維同屬詩名

〔註111〕　太宰春臺：《詩論》,池田四郎次郎輯：《日本詩話叢書》第四卷,第 49～50 頁。

高、作品較少、有自然之妙一類。然而，從「經世致用」思想的角度而言，即使李白、杜甫的詩學成就極高，卻「一生無他事業」、「終於詩人」。對以經學為本業的儒者而言，詩文為終究只是副業，甚至被稱作「小技」。因此，太宰春臺在承認李白、杜甫在詩學成就的同時，實際上也在否定他們除了「詩人」以外的價值，更對李攀龍、王世貞等專注於詩文的明代文人顯示出睥睨的態度。這一點，顯然與奉「李、杜、李、王」為宗的詩文派南轅北轍。此外，太宰春臺還反對古文辭派詩文派學習李攀龍從字句上模擬古人詩文的方法。在《詩論》的「附錄」中，春臺批評李攀龍偷李白《陪族叔刑部侍郎曄及中書賈舍人至遊洞庭》詩語的剽竊行為，又引皎然《詩式》之論，指李攀龍這種「偷語」的方法最為愚鈍有害：

> 《送吳郎中》曰：「草色秋迷彭蠡澤，不知何處弔番君。」此末句偷李太白語。彼云：「日落長沙秋色遠，不知何處弔湘君。」湘君者，舜妃也。……凡古人之死可憫者，後人弔之，如湘妃、屈原是也。故太白因遊洞庭湖，欲弔湘君也。番君者，吳芮也。……當時諸豪傑，唯吳芮為令終，則芮之死何弔之有？于鱗偷李語，而以番君換湘君，雖於送姓吳者的切，然事實不當。釋皎然《詩式》所謂「三同之中，偷語最為鈍賊」者，于鱗有焉。〔註112〕

由此可見，即便是古文辭派內部，也並非全然贊同李攀龍的擬古方式，視之為學習榜樣。因此，將古文辭派的文學作品一概視為「摹擬剽竊」之作的一些籠統說法是有失公允的。古文辭派內部詩學主張存在一定分歧的情況，實際上與明代「後七子」文學集團也是相似的。在李攀龍去世後，「後七子」的王世貞與謝榛都對李攀龍的詩論提出了不同程度的批評與修正。同樣，古文辭派的擬古詩風在主導日本詩壇數十年，逐漸走向僵化以後，許多本來學習古文辭派詩文的人紛紛脫離古文辭派，轉而從其他明、清詩論中吸取養分，提出反古文辭的新詩論，這促進了江戶後期的折衷化詩風的形成。

四、《唐詩選》的流行與李白詩歌

《唐詩選》在出版後不久，就通過舶載傳入日本，在江戶初期的寬永年間（1624～1645）已經有少數學者閱讀過。《唐詩選》的和刻本在享保九年（1725）才得以刊行。在此之前，《唐詩選》主要以《唐詩訓解》的面貌在日本流傳。

〔註112〕池田四郎次郎輯：《日本詩話叢書》第四卷，第51～52頁。

《唐詩訓解》全名《新刻李袁二先生精選唐詩訓解》，明萬曆四十六年（1618）余獻可刻，除了加入了評注和七古部分比《唐詩選》多十九首詩以外，其餘內容都與《唐詩選》一致，故而被視為《唐詩選》的一種注釋本。初版和刻本《唐詩訓解》上並無明確的刊行時間，但據日野龍夫介紹，在「寬文無刊記書籍目錄」中載有《唐詩訓解》十冊，證明在寬文年間（1661～1672）《唐詩訓解》的和刻本已經行世，且之後陸續有八冊本、五冊本和四冊本等不同版本出現。〔註113〕在日野龍夫的基礎上，劉芳亮再據《新版書籍目錄》考得萬治二年（1659）的《唐詩訓解》相關出版記錄。〔註114〕因此，《唐詩訓解》和刻本出現的時間當在 1659 年或以前。貝原益軒、鳥山芝軒、榊原篁洲、新井白石、笠原雲溪和荻生徂徠等多位學者，都曾論及或推薦過《唐詩訓解》，可見它在當時已得到一定程度的普及。因此，在《唐詩選》和刻本刊行以前的 66 年之間，《唐詩選》都是以《唐詩訓解》的形式傳播的。

　　《唐詩訓解》共收李白詩 37 首，除七古部分的《烏棲曲》、《長相思》、《北風行》和《灞陵行送別》四首以外，其餘都與《唐詩選》所收李詩一致。〔註115〕《唐詩訓解》雖然奠定了《唐詩選》在此後流行的基礎，《唐詩選》卻是通過推翻、排斥《唐詩訓解》的方式確立其選本地位的。服部南郭校定的《唐詩選》在享保九年由嵩山房刊刻以後，在江戶日本盛行，家傳戶曉，南郭在《唐詩選附言》中反覆稱讚李攀龍選詩之精嚴，又斥《唐詩訓解》為剽竊《唐詩選》之偽書，批評其評注「取蔣、唐，頗為刪補，唯是拙工代斷，不救傷指，其他謬妄，不可勝計」，故而「不得不為于鱗雪冤」。《唐詩訓解》本為書賈坊肆偽託改刻的版本，被南郭如此批評也是理所應當。然而事實上，在南郭校訂本出現以前，《唐詩訓解》曾受到像貝原益軒和新井白石這樣精通漢文的學者的稱讚。據荻生徂徠回憶，「數十年前，宿學老儒尊信《三體詩》、《古文真寶》，至於四書五經並矣……近來漸覺其非，以《唐詩訓解》代之，曰是于鱗先生之作」〔註116〕。可見，《唐詩訓解》曾經在江戶日本的讀書階層之間被視作並列於四書五經的重要參考書。江戶日本的人們對《唐詩訓解》的態度在《唐詩選》和刻本出版的前後出現巨大的差異，顯然原因不在於《唐詩訓解》本身的內容。

〔註113〕日野龍夫：《〈唐詩選〉と近世後期詩壇──都市の繁華と古文辭派の詩風》，《文學》39（3），1971 年 3 月，第 277 頁。
〔註114〕劉芳亮《日本江戶漢詩對明代詩歌的接受研究》，第 111 頁。
〔註115〕《唐詩選》選錄李白詩詳見附錄 A（目錄）。
〔註116〕荻生徂徠：《徂徠集》卷二十二，第 228 頁。

在 1722 年「享保改革」以後，日本出版界開始重視版權保護，書商之間就同一書物的重版翻刻，或內容十分類似的「類版」問題紛紛爭取通過訴訟維權。在這一背景下，《唐詩選》的出版商江戶嵩山房與此前刊行《唐詩訓解》的京都文林軒就版權所屬問題開展了前後持續六十年的訴訟。有木大輔指出，在嵩山房持續對文林軒發起版權訴訟的期間，不僅是南郭校訂本《唐詩選》，其他由嵩山房出版的《唐詩選》相關書籍中均統一採取了點名批判《唐詩訓解》的態度，這種針對《唐詩訓解》的排斥活動在訴訟將要結束時突然大幅減少，到後來完全停止。〔註117〕嵩山房本身與古文辭派關係密切，其出版《唐詩選》系列書籍也多數出自古文辭派之手。由此可以判斷，古文辭派為確立《唐詩選》的正統地位而大力排斥《唐詩訓解》，這不單是出於「為于鱗雪冤」的文學目的，同時也是為了配合嵩山房保障《唐詩選》相關書籍在出版行業的市場份額和版權所屬。

總而言之，在南郭校訂本《唐詩選》刊出後，《唐詩訓解》的地位徹底被取代，加之古文辭派和嵩山房的聯手打擊，人們對《唐詩訓解》的評價一落千丈，自此之後直到江戶時代結束也再無任何和刻《唐詩訓解》的版本出現。

作為江戶時代最暢銷、影響最大的詩歌選本，舊題李攀龍《唐詩選》在江戶漢文學史乃至整個江戶文學史上的地位與意義是不言而喻的。據蔣寅先生所考，日本的《唐詩選》版本多達一百三十餘種之多〔註118〕，至今仍是日本最受歡迎的唐詩選本。

說到《唐詩選》在日本的流行，不得不提到古文辭學派的服部南郭。他校訂的《唐詩選》在享保九年（1724）由嵩山房須原屋新兵衛刊行，成為《唐詩選》在日本最早的翻刻本。南郭校訂本在當時大大推動了《唐詩選》選本的流行，據蔣寅先生估算，嵩山房刊行的南郭校訂本多達四十三版，若按每版印五千部來算，總數應在二十萬部以上，這在當時是相當驚人的數字。〔註119〕《唐詩選》在江戶時代得以流行與古文辭派的大力推廣是分不開的。因此，一直以來的相關研究在探討古文辭派在文學史上的意義及其詩風時主要圍繞《唐詩選》的影響展開。誠然，《唐詩選》最初的流行要歸功於古文辭派，但

〔註117〕有木大輔：《江戶嵩山房小林新兵衛による〈唐詩訓解〉排斥》，九州大學中國文學會《中國文學論集》36，2007.12，第87～101頁。
〔註118〕蔣寅：《舊題李攀龍〈唐詩選〉在日本的流傳和影響》（2003）。
〔註119〕據蔣寅先生，通常一付木版印刷五六千部就漫漶不清，必須重刻，因此按一版五千部估算。

早在江戶初期，數種《唐詩選》的唐本已傳入日本，從現存文獻中也可得知，那波括所、貝原益軒、永田善齋等民間學者曾經讀過《唐詩選》。在古文辭派失勢以後，《唐詩選》雖遭到眾多詩論家的批評、排斥，但其出版刊刻不僅沒有減少，甚至還有衍生的通俗本相繼出版。因此，《唐詩選》的流行有多種原因，對此國內外專家已多有討論，其中以劉芳亮的總結最全面。他將《唐詩選》流行的原因概括為以下五點：（一）主宰詩壇勢力的古文辭派的推崇與注釋活動，（二）嵩山房的出版活動與形形色色的版本，（三）《唐詩選》流行期間其他具競爭性的唐詩選本的闕如，（四）《唐詩選》篇幅適中，選詩構成上有優勢，（五）貼合大眾文化趣味，成為基本文化教養一部分（日本化、與俗文學的結合等）〔註120〕。除了《唐詩選》作為唐詩選本本身的優點以外，它能夠在江戶日本這一特殊語境下得以流行，與當時的文學風氣和社會文化有密切關係。

享保以後，日本詩壇為古文辭派所主導，學派所推崇的選本得以廣為流行實屬自然。然而，以李、王為理想的古文辭派推崇的明代詩歌選本，並非只有《唐詩選》。古文辭派在面對不同對象時，推重的選本也稍有不同。比如，荻生徂徠在《與江若水其八》中推薦入江若水（1671～1724）「朝夕把玩」的詩學類著作，就包括《滄浪詩話》、《唐詩品彙》、《古今詩刪》、《藝苑卮言》和《詩藪》，其中唐詩選本除高棅的《唐詩品彙》以外，還推薦了李攀龍的《古今詩刪》，而非《唐詩選》。入江若水與荻生徂徠年齡相近，又專於詩，故而徂徠並未向他推薦《唐詩選》。而在《徂徠先生答問書》中，徂徠則以《唐詩選》和《唐詩品彙》為「益友」。服部南郭在《南郭先生燈下書》中介紹「學詩書物」，也稱李于鱗《唐詩選》、高廷禮《唐詩品彙》「論盡三唐詩人之巧拙」〔註121〕，又認為「學習詞與風體，宜取法於《唐詩選》所選之詩」。〔註122〕南郭在《唐詩選附言》中更明確建議，初學先熟讀《唐詩選》，而後再讀《品彙》、《正聲》、《滄浪詩話》。《徂徠先生答問書》和《南郭先生燈下書》均是面向後輩學人，故而推薦《唐詩選》和《唐詩品彙》，且將更適合初學者的《唐詩選》置於《唐詩品彙》之前。日本近代學者久保天隨在《唐詩選・三體詩》解題中曾指出：「中國歷代詩歌選集雖多，僅就唐詩而言，前有高廷禮《唐詩品彙》、《唐詩正

〔註120〕參見劉芳亮《日本江戶漢詩對明代詩歌的接受研究》第二章第五節。
〔註121〕服部南郭：《南郭先生燈下書》，池田四郎次郎輯：《日本詩話叢書》第一卷，第58頁。
〔註122〕池田四郎次郎輯：《日本詩話叢書》第一卷，第61頁。

聲》，鍾惺、譚元春《唐詩歸》，後有清王阮亭《唐賢三昧集》、沈德潛《唐詩別裁集》，體裁雖略備，然皆意在揭櫫選者之詩學見解，在初學不無高遠之感。故初學之徒欲先知詩為何物，當以此書為便。」〔註123〕正是因為在古文辭派推崇的唐詩選本中《唐詩選》相對而言最具啟蒙性與通俗性，所以才會成為普及古文辭派的詩學理念的代表選本。

現在再結合《唐詩選》得以流行的五個主要原因來看，（一）即古文辭派為了讓更多人瞭解並擁護古文辭說而選擇推廣較具啟蒙性、通俗性的《唐詩選》，（二）所說的「形形色色的版本」實際上大多為將《唐詩選》通俗化的解說本、注釋本，（五）「貼合大眾文化趣味」是指通過將《唐詩選》與日本本土的俗文學和文化融合。以上三大要因，最大的共同點就在於「通俗」。可以說，《唐詩選》的流行實際上代表的是江戶時代漢詩文「通俗化」視野下的接受。江戶文化的核心即是「通俗」的都市文化，任何文化唯有適應這種社會文化的需求，才能在當時得以廣泛流行。在後面探討《唐詩選》流行的過程中，選本及其所收詩歌在日本「本土化」、「通俗化」的具體面貌也將得以呈現。

《唐詩選》相關文本主要有蔣一葵箋釋本《唐詩選》、唐汝詢選釋《唐詩解》、「李攀龍撰袁宏道校」《唐詩訓解》、清吳吳山注《唐詩選（古唐詩選、評注唐詩選）》等，這些書籍也先後傳入日本，至今仍有不少得以保留下來。由於純漢文的文本在傳播和普及上始終有局限性，隨著《唐詩選》的流行，江戶中期以後多部由日本人編寫的《唐詩選》注釋書陸續面世，據筆者收集整理，共得十七種（目錄見附錄）。編撰者中，服部南郭、入江南溟、戶崎淡園、千葉芸閣、宇野明霞、大典顯常、宇野東山都是屬於古文辭學系統的學者。十七種《唐詩選》日本注釋本中，有十四種都與古文辭學派相關，說明古文辭學派通過注釋活動推動《唐詩選》的通俗化與本土化，對《唐詩選》乃至漢詩在非讀書階層或非漢文閱讀者之間的普及起到關鍵作用。

江戶中期以後，整個江戶日本社會興起一股崇尚漢文化的風潮，呈現一種「和漢」、「雅俗」融合的文化環境，在市民階層之間也開始興起學習漢詩文的風尚。因此，李白詩歌的讀者不再僅限於精通漢文的讀書階層，還有通過各種「通俗本」來享受漢詩文趣味的一般讀者。在眾多的漢詩文「通俗本」中與《唐詩選》相關的書籍最受歡迎，這些書籍也成為了李白詩在一般讀者之間傳播的

〔註123〕《唐詩選‧三體詩》，東京：博文館，1913 年，第 6～8 頁。原日語。

主要媒介。換言之，在《唐詩選》流行以後，在江戶日本的一般讀者中最普及、最受歡迎的李白詩就是《唐詩選》所收錄的李白詩，而《唐詩選》通俗本中對李白詩的注解就決定了一般讀者對李白詩的理解與印象。

《唐詩選國字解》中具「江戶特色」的李詩解釋

在《唐詩選》的日文假名通俗讀本中，《唐詩選國字解》因冠上服部南郭之名而成為較著名的一種。《唐詩選國字解》（後文簡稱《國字解》）於天明二年（1782）年由嵩山房刊行，一般認為是由服部南郭的門人在其《唐詩選》講釋的筆錄的基礎上編錄而成。日本平凡社的「東洋文庫」系列在 1982 年出版的《唐詩選國字解》中介紹此書為記載了「江戶時代代表詩人服部南郭向門人口述《唐詩選》的講釋內容的當時的銷售冠軍」，但在江戶時代的文獻和出版記錄中並未發現《國字解》在當時特別暢銷的證據，加上近年有研究者提出此書實非南郭門人所撰的觀點，關於《國字解》的成書及其影響至今仍存在未解決的問題。可以確認的是，《國字解》最初以寫本的形式流傳，在正式以刊本形式發行以前，已有數種根據《國字解》寫本進行刪減增補的「偽版」書籍率先在書肆中出版（《唐詩選諺解》即其中一種），1782 年初次刊刻以後又多次重印、再版。雖然此書的出版時間在江戶後期，但南郭門人記錄講釋筆記當在南郭生前，原稿的成立時間大約在寶曆（1751～1764）末至明和（1764～1772）初之間，故而放在本章中討論。

《唐詩選國字解》，七卷，有天明二年（1782）初版、寬政三年（1791）、文化十一年（1814）、明治九年（1876）等版本存世。關於《國字解》的內容是否服部南郭講釋內容一直存在爭議。日野龍夫將《國字解》與服部家的家傳文獻《芙蕖館提耳》相對照，證明《國字解》中確實存在與南郭講釋的內容一致的地方，由此至少可以得知《國字解》並非完全由後人假託偽造的書籍，只是難以確認後來增補的部分所佔比重。誠如日野先生所言，正因為《國字解》的注釋存在許多不足和謬誤，我們才能從這種「不正確性」中窺見注者的個人思想以及該時代的思潮。〔註 124〕在考察江戶中期通過《唐詩選》日文通俗本傳播的李白詩在一般讀者之間的接受情況時，《國字解》中不同於中國注本的、獨具個性的注解尤其具有意義。

首先，《國字解》不僅對詩歌內容進行注解，甚至對篇首所載李攀龍《唐

〔註 124〕日野龍夫校：《唐詩選國字解 1・解說》（全三冊），東京：平凡社，1989 年第三版，第 1～32 頁。

詩選序》也用通俗的日文詳細講解。除了對《唐詩選序》原文作字面上的解釋以外，還加入了注者主觀的意見和評價。在「太白縱橫，往往強弩之末，間雜長語，英雄欺人耳。至如五七言絕句，實唐三百年一人，蓋不用意以得之」這一段的解說中，可以看出注者對李白詩歌和詩才的看法：

> （太白）是子美之後擅長（七古）的，但他有劣於子美之處。……太白善於絕句的原因，在於不作構思工夫，將轉瞬即逝之情直抒於詩中，因此不同於尋常，他人無法模仿……太白本身就是渾身滿溢著文雅風雅的人，如世人所說他是出口成詩之人，不多加思索，半醉半醒忘我之際無意中吐出之語，最得自然之妙境。〔註125〕

《唐詩選》南郭校訂本中《唐詩選序》僅有漢文原文，可見南郭在校訂當時並未就序中內容加入任何評釋，加上在《唐詩選附言》、《芙蕖館提耳》、《南郭先生燈下書》等詩學相關論著中均未見相同內容，可以推斷上引部分是注者在李攀龍論李詩的基礎上自行加的。從上述引文中我們可以看到幾點：第一是注者認為李白七古不如杜甫，有劣於杜甫之處，卻未指出杜甫任何不如李白之處，在「李杜優劣」的比較中更傾向於「尊杜」。第二關於李攀龍對李白的「不用意得之」的看法，注者認為李白詩才敏捷，屬於天才型詩人，屬於無法模仿一類。《滄浪詩話》謂：「太白天才豪逸，語多率然而成者。」《詩藪》謂：「青蓮興會標舉，非學可至。」古文辭派奉《滄浪詩話》和《詩藪》為必讀書目，也繼承了二書對李白詩歌的定位和看法。第三，可以看出李白在注者眼裏的形象充滿「文雅風雅」，其詩歌也多為「半醉半醒忘我之際」創作的即興作品，這種混合了「詩仙」與「酒仙」特質的天才型詩人形象，在江戶時代的各種通俗文學作品中得以體現，可以說代表了江戶時代最普遍的「李白觀」。另外，在《國字解》對《峨眉山月歌》的詩題注解中，也能看到「李白乃旅行詩之名人」〔註126〕這種未見於《唐詩訓解》和《唐詩選講釋》中的說法，可見注者偏向欣賞李白描寫山水景色一類的旅行詩歌。

〔註125〕 原日文：「（李白は）子美に続いて上手なれども、子美よりは劣りたる処がある……なぜ李白ガ絕句がよいなれば、思案工夫せずに、不図意に浮むままに、口に出づるにまかせて作ったゆへ、格別に出來て、他人がまねることもならぬ……李白は文雅風雅の身にあまった者ゆへ、平生の語が直に詩になったと云うた如く、心に思惟せず、酔ひまぎれに我知らずふと云ひ出したが、自然の妙境である。」日野龍夫校：《唐詩選國字解 1》，第 45〜46 頁。

〔註126〕 日野龍夫校：《唐詩選國字解》3，第 103 頁。

　　《唐詩選國字解》在選詩方針上，全面贊成《唐詩選》中反映的「尊盛唐」、「排斥中、晚唐詩」的詩學觀念，以這種文學觀為基礎鑒賞每一首詩歌作品，再通過對盛唐詩的感情轉移，進行自由的、個性鮮明的解釋。〔註127〕可以說，《國字解》是對原來就在選詩上具有強烈偏向性的《唐詩選》再進一步縮小範圍，將《唐詩選》中最富有激情的部分當作盛唐詩風的特色來理解，並以這種特殊視野來解釋《唐詩選》中的每一首詩歌。

　　前文介紹的日本人撰寫的《唐詩選》注釋本中，除《國字解》外還有《唐詩選掌故》、《唐詩選講釋》和《唐詩選辨蒙》等幾種比較流行的版本。《唐詩選辨蒙》由宇野東山（1735～1813）撰，其內容與明和年間（1764～1772）刊出的《唐詩選諺解》以及在其之後刊出的《國字解》高度相似，從注釋的內容來看，可以視作同一系統。《掌故》與《講釋》同為千葉芸閣（1727～1792）所著，前者是以漢文書寫，屬於輯錄中國諸注本內容的集注本，後者則為日文撰寫的千葉芸閣的講釋記錄，更能反映日本注本的特色。為了比較中日《唐詩選》注本對李詩理解的異同，筆者嘗試以《唐詩訓解》和《國字解》的注釋內容為中心，同時參以《講釋》進行比對分析〔註128〕。經過比較發現，《國字解》所載 33 首（同《唐詩選》）李白詩中的 12 首與《唐詩訓解》注存在差異，而且具有明顯的江戶日本特色，大致可以歸納為三種情況：由於地理差異產生的對中國風物的誤解、具有日本傳統「物哀」文學特色的感性理解、以及具有古文辭派主「情」特色的詩歌解讀。

（一）對李詩中描述的中國風物的誤解

　　江戶時代鎖國政策下，日本人對中國的理解只能通過文獻記載，即使是精通漢詩文的大家也無法像前代的遣唐使、遣宋僧那般親身到中國留學體驗中國的風土人情和山水景色，加上通俗注本常有後人、書商隨意增補內容，導致因知識不足而對詩中內容產生錯誤認知。這種情況在《國字解》中比較常見。

　　《國字解》對卷七《秋下荊門》的「自愛名山入剡中」句注：

〔註127〕日野龍夫校：《唐詩選國字解 1・解說》，第 3 頁。

〔註128〕本書中使用版本為：《校正唐詩訓解》，京都文林軒刊本（刊年不詳），二冊，大和文華館，國文學研究資料館。日野龍夫校：《唐詩選國字解》（全三冊），東京：平凡社，1989 年第三版。千葉芸閣：《唐詩選講釋》，二冊，江戶文化十年（1813）刊本，江戶嵩山房，岐阜大學附屬圖書館藏本，國文學研究資料館。

　　　　吳中は山の多い処ゆへ、それを見んために行くことぢゃ。〔註
129〕（吳中乃山多之處，（李白）為看名山而訪此地。）

剡中指剡縣一帶，今屬於浙江紹興，在先秦時期屬於越國之地。然而，《國字解》
將「剡中」與「吳中」混淆，在《講釋》中千葉芸閣也稱「剡縣在吳地」，可見
當時江戶日本的讀者之間的一般認知都將吳、越視作同一地方，不加以區分。
　　卷六五絕部分《見京兆韋參軍量移東陽》的「潮水還歸海」句注曰：
　　　　東陽に行かれたならば、朝夕、海を見やるであらう。〔註130〕
　　（到了東陽的話，就能朝夕看海吧）
唐代東陽郡即今浙江金華，地處內陸，距離最近的海域也超過 150 公里，《國
字解》中所說在東陽能朝夕看海的說法顯然是錯誤的。至於《國字解》為何會
作此解釋，原因可能是對《唐詩訓解》注的誤解。《訓解》注曰：「吳本潮水之
地，故取以起興。」漢語所說的「潮水」指海洋以及沿海地區的江河中受潮汐
影響而定期漲落的水，但在日語裏，「潮水」即「海水」，對於生長在島國的日
本人來說，說到潮水自然就能聯想起大海。《講釋》中對此句的解釋為「潮水
常還，終又退歸海中」，僅就詩歌本意進行釋義，更為妥當。
　　再看卷七《峨眉山月歌》的「思君不見下渝州」句的注釋。《唐詩訓解》
注曰：「清溪三峽之間，天狹如線，即半輪亦不復可觀矣。故下渝州而求見之。」
《國字解》注則如此解釋：
　　　　清渓の谷間を舟で乗り出し、三峽あたりへ乗りこめば、もう
　　　暗くて見へぬ。どうぞ、渝州あたりへ行きたらば、月が少しもあ
　　　らうと思うて、隨分急いで乗りゆくである。〔註131〕（在清溪谷間
　　　乘舟出發，進入三峽一帶，即黑暗不可見。到渝州一帶至少能見到
　　　些許月光，故請求加急行進下渝州。）
《國字解》顯然參照了《唐詩訓解》注並採用了《訓解》將「君」解作「月」
的說法，但在通俗化解說中，《國字解》未能清楚闡明三峽「黑暗不見月」的
原因，而選擇無視《訓解》中「天狹如線」的說明。日野龍夫在《補說》中認
為，這是由於江戶時代的注者不瞭解中國景色，也無法想像在峽谷中被兩岸絕
壁包圍、抬頭幾乎看不見天空的情景導致的。筆者認為，此說法雖有理，卻有

〔註129〕日野龍夫校：《唐詩選國字解》3，第 114 頁。
〔註130〕日野龍夫校：《唐詩選國字解》3，第 19 頁。
〔註131〕日野龍夫校：《唐詩選國字解》3，第 103 頁。

些以偏概全。日本國內的三大峽之一，位於新瀉縣的清津峽以巨大陡峭的石壁、清澈的水流聞名，所以江戶時代的日本人也並非無法親身體驗這種自然景色。這只能說明，《國字解》的注者由於在地理認知上的不足，無法準確理解和解釋《訓解》注的內容。

這類誤解中，以卷七《與史郎中欽聽黃鶴樓上吹笛》最為誇張突出。下聯「一為遷客去長沙，西望長安不見家」《國字解》注：

此のやうな辺塞へ來て居ることかと思へば、いよいよ悲しい。

〔註132〕（一想到被貶謫來到如此邊塞之地，就更覺悲傷。）

長沙雖為謫地，但把它說成「邊塞」，明顯是錯誤。《唐詩訓解》中已清楚說明：「秦置長沙，唐改置潭州，天寶初復為長沙，今屬湖廣。」「長沙」這一地名多見於詩歌中，據粗略統計，杜甫詩中直接提及「長沙」的就有十三首，加上同收於《唐詩選》的另一首李白《陪族叔刑部侍郎曄及中書賈舍人至遊洞庭》中也有「日落長沙秋色遠」這樣的句子，可以推斷這種低級錯誤絕非精通漢詩與漢文化之人所犯。把長沙當作「邊塞」的說法不僅未見於《講釋》，文本相似度極高的《辨蒙》中也沒有，可見這一部分並非襲自宇野東山注本，而是後來出版的《國字解》在編撰中加入的。

（二）從「物哀」文學精神來理解李詩

江戶中後期，國學者本居宣長（1730～1801）在《源氏物語》的注釋書《紫文要領》中正式提出「物哀（もののあわれ、物の哀れ）」這一美學觀念。「物哀」指生活中所觸及的事物而引發的深切情趣與無常哀愁，其中包含了愛憐、同情、感動、同情、悲歡等多種含蓄複雜的感情，是以平安王朝文學為基礎的日本古典文學的審美意識。「物哀」與之後在中世發展起來的「幽玄」、「侘寂」等，一同被視為日本人審美意識的代名詞，都具有內在、委婉、靜態、淡薄和傷感的共同特質。這種「觸景生情」，且「情」多以悲傷、哀憐和寂寞為主的審美視野，使得日本讀者在對詩歌所描述的情與景的理解上更富有日本文化特質的感性。

《國字解》注《子夜吳歌》「長安一片月，萬戶搗衣聲」：

このやうな夜深けの月は、物の憐れみを添ふるものぢゃ。〔註133〕（如此夜深之月，乃平添「物憐」感情之物。）

〔註132〕日野龍夫校：《唐詩選國字解》3，第118頁。
〔註133〕日野龍夫校：《唐詩選國字解》1，第79頁。

　　「物憐」同「物哀」，注者在注中明確以日本的傳統審美觀念來解釋漢詩
本身就顯示出漢詩「本土化」的傾向。在江戶中期以前，精通漢文的讀書階層
一般接受的是中國注本的解釋。他們崇尚中國的知識與風尚，因此在對詩歌的
理解上也盡可能地貼近中國的價值觀和世界觀，乃至對具有日本特色的理解
方式和語言習慣極力排斥，貶稱為「和臭」、「和習」，屢屢告誡後學之輩要戒
除這種「陋習」。但在這類面向一般讀者的通俗注本中，這種日本特色的審美
視角無疑更能引起讀者的興趣與共鳴。

　　然而，這種帶有偏向性的解讀方式，有時會導致讀者的理解偏離詩歌原
意，造成較大的誤解。如卷七《望天門山》的結句「孤帆一片日邊來」注：

　　　　　李白が都よりこの処へ來て、舟に乘り、天門山を見望むなり。
　　……外の舟は見へぬ、我が舟ばかりぢゃといふ意で、「一片」とい
　　ふ。このやうなところへ來ているは、悲しいことぢゃ。〔註134〕（李
　　白自京都到此處，乘舟望天門山。……因不見其他船隻，只有我一
　　艘船之意，故曰「一片」。來到這樣的地方，實在令人悲傷。）

從詩歌整體的氛圍來說，《望天門山》給人的感覺是開闊的、雄偉的。在天門
山這樣廣闊壯麗的風景中獨自縱情山水，與自然融為一體而不被外人打擾。這
對於熱愛山水、崇尚自然的李白來說，應該是無比自由舒暢的美事。然而，上
引《國字解》注則給出一種完全不同的解釋。首先，「自京都來」的說法應是
襲自《唐詩訓解》注：「初去京華而適楚，固有『日邊』之語」。千葉芸閣《講
釋》注也接受了「日邊」指京都一說，並理解此句為「思念京都（長安）」之
意。據安旗《李白全集編年注釋》和郁賢皓《李白選集》，《望天門山》為李白
在開元十三年（725年）赴江東途中行至天門山時所創作，而李白在開元十八
年才首次入長安。因此，將「日邊來」解作「自京都來」是不準確的。《國字
解》是在接受《唐詩訓解》、《講釋》等前人之說的基礎上，將詩歌理解為李白
被逐後思念長安所作，加上使用「孤帆」這種能讓人聯想到「孤獨」、「寂寥」
等感情的詩語，造成《國字解》對這首純粹以寫景為主的詩歌作出一種主觀的、
脫離了詩歌原意的解釋。

　　類似的情況在《早發白帝城》的注釋中也有。「兩岸猿聲啼不住，輕舟已
過萬重山」注：

　　　　　旅の愁へを引き起すかと思って、ふり返って見れば、早く萬

　　重の山を乗り過ぎた。〔註135〕（正以為要被猿聲勾起旅愁之時，回

　　頭一看，卻早已越過萬重山）

《國字解》從感傷的角度將「兩岸猿聲啼不住」二句解釋為詩人聽見猿啼聲勾

起內心的旅愁。而在千葉芸閣《講釋》對此詩的解釋中，「旅愁」二字未被提

及，可見這也是《國字解》注者的主觀看法。《早發白帝城》乃李白在流放途

中獲赦後回程路上所作，這時詩人的心情是輕快且愉悅的。也就是說，詩中的

李白既不是在旅行，更沒有憂愁的情感，所以在此詩中提及「旅愁」，可能是

對詩歌內容的一種誤解。

（三）古文辭派主「情」審美視角下的李詩解讀

　　日野龍夫指出，古文辭派對《唐詩選》的解讀方式是帶有「偏向性」的，

他們所理解的所謂「盛唐詩風」，實際上專指那些呈現繁華氣象、使用華麗措

辭的盛唐詩歌。古文辭派的詩文集中有大量樂府詩、豔詞和邊塞詩等幾種特定

類型的擬古詩作，這幾類詩歌也是《唐詩選》在當時的俗文學作品中引用頻率

最高的。〔註136〕可見，《唐詩選》在一般讀者之間得以普及，與古文辭派倡導

的帶有「偏向性」的解讀方式有關。

　　然而，日野龍夫所說「在古文辭派以前極少創作」一點是值得商榷的。

在前面關於木門的論述中，筆者已論及木門對盛唐詩的推重與室鳩巢、祇園

南海等木門代表詩人的擬古詩創作。實際上，早在古文辭派以前木門已經開

始創作包括樂府詩題、閨怨詩、邊塞詩在內的各種類型的擬盛唐詩歌。但值

得注意的是，木門與古文辭派的擬古樂府詩有所不同。木門不推崇中、晚唐

的豔詞、感傷詩風，重視盛唐詩中意氣慷慨的表現手法與樂府詩的「諷喻」

功能，在內容上更表現出對都市繁華的厭倦，而喜好縱情山水。與之相反，

古文辭派的擬古樂府詩無視樂府詩本身的「諷喻」功能，反過來肯定和欣賞

詩中描繪的繁華氣象和華麗的措辭，同時又從解放人性和人情出發，肯定豔

詞的文學價值，在邊塞詩的理解上也呈現出弱化意氣慷慨的一面、強化戀愛

感傷之情的特質。

　　古文辭派的主「情」的詩風既肯定都市繁華的享受，又重視戀愛、感傷

的詩情。簡單來說，前者主要與江戶中期以後興起的都市文化帶來的社會變

〔註135〕 日野龍夫校：《唐詩選國字解》3，第 113 頁。

〔註136〕 參照日野龍夫：《〈唐詩選〉と近世後期詩壇──都市の繁華と古文辭派の詩
　　　　　風》，《文學》39（3），1971 年 3 月，第 275～286 頁。

化相關，後者則主要與古文辭派的流行帶來的反朱子學的、解放內心感情與人性的思潮有關。古文辭派的學問思想與當時的社會文化並行發展，是相互影響、密不可分的。在這種社會文化背景和文學思想指導下，日本讀者對中國詩歌的審美偏好和解讀方式會受到影響，呈現屬於這一時代特定語境下獨有的特徵。

日本注本對《江上吟》的解說，充分表現出當時享樂主義和虛無主義的特色。其中，以「屈平辭賦懸日月，楚王臺榭空山丘」和「功名富貴若長在，漢水亦應西北流」兩聯注釋最為突出。為便於比較，先將中日諸注一併列出：

【中國】

《唐詩訓解》：（文筆）與屈原並馳，亦何藉於功名富貴，而使之長在耶？……我又何必眷眷於朝廷乎。惟以詩酒自娛耳。

王琦《李太白全集》：「屈平」一聯，謂留心著作，可以傳千秋不刊之文，而溺志豪華，不過取一時盤遊之樂，有孰得孰失之意。

蕭滌非《唐詩鑒賞辭典》（1983）：屈原盡忠愛國，反被放逐，終於自沉汨羅，他的詞賦，可與日月爭光，永垂不朽……這一聯形象地說明了，歷史上屬於進步的終歸不朽，屬於反動的必然滅亡；還有文章者不朽之大業，而勢位終不可恃的這一層意思。

【日本】

《講釋》：屈平ガ詞賦ハ日月ト光リヲ爭テモヨシトホメテアルナレトモ令尹子蘭上官大夫ノザンゲンニアイ汨羅ニ流サレ身ヲ沈メテ死ヲ見レバ功名モヤクニタタヌモノヂヤ。（屈原詞賦與日月爭光，終究遭到令尹子蘭上官大夫的讒言而沉身死於汨羅，由此看來功名乃無用之物。）

《辨蒙》：屈原ガ詞賦ハ日月ヲカケタル如ク千歲モ伝ルデアラウトイフヤウニ文章スグレテ書タケレドモレイニ身ヲナゲテ死ンデシマウタ功名モヤクニタタヌモノチヤ……功名富貴ハナンノヤクニタタヌモノチヤヲレガヤウニ酒デモノンデタノシムガヨイ。〔註137〕（屈原雖然善於文章，還是投身而死，功名再多也毫無用處。……

〔註137〕宇野東山：《唐詩選辨蒙》（吳吳山附注唐詩選辨蒙），江戶寬政二年刊，一冊，新潟大學附屬圖書館佐野文庫本，國文學研究資料館。

功名富貴毫無用處，不如像我這樣喝酒行樂。）

《國字解》：文章すぐれて書いたけれど、終いは身を投げて死なね
ばならぬ訳あひができた。功名と雲ふものも役に立たぬ。しかれ
ば、功名富貴は何の役も立たぬものぢゃ。一日も息災で居るうち
に、心一杯に楽しむがよい。……下心は、屈原にも劣らぬ文章を
書いたと雲ふことに作ったものである。〔註138〕（屈原雖然善於文
章，還是投身而死。故功名富貴，毫無用處。能得一日無災無禍，
即心滿意足，安享平淡喜樂之福。……言下之意，即謂自身文章比
肩屈原。）

從上引諸家注中可以看出，中國古今諸家均認為《江上吟》以屈原與楚王作鮮
明對比，表達的是「功名無用，文章永垂不朽」之意，充分肯定文章的價值。
而幾種流行於江戶中後期的《唐詩選》日文注本，卻都採取了否定文章價值的
態度，認為屈原詞賦文章寫得再好，終究還是與功名一樣「無用」、「虛無」。
因此，他們認為唯有享受當下、盡情行樂才是正確的生活方式。中國注本的「文
章不朽論」與日本通俗注本的「文章無用論」的差異，反映出江戶中期以後讀
書階層在社會上逐漸被視為「無用」之人，而只能選擇沉浸在詩文或老莊思想
的世界中來逃避現實，以及市民階層的社會地位上升以後通俗的現世享樂主
義成為社會主流文化的變化。

在以上幾種日文注本出版以前，日本就已進入所謂「文學大眾化」的時代，
文學的中心從上方（京都、大阪）東漸至江戶，黃表紙（成人漫畫）、灑落本
（以遊里為題材的通俗讀本）、川柳（不守規律、內容自由的通俗俳句）、狂歌
（以諷刺、滑稽內容為主的戲謔和歌）等以庶民為主的通俗文學樣式，也逐漸
興起。可見這一時期日本文學整體呈現出通俗化、庶民化的傾向，當時被普及
成為一般教養的漢詩，自然也不例外。作為參考，試舉一例，說明當時讀書階
層的社會地位下降以及漢詩文通俗化的情況。

1757 年刊的灑落本《聖遊郭》（作者不詳，又名《雪月花》）講述孔子、
老子和釋迦牟尼三位聖人到李白經營的揚屋（也稱「游女屋」，指江戶時代培
養藝伎、花魁的高級妓院）與藝伎行樂的故事，其中白居易負責表演太鼓助興，
娛樂客人。故事中的對話皆為漢籍與佛經等經典的口語化表現，將一直以來被

〔註138〕 日野龍夫校：《唐詩選國字解》1，第 147 頁。

偶像化的聖賢、文人以滑稽的方式世俗化、庶民化，體現出作者作為知識階層的鬱悶心情。〔註139〕可見，當時不僅是讀書人，甚至連備受尊崇的古代中國聖人、文人的形象也不再高高在上，而是被染上極具「人情」的色彩。

　　在這種盡情謳歌世俗人情的風氣下，日本的《唐詩選》通俗注本也傾向於無視詩歌中的社會意涵，而重點強調戀愛和感傷等凡人皆有的私人情感這一面。試對比《唐詩訓解》和《國字解》、《辨蒙》和《講釋》的《子夜吳歌》注：

　　　《唐詩訓解》：不恨朝廷之黷武，但言胡虜之未平，深得風人之旨。

　　　《國字解》：此の二句は、見えた通り柔らかに雲うたが面白い。……女の思ふ情をあぢきなく言ふが面白い〔註140〕。（末二句如文字所表現，有柔情之趣。……將女子思慕之情描述得如此空虛無常，有趣。）

　　　《辨蒙》：女ノ情ヲ能ク述ベタリ。（善述女子之情）

　　　《講釋》：女の思ふ情をあぢきなく言ふが面白い。（將女子思念之情描述得如此空虛無常，有趣。）

由上可見，《唐詩訓解》認為詩歌的價值在於反映民意，而日本通俗注本則一律把焦點放在「女子之情」的表達上，體現出古文辭派主「情」的詩歌審美特徵。《清平調三首》其二和其三的注中，也有類似的情況。相對於《唐詩訓解》中引蕭士贇注，強調《清平調》詩中的譏諷之意，《國字解》、《辨蒙》和《講釋》注均沒有提及任何與「譏諷」相關的貶義詞，反而極盡言辭來描述玄宗對楊貴妃的寵愛。同樣，日本通俗注本對《清平調其三》的解釋也強調玄宗對楊貴妃的百般寵愛，卻不採用《唐詩訓解》中楊貴妃「善媚」、「求媚於君」的說法，表現了對男女之情的理解和頌揚。而《國字解》對「解釋春風無限恨」句的注更是過分理想化楊貴妃「受寵」的幸福形象：

　　　　春風には限りなき恨みがあるが、此の美人はそのやうな恨みもなく、釋くことを合點して、心に愁へもなく、花を見て樂しんで、君とともに沉香亭の北、欄干に由って何の懷ひもなく、ただ牡丹を愛して居らるる。〔註141〕（春風有無限恨，而此美人無恨，

<hr>

〔註139〕　參見水野稔在《瀧落本大成2》（1978年，中央公論社）和《世界大百科事典第2版》（平凡社）的解說。

〔註140〕　日野龍夫校：《唐詩選國字解》1，第79頁。

〔註141〕　日野龍夫校：《唐詩選國字解》3，第110頁。

心中亦無憂愁。只需與君王一同於沉香亭北倚欄杆享賞花之趣，無
憂無慮。）

顯然，注者認為玄宗與楊貴妃之間的愛情堅不可摧，故而楊貴妃可以無憂無慮
地享受玄宗的恩寵，無需擔憂因年老色衰而失寵。

《唐詩選辨蒙》的李詩解釋與吳吳山《古唐詩選》注的關係

2013 年，日本學者有木大輔《唐詩選版本研究》一書出版，其中對一系
列《唐詩選》相關和刻本的出版情況展開討論。他指出，《唐詩選國字解》的
解釋與在它之前出版的著者不詳的《唐詩國字辨》、《唐詩選諺解》兩部注釋本
高度相似，且出版年份與服部南郭歿年相近，很容易讓人認為此二部注本均為
服部南郭所注。但有木氏卻提出了另外一種猜測：《唐詩國字辨》、《唐詩選諺
解》兩部注釋本的作者，可能是《唐詩選辨蒙》的作者宇野東山。

宇野東山（1735～1813）是江戶中後期的儒者，本姓小林，名成之，字子
成，別號耕齋，出身醫家，修訓詁之學。有木氏的論據是，宇野東山《唐詩選
辨蒙》李白《子夜吳歌》注：「予弱年時作《諺解》，誤作『半邊』。『一片』指
月之搖曳。」而《唐詩國字辨》與《唐詩選諺解》中對「長安一片月」的解釋，
正如宇野東山所說「誤作『半邊』」，加上《唐詩國字辨》前二卷的完成在《唐
詩選辨蒙》前 25 年，宇野東山 37 歲之時。〔註 142〕據查，日本關西大學現存
有《唐詩選諺解》寫本三卷存一、二卷，題作「宇成之著」，這與宇野東山在
《唐詩選辨蒙》的《自序》中的署名相同。因此，《唐詩國字辨》、《唐詩選諺
解》與《唐詩選辨蒙》的作者同為宇野東山的說法相當可信。

然而，如果《唐詩選諺解》與《唐詩選辨蒙》的作者是宇野東山，那麼《唐
詩選國字解》與這兩種注釋本的相似又該如何解釋？筆者考察《唐詩選辨蒙》
寬政二年本的內容，將《唐詩選辨蒙》中李白詩歌部分的注釋與《唐詩選國字
解》比對，發現後者大部分與《唐詩選辨蒙》的解釋一字不差，連措辭、表達
方式都完全相同。有些地方則是意思大致相同，只有日語表達上稍有不同。試
舉一例，《國字解》與《辨蒙》對李白《秋登宣城謝朓北樓》中「秋色老梧桐」
句的注釋分別如下：

秋も末になって、梧桐なども黄ばみ落ちて、物さびしう見ゆる。

（《國字解》）

〔註 142〕有木大輔：《早稻田大學図書館所藏天明二年初版〈唐詩選國字解につい
て〉》，九州大學中國文學會：《中國文學論集》38，2009.12，107～121 頁。

　　秋モ末ニナタユヘ、梧桐ノ葉モ落テ、物サビシイ気色ヂャ。(《辨
　　蒙》)

可見，兩種注本之間的解釋僅有幾字之差，內容相差無幾。兩種注本之間較為
明顯的差別是卷七的《清平調詞三首・其二》的解釋。《國字解》注中明確指
出第二首是形容「得到楊貴妃以後的玄宗」，並強調玄宗與貴妃的愛情，而《辨
蒙》注中則未見這種解釋，也沒有提及「玄宗的愛」一類的詞語。不過，兩種
注本對《清平調詞三首》第一首和第三首的解釋還是相同的。《辨蒙》雖晚於
《國字解》出版，但若《諺解》和《國字辨》真為宇野東山所著，那麼《辨蒙》
的解釋實際上就是沿用前兩種注本的說法。有木氏的研究中已經明確指出，
《國字解》的解釋與《諺解》和《國字辨》是高度相似的。因此，筆者猜測《清
平調詞・其二》注釋上的差異可能只是《國字解》在挪用《諺解》和《國字辨》
注釋時做了刪減，或無意中漏印造成的。總體來說，《國字解》的解釋與《諺
解》、《國字辨》和《辨蒙》等和文注釋本都十分相似，可以視作同源。如此一
來，就出現了以下兩個問題：第一是《國字解》並非服部南郭所注，其次則是
《辨蒙》所參照的底本是否真的為吳吳山附注本。

　　關於第一個問題，實際上歷來就有學者懷疑《國字解》為南郭所釋的真實
性，目前主流的觀點認為《國字解》為南郭的學生輯錄南郭之講義而成，日野
龍夫也指出《國字解》「因是學生筆錄而謬誤較多」的問題，但這種看法至少
還是肯定《國字解》中除了部分明顯謬誤較多、牽強附會的部分為學生擅自撰
寫以外，其對詩歌的解讀主要還是來源於南郭對《唐詩選》的講義。有木氏
（2009）的論文則通過對初版《唐詩選國字解》的考察，發現初版編著者名為
「李攀龍編選、南郭先生辨、門人林元圭閱」，而通行的重版則是「林元圭錄」。
由此可知，最原始的初版《國字解》實際上是由出版方嵩山房編輯製作以後，
由南郭門人林元圭批閱而成的注釋本，而且這個初版的文本目前僅在服部家
的文庫中有藏本，紙質優良、製作精美，更像是嵩山房作為報酬送給服部家的
「樣本」。因此，有木氏認為，通行的《國字解》實際上並非把林元圭所輯南
郭講義筆錄直接出版，而是經過嵩山房編輯製作，又借助南郭的權威進行宣傳
的一種注釋本。這樣的話，一直以來對《國字解》中謬誤較多、與南郭的學問
修養不符等質疑，也得到了合理的解釋。

　　至於第二個問題，即《辨蒙》所參照的底本是否真的為吳吳山附注本，
據筆者所見，目前只有有木大輔的研究中有涉及。有木氏在《唐詩選版本研

究》中介紹了宇野東山從《唐詩選國字辨》到《唐詩選辨蒙》等一系列《唐詩選》注本的變遷。其中，就《辨蒙》與吳吳山注本的關係，有木氏指出：《辨蒙》並未忠實地翻譯或沿用吳吳山的注釋，全書中提及吳吳山注的部分僅有杜甫《玉華宮》、《冬日洛城謁玄元皇帝廟》、李白《經下邳圯橋懷張子房》及高適《宋中》等四首詩，此外在詩題的校勘、作者小傳、附錄等地方，也看出參照了吳吳山注本的痕跡，這種程度的參照，難以稱得上是吳吳山注本的附注本。〔註143〕

　　筆者所查《唐詩選辨蒙》，為新潟大學附屬圖書館佐野文庫所藏的寬政二年本，一冊。此本又題作《吳吳山附注唐詩選辨蒙》。據作者宇野東山《自序》介紹，此書的出版緣由是「吳吳山者，刪補《唐詩選》，又附注，事蹟可謂精之精，嚴之嚴也。然異鄉難通其意，今也以片字解釋，聊便於童蒙，此其筌蹄者也。」〔註144〕吳吳山（1647～）〔註145〕，字茶符，字舒鳧，錢塘人，西冷三子之一。吳吳山刪補《唐詩選》即《古唐詩選》（又題「評注唐詩選」），是以蔣一葵箋釋本為底本，再參照唐汝詢《唐詩解》注所作的注釋本。此本在日本尚有存本，在《辨蒙》出版的十八年前，已被宇野明霞所注《唐詩選集注》列為參考書目之一，可見在那以前已輸入日本。

　　按照宇野東山的說法，《辨蒙》應該是以通俗的日文解釋吳吳山的注釋，讀者也會把《辨蒙》的內容理解成吳吳山對詩歌的解說。然而如前所述，《辨蒙》的解釋與《國字解》高度相似，而這兩種注釋本均存在不少明顯不瞭解中國地理、曲解詩歌意思，或是以傳統的日本詩歌審美觀念解讀詩歌之處，都不像是由中國文人所作的注釋。

　　將京都大所藏《評注唐詩選》文本與《辨蒙》中李白詩的注釋對比後可知，前文所述的具江戶日本特色的解釋和評價，如《與史郎中欽聽黃鶴樓上吹笛》中將「長沙」解作「邊塞」，將《江上吟》提及屈原之處理解為「即使屈原那般文章與日月爭光也是無用」的消極意思等，均未見於吳吳山注本。由此可以判定，這些解釋並非來自吳吳山注本，而是宇野東山自行加入的主觀解釋。《評注唐詩選》中《秋下荊門》「自愛名山入剡中」注：「《輿地志》：唐越州剡城縣。」

〔註143〕有木大輔：《宇野東山による「唐詩選」注の演変》，《唐詩選版本研究》，東京：好文出版，2013年7月13日初版。
〔註144〕宇野東山：《唐詩選辨蒙》（吳吳山附注唐詩選辨蒙）。
〔註145〕此處採用華生之說，參見華生論文《吳舒鳧生平考——與劉輝先生商榷》，《戲劇藝術》1988年2月號，86～91頁。

《辨蒙》注卻將剡地誤解作「吳中」之地。這不得不讓人懷疑，宇野東山到底是否真的仔細讀過吳吳山的注釋。

據王琦注《李太白全集》，《清平調詞三首》其一注：「蔡君謨書此詩，以『雲想』作『葉想』，近世吳舒鳧遵之，且云『葉想衣裳花想容』。」又《越中懷古》注：「義士，吳舒鳧以為『戰士』之訛。」但在筆者所見《評注唐詩選》本中，《清平調詞三首·其一》和《越中懷古》的文本均與《唐詩訓解》、《國字解》一致，並未將「雲想」寫作「葉想」，將「義士」寫作「戰士」。《辨蒙》號稱是「以片字解釋」吳吳山注釋，卻大量加入與《國字解》一致的解釋，詩歌文本也非依照《評選唐詩選》。經過以上考察，筆者同意有木氏的觀點，《辨蒙》並未非在真正以吳吳山注本為底本。至於其序強調《辨蒙》為「解釋吳吳中注」而作，很可能只是出於營銷目的。《唐詩選辨蒙》由嵩山房出版，而在《辨蒙》以前，嵩山房已經出版過《唐詩選國字解》、《唐詩選講釋》、《唐詩選和訓》等多種面向初學者的日文通俗解說本。可想而知，《唐詩選辨蒙》作為新的注釋本推出，需要有吸引讀者的賣點，而吳吳山注本作為當時較新的一種中國《唐詩選》注本，對渴望來自中國「新注」的讀者來說無疑具有一定的吸引力。

通過以上考察，我們可以確認，上述《唐詩選國字解》和《唐詩選辨蒙》中對李白詩歌的解釋均為日本注者所作。由此我們不但可以窺見日本注者與中國注者在詩歌解讀上的不同，也瞭解到當時一般讀者通過這些流行的日文注本所認識到的李白詩歌的具體內涵。即便像《辨蒙》這種當時最暢銷的日文注本，存在以冒充「吳吳山附注本」為營銷手段的情況，它們依然是江戶時代多數讀者所接觸和閱讀的版本，也是《唐詩選》所收李白詩歌得以傳播至家傳戶曉的主要媒介。隨著江戶時代教育普及化和識字率的提高，李白詩文的傳播也逐漸呈現通俗化、日本化的一面。

江戶中期的宗唐復古詩論對江戶文學的意義與影響——從「俳中李青蓮」到「貴不用意」的俳諧論

本章以江戶中期先後主導日本詩壇的木門與古文辭派為主要考察對象，探討兩大學派及其主要成員接受李白詩歌的具體方式與特徵。江戶中期以正德年間為分水嶺，前半段在木門學派的主導下，成功地將江戶初期林家一門從朱子學肯定詩文價值的「吟風弄月論」發展為完善的文學理論，形成以吟詠「性情之正」追求風雅傳統的「風雅論」，並將盛唐詩確立為最接近風雅理想的學

習對象。後半段在「反朱子」的古文辭派主導下《唐詩選》風靡全日本，由此衍生出一系列《唐詩選》日文通俗讀本。在學術層面上，古文辭派的「詩文派」成員通過從字句、修辭上的摹擬來大量製作擬古詩，出現了專以詩文為業的「文人」和「詩人」群體。

在這一背景下，兩大學派中的不同代表人物在取法、模擬和詮釋李白詩文時，呈現出不同的特徵。木門主張通過學習古詩與創作擬古詩來繼承風雅，整體上提倡學習以李、杜為首的盛唐詩。其中，被稱作「木門最純正的朱子學者」的室鳩巢推崇李、杜，卻提出「李在杜上」之論。這主要是由於鳩巢欣賞李白以恢復古詩「正聲」為己任的文學理想，對李白詩歌中表達的宏大時空觀、追求復古的方式以及個人的遠大志向都表現出共鳴與認同，故而傾嚮於學習李白「詠月」題材的古體、樂府詩。另一方面，「木門最不像儒者」的詩學代表祇園南海性情上與李白接近，不僅自擬於李白，也被同門、同時代和後世學者譽為「江戶詩壇之李白」。總體而言，南海對李白的接受以文學趣味為主，南海提出「雅俗之辨」詩論中以李白為「雅詩」代表，顯示出「揚李抑杜」的立場。作為李白的忠實追隨者，南海在人生不同階段都會與李白詩歌產生共鳴，再以創作的方式吟詠自身的真情，以此追求詩歌的風雅。在前人研究的基礎上，本書進一步提出兩個觀點：第一，祇園南海被貶後的漢詩蹈襲、化用李白更傾向於流夜郎時期的作品，而不是「賜金放還」後的作品。其次，祇園南海通過學習六朝詩歌接近李白詩風的同時，也通過李白詩歌理解六朝詩歌及其相關人物。南海所詠六朝典故多為李白愛用的典故，所用人物主要是屈原、謝靈運、王子猷等李白最仰慕的人物相關典故，更使用了不少與原文沒有直接關係的意象和詩語，呈現出以李白詩歌為媒介的特徵。

至於古文辭派，則倡導「因明學唐」的方法論，以盛唐、明詩為學習對象，以盛唐的「李杜」和明代的「李王」為宗，主張以創作擬古詩文的方式通「先王之道」，將人情從朱子學的束縛中解放出來。本書對古文辭派的考察重點分為兩個，第一是他們推崇的《唐詩選》相關的日文通俗注本中對李白詩歌的解釋，第二是古文辭派的「詩文派」代表在創作擬古詩的過程中，對李白詩歌的模擬與發揮。在古文辭派的推動下，《唐詩選》風靡整個江戶社會，並通過出版《唐詩選》的日文通俗注本達到通俗化、本土化，使《唐詩選》所收的 33 首李白詩成為江戶日本家傳戶曉的漢詩作品。通俗本中的李白觀是具文人風雅和「酒仙」色彩的天才型詩人，而通俗注本對李白詩的解讀也呈現出對中國地

理風貌認知不足、日本傳統「物哀」精神視角及古文辭派主「情」審美特色等不同方面的特徵，這些特徵均與當時的時代、文化背景一致，具有濃厚的江戶時代特色。

在學問層面，古文辭派的「詩文派」使詩文正式獨立於經學之外，極大地提高了詩文的價值，為後來江戶專業詩人群體的出現奠定了基礎。「詩文派」以《唐詩選》和《唐詩品彙》為選本的模範，詩人以「李、杜、李、王」為「四家」，主張通過對盛唐詩（尤其是樂府詩）的修辭與抒情方式的模擬達到擬古的目的。古文辭派的詩人代表高野蘭亭，除了從修辭表現上模擬李白以外，還傾嚮於學習李白感情充沛的飲酒詩和縱橫多變的七言古詩，這反映出他雖然推崇李攀龍，但他並未認同李攀龍在《唐詩選序》對李白七言古詩的評價。此外，高野蘭亭還模擬李白詩歌中消極出世思想的抒情方式，以表達自身因身體殘疾而不得志的苦悶與無奈，這些特徵實際上與祇園南海有較多相似之處。但是，兩大學派的詩人代表在語言和情感的表現方式上各有側重，受李白詩文影響的程度也不同。由於祇園南海主張學習盛唐詩的氣象與神韻，而古文辭派以「形似」為目標，相較之下，祇園南海的性情和文學風格明顯更「像李白」。古文辭派的「經學派」代表太宰春臺，則對學派內部以李攀龍為榜樣、以嚴格刻板的字句模擬為學習方法的主流做法進行反對和批評，成為古文辭派內部率先提出反省和修正意見的成員，可以稱得上是江戶後期出現的「新格調派」的先驅人物。

事實上，江戶中期除了木門和古文辭派，還有一些獨立於學派之外的詩人、學者，都是以李杜為代表的盛唐詩風的推崇者。如隱居京都嵐山十年之久，與荻生徂徠、服部南郭皆有交流往來的獨立詩人入江若水（1671～1729）就曾詠「太白詩豪冠李唐，一斗百篇醒亦狂」。〔註146〕若水的老師鳥山芝軒（1655～1715）被視為專業詩人的嚆矢，其《題李杜像》詩曰：「少陵詩造聖，太白語如仙。俱在開元際，堪追三百篇。」〔註147〕可以說，崇尚盛唐詩和復古詩風是江戶中期的時代特色，其影響滲透至江戶文學整體。

值得矚目的是，在這一時期，不僅在漢詩文領域出現了被譽為「江戶詩壇

〔註146〕入江若水：《西山樵唱集》卷上〈題五城洞岩老人所畫清平調圖〉，一冊，江戶享保十九年刊，昌平阪學問所舊藏本，日本公文書館。

〔註147〕鳥山芝軒：《芝軒鳥山碩夫先生吟稿》附錄，四冊，江戶享保四年刊，昌平阪學問所舊藏本，日本公文書館。

的李白」的祇園南海，在俳諧領域也出現了被譽為「俳中李青蓮」的寶井其角。
〔註148〕寶井其角（1661～1707）是「俳聖」松尾芭蕉的高弟，他愛酒如命，
風格誇張，以其自負放蕩的個性著稱。在《去來抄》中記載了關於芭蕉與弟子
向井去來對其角的評價，其中芭蕉就特別讚賞其角修辭的巧妙與誇張的表現
手法。〔註149〕據查，東京勉誠社編《寶井其角全集》中，有十八處直接提及
李白名字，涉及十三個俳諧作品，對李白詩文、典故和傳說的蹈襲與引用也不
在少數。〔註150〕迄今為止，日本學者已經論證過「俳中李青蓮」評語的根據
以及其角在俳句作品中模擬李白的具體方式，基本確定了其角有意識地在俳
諧作品中模擬、化用李白詩文，認為其角與李白在豪放的氣象和作品的新奇性
上具有共通點。〔註151〕江戶文學乃至日本文學史上，能被比作李白的日本文
學家不多。然而，在元祿時期（1688～1704）前後，漢詩和俳諧領域同時出現
了被公認為日本「李白」的文學代表。這是前人研究中一直未提出的問題，也
是筆者在本章的最後思考的問題。經過對江戶時代各個階段的考察與比較，筆
者認為這主要與當時的時代背景和文學背景有關。

　　李白是生於大唐盛世的詩人，盛唐文化造就了他豪放的詩歌風格，他的詩
歌就是盛唐氣象的典型表現。而在日本，元祿時期又被稱作「元祿泡沫」，是
江戶時代經濟發展最急速的時期。元祿時期的經濟繁榮，造就了江戶時代的文
化鼎盛期，孕育了百花齊放的「元祿文化」。寶井其角和祇園南海都完整地經
歷了元祿時期，可以說都是生長於江戶盛世時期的人物，這樣的時代背景使他
們與其他時期的日本詩人相比，更具有豪邁自信的氣質與性格，更容易從生於
盛唐的李白身上找到共鳴。

〔註148〕與謝蕪村評寶井其角語，原日語：「其角は俳中の李青蓮と呼ばれたるもの
　　　　也。」與謝蕪村：《新花摘》，尾形仍編：《蕪村全集》第四卷，東京：講談社，
　　　　1994年，第59頁。
〔註149〕向井去來：《去來抄・先師評》，與謝野寬等編：《日本古典全集・芭蕉全集・
　　　　前》，日本古典全集刊行會，1926年，第208頁。日語原文：「去來曰く：其
　　　　角は誠に作者にて侍る。わづかに、のみの喰ひつきたる事、たれかかくは
　　　　謂ひつくさん。先師曰く：しかり。かれは定家の卿也。さしてもなき事を、
　　　　ことごとしくいひつらね侍る、ときこへし評に似たり。」
〔註150〕石川八郎等編：《寶井其角全集》（全四冊），東京：勉誠社，1994年。
〔註151〕主要參照藤田真一：《其角・草盧・蕪村》，和漢比較文學會編：《和漢比較文
　　　　學叢書16俳諧と漢文學》，東京：汲古書院，1994年5月。另外，安保博史
　　　　《幾董俳諧と李白伝說──幾董句「花火盡て美人は酒に身投げけん」考─
　　　　─》也補充了相關案例，《東洋研究》177號，2010年，第31～45頁。

其次，如本書中所論，元祿時期前後的日本漢詩壇以木門學派為中心，他們在江戶漢詩史上擔負了奠定宗唐復古詩風地位的角色，在木門學派的推動下，盛唐詩和「李杜」正式被確立為江戶漢詩的最高理想與模範。可以說，就在元祿時期前後，李白在日本漢詩壇上的地位被推至前所未有的高峰。即使古文辭派也以「李杜」和盛唐詩為理想，但在「因明學唐」的文學指導思想下，古文辭派更多地借鑒和學習「李王」為首的明代復古詩歌對盛唐詩的模擬。因此，縱觀江戶漢詩，最積極、集中和直接地借鑒、學習「李杜」和盛唐詩歌的，應該是木門學派及其同時期的詩人們。在此之前，松尾芭蕉通過在俳諧作品中運用大量漢詩文的詞彙、語法、修辭與表現手法（又被稱為俳諧史上的「語言革命」），奠定了蕉風俳諧中具代表性的「漢詩文調」俳風。〔註152〕寶井其角所編《虛栗》（1683）正是使這種俳風流行起來的其中一部重要俳諧集。寶井其角所活躍的俳壇處於積極學習、吸收漢詩文元素與表現手法的時期，此時在日本漢詩壇盛行的宗唐復古詩風自然也會成為俳諧家們首要的學習和借鑒對象。綜上所述，不難看出元祿時期前後的時代背景與當時的漢詩、俳諧等文學的發展之間的內在聯繫。

繼蕉門之後，江戶時代俳諧文學的第二個高峰是在江戶中期的天明時期（1781～1788）前後，以與謝蕪村（1716～1783）為首的俳壇領袖以「回歸元祿（即「蕉風」）俳諧」為目標，發展出與芭蕉同樣積極吸取漢詩文元素、重視風雅境界的「中興俳諧」。與謝蕪村生活在古文辭派興盛的時期，他曾在服部南郭門下學習古文辭學，漢文素養較深。受古文辭派「主情」的詩風影響，蕪村的俳諧作品中可以看見大量的漢詩文元素，風格浪漫華麗。有關與謝蕪村對李白的崇拜，日本學界已有論述，認為與謝蕪村的繪畫和俳諧作品都從李白詩文中汲取靈感和意境，與同時期的其他文人、作家相比，他對李白，以及象徵李白的事物顯示出更濃厚的興趣和偏愛。〔註153〕蕪村在《春泥句集序》中提出了著名的「離俗論」：

〔註152〕 「漢詩文調」俳諧是「擬漢詩文體俳諧」的意思。有關漢詩文調俳諧的具體發展參照乾裕幸《謠曲調と漢詩文調》，《連歌俳諧研究》1973（45），1973 年，第 1～12 頁。堀越義幸《漢詩文調の文體──芭蕉俳諧を中心に（特集□江戶の文體その生成と文采）》，《江戶文學》（37），2007 年 10 月，第 17～22 頁。

〔註153〕 藤田真一：《其角・草廬・蕪村》，和漢比較文學會編：《和漢比較文學叢書 16 俳諧と漢文學》，東京：汲古書院，1994 年 5 月，第 190～191 頁。

　　　　波問余俳諧，答曰：俳諧者，用俗語而尚離俗，離俗而用於俗，
　　故離俗之法最難化於自然，離俗之事，有捷徑乎？答曰：有之。須
　　言詩。子本能於詩，不須求於他法。波疑，問：夫詩與俳諧，其致
　　稍異。然而捨俳諧而言詩，豈不迂迴？答曰：畫家有去俗論，曰：
　　畫去俗無他法、多讀書則書卷之氣上升、世俗之氣下降矣。學者其
　　慎誨哉。欲去畫之俗，須投筆讀書，況詩與俳諧，本無大異。……
　　波問：俳諧以誰為友？答：尋其角、訪嵐雪、倡素堂、伴鬼貫。〔註
　　154〕日日會此四老，僅離城市名利之域，遊於園林，吟詠於山水，酌
　　酒談笑。句之所得，唯貴在不用意。日日如此，某日又會四老，如
　　幽賞雅懷之初，閉眼苦吟。得句則開眼，忽失四老之所在，不知何
　　時何地仙化而去。恍惚間隻身一人，時而融於花香風中，浮於月光
　　水中，是為俳諧之鄉也。……詩家貴李杜，此定論矣，正如捨元白
　　之論。〔註155〕

身為中興俳諧和日本南畫的代表人物，蕪村借鑒《芥子園畫傳》中的「去俗論」，
將學習漢詩視作俳諧離俗的最佳方法。在蕪村之前，被視為「日本南畫之祖」
的祇園南海已提出了「詩畫一體」和「雅俗之辨」等論。蕪村所說的「詩家貴

〔註154〕寶井其角與服部嵐雪（1654～1707）是蕉門弟子，山口素堂（1642～1716）
　　　　是芭蕉的好友，上島鬼貫（1661～1738）是與芭蕉齊名的俳人。以上均與松
　　　　尾芭蕉同為元祿俳諧的代表。
〔註155〕與謝蕪村：《春泥發句序》，藤井紫影校：《名家俳句集》，東京：有朋堂，昭
　　　　和十年（1935），第617～619頁。原日文：「波すなはち余に俳諧を問ふ、答
　　　　て曰、俳諧は俗語を用て俗を離ることを尚ぶ、俗を離れて俗を用ゆ、離俗
　　　　の法最もかたし……自然に化して俗を離れることの捷徑ありや。答て曰、
　　　　あり、詩を語るべし、子もとより詩を能くす、他にもとむべからず。波疑
　　　　て敢て問ふ、夫詩と俳諧といささか其致を異にす、さるを俳諧をすてて詩
　　　　を語れと云、迂遠なるにあらずや。答て曰、畫家に去俗論あり、曰畫去俗
　　　　無他法、多讀書則書卷之氣上升、世俗之氣下降矣。學者其慎誨哉。それ畫
　　　　の俗を去るだも筆を投じて書を讀しむ、況や詩と俳諧と、何の遠しとする
　　　　事あらんや。……波問ふ、其友とするものは誰ぞや。答、其角を尋ね、嵐
　　　　雪を訪ひ、素堂を倡ひ、鬼貫に伴ふ、日日此四老に會して、はつかに市城
　　　　名利の域を離れ、林園に遊び、山水にうたけし、酒を酌て談笑し、句を得
　　　　ることは、專ら不用意を貴ぶ、如此する事日々、ある日又四老に會す、幽
　　　　賞雅懷はじめのごとし、眼を閉ぢて苦吟し、句を得て眼を開く、忽ち四老
　　　　の所在を失す、しらずいづれのところに仙化し去るや、恍として一人自□
　　　　む、時に花香風になごし、月光水に浮ぶ、是子が俳諧の鄉なり。……詩家
　　　　に李杜を貴ぶに論なし、猶元白をすてざるが如くせよ。」

李杜，此定論矣，正如捨元白之論」，與祇園南海在「雅俗之辨」中將白居易視作俗詩代表、將李白視作雅詩代表的觀點一致，符合元祿時期乃至整個江戶中期以「李杜」為最高理想的普遍觀念。在古文辭學和古文辭派詩風盛行的背景下，蕪村認為俳句創作的理想境界是「不用意」。由此可以看出，以李攀龍《唐詩選序》為代表的明代復古詩論不僅長期主導江戶漢詩壇，還直接影響到中興俳諧理論的形成與發展。因此，蕪村的「離俗論」是以古文辭學的復古思潮為背景，以松尾芭蕉的「風雅論」為基礎，並在祇園南海的詩畫論的延長線上發展出來的俳論，深受江戶中期不同時期的宗唐復古詩論的影響。

第四章　江戶後期：折衷化詩風下的
　　　　　李白接受

　　江戶後期（1760～1852）既是江戶詩風從格調、性靈、神韻「三詩說」的
對立與鬥爭發展至折衷化詩論的時期，也是江戶漢詩從極盛走向衰敗的時期。
據松下忠對江戶詩風的劃分，江戶後期前後又經歷了幾個階段，明和、安永、
天明時期（1764～1788）出現了大批不重經學、以詩文為主的專業詩人，詩
話、詩論著書盛行，詩社林立，盛況空前。「反古文辭」成為詩壇主調，詩風
轉向主張性靈說和宋詩，也出現了「新格調派」。寬政時期（1789～1800），由
於「寬政異學之禁」的文教改革，詩壇上出現混沌社的「經學派」與江湖社的
「詩文派」之間、以及性靈派與格調派之間的對立。寬政時期之後，神韻說
的影響逐漸顯著，「三詩說」之間得以和解、融合，逐漸發展成折衷化詩論。
由於江戶後期的詩論鬥爭激烈，衍生出大量詩歌批評作品。本章將主要通過
這些詩話、詩論著作來探討江戶後期的漢詩發展之下李白的詩文如何被接受、
批評與詮釋。

一、「新格調派」對明後七子詩論的批判與攝取

　　松下忠（1908～1994）在《江戶時代的詩風詩論》提出的「新格調派」，
是指活躍於江戶時代詩風折衷化前期，詩論主張以「格調說」為中心的詩人
群體。〔註1〕松下忠認為，他們很少有排他性的對抗意識，對其他詩說往往

─────────

〔註1〕芥川丹丘、清田儋叟、江村北海、龍草廬、畑中荷澤、熊阪臺洲、中井竹山、
　　　皆川淇園、松村九山以及川合春川等十人。其中，又以熊阪臺洲、中井竹山及
　　　皆川淇園等三人為新格調派的代表，他們的詩論被命名為「新格調說」。

表示理解的態度，代表從江戶時代第二期詩壇後期享保時代的古文辭格調說向第三期詩壇的折衷化過渡的交替期的詩論，以區別於古文辭派所代表的格調派。〔註2〕〔註3〕

　　新格調派與之前格調派的不同，表現在兩個方面：其一，在繼承格調說的同時反古文辭。新格調派重格調、尊李杜、宗盛唐詩，卻反對擬古剽竊，批評古文辭派寫詩陳腐雷同，對格調派提出批評修正；其二，詩論雖以格調為主，但對格調說的不同詩論有取捨，對其他詩論也有吸收，逐漸走向折衷化。基於這兩方面的轉變，在李白接受這一問題上，新格調派也展現出與以往格調派不同的面貌。以下，主要以芥川丹丘《丹丘詩話》、畑中菏澤《太沖詩規》、熊阪臺洲《律詩天眼》《白雲館近體詩眼》、中井竹山《詩律兆》、皆川淇園《淇園詩話》及川合春川《詩學還丹》等詩話作品為中心考察新格調派詩論中的李白詩文觀。

對李攀龍和王世貞的李詩論的批判與攝取

　　新格調派其中一個最為突出的特徵就是反古文辭，而反古文辭很大程度上即是反李攀龍和王世貞。因此，對李、王詩論的取捨，集中體現了新格調派在江戶詩風過渡期的詩論特色。如芥川丹丘，他在《丹丘詩話》的開篇，即批評荻生徂徠對李、王的盲從：「吾邦物茂卿（即荻生徂徠）先生曰：『袁、鍾二子，極口詆毀王、李。今披其什，袁宋鍾元，絕無他調。其藉口唐者，唯為點計。』以吾言之，無乃以人廢言乎？假使李于鱗、王元美輩言之，則先生奉戴以為律令，尤指諸掌爾。知者不言，言者不知，學者當默識。」〔註4〕芥川丹

〔註2〕松下忠：《江戶時代的詩風詩論》，第108頁。

〔註3〕「新格調派」並非松下忠首創的概念，最先提出這個名稱的日本近代漢學家青木正兒（1887～1963）。他認為清代沈德潛、李重華等人的詩論繼承明代前後七子的格調說而來，但又有不同於格調派的地方，應該把他們看作「新格調派」。（范建明：《論中日詩壇上的「新格調派」以沈德潛與皆川淇園為中心》，《蘇州大學學報》，2007年11月第6期，第50～56頁。）而在中國文學史中，一般都把沈德潛與明代前後七子的詩論統稱為格調說。最早在國內使用「新格調派」一詞的是《江戶時代的詩風詩論》譯者范建明先生，他繼承松下忠之論，對沈德潛與皆川淇園兩位中日詩壇的「新格調派」代表進行比較研究。近年，蔣寅先生先後在《「正宗」的氣象和蘊含——沈德潛新格調詩學的理論品位》（2016）和《沈德潛詩學的文化品格及歷史定位》（2018）兩篇論文中使用「新格調說」與「新格調派」的概念，主張重新定位沈德潛的詩學地位。本文採用松下忠等人的說法，將格調派與對格調派進行批評修正的「新格調派」區分開來進行論述。

〔註4〕芥川丹丘：《丹丘詩話》，馬歌東：《日本詩話二十種》上，第60頁。

丘曾修徂徠學，又與服部南郭交友，卻能指出古文辭派「以人廢言」、「奉李王以為律令」的缺點，正是新格調派從內部對格調派進行批評修正的典型例子之一。幾乎同一時期，川合春川也在其詩話作品《詩學還丹》中批評「享保諸公」（即徂徠、南郭等人）學明的惡習：「雖然使江戶詩風大興，卻導致眾人喜好奇特之論的惡習。」〔註5〕即使是純粹主張格調說的熊阪臺洲，也反對古文辭派以李、王古文辭為極致的說法：「當世詩人，大抵有兩種人物。一種稱奉服門之遺教，傲然棄薄中晚，自傳開天。然誦其詩，則往往有不成語不成篇焉，尚何暇語格調哉。」〔註6〕

在如何看待李、王的問題上，新格調派呈現出「取王捨李」的傾向，主張學習王世貞，反對李攀龍。《丹丘詩話・詩話小引》曰：「以吾觀之，儀卿、禎卿，首闢眾妙之門。元美、元瑞，續演大雅之風。精義透金石，高趣薄雲天，尚何所加擬議哉？顧余結髮業詩，從事有年，仰誦俯思，有得輒書，積書為卷，以資蒙士。」〔註7〕丹丘所推舉的嚴羽、徐禎卿、王世貞、胡應麟，無一不是主張格調說的詩歌批評家，可見他繼承的主要還是格調派詩論。然而，丹丘所提及的明代格調派人物中，並不包括李攀龍，這與以往唯李攀龍馬首是瞻的古文辭派格調說顯然已大異其趣。年代稍後的畑中菏澤，在《太沖詩規》中評價中國歷代詩話：

> 滄浪《詩話》，此老之論乃大正法眼。王元美《卮言》雖好，不適合初學者；鍾嶸《詩品》乃詩評元祖，雖好，其論到漢魏六朝為止，不知近體。世懋《藝圃》和禎卿《談藝錄》雖好，並非全備之物。然此四書，乃識詩之階梯，學詩應遵循此道。學詩之諸體與時代之分，應讀胡元瑞《詩藪》，然此書無詩論之眼目。唐僧皎然有《詩式》，其詩雖有深度，其書卻僅是淺薄之言。《西清詩話》、《後山詩話》、《珊瑚鉤詩話》、《韓文公詩話》、《歐陽公詩話》、《冰川詩式》之類，對初學者均有害。謝榛《詩話》是「未熟之論」，李東陽《詩話》雖非正脈，卻非常有趣。〔註8〕

〔註5〕川合春川：《詩學還丹》卷上，池田四郎次郎輯：《日本詩話叢書》第二卷，第167～168頁。
〔註6〕熊阪臺洲：《律詩天眼・餘論》，一冊，江戶寬政十年刊，昌平阪學問所舊藏本，日本國立公文書館。
〔註7〕熊阪臺洲：《律詩天眼・餘論》。
〔註8〕畑中菏澤：《太沖詩規・讀詩家書惡論上》，池田四郎次郎輯：《日本詩話叢書》第九卷，第59頁。

菏澤推崇的主要還是格調說的詩論。其中對嚴羽、王世貞、王世懋、徐禎卿比較推崇，對胡應麟、李東陽和謝榛雖有批評，也並非全盤否定。與丹丘同樣，菏澤的評價幾乎網羅所有具有代表性的格調派詩論，卻對李攀龍隻字未提。清田澹叟則更直接，他在《藝苑談》中批評李攀龍：「李于鱗詩，病於雷同偏枯，時人既言之。」〔註9〕更甚者如中井竹山，在《詩律兆》一書中多次引用王世貞、王世懋的詩論，對李攀龍的詩論不但不引用，還批評李攀龍：

> 力持鷙辯，病老杜以憒焉自放，以推王維、李頎，其心豈為非是而不貴也，無佗焉。《品彙》、《正聲》，終明世館閣宗之者，史冊可徵。渠歆豔之衷，與妒忌會。乃鷙殊見，欲以陵駕廷禮氏也已。文士傾軋之態，可憎矣。世之醉其毒者，奉以為金科玉律，其謬不足道也。〔註10〕

中井竹山指謫李攀龍出於嫉妒，刻意提出新見來凌駕於高棅之上。其言辭之激烈，顯然不滿的不僅是李攀龍的詩論，對他的人品更是不屑。此外，他對李攀龍的杜甫七律論也極為不滿。這種觀點與王世貞《藝苑卮言》中所說的「于鱗選老杜七言律，似未識杜者，恨曩不為極言之，似非忠告」比較相近。中井竹山論及同代詩人時，也多有批評之語：「世人往往學術淺短，識趣卑陋，鼓以一種浮豔之說，所誦止於《唐詩選》《七才集》數品，每一題到，東剽西掠，南模北擬。」〔註11〕文中雖並未明確提到古文辭派，但當時最為推崇《唐詩選》與《明七子集》，又因摹擬剽掠為人詬病的，無疑就是古文辭派。從他對嚴羽、高棅、王世貞和王世懋的態度來看，中井竹山所說的「一種浮豔之說」並非指格調說整體，而是專指古文辭派最為推崇的李攀龍之說。新格調派詩論中「李王」不再並舉的現象，反映了他們普遍「取王捨李」的傾向。在他們的詩話作品中，對李、王的李白論也有所回應，從這些詩話的對話中我們可以看到新格調派對李、王詩論中的李白論的取捨。

經過古文辭派的大力推行，《唐詩選》與李攀龍的《唐詩選序》成為了江戶時代家傳戶曉的經典詩歌讀本。如菅茶山所說：「服子遷（服部南郭）校正李于鱗《唐詩選》，附言獎之，旁訓譯之，海內戶誦家傳，以為模範準

〔註9〕清田澹叟：《藝苑談》，池田四郎次郎輯：《日本詩話叢書》第九卷，第28頁。

〔註10〕中井竹山：《詩律兆‧附錄‧論四》，池田四郎次郎輯：《日本詩話叢書》第十卷，第313頁。

〔註11〕池田四郎次郎輯：《日本詩話叢書》第十卷，第320頁。

繩。」〔註12〕李攀龍詩論與李白詩歌有關的論述中最獨到的，莫過於其有關李白絕句和七古的見解。他在《唐詩選序》中批評李白七古「太白縱橫，往往強穿之末。間雜長語，英雄欺人耳」的同時，又推舉李白的五七言絕句「實唐三百年一人，蓋以不用意得之，即太白亦不自知其所至。而工者顧失焉」。李攀龍的這種詩學觀點同時也表現在他的選詩體系中。他在《古今詩刪》中大量刪減前人所推崇的李白的經典七古作品，反而大量選入李白的律、絕作品。《唐詩選》中，絕句的比例更是高達67%。〔註13〕顯然，李攀龍論李詩始終以詩體論為主，具有強烈的明代詩歌辨體意識。因此，新格調派對李攀龍有關李白論述的接受也是以詩體論為主。其中，又以七絕和七古為焦點。

對李攀龍「李白五七言絕，實唐三百年一人」論的接受

　　古文辭派盛行以後，李白五七言絕句「唐三百年一人」說在江戶詩壇似乎已成公論，鮮少有人對此提出異議。即使新格調派反古文辭、反李攀龍，關於李白五七言絕句的看法與李攀龍之說大致上仍是一致的。

　　「絕句以李白為首」的觀點，在新格調派面向初學者的教科書性質詩話作品中表現的比較突出。芥川丹丘在《丹丘詩話·七體》引元代陳繹曾《詩譜》：「陳氏《詩譜》，歷舉眾家，鑒裁猥雜，不足取焉，今盡沙汰之，標出七體、十三家矣。初學宜模範此數家，乃無旁徑邪路之惑矣。」〔註14〕在他所列舉的「七體」中，七言古詩、五言絕句與七言絕句均包括李白。可見，丹丘認為就這三種詩體而言，李白當屬初學之模範。芥川丹丘對嚴羽《滄浪詩話》推崇至極，不僅以嚴羽的字「丹丘」為號，其《丹丘詩話》的結構更是模仿《滄浪詩話》，對其內容也多有引用。他認為「古今詩話，惟嚴儀卿《滄浪詩話》斷千古公案」。丹丘所說的「初學宜模範此數家，乃無旁徑邪路之惑」，正是來自《滄浪詩話》中的「詩者以識為主，入門須正，立志須高」論。嚴羽認為「路頭一差，愈騖愈遠，由入門之不正也」，又謂「工夫須從上做下，不可從下做上」。丹丘所說的「旁徑邪路之惑」，指的正是「入門不正」。因此，在丹丘看來，李白的七古、五絕和七絕都是「正路」中的「上者」，初學者當以此為模範。芥

〔註12〕菅茶山《唐詩正聲箋注序》，東夢亭：《唐詩正聲箋注》，二十二卷，十冊，京都：勝村治右衛門，江戶天保十四年（1843）刊，早稻田大學圖書館土岐文庫本。

〔註13〕蘇煮：《李攀龍及其唐詩選本中的李白接受觀》，《西華師範大學學報》（哲學社會科學版），2016年第四期，第13～17頁。

〔註14〕芥川丹丘：《丹丘詩話》卷七，馬歌東：《日本詩話二十種》上，第64～65頁。

川丹丘在《丹丘詩話‧詩體品》中，比較王昌齡《西宮春怨》和李白《長門怨》二詩，認為：「李于鱗《唐詩選》收江寧，遺太白，可謂偏矣」。〔註15〕他又比較李白《越中懷古》、韓愈《遊曲江寄白舍人》及元稹《劉阮天台》詩：「落句轉合最難，青蓮結句用意入神，而更自淒婉，固是千古絕調。韓、元二公頗背當行，且意盡句中，趣乏言外，未可並論也」。〔註16〕比較李白《陪族叔刑部侍郎曄及中書舍人至遊洞庭五首》其一與賈至《初至巴陵與李十二白、裴九同泛洞庭湖三首》其二，言辭更是誇張：「賈詩不為不佳，而太白詩天然精妙，名世傑作，不可並論。……西施在傍，眾嬪覆面耳」。〔註17〕由此可見，丹丘對李白絕句極為尊崇。

《太沖詩規》（1797）是畑中菏澤為了教導初學者作詩之法而編撰的詩話作品，以五絕和七絕為主。其「五絕近體」一章開篇即道：「唐三百年的五絕第一為李白，其次王維、崔國輔、孟浩然，此四人之五絕為正聲。」〔註18〕他認為初唐的楊重玄用的是「理語」、李義府用的是「豔語」，駱賓王則用「俗語」，而李白不僅有神境妙語，更無前述初唐人之陋病，「足稱五絕近體正宗之古人也」。〔註19〕在《七言絕句權輿並詩格》中他對唐代七絕如此評價：「王勃為七絕正脈，其後杜審言、宋之問、張說追此體。之後王翰《涼州詞》為初唐七絕之正法眼，從此以後此體備矣。李白為唐三百年七絕之大名人，其次為王昌齡。此二人均得七絕之妙，其中李白乃自然所得，在王之上。」〔註20〕從以上論說看來，菏澤不僅與李攀龍同樣將李白五七言絕句拔高，就連「唐三百年第一」的說法也是襲自李攀龍的「唐三百年一人」說。至於「李白乃自然所得，在王之上」的說法，則是襲自王世懋詩論。

中井竹山《詩律兆》是一部專門講解詩歌聲律的詩話作品。其《解題》曰：「此書以近體詩為主，立『恒調』、『變調』之目，逐一舉例說明，其引證律詩以杜甫為主。」然而，「所標之詩，以老杜為主，通乎四唐，涉宋明，無者闕之。但七絕直依四唐之敘，不復主於老杜，蓋以絕句之非其所長。至五絕變調，全是古風，不可拘束，然五律所慎，大抵五絕亦避之為可矣，宜就律

〔註15〕馬歌東：《日本詩話二十種》上，第73～74頁。
〔註16〕馬歌東：《日本詩話二十種》上，第79頁。
〔註17〕馬歌東：《日本詩話二十種》上，第74～75頁。
〔註18〕畑中菏澤：《太沖詩規》，池田四郎次郎輯：《日本詩話叢書》第九卷，第55頁。
〔註19〕池田四郎次郎輯：《日本詩話叢書》第九卷，第55頁。
〔註20〕池田四郎次郎輯：《日本詩話叢書》第九卷，第69～70頁。

體以斡旋，今不復標也」。〔註21〕既然唯獨七絕不主於杜甫，那麼中井認為應該以哪位詩人為主？《詩律兆》七絕部分共列舉了 220 聯、152 首作品。其中，中井認為屬於「可依準者」、引用次數最多的有：白居易（21 次）、李白（17 次）、王昌齡（11 次）、岑參（11 次）、賈至（10 次）。從次數來看，白居易居首位，其次才是李白。另一方面，《詩律兆》各體後都設有專門討論拗體的部分。中井竹山特意挑出、標明為「詩家禁忌」的作品中，白居易有六首，王昌齡有一首，而李白則一首都沒有。中井竹山在《詩律兆》中強調對詩歌聲律「正、變」的辨析，其著書的終極目的是明確教導學詩者各調各格中哪些是「可依準者」和「詩家禁忌」。因此，通過中井對唐代各家七絕詩歌的選入和辨析，我們可以如此理解他的看法：白居易的七絕可依準者最多，但犯禁忌的作品也多，學詩者應當謹慎辨別；李白七絕沒有犯詩家禁忌，均可依準。可想而知，對學詩者來說，為了避免詩律上的弊病，七絕當以可依準者多、又不犯禁忌的李白為主。

此外，皆川淇園《淇園詩話》共有十處提及李白。其中，提及李詩十一次，共八首：《清平調》、《秋下荊門》、《烏棲曲》各兩次、《獨坐敬亭山》《春夜洛陽城聞笛》《峨眉山月歌》《送友人入蜀》《烏夜啼》各一次。淇園所論李詩除了《烏棲曲》以外，其他均收於《唐詩選》中。其中，五首是五七言絕句，占《淇園詩話》所論李白詩歌的 62.5%；從提及次數來看，五七言絕句共七次，占 63.6%。儘管淇園只從詩歌鑑賞角度論李詩，但從他選擇的詩歌來看，他對李詩的接受主要著重《唐詩選》所選詩歌，且詩體上更偏重五七言絕句，這恐怕與李攀龍詩論有一定關係。

當然，新格調派對李白五七言絕句的推崇並不能說是完全繼承自李攀龍詩論。胡應麟也認為「太白絕句，超然自得，冠古絕今」（《詩藪·內編四》），更直言「唐五言絕，太白、右丞為最」、「七言絕太白、江寧為最」（《詩藪·內編六》）。他對李攀龍的李白論也表示認可：「太白五七言絕，字字神境，篇篇神物。于鱗謂即太白不自知，所以至也。斯言得之。」（《詩藪·內編六》）另一方面，王世貞雖對李攀龍詩論有不少批評之論，但在評價李白五七言絕句時，也認同「五七言絕者太白神矣」（《藝苑巵言·卷四》）。只是，他也認為「七言絕，太白神矣。七言歌行，聖矣。五言律絕次之。」（《增補藝苑巵言卷之三》）

〔註21〕中井竹山：《詩律兆·凡例》，池田四郎次郎輯：《日本詩話叢書》第十卷，第46頁。

可見，王世貞雖然認為李白五七言絕句都絕佳，但兩者相比，則五言絕句稍遜於七言絕句，這與李攀龍「李白五七言絕句，唐三百年一人」說還是存在細微的差異。

同樣，新格調派內部對李、王等人的「李白絕句論」也各有偏重。芥川丹丘雖在《丹丘詩話》中多有讚賞李白五七言絕句之語，但同時也認為「七言絕，太白、少伯，乃魯衛之政也。于鱗左袒青蓮，非公論矣。」〔註22〕他在肯定李白為七絕模範的同時，又批評李攀龍左袒李白，言下之意就是在七絕中李白與王昌齡的地位應當並列。這種觀點與胡應麟的「七言絕，太白、江寧為最」是完全一致的。相反，中井竹山在《詩律兆》中列舉李白七絕可依準者十七次，王昌齡則只有十一次。他還指謫王昌齡有一首拗體為「詩家禁忌」。相比之下，中井應該更傾向李攀龍「七絕左袒青蓮」的看法。此外，認為「唐三百年的五絕第一為李白」的畑中菏澤更是完全接受李攀龍《唐詩選序》中對李白絕句的評價，與王世貞「五言律絕次之」之論則相差較遠。總體上來看，新格調派對李白五七言絕句都比較推重，在格調派整體對李白絕句都一致認可的前提下，對格調派內部各家詩論中「李白絕句論」有不同程度的吸取。

新格調派在吸取李白五七言絕句「唐三百年一人」說的基礎上，對李攀龍詩論也有直接的回應。如川合春川，在《詩學還丹》中列舉《清平調·名花傾國兩相歡》一詩並詳細解說，隨後又指出：

> 本邦升平百有餘年，人文大盛，連牧豎樵子都聽說過「太白飄逸子美沉鬱」。又滄溟「太白以不用意得之」，作詩者似乎都要切記「不用意」。以上這種認識都是錯誤的。雖然說太白飄逸、子美沉鬱乃天性使然，但今看二賢諸集，太白也有沉鬱之處，子美又有豪壯之處，太白有「日照香爐生紫煙」這般流麗之句，用意之深切，不用意不能得之；子美「雲移雉尾開宮扇，日繞龍鱗識聖顏」句，壯麗典重，乃諸人之所不及。只因晚年南陽一布衣，所以有沉鬱之句，其詩並非盡是沉鬱。即使是太白子美作詩，也是盡意後而有所得。
>
> 今人模擬古人，不應字字不留意，更不應說詩乃不用意得之。〔註23〕

川合春川之論，客觀地指出了歷來詩論中對李杜詩認識的片面性，對李攀龍詩

〔註22〕芥川丹丘：《丹丘詩話》，馬歌東：《日本詩話二十種》上，第76頁。

〔註23〕川合春川：《詩學還丹》，池田四郎次郎輯：《日本詩話叢書》第二卷，第185～189頁。

論進行修正，具有強烈的詩風折衷化特色。另一方面，新格調派代表之一的熊阪臺洲，在《律詩天眼》中有如下一番論述：

> 亡友鹿柴茂，字督人，資性豪邁，好飲酒，亦頗好學。而其於
> 文章，無所甚解，且如其於詩，以為詩自然而已矣。其意蓋欲如謫
> 仙賦《清平調》，或於醉後恍惚時，以不用意得之。此蓋泥滄溟「工
> 者顧失」語也。殊不知其似不用意者則其用意之最至者，而其似工
> 者則其用意之未至者也。今有璞玉於此，使玉人攻之，雖割之以切
> 玉之刀，錯之以他山之石乎。始則尚見錯礪之痕，琢之又琢之，琢
> 之不已。孚尹旁達，於是乎至矣。此謂人工竭天真至，此謂自然也。
> 且夫謫仙所謂錦心繡口，開口成篇，奚害其美。今人才非謫仙，雖
> 腹能便便，唯是三斗爛腸，任口吐句，其能得佳乎？

此段文字中，熊阪臺洲提取李攀龍《唐詩選序》中的「不用意」和「工者
顧失」兩個關鍵詞展開評述。與川合春川不同的是，熊阪並未否定李攀龍的「不
用意」論，而是對此概念提供一種新的解釋。他認為所謂「不用意」只是「看
似不用意」，實則是「用意之最至者」；相反，所謂「工者」也只是「似工者」，
實則就是「用意之未至者」。他進一步對詩之「自然」進行論述，提出「人工
竭，天真至」才是「自然」的真意。又認為江戶詩人無李白之才，卻想學其「不
用意得之」，導致不得佳句。換言之，就是在肯定李白之才的同時，又認為李
白那些「看似不用意得之」的佳篇，都是因「用意最至」而最終得以達至「自
然」的境界。這不但是對李攀龍「不用意」說的全新闡釋，也是對李白才學和
詩歌創作論的一種重新定義。值得注意的是，以上二人關於李攀龍「不用意」
說的論說，不再局限於絕句體，而是就詩歌創作整體而論。這就說明，李攀龍
的「李白絕句論」實際上影響的不僅是所論詩體本身，而是江戶時代人們對李
白詩歌詩風整體的看法。

圍繞李白七古論與「唐無五言古詩」說的爭議

李攀龍詩論中最具爭議性的，就是對李白七言古詩的批評。他在《唐詩選
序》中明確提出：「太白縱橫，往往強弩之末。間雜長語，英雄欺人耳。」在
選詩中又大幅縮減李白為人稱道的古體歌行作品。對此，不少人都曾提出反對
意見，同為明後七子領袖的王世貞也不例外。《藝苑卮言・卷七》：

> 始見于鱗選明詩，余謂如此何以鼓吹唐音。及見唐詩，謂何以
> 衿裾古選。及見古選，謂何以箕裘風雅。乃至陳思《贈白馬》、杜陵、

李白歌行，亦多棄擲。豈所謂英雄欺人，不可盡信耶。

王世貞特別指出李攀龍選詩排除大量李白歌行的行為，又對《唐詩選序》中李白七古「英雄欺人」說進行反駁，稱其不可盡信。王世貞所表達的反對批評之意甚是直接，立場非常明確。在《藝苑卮言》中，他還討論了李白的樂府詩和七言歌行：「太白古樂府，杳冥惝恍，縱橫變幻，極才人之致，然自是太白樂府」；「五七言絕，太白神矣；七言歌行，聖矣；五言次之。」同樣是論李白之「縱橫」，王世貞使用的都是「極致」、「聖矣」等褒義詞，極為讚賞，與李攀龍「強弩之末」「英雄欺人」的評語可謂南轅北轍。後七子之一的謝榛，與王世貞的觀點也頗為相似。《四溟詩話》謂：「江淹有《古離別》，梁簡文、劉孝威皆有《蜀道難》。及太白作《古離別》、《蜀道難》，乃諷時事。雖用古題，體格變化，若疾雷破山，顛風簸海，非神於詩者不能道也。」後七子以後，又有許學夷批評李攀龍之論。《詩源辯體·卷三十五》曰：「七言古，太白縱橫，往往強弩之末，太白光焰萬丈，古今儷伏，不知于鱗視為何物。」可見，即使是格調派內部，也對李攀龍論李白七古的說法頗為不贊同。

新格調派詩論中，關於李白七言古詩的批評主要來自芥川丹丘和皆川淇園。芥川丹丘在《丹丘詩話·詩評斷》中對李攀龍《唐詩選序》的李白七古論進行反駁，曰：「七言歌行，太白間用長語，亦是其變化處，非英雄欺人也。」〔註24〕論及如何學習創作各體詩歌時，他認為：

> 七言歌行，比五言略易下手，胡元瑞曰：「主拾遺，賓供奉，左中允，右嘉州，則沉雄秀逸，短什宏章，諸體悉備。至於千言百韻，取法盧、駱，什一為之可也。」元瑞論諸體，斟酌眾家，大率此類。嗚呼，天實生才不盡，作者自苦，學到此境，真是揚州鶴也哉。〔註25〕

丹丘所引胡應麟之論，出自《詩藪》內編的「古體七言」部分。同編中胡應麟還指出：「凡詩諸體，皆有繩墨。惟歌行出自離騷、樂府，故極散漫縱橫。」按照這種看法，李攀龍選七古詩依然限定在「依繩墨者」範圍內，而排除「散漫縱橫者」，實為不當。胡應麟又認為：「樂府則太白擅奇古今，少陵嗣跡《風》、《雅》。《蜀道難》、《遠別離》等篇，出鬼入神，惝恍莫測。」可見他對李白《蜀道難》、《遠別離》這類「散漫縱橫」的作品極為欣賞。然而，胡應麟所列舉七

〔註24〕芥川丹丘：《丹丘詩話》，馬歌東：《日本詩話二十種》上，第76頁。
〔註25〕馬歌東：《日本詩話二十種》上，第76～77頁。

－170－

古「初學當擇易下手者數篇」中，李白的《搗衣曲》、《百囀歌》都是通篇七言，「依繩墨者」之作，沒有縱橫變化、「間雜長語」的特點。可見，由於鑒賞和創作上存在差距，對詩歌的評價標準也會有所不同。李攀龍選詩本就以「可摹擬者」為主，因此不難理解他為何排除李白縱橫變化、難以模擬的七古作品。

　　儘管前文已提到，芥川丹丘從「入門須正，立志須高」的角度認為李白的七古和五七言絕句是「初學宜模範」者，但在古文辭派長年摹擬古人作詩之後，處於詩風過渡期的新格調派詩人在反對古文辭派的摹擬惡習的同時，多少都能體會到與芥川丹丘相似的感受：理論上清楚認識到應該學習各家所長，實踐中又不免有些力不從心。因此，丹丘才會感歎「天實生才不盡，作者自苦」，認為要達到學詩的理想境界終究是「揚州鶴」一般不可實現的奢求。

　　另一方面，皆川淇園對李白七言古詩的關注點不在歌行體上，而是更側重於樂府體，故而沒有對李攀龍所論「太白縱橫」進行回應。他並未從詩體論的角度作概括性的評述，而是對具體的詩歌作品進行論述：

> 李白擬古樂府，題雖因古，而機軸由己，是以如《烏夜啼》《烏棲曲》諸作，辭思超拔，賀監欽其天才。其人平生數稱謝朓不置，而其詩句法與謝相類者間亦多見，意其欽慕之至，諷習之久，不自期而致此邪，非模擬而然者也。……太白《烏夜啼》（原文誤作「烏棲曲」），乃為黃雲城中將士，寫其日暮想像秦川家雲裏閨各（原文誤作「合」）之神象者。故繫黃城以其日哺之景，而秦川女其形神意態，卻唯在朦朧彷彿之中。寫隔窗語，乃其寫朦朧者也；停梭悵然，乃其寫彷彿者也。〔註26〕

明許學夷（《詩源辯體‧卷十九》）曰：「太白雖用古題，而自出機軸，故能超越諸子。」淇園對李白樂府詩「題雖因古，而機軸由己」的評價，與許學夷的觀點如出一轍，極有可能就是襲自許學夷。陸時雍《唐詩鏡》中收入《烏夜啼》《烏棲曲》二首，在評價《烏夜啼》時也採用了許學夷的說法，謂：「太白作古樂府，每自出杼軸。」（《唐詩鏡》卷十八盛唐第十）從年代上來看，應是陸時雍受了許學夷影響。但由於《淇園詩話》中並未直接提及或引用許學夷、陸時雍詩論，所以皆川淇園到底接受的是許學夷還是陸時雍之說一時難下定論。此外，皆川淇園所說的「辭思超拔，賀監欽其天才」，與清代沈德潛之說也頗為相近。沈德潛在《唐詩別裁集》中對《烏夜啼》的評語是：「蘊含深遠，不

―――――――――――――
〔註26〕馬歌東：《日本詩話二十種》上，第 152～153 頁。

須語言之煩。賀知章讀《烏夜啼》諸樂府，因重太白，薦於明皇。」此前已有學者指出，皆川淇園與中國新格調派的沈德潛的詩論有許多相似之處。〔註27〕雖然皆川在《淇園詩話》中並未直接提及過沈德潛及其詩論，但不可否認二者詩論的確有較多相似之處。有關皆川淇園詩論與三家詩說的關係，將在後面章節中詳細考察。

　　以上所引皆川淇園的評述，還有一處值得注意，那就是關於李白與謝朓詩風的關係的論述。皆川明確反對古文辭派摹擬剽竊的風習，對擬古詩也甚為厭惡，但對於李白詩句法上與謝朓的相似之處，皆川淇園解釋為「諷習之久，不自期而致」。由此可見，他與李攀龍和古文辭派等所倡導的擬古詩歌之間的不同。他所反對的不是擬古詩本身，而是一味追求形似、刻意模仿、缺乏個性和真情實意的模擬行為。在這一點上，皆川與王世貞的態度十分接近。《藝苑卮言》謂：「剽竊模擬，詩之大病。」王世貞雖然認為李白樂府詩尚沿六朝舊習，不及杜甫「以時事創新題」，但他也強調「青蓮擬古樂府，而以己意己才發之」的長處。反之，他對李攀龍的評價則是：「于鱗擬古樂府，無一字一句不精美，然不堪與古樂府並看，看則似臨摹帖耳。」

　　綜合來看，無論是皆川淇園所說的「機軸由己」、「非模擬而然者」，還是許學夷、陸時雍所說的「自出杼軸」以及王世貞所說的「己意己才」，李白擬古樂府受到讚賞的主要原因就在於詩歌所包含的個性和新意。因此，在看待李白擬古樂府詩的問題上，皆川淇園跟許學夷、陸時雍和王世貞的觀點均較相近，都反對李攀龍那種臨帖般的擬古詩風格。

　　對於李白詩歌中占比最大的五言古詩，李攀龍則以「唐無五言古詩」論為標準加以遴選。前人研究已指出，李攀龍對李白五古的編選，並非簡單以李東陽「古不可涉律」等觀點作為去取標準，他所選作品實際上皆體現了李詩一貫具有的「清」、「遠」等特色，而並非如《古風》之類明顯摹仿漢魏的沉雄渾厚風格。〔註28〕換言之，李攀龍所選李白五古，均是能彰顯盛唐特色的「唐體」作品，即所謂的「唐古」。對此，芥川丹丘也是反對的。他明確指出：

　　　　李于鱗選唐詩，不可謂（於）文無害也。嘗試論之：唐無五言
　　古詩，而有其古詩，自是一代風格，奚得不取哉？……唐無五言古

<hr>

〔註27〕詳見范建明：《論中日詩壇上的「新格調派」以沈德潛與皆川淇園為中心》（2007）。
〔註28〕參見蘇燾：《李攀龍及其唐詩選本中的李白接受觀》（2016），第18頁。

詩，此固然矣，以余言之，亦小冤焉。唐人之才，無讓魏晉，但調
頗駁雜，故不能超乘而上矣。而如子昂《感遇》，太白《古風》、《書
懷》，子美《羌村》、《出塞》……下超宋齊，上迫魏晉。〔註29〕

丹丘雖然站在辨體的角度，承認漢魏五古與「唐古」的不同，但同時也批
評了李攀龍不取唐古，對唐代五言古詩的價值給予認可。中國詩論中與丹丘此
番見解最接近的，應是許學夷。《詩源辯體·卷三十五》曰：「李于鱗《唐詩選
序》，本非確論。冒伯麐極稱美之，可謂惑矣。序曰：唐無五言古詩而有其古
詩，陳子昂以其古詩為古詩，弗取也。愚按：謂子昂以唐人古詩而為漢魏古詩
弗取，猶當謂唐人古詩非漢魏古詩而皆弗取，則非。」由此看來，與明代後期
格調派一樣，新格調派既吸收了李攀龍對「五古」與「唐古」分別的觀點，又
對李攀龍詩論進行批評修正，反對李攀龍對「唐古」的貶低，從詩歌審美的角
度認可「唐古」本身的價值。

對王世貞和謝榛的借鑒與接受

如上所述，新格調派以反古文辭為旨，實際上主要反對的是以荻生徂徠為
首的古文辭派所尊崇的李攀龍及其詩論，對王世貞的詩論大體上還是以正面
接受居多。〔註30〕究其原因，就在於王世貞自己在晚年對早年的詩論進行檢討
與糾正，最終超越了古文辭派的主張。這種觀念的轉變，與新格調派所經歷的
詩風變化是相互對應的。在江戶時代詩風折衷期主張反古文辭的，大部分都是
初學古文辭，後來意識到古文辭的陋病於是脫離古文辭派。新格調派繼承復古
格調說，努力改正反古文辭派的陋病。新格調派為了從內部對格調派進行修
正，在李、王之間傾向「取王捨李」，學習王世貞晚年的詩學觀念是一種合理
的選擇。

王世貞超越古文辭派主要體現在兩個方面：批判李攀龍詩論，以及對古文
辭派和自己早期詩論的反省。具體來說，這些批判和反省集中在摹擬剽竊以及
李攀龍選詩這兩個問題上。新格調派詩論中有很多針對古文辭派摹擬剽竊的
批判。中井竹山在《詩律兆》中強調要「深以蹈襲剽竊為戒」。〔註31〕又直接

〔註29〕芥川丹丘：《丹丘詩話》，第 76 頁。
〔註30〕也有部分主張李王並重，如芥川丹丘認為：「胡元瑞每抑濟南而揚琅琊，陳臥
　　　　子偏排弇州而專推滄溟，要之偏重一隅，非論篤也。余謂于鱗不如元美之博
　　　　大，元美不如于鱗之高華。」（《丹丘詩話》）
〔註31〕中井竹山：《詩律兆》卷十一，池田四郎次郎輯：《日本詩話叢書》第十卷。

批評古文辭派剽竊摹擬成風的教育方式：「師古師其意已。何必剽竊沿襲，從古人口吻之為？又聞物服之門（指古文辭派）教人，一切依仿明人成文，令不得出於自家機軸。謂若用己意，則壞體制，失氣格。」〔註32〕龍草廬的門生宮田維禎則在《草廬集四編》跋文稱：「自徂徠物子唱嘉靖李、王之毒於吾東方，乃名家勝流羽翼，而鼓吹者亦多矣。於是乎目論耳食之徒，靡然向其風，字字務剽盜，句句縛故事，其詩竟至如木偶芻狗也。」〔註33〕此類批判在新格調派詩論中屢見不鮮。針對李攀龍的選詩，王世貞在《藝苑卮言》中評價道：「七言絕句，王江寧與太白爭勝毫釐，俱是神品，而于鱗不及之。」芥川丹丘曾表達與之一致的意見：「李于鱗選唐詩，不可謂文無害也。……七言絕，太白、少伯，乃魯衛之政也。于鱗左祖青蓮，非公論矣。」〔註34〕

從李白接受的角度來看，新格調派呈現出向王世貞和謝榛學習的傾向。《明代格調詩學對李白的審美接受及其詩歌對話——以謝榛和王世貞為中心》一文中，就王、謝對李白接受的審美突破有較多討論。王、謝論詩都十分重視法度。但是他們也意識到格調論字斟句酌的解析所面臨的日漸局促的境地。尤其是在格調論的視野下評論李白詩歌時，理論分析與實際評價往往難以調和。但謝榛在嚴羽詩論的基礎上提出學習李杜的方法分層，以及王世貞對詩歌篇法、句法等的具體分析，對李白評價進行了一定的審美拓展。由於難以音聲、體制等規則概念來圈定和限制李白詩歌藝術特徵，王、謝在評判李白時都偏向從宏觀角度將個體風格和詩歌藝術的整體規律相結合。〔註35〕在這種評判目光下，對李白詩歌的審美評價自然與古文辭派截然不同，也更能體現出李白詩歌獨特的審美魅力。

新格調派的龍草廬，以謝榛為明七子之首，認為李、王次之。他曾著《謝李優劣論》，批判李攀龍詩論、主張學習謝榛詩論。他反對「詞華過乎情實」，認為導致這一現象的原因是「貴聲調之所致。〔註36〕他的弟子平信好師古讚揚

〔註32〕 中井竹山：《呈蛻岩先生書》，《奠陰集》文集卷二，江戶寫本，十一冊，昌平阪學問所舊藏本，日本公文書館。

〔註33〕 宮田維禎：《草廬集》四編卷六跋文，龍草廬撰，小幡文華編：《草廬集》，二十一冊，江戶寶曆十二至寬政七年刊，享和三年印，昌平阪學問所舊藏本，日本公文書館。

〔註34〕 芥川丹丘：《丹丘詩話》，馬歌東：《日本詩話二十種》上，第 76 頁。

〔註35〕 蘇燾：《明代格調詩學對李白的審美接受及其詩歌對話——以謝榛和王世貞為中心》，《綿陽師範學院學報》2017 年第 9 期，第 19 頁。

〔註36〕 松下忠：《江戶時代的詩風詩論》，第 445 頁。

他「詩則俾學者知盛唐諸家之聲音，而免為明家李王之奴隸」。〔註37〕皆川淇園也曾在《淇園詩話》中指出這個問題：

> 唐人聲律未甚嚴，而宋人以降，拘束日甚。……至於李攀龍輩，苛刻嚴急，不容細過。其意蓋恐人或指謫之也。殊不知詩本吟詠性情，略調聲律，可歌則可矣。……李攀龍輩不知其當作如是觀，而拘拘束束，殆如小禪縛律。〔註38〕

可見，新格調派雖然同樣重視聲調格律，但是卻反對李攀龍那種過分嚴格偏狹的法度標準。如此一來，難以以音調體制等規矩來限制的李白詩歌的真正價值也就能得到更好的體現。

龍草廬在詩歌創作的實踐上也「劬意於青蓮，以優入大雅之域」〔註39〕，被門生菅元彪譽為「於詩書海內無兩，詩則淵明、太白之妙境，書則元常、逸少之神巧」〔註40〕這點與王世貞有相似之處。與謝榛不同，王世貞更偏重於在情感和整體風貌上認可和效法李白。他在詩文創作中多次表達李白的緬懷和追慕，注重對李白飄逸意象和自由迭宕節奏的取法，體現出其詩學觀念上對李白的情感、人格和藝術風格的認同與看重。〔註41〕正是因為在詩論上有了新的審美拓展與突破，新格調派在學習李白的時候能夠在更廣闊的視野下重新審視李白詩歌的價值，並且能夠超越格調派從字句音調等微觀角度的學習方法，從而改向由宏觀的氣格、精神風貌等方面去學習李白。

二、「新格調派」對李白律詩的接受——以中井竹山《詩律兆》為例

《詩律兆》的成書背景

中井竹山（1730～1804），名積善，字子慶，江戶中後期朱子學家，大阪學問所懷德堂的第四代堂主。著有反徂徠經學的《非徵》、經世論《草茅危言》及史學著作《逸史》。詩文方面有《詩律兆》十一卷、《奠陰集》二十卷、《西岡集》一卷、《東征稿》一卷和《奠陰略稿》乾坤二卷。《詩律兆》是中井竹山

〔註37〕 宮田維禎：《草廬集》四編後敘，龍草廬撰，小幡文華編：《草廬集》。

〔註38〕 皆川淇園：《淇園詩話》，馬歌東：《日本詩話二十種》上，第144頁。

〔註39〕 松平倉之介：《草廬詩集》三編跋，龍草廬撰，小幡文華編：《草廬集》。

〔註40〕 菅元彪：《草廬集》四編卷六跋，龍草廬撰，小幡文華編：《草廬集》。

〔註41〕 具體參照前引蘇焄《明代格調詩學對李白的審美接受及其詩歌對話——以謝榛和王世貞為中心》（2017）。

於 1758 年撰寫的一部專門教導學詩者詩歌聲律之法的詩論著作。

除了反古文辭與對格調說的修正以外，新格調派的詩論還有一個比較突出的特徵，即對詩歌聲律的關注。由於語言和發音上的不同，日本人在學習聲律的方面尤為困難。《白雲館詩式自序》（1797）中指出聲律教科書對日本學詩者的重要性：「我東方則土音既殊，方言又異。是以碩儒鴻生尚不能知聲律，何況初學邪。所以彼（西土，指中國）未有成書而東方不可無其書也。」〔註42〕祈曉明在《江戶時代的日本詩話》的《日本詩話的詩韻詩律論》一章中指出，以荻生徂徠為首的萱園古文辭學派興起後，主張從形式上模擬古人，所遵奉的格調派著作也都是注重音韻聲律的。在古文辭派有意識的推動與助長下，日本詩話對聲韻格律有了非常深入的研究和透徹的瞭解。〔註43〕事實上，日本詩話對聲韻格律的研究並非在古文辭學盛行當時就達到如此高度。祈曉明所列舉日本詩話中具代表性的聲韻格律論中，研究最深入的赤澤一堂、日尾省齋以及津阪東陽都是江戶後期的詩論家，其次才是新格調派的皆川淇園、古文辭派的林東溟和性靈派的山本北山。雖然古文辭派的詩韻聲律論並非最有創見、最具標誌性的，但是古文辭派在倡導格調說這一點上確實居功至偉，其影響是長期且深遠的。

聲律問題屬於「格調音聲論」所關注的核心範疇，在中國歷來為主張格調說的詩論家所重視。楊士弘《唐音》提出「審音律之正變」觀念以後，高棅在這一觀念的指導下以及前賢選唐詩的基礎上，建立了「聲律純完」的詩學理念，並注重以聲選詩。《唐詩正聲自序》曰：「其聲律純完，上追風雅而所謂集大成者，唯唐有以振之。」又明確指出：「以正聲採取者詳乎盛唐也，次初唐、中唐、元和以還間得一二聲律近似者，亦隨類收錄，若曰以聲韻取詩，非以時代高下而棄之，此選之本意也。」（《唐詩正聲凡例》）由此，復古詩論以盛唐為正聲的美學標準就建立了。前後七子繼承李東陽的「聲調論」，強調唐詩氣象，也注重唐人聲調，促成了重視自然聲律與人為聲律的格調詩論。如李夢陽與王世貞提出格調論、謝榛提出「求聲調」與「四關」等主張，何景明特別看重詩歌的聲律形式、李攀龍提出「修辭寧失諸理的散文主張等等。之後，胡應麟和許學夷結合時代發展的需求，分別提出了「體格聲調」與「聲

〔註42〕 熊阪臺洲：《白雲館詩式‧自序》，一冊，江戶寬政九年（1797），昌平阪學問所舊藏本，日本公文書館。
〔註43〕 祈曉明：《日本詩話的詩韻詩律論》，《江戶時期的日本詩話》，北京：中國社會科學出版社，2009 年。

氣」說。〔註44〕可見，聲律問題一直是格調說詩論中不可忽視的重點議題。

　　新格調派的反古文辭，在聲律問題上表現為反對李王過分嚴格的聲律論，主張學習唐詩本身的「正聲」，即所謂「唐音」。川合春川在《詩學還丹》中主張初學華人之詩最重要是「正平上去入四聲，使每句都符合音律」。他認為「本邦之人」不能分辨四聲，所以初學文字時應儘量只用唐人熟字，這樣自然就能符合四聲聲調，跟唐人的詩一樣符合音律。他更批評「喜好奇特議論之人」（指性靈派）尤其熱衷於使用「日本式」的文字，認為這樣雖然使詩歌看起來更新奇，但四聲音律往往不正。又指出「本朝詩人」的詩只講平仄、不講四聲、不合音律的缺點。〔註45〕由於江戶詩人在創作上尤其注重學習「有法可循」的近體詩，在討論近體詩時自然更重視聲律問題。如胡應麟所說：「近體有定規，難於伸縮。調詞超逸，驟如駭耳，索之易窮。意格精深，始若無奇，繹之難盡。」（《詩藪・內編四》）因此，新格調派的熊阪臺洲也強調：「學近體者，當論聲律於唐詩矣。」〔註46〕綜上，在新格調派活躍的時期，他們在繼承格調說聲律論的同時，也清楚認識到本國人不能分辨四聲、作詩不合音律的缺點，因而在詩歌創作上更加注重對聲律的學習。中井竹山的《詩律兆》正是在這種背景下應運而出，遂與江戶晚期鈴木松江的《唐詩平仄考》並稱為「詩界之雙璧」。

《詩律兆》對李白律詩的「正變」之辨

　　在《詩律兆》的解題中，中井竹山清楚說明了撰書原因：

　　　　古來我邦作家往往疏於聲律，故而以關於作詩之法的書為多，鮮少談及聲律。此書以近體詩為主，立「恒調」「變調」之目，逐一舉例說明，其引證律詩以杜甫為主，旁及四唐宋明，末兩卷為著者關於作詩之論。

與其他新格調派詩人一樣，中井竹山也認識到日本詩家疏於聲律的缺陷，因而立意撰寫這部專門向學詩者講述聲律之法的著作。如他本人所介紹，這部書有兩個特點：一是以當時日本漢詩人普遍創作的近體詩為主，具體分為五言律詩、七言律詩及七言絕句三種詩體；二是立「恒調」與「變調」之目，「推正

〔註44〕　李國新：《明代詩聲理論研究》，北京：中國社會科學出版社，2017年。

〔註45〕　川合春川：《詩學還丹》卷上，池田四郎次郎輯：《日本詩話叢書》第二卷，第167～168頁。

〔註46〕　熊阪臺洲：《律詩天眼・餘論》，一冊，江戶寬政十年刊，昌平阪學問所舊藏本，日本國立公文書館。

極變」，從聲調「正變」的角度來對詩歌進行辨析。〔註47〕無論是「辯體」意識還是詩歌的「正變」之辨，都充分體現出格調派論詩的特色。中井竹山的做法，繼承了明代李東陽的「以聲辨體」論，只是李東陽以考察詩聲為手段、以辯體為目的，而中井則是以辯體為手段、以辨析聲律的「正變」為目的。〔註48〕而辨析聲律「正變」的具體方法是「以古人詩句，明其異同取捨。古人所無，或者僅僅有之，不足以例，而我邦犯用弗悟者，別圖以附各篇末，以砭其痼」，拗體部分則是「揀拗句可依準焉者，別出為卷，置於各體後，以廣其變，隨以餘考、附錄，務極其要歸」，其終極目的是讓覽者「易辨之」，「參照以記取之」和「審之」。〔註49〕

中井竹山對於聲調「正變」的考察，更側重於音調之「變」。他先把各詩體分為「正格」、「變格」及「拗格」三格，又在每一格中立「恒調」與「變調」二目，在「變調」的部分更是按「起句」、「前聯」、「後聯」、「結句」（絕句則是按「起聯」和「結聯」）分類舉例。三格之中，又以「拗格」部分的論述最為詳盡。據《詩律兆·凡例》，中井「又揀拗句可依準焉者，別出為卷，置於各體後，以廣其變。」他將律詩的「拗格」細分為正格拗起句體、偏格拗起句體、正格拗前聯體、偏格拗前聯體、正格拗後聯體、偏格拗後聯體、正格拗結句體、偏格拗結句體、正格拗兩聯體、偏格拗兩聯體、前正後偏相半體、前偏後正相半體、一正一偏交互體及一偏一正交互體等十四種類型，將絕句的「拗格」分為前正後偏體和前偏後正體兩種類型，又把這些「拗格」詩歌分為「可準者」和「詩家禁忌者」兩類，告誡學詩者要注意分辨。以下，將以《詩律兆》中對李白詩歌的「正變」之辨為中心，按詩體分別考察中井竹山對李白近體詩的看法與取捨。

五言律詩

《詩律兆》五言律詩部分中所列舉李白詩歌共22句，19首。（詳見附錄）

關於李白的五律詩歌，宋心昌在《李白五律藝術論略》一文中曾有詳細論述。據其介紹，李白今存七十餘首五律，而在初、盛唐詩壇上，除杜甫外，所作五律在七十首以上者，並不多見。只有宋之問、岑參、王維、孟浩然、李頎

〔註47〕據中井竹山《詩律兆·凡例》，近體詩中獨缺五絕的原因是：「至五絕變調，全是古風，不可拘束，然五律所慎，大抵五絕亦避之為可矣，宜就律體以斡旋，今不復標也。」

〔註48〕李東陽「以聲辨體」論內容主要參照李國新《明代詩聲理論研究》（2017）。

〔註49〕參照中井竹山《詩律兆·凡例》。

等，方可與李白比肩。因此，胡應麟《詩藪》稱李白的五律在唐代「足自名家」。他指出李白的五律詩歌中，屬於唐律正格者並不很多，有不少為越出「常度」之作，如著名的《宿五松山下荀媼家》、《渡荊門送別》、《塞下曲》（駿馬似風胡）、《過崔八丈水亭》等，均屬此類。又因為五律從五古演變而來，初、盛唐時五律不拘律法者很多，時人「未以平側失眼為忌」。宋心昌認為，初、盛唐寫作五律的詩人大致分成兩派：一是以蘇味道、沈佺期、宋之問、杜審言等為代表，變六朝新聲為近體，純以律法運行，所作五律句剪字裁，精密無隙；二是以王勃、陳子昂、張九齡、常建等人為代表，所作五律不太講究字準句約，繩墨法度，猶有六朝風味。李白屬於後者，其五律，大都不為律束，古意猶存。〔註50〕也就是說，李白的五律，雖也有符合格律要求之作，但大多屬於「以古入律」一類。正如《李詩緯》所評：「若太白五律，猶為古詩之遺，情深而詞顯，又出乎自然。要其旨趣所歸，開鬱宣滯，特於風騷為近焉。」〔註51〕

　　王世貞曾言：「古樂府、選體、歌行，有可入律者，有不可入律者。句法、字法皆然。惟近體必不可入古耳」。〔註52〕可見，對於重視體格律法的格調派來說，「以古入律」屬於詩家禁忌之一。因此，對於李白這種「以古入律」的五言律詩，歷來評論家的意見都存在分歧。其中，楊慎、王夫之、龐境等有所批評，田雯、李鍈、沈德潛等則讚賞有加。正如許學夷《詩源辯體》所說：「世謂太白短於律，故表明之。太白五七言律，以才力、興趣求之，當知非諸家所及。若必於句格、法律求之，殆不能與諸家爭衡矣。」他引胡應麟之論：「五言律，太白風華逸宕，特過諸人，後之學者，才匪天仙，多流率易。」認為「此論最有斟酌。」又指太白五言律等篇「格雖稍放，而入小變，然皆興趣所到。一掃而成，後人必不能為，所謂人力可強，而天才未易及也。」〔註53〕儘管李白五律受到高度評價，但從才法論的角度來看則是「天才未易及」，後人學之「多流率易」，因而屬於「不可法」一類。

　　如前所述，《詩律兆》是一部面向學詩者的、教科書性質的、以辨析聲調的「正變」為目的的聲律書。中井竹山在五律部分就談到初盛唐五律「以古入

〔註50〕宋心昌：《李白五律藝術論略》，《河北師範大學學報》1992 年第 3 期，第 29 ～34 頁。

〔註51〕〔唐〕李白撰，〔清〕王琦注：《李太白全集》卷之三十四附錄四·叢說二百二十則，北京：中華書局，1977 年 9 月。

〔註52〕〔明〕王世貞：《藝苑卮言》卷之一，八卷，明萬曆十七年武林樵雲書舍刻本。

〔註53〕〔明〕許學夷：《詩源辯體》卷十八，三十六卷，明崇禎十五年陳所學刻本。

律」的問題：「初盛之交，律體未純，五律往往與五古混……大抵初唐亡論矣，盛唐諸家，李杜孟儲，最多變態，但杜於七言為甚，是亦詩家須知也。要之，自非天寶、大曆以降，遵用通熟者，未可以為正據焉。」〔註54〕這裡，中井竹山強調「李杜孟儲」等盛唐諸家律詩（尤其是杜甫七律）「最多變態」，告誡學詩者不應以「非天寶、大曆以降，遵用通熟者」為「正」來參考。也就是說，他從詩歌的雅正觀念出發，對初盛唐那些「以古入律」的不純正的五律抱有否定態度，認為學詩者入門須正，應學習律體發展成熟以後的作品。按照這種標準，中井在《詩律兆》五言律詩的「拗體」部分將李白的《南陽送客》和《春日遊羅敷潭》列為「詩家大忌」一類：

> 右所附十六圖，詩家大忌，我邦相沿熟用者，甚非矣，以其靡然成習也。予嘗目之為俗調，所引李白起句共二腔，前聯、結句各一腔……今悉批其姓名，令覽者辨別焉。後皆仿此。夫拗體詩，變怪自出，豈容律以常調焉哉，姑舉此，以示例之非例云爾。

他判定這些詩歌為「詩家大忌」的原因，是由於它們屬於俗調。又強調拗體詩變化多樣，難以被律法束縛，目的是讓學詩者通過他所列舉的「非例」，學會辨別「正變」，儘量避免學習這些不符合規範的作品。他又補充道：

> 蓋唐宋所通用拗體，變怪多端者，皆於七律，不於五律，今所引諸家，率係初唐，其得於盛唐已後，及宋明者，寥寥晨星，李杜之多變，而僅僅得一二，則後人實難可依準。〔註55〕

中井再三強調初唐拗體之「多變」，認為即使李杜也僅得一二，後人更加無法仿傚。因此，中井在五律部分的著重點，在於辨析五律的「變格」、「變調」，主張學習五律「純正者」，避免學習「多變者」。而李白的五律，屬於後者。因此可以理解為，中井竹山並不提倡學詩者學習李白五律。

七言律詩

接下來，將討論《詩律兆》七言律詩部分。一般認為，諸詩體中李白最不擅長七律一體。趙翼《甌北詩話》稱其七律「殊不足觀」，翁方綱《石洲詩話》斥其「不工」，趙文哲《娵雅堂詩話》則認為「太白不善此體」。蘇志敏的《李白七律「不工」之探析》一文曾對李白的七律作品進行深入探析。他指出：李

〔註54〕中井竹山：《詩律兆》，池田四郎次郎輯：《日本詩話叢書》第十卷，第98～99頁。

〔註55〕池田四郎次郎輯：《日本詩話叢書》第十卷，第140～141頁。

白七律在「句格法律」方面存在的主問題是拗句和失黏。而李白七律「不工」的原因，從客觀方面而言，是與當時七律的發展階段相適應；從主觀方面而言，則是受到了其文學主張及個性的影響。他又認為，李白並非不善近體，而是為了「清真自然」的藝術追求，為了給情感抒發以更大的自由，有意無意地打破了格律的限制。他的以古入律，更是提升了七律的格調。〔註56〕然而在重視格律的格調派看來，李白的七言律詩即使格調高、藝術性強，也是不值得學習的。王世貞認為：「太白之七言律、變體，不足多法。」許學夷則謂：「太白七言律，集中僅得八篇。駘蕩自然，不假雕飾。雖入小變，要亦非淺才可到也。」〔註57〕可見，即使許學夷對李白七律的風格讚賞有加，卻認為李白這種七律之「變」是後人難以學習的，這與王世貞所說的「不足多法」其實是一致的。

此外，按照對七律要求的不同，歷來對李白七律作品的數量也是各有看法。嚴格如胡壽之，認為李白七律「止二三首」；最多的，也不過如趙翼所說「只有十首而已」。對李白詩歌推崇備至如高棅，在《唐詩品彙》中雖以李白為七言律之「正宗」，也僅收《登金陵鳳皇臺》、《送賀監歸四明應制》、《別中都兄明府》、《題東溪公幽居》、《鸚鵡洲》、《題雍丘崔明府丹灶》等六首作品。《詩律兆》中，也列舉了六首李白七言律詩。與《品彙》不同的是，《詩律兆》並未收入《鸚鵡洲》與《題雍丘崔明府丹灶》，而選入了《寄崔侍御》和《贈郭將軍》。（詳見附錄）

首先，從格律的角度來看，李白的八首七言律詩中出現的拗句、失黏等問題可以總結如下：

《送賀監歸四明應制》：合律（沒拗句，沒失黏）

《題雍丘崔明府丹灶》：合律（沒拗句，沒失黏）

《鸚鵡洲》：拗句、重字（沒有失黏）

《別中都明府兄》：2處失黏

《寄崔侍御》：2處失黏

《登金陵鳳凰臺》：重字、2處失黏

《贈郭將軍》：拗句、2處失黏

《題東溪公幽居》：拗句、四聯全失黏

〔註56〕蘇志敏：《李白七律「不工」之探析》，《陝西師範大學學報》（哲學社會科學版）2015年第一期，第84～91頁。

〔註57〕許學夷：《詩源辯體》卷十八，明崇禎十五年陳所學刻本。

可以說，除了《送賀監歸四明應制》和《題雍丘崔明府丹灶》以外，其餘六首都屬於不合格律要求的作品。然而，明代重視格調聲韻的選本中，高棅《唐詩正聲》收入《登金陵鳳凰臺》《送賀監歸四明應制》和《別中都明府兄》三首，以為盛唐之「正聲」；對格律要求嚴明如李攀龍，《古今詩刪》中僅收一首李白七律，卻不是完全符合格律要求的《送賀監歸四明應制》或《題庸丘崔明府丹灶》，而是出現重字及兩處失黏問題的《登金陵鳳凰臺》。可見，即使是最重視詩歌格律的格調派，在評價李白的七言律詩時也並非單純以格律為唯一指標。同樣，中井竹山也並未選入完全合律的《題庸丘崔明府丹灶》。另外，胡震亨認為：「開元七律，自前數公外，其可舉數者亦無多……如太白、孟浩然，並非其長。太白僅得《鸚鵡洲》及《送賀監》二結。」〔註58〕而被胡震亨視為七律的《鸚鵡洲》，卻未被中井竹山選入。

　　《鸚鵡洲》與《登金陵鳳凰臺》同是屬於「以古入律」的七律作品，為何中井只選《登金陵鳳凰臺》，而不選《鸚鵡洲》呢？范德機評《登金陵鳳凰臺》曰：「登臨詩首尾好結更悲壯，七言律之可法者也。」〔註59〕或許因為《登金陵鳳凰臺》屬於「可法者」一類，重視擬古實踐的李攀龍才會選入，加上高棅也把它列為「正聲」，所以《登金陵鳳凰臺》在格律上雖有小疵，卻是被格調派所承認的一首七律。至於《鸚鵡洲》，毛先舒認為它「調既急迅，而多復字，兼離唐韻，當是七言古風耳」〔註60〕由於詩歌在立意句法和結構上都與崔顥的《黃鶴樓》極其相似，歷來評論家對《鸚鵡洲》都頗有微言，認為這種模擬之詩不可取。王世貞在《藝苑巵言》中曾直白地批評道：「太白《鸚鵡洲》一篇，效顰《黃鶴》，可厭。」可見，中井竹山是從詩歌整體氣象和內容的角度來選擇《登金陵鳳凰臺》，排斥《鸚鵡洲》的。這種觀點，與選入《登金陵鳳皇臺》的李攀龍和批評《鸚鵡洲》的王世貞是比較接近的。

　　另一方面，中井對李白七律中的拗體有什麼看法呢？如前所述，中井竹山認為李白的部分五律拗體是「詩家大忌」。然而，到七律部分，其標準就不同了。《詩律兆》中所列拗體，包括李白的《登金陵鳳凰臺》、《別中都明府兄》、《寄崔侍御》、《贈郭將軍》、《題東溪公幽居》等五首，均被中井視為「拗體可

〔註58〕〔明〕胡震亨輯：《唐音癸籤》卷十，三十三卷，清文淵閣四庫全書本。
〔註59〕〔明〕高棅編：《唐詩品彙》卷八十三七言律詩二，九十卷，清文淵閣四庫全書本。
〔註60〕毛先舒：《詩辯坻》，裴斐、劉善良編：《李白資料彙編金元明清之部》卷三，北京：中華書局，1994年7月第一版。

準者」。對此，中井加以解釋道：

> 夫七律全篇之拗，多於五律，然所謂吳體者，其變百般，以至
> 於闔闢縱橫，不可端倪焉。……要之，唐氏風習，口耳所便，不約
> 而致然，宋明亦不敢隕越也已，後人第遵成式而可，不可因有例無，
> 假縮為贏，以濟一時之窮，藉口乎拗格也。〔註61〕

在《詩律兆卷十‧餘考‧體格》中，他就同一問題再次說明：

> 但是在五言為然，七言不必然，蓋七言古風、律體，皆創於唐
> 氏，與五言承六朝者，事體不同也。〔註62〕

中井竹山認為，七言古風、律體都創於唐代，而七律拗體是不約而致的唐代風
習，所以應該視這些唐代七言拗體為後人第遵的「成式」，也就是「拗體可準
者」。同時，中井也強調這些七律拗體即便是宋明人也難以掌握，後人學詩只
能參照這些唐人拗體的「成式」，並告誡後學切勿隨意以拗格為藉口破壞格律。
言下之意，就是把七律拗體限定在已有的這些唐人七律拗體的範圍之內，除此
以外的拗體均不可以為準。至於五言律詩，則不在唐體的範疇內，因而中井認
為五言律詩的拗體是「詩家大忌」，是由於五律與七律本身「事體不同」。清費
經虞《雅倫‧卷十》曰：「七律因工部多拗體，故人多傚之。五律拗體，人即
以古詩目之耳。特為拈出，以備一體。」〔註63〕可見，對五律與七律拗體有不
同判定標準這一點，在中國本來就是一種慣例。而中井竹山因為注意到日本漢
詩中存在濫用拗體、甚至以拗體為藉口破壞詩歌格律的情況，故而在《詩律兆》
中特別強調「拗格」部分的內容，以糾正當時詩風之弊端。綜上，儘管李白七
律作品本來很少，且歷來評價不高，中井竹山還是選入六首李白七律作品作為
教導後學的詩歌範例，並認可這些作品為「可準者」。由此可見，中井竹山對
李白七律抱有正面態度，甚至推薦學詩者去學習李白的這六首七律作品。這一
點，與前述王世貞和許學夷的觀點是完全相反的。可以說，這是中井竹山在繼
承明代格調說的同時，又對格調說進行修正的一種體現。

三、新格調派對神韻說的吸收與李白詩

松下忠曾指出，江戶時代第三期詩壇的特色之一就是明顯地出現了神韻
說的影響。他認為丹丘、儋叟、菏澤、春川都是重視神韻境界的例子。菏澤、

〔註61〕中井竹山：《詩律兆》，池田四郎次郎輯：《日本詩話叢書》第十卷，第227頁。
〔註62〕池田四郎次郎輯：《日本詩話叢書》第十卷，第285頁。
〔註63〕〔清〕費經虞：《雅倫》卷十，二十六卷，清康熙四十九年刻本。

春川以格調說為中心，再加上神韻說以唱己說。〔註64〕然而，松下並未就此論說進行詳細的敘述與解釋。

　　前面已經提到，新格調說主要繼承格調說再加以發展而來。而談論格調說與神韻說的關係時，首先不得不提的就是二說與《滄浪詩話》的關係。如松下忠所言，第二期詩壇的大多數詩人多多少少都受了《滄浪詩話》的影響。究其原因，是因為第二期詩壇以明代復古詩論為主，而明代復古詩論正是以《滄浪詩話》為基礎加以發展的。關於《滄浪詩話》與明代復古詩論的關係，陳潔（2003）與袁憲潑（2014）兩位學者已經有過深入的討論。〔註65〕陳氏認為，明代復古詩派在一系列的詩歌創作問題上所涉及的一些主要觀點，諸如提倡學古，重視格調，因情立格，讚賞神韻等觀點，幾乎都與《滄浪詩話》有著千絲萬縷的關係，《滄浪詩話》在實際上成了他們共同的詩學經典和理論來源。〔註66〕袁氏則指出，復古詩學通過對《滄浪詩話》的批評、接受和發展建立起了自己的詩學體系。明代復古詩派從具有選擇性的接受到逐步走向全面，對嚴羽詩學進行了創造性挖掘與深化，明代復古詩學正是通過對嚴羽《滄浪詩話》理論闡釋，建立起一套復古主義詩學理論。〔註67〕另一方面，新格調說是繼承格調說的同時反古文辭、對格調說進行內部修正的詩論，其詩論核心始終以格調派復古詩論為主。因此，新格調派詩論同樣以《滄浪詩話》為理論基礎。

　　從新格調派的詩話作品中可以看到，他們對嚴羽《滄浪詩話》多次引述，無不推崇備至。芥川丹丘評中國詩話謂：「古今詩話，惟嚴儀卿《滄浪詩話》斷千古公案。」〔註68〕畑中菏澤《太沖詩規》謂：「《滄浪詩話》——此老之論乃大正法眼。」〔註69〕熊阪臺洲《律詩天眼》謂：「空中之音，相中之色，水中之月，鏡中之像。自是嚴滄浪千古妙解。」〔註70〕又在《白雲館近體詩眼自

〔註64〕松下忠：《江戶時代的詩風詩論》，第 111 頁。
〔註65〕關於《滄浪詩話》與明代詩論整體的關係，本書主要參考了陳芳：《〈滄浪詩話〉明代接受研究》，博士論文，復旦大學，2013 年。
〔註66〕陳潔：《〈滄浪詩話〉與明代復古、擬古詩潮》，《欽州師範高等專科學校學報》第 18 卷第 2 期，2003.6，31～34 頁。
〔註67〕袁憲潑：《〈滄浪詩話〉與明代復古詩學》，《中國韻文學刊》第 28 卷第 2 期，2014.4，15～20 頁。
〔註68〕芥川丹丘：《丹丘詩話》，馬歌東：《日本詩話二十種》上，第 77 頁。
〔註69〕畑中菏澤：《太沖詩規》，池田四郎次郎輯：《日本詩話叢書》第九卷，第 59 頁。
〔註70〕熊阪臺洲：《律詩天眼》，一冊，江戶寬政十年刊，昌平阪學問所舊藏本，日本國立公文書館。

序》中說明其書名：「蓋取者嚴滄浪金剛眼睛之說也。」〔註71〕《詩學還丹》
直接引用嚴滄浪語：「近代諸公作奇特解會，以文字為詩，以議論為詩，終非
古人詩。」〔註72〕可見，新格調派把《滄浪詩話》奉為經典，推崇備至。

　　神韻說與《滄浪詩話》之間，也有著較緊密的關係。鍾嶸《詩品》、司空
圖《二十四詩品》及嚴羽《滄浪詩話》等歷代詩論作品都對王士禛的神韻說有
直接影響。其中，嚴羽通過「妙悟」、「興趣」、「入神」等詩論表達的美學思想
和審美境界，在古代文論的神韻論領域起著承先啟後的重要過渡作用。〔註73〕
松下忠認為，神韻說吸取了格調說和性靈說的長處，在此基礎上再加上神韻的
主張。〔註74〕他對王士禛的神韻說中嚴羽《滄浪詩話》的影響有詳細的論述，
現摘其要點數條，以為參考：第一，松下氏舉王士禛《池北偶談》卷十七借禪
喻詩條，證明王士禛支持嚴羽的立場，認為嚴羽的主張是「不易之論」，對批
駁嚴羽的錢謙益和馮班都斥之以「非」。第二，王士禛《唐賢三昧集》序中引
述嚴羽《滄浪詩話‧詩辨》之語。第三，舉出王士禛《香祖筆記》和《帶經堂
詩話》中多處評詩用語與嚴羽一致的地方，認為這些都明顯表現出嚴羽詩論對
王士禛的巨大影響。〔註75〕如果說神韻說從格調說和性靈說發展而來，那麼，
神韻說與格調說自然有著相通的部分。試對比神韻說和格調說詩論的核心內
容，會發現二說在「師古」與「學唐」兩點上是一致的。這兩點相通重合的部
分，正是來源於主張以古為師、崇唐貶宋的《滄浪詩話》。因此，新格調派在
繼承吸取格調說的同時吸收神韻說的一大前提，是因為格調說與神韻說有著
共同的詩論基礎。

　　以下，將通過神韻說與新格調派論李白詩的比較，討論新格調派吸收神韻
說的具體表現及其內涵。

《丹丘詩話》的李詩評價與神韻說

　　芥川丹丘（1710～1785），名煥，字彥章，別號養軒。曾學於伊藤東涯、
宇野明霞及服部南郭，後從徂徠學轉向陽明學。著有《薔薇館集》《詩家本草》

〔註71〕熊阪臺洲：《白雲館近體詩眼自序》，一冊，江戶寬政九年（1797），昌平阪學
　　　　問所舊藏本，日本公文書館。
〔註72〕川合春川：《詩學還丹》，池田四郎次郎輯：《日本詩話叢書》第二卷。
〔註73〕楊萬里：《論嚴羽美學思想對神韻論的影響》，《邢臺學院學報》第 25 卷第 1
　　　　期，2010.3，88～90 頁。
〔註74〕松下忠：《江戶時代的詩風詩論》，第 881 頁。
〔註75〕松下忠：《江戶時代的詩風詩論》，第 893～895 頁。

及《丹丘詩話》。如前所述，松下中認為芥川丹丘是新格調派中重視神韻境界的一個例子。丹丘所推舉的詩論家有嚴羽、徐禎卿、王世貞、胡應麟。神韻派代表王士禎《帶經堂詩話》及《漁洋詩話》均有載：「余於古人論詩，最喜鍾嶸《詩品》、嚴羽《詩話》、徐禎卿《談藝錄》。」〔註76〕其中，丹丘推舉的嚴羽、徐禎卿都與王士禎相同。明代「前七子」之一徐禎卿論詩以「情」為主，提出「因情立格」的詩學概念，又強調「心」與「思」的作用。這與通過追求外在形似建立格調的李夢陽與後來的李攀龍都大不一樣。而王世貞論詩雖然以格調為主，但他反對李攀龍的「摹擬尺寸」，認為「才生思，思生格，格生調」。這是受嚴羽「詩者，吟詠情性」的啟發，同時又汲取了何景明、徐禎卿強調詩人情性、才思的思想。他重視詩歌的行情本質及審美特質，倡導才情與格調相調劑，要求表達性情之真，使詩歌理論更貼近詩歌創作的本質形態，與「性靈」說的立場有契合之處；而推崇「神與境會，渾然而就，無岐級可尋，無色聲可指」、「意融而無跡」的詩美境界，則又開「神韻」說之端。〔註77〕芥川丹丘屬於新格調派早期的詩論家，當時正處於江戶反古文辭詩風的初始期。其詩論基本上還是以復古格調說為主，反對古文辭派學習李攀龍的模擬雕琢，情況與王世貞頗為相似。概括來說，芥川丹丘推舉的幾位詩論家的共同特徵，就是既重視格調，又重視性情。

新格調派對神韻說的吸收，主要表現在三個方面：強調自然天成，反對模擬雕琢；倡導主情而反對主意；主張含蓄蘊藉，餘韻悠長。以下將通過《丹丘詩話》中評價李白詩歌的兩個例子，進一步探究芥川詩論對神韻說的吸收。

芥川丹丘在《丹丘詩話・詩體品》一節中，對王昌齡《西宮春怨》和李白《長門怨》兩首膾炙人口的七絕作品進行比較。他把詩歌分成上下兩聯進行評論：「前半篇評：精工減王；後半篇評：深婉勝王。」他認為「一詩爭勝毫釐，以余言之，前半篇李不如王，後半篇王不如李。……李于鱗《唐詩選》收江寧，遺太白，可謂偏矣。」〔註78〕可見丹丘認為二詩各有千秋，難分上下。正如胡應麟《詩藪》中所評價那般，「七言絕，太白江寧，各有至處。大概李寫景入神，

〔註76〕〔清〕王士禎：《帶經堂詩話》卷二評駁類，三十卷，清乾隆二十七年刻本。又見於《漁洋詩話》卷上。

〔註77〕參照陳芳：《〈滄浪詩話〉明代接受研究》第四章第一節，博士論文，復旦大學，2013 年。

〔註78〕芥川丹丘：《丹丘詩話》卷中詩體品，馬歌東：《日本詩話二十種》上，第 73～74 頁。

王言情造極。」丹丘認為李詩前半篇不及王詩之「精工」，王詩後半篇則不及李詩之「深婉」。所謂「精工」講的是修辭，而「深婉」講的是意境情韻。在丹丘眼裏，兩者同等重要，這就證明他的詩論兼備了格調與神韻的境地，且神韻的重要性並不在格調之下。同卷中，芥川又對李白、韓愈及元稹詩進行比較：

> 敦子發曰：「李太白《越中懷古》，韓退之《遊曲江寄白舍人》，元微之《劉阮天台》，皆以落句轉合，有抑揚，有開合，此格唐詩中亦多不得。」余謂：落句轉合最難，青蓮結句用意入神，而更自淒婉，固是千古絕調。韓、元二公頗背當，行且意盡句中，趣乏言外，未可並論也。〔註79〕

芥川認為李白詩乃「千古絕調」，韓愈、元稹詩不可與之並論，主要原因是李白「用意入神」，而韓、元則「意盡其中，趣乏言外」。神韻說以「言盡而意無窮」為詩歌理想境界，從神韻的角度來看，韓、元的「意盡其中，趣乏言外」自然是不可取的。相反，李白詩「用意入神」，營造出精妙的意境，自然地渲染出淒婉的感情色彩，符合神韻說所要求的「主情」、含蓄蘊藉及餘韻悠長等特點，固然在韓、元詩之上。從芥川以上的評論中，可以看出他的論詩標準與神韻說有相近之處。《丹丘詩話》作於1751年，當時距離王士禎去世已逾40年。以當時漢籍輸入的速度，芥川丹丘曾看過王士禎的著作的可能性是很大的。然而，《丹丘詩話》中無一處提及王士禎，僅有一處使用「神韻」一詞，謂：「近物子（指荻生徂徠）首唱明詩，海內向風，夫人誦法于鱗，而爭事剽竊，神韻乃乖。『青山』、『萬里』，動輒盈篇，紛紛刻鶩，至使人厭，豈謂之善學邪？」〔註80〕顯然，芥川反對古文辭派的剽竊之風，是因為這種惡風導致神韻淪喪。這同時也是神韻說主張天然入妙，反對模擬雕琢的原因。即使無法明確斷定芥川丹丘受王士禎神韻說的影響，也無可否認他的詩論中有神韻說的傾向。因此，松下忠認為芥川丹丘是重視神韻境界的例子，判斷他為江戶詩風折衷化初期的「新格調派」，實為確論。

皆川淇園的詩論與神韻說的關係——以《淇園詩話》中的李詩論為例

皆川淇園（1734～1807），名願，字伯恭，號淇園。4、5歲能誦詩，後來學習漢學，經學上重視字義音韻，又精通《易經》研究，獨唱「開物學」。同

〔註79〕馬歌東：《日本詩話二十種》上，第79頁。
〔註80〕馬歌東：《日本詩話二十種》上，第82頁。

時，在詩、書、畫方面都有極高造詣。被松下忠稱為「新格調派代表之一」的皆川淇園，是新格調派中被討論得最多的一位詩論家。在《江戶時代的詩風詩論》中，松下忠對皆川淇園的詩論進行個體專論。〔註81〕其後，《江戶時代的詩風詩論》的漢譯者范建明在 2007 年發表《論中日詩壇上的「新格調派」——以沈德潛與皆川淇園為中心》一文，專門討論皆川淇園與沈德潛兩位中日「新格調派」代表的詩論。2009 年，祈曉明《江戶時期的日本詩話》中設「皆川淇園的『冥想說』」一節，對皆川淇園詩論進行深入研究。2017 年，孫露《關於皆川淇園詩學思想的考察——以〈淇園詩話〉為中心》（《青年文學家》第 11 期）介紹了皆川淇園的詩學思想及其「情景論」。

據松下忠之論，淇園的詩論明確反對竟陵派和古文辭派，以古為法、鼓吹唐詩（特別是盛唐詩），主張神氣骨格，以體裁、格調、精神為詩之三要素，排斥陳腐和模擬，重視聲律，追求高格調。因此，他認為淇園是既反古文辭又繼承格調說的「新格調派」。然而，松下忠並未把淇園與神韻說聯繫起來。他認為「重視神韻說境地」的新格調派詩人中，也不包括淇園在內。另一方面，范建明認為皆川淇園與清代沈德潛作為中日「新格調派」代表，詩論有很多相近之處：（一）提倡唐詩反對宋詩的立場，反對摹擬（二）主張學古、「貴神化」（三）要求有「精神面目」（四）以盛唐為理想，以杜甫為標準。只是二者出現背景不同，江戶詩壇上的「新格調派」主要是在厭惡古文辭派而找不到門徑德詩壇背景下出現的，而中國清代詩壇上的「新格調派」的出現則與神韻派之弊端大有關係。但在提倡唐詩反對宋詩的立場以及對格調派提出修正批評這兩點上，兩者完全是一致的。〔註82〕而祈曉明則指出，皆川淇園論詩主精神，其傾向近於清代王士禎的精神。對此，他給出四個理由：（一）二人都主張精神上學古人（二）二人都反對竟陵派（三）二人論詩都主「餘韻」和「含蓄」（四）二人都以禪悟論詩。〔註83〕以上，可以看到范說與松下說同出一脈，范說是在認同松下說的前提下把問題延伸至中國「新格調派」的範疇上，再對淇園詩論進行比較討論的。而祈說事實上也與松下說並不衝突。祈說認為淇園詩

〔註81〕日本的皆川淇園研究，以易學、畫論、經學與文論的討論居多。關於淇園詩論的研究除松下忠以外，還有櫻井進在《待兼山論叢 17（日本學）》發表的《皆川淇園の文學論》（1983）和羊列榮在九州大學《文學研究》中發表的《淇園漢詩學述論：以其畫論和易學為背景》（2009），但內容多與文論、畫論及易學等範疇交叉論述，在探究淇園詩論問題上未及松下忠深入。

〔註82〕范建明：《論中日詩壇上的「新格調派」以沈德潛與皆川淇園為中心》（2007）。

〔註83〕祈曉明：《皆川淇園的「冥想說」》，《江戶時期的日本詩話》，第 246～250 頁。

論接近王士禎神韻說，而松下說中對新格調派詩論的其中一個總結性論述就是「明顯帶有神韻說的影響」。然而，試比較范說與祈說，就會發現二說之間存在明顯的矛盾。如范建明所說，清代「新格調派」出現的契機是為了糾正神韻派之弊端。照此邏輯來推論，沈德潛的「新格調說」與王士禎的神韻說應該是對立的。范說認為淇園詩論與沈德潛相近，祈說則主張淇園詩論具有王士禎神韻說的傾向，這兩種說法在表面看來是互相矛盾的。筆者於本章節「圍繞李白七古論與「唐無五言古詩」說的爭議」一小節中已提出淇園評李白詩與沈德潛、陸時雍的評價均有相似之處。為了進一步驗證淇園詩論中是否具有神韻說的傾向，筆者將通過《淇園詩話》中對李白詩歌的論說分析一二。

　　首先，《淇園詩話》中評李杜古詩的一段論述中，就指出李白雖襲古題但「機軸由己」，而杜甫則學古人中的神氣骨格，而辭不離唐，由此認為二人是學古者中的傑出代表。

> 李白《擬古樂府》，題雖因古，而機軸由己，是以如《烏夜啼》《烏棲曲》諸作，辭思超拔，賀監欽其天才。其人平生數稱謝朓不置，而其詩句法與謝相類者間亦多見，意其欽慕之至，諷習之久，不自期而致此邪，非模擬而然者也。至於子美前後《出塞》《無家別》《新婚別》等作，辭不離唐，而神氣骨格殆與漢魏抗衡者，乃又學古之尤善者矣。〔註84〕

淇園反對摹擬，主張師古要同時具備個人特色的詩論，確實是符合神韻說的主要詩學觀念的。王士禎《居易錄》云：「七言古詩，諸公一調，唯杜甫橫絕古今。同時大匠，無敢抗行。李白、岑參二家，別出機杼，語差雷同，亦稱奇特。」〔註85〕淇園以「李杜」為學古的模範，與王士禎的這段評論相當接近。但是，從整體詩論而言，淇園論詩以杜甫為理想，這點恐怕就與神韻說有所出入。眾所周知，神韻說以沖淡清遠、自然清奇的風格為審美標準。儘管王士禎把李白的《夜泊牛渚懷古》視為「不著一字，盡得風流」的代表性作品來高度評價，但總的來說他最推重的詩人是王維、孟浩然。〔註86〕在王士禎之前以神韻為宗

〔註84〕皆川淇園：《淇園詩話》，馬歌東：《日本詩話二十種》上，第152頁。

〔註85〕〔清〕王士禎：《居易錄》卷二十一，三十四卷，清文淵閣四庫全書本。

〔註86〕王士禎《分甘餘話》云：「或問『不著一字，盡得風流』之說。答曰：太白詩：『牛渚西江夜，青天無片雲；登高望秋月，空憶謝將軍。余亦能高詠，斯人不可聞；明朝掛帆去，楓葉落紛紛。』」其詩作《戲仿元遺山論詩絕句三十二首》其四云：「掛席名山都未逢，潯陽喜見香爐峰。高情合受維摩詰，浣筆為圖寫孟公。」

的陸時雍，更是反對「以盛唐為法」，指出「世以李、杜為大家，王維、高、岑為傍戶，殆非也」。〔註87〕《滄浪詩話》謂：「詩之極致有一：曰入神。詩而入神至矣！盡矣！蔑以加矣！惟李杜得之，他人得之蓋寡也。」如此看來，淇園的看法與其說是源於神韻說，倒不如說是源於《滄浪詩話》的影響。

接下來，試分析《淇園詩話》中兩段關於李白《清平調》的論說。

> 盛唐諸人作樂府詩，皆欲其入於歌詠，是以規模務宏遠，意思務著實，收結務有餘韻。……其樂府佳者，果亦皆入於歌詠。小說所載王之渙「黃河遠上白雲間」，為麗妓所歌；李白《清平調》直入內宴檀板之類，不遑枚舉。〔註88〕

> 李白《清平調》三首，不唯其調，而其詩所命意，乃亦專言清平。……第二首乃欲調停兩首之意，以使相貫承，故於其中間又添置此一首者耳。則不止其辭絕妙，而全篇結撰奇拔更甚。〔註89〕

從以上論述來看，淇園認為《清平調》三首結構奇拔、構思極佳，且言辭也是絕妙，屬於「規模宏遠」、意思著實、收結有餘韻」的「盛唐樂府佳者」。在此之前，淇園在同篇中已提出「盛唐諸人之詩，規模皆宏遠，而意思皆著實，譬猶廟廷宮懸金聲玉振，而餘韻無窮」的看法。〔註90〕可以說，淇園不僅是對盛唐樂府詩，而是對所有盛唐詩都有著如此看法。淇園論詩以盛唐為理想，以杜甫為標準，已是共識。因此，我們可以如此理解：淇園以規模宏遠、意思著實、餘韻無窮的盛唐詩歌為理想。所謂「規模」，指的是整體意境的營造，「意思」指的是詩歌具體表達的內容和措辭手段，「餘韻」是在言外給予讀者的一種感受。無論是沈德潛還是王士禎都注重詩歌意境，只是內涵與側重點不同。〔註91〕至於「意思著實」，與王士禎推崇的「清遠」「沖淡」等美學蘊涵雖說不上南轅北轍，卻也相去甚遠。唯有「餘韻」一項，屬於神韻說的審美核心之一，帶有濃重的神韻色彩。然而，追求「餘韻」並非神韻說所獨倡。鍾嶸《詩品》曰：「文已盡而意有餘，興也。」嚴羽在《滄浪詩話》中提出著名的「興趣論」

〔註87〕 陸時雍：《詩鏡總論》，丁福保輯：《歷代詩話續編》，北京：中華書局，2006年第二版。

〔註88〕 皆川淇園：《淇園詩話》，馬歌東：《日本詩話二十種》上，第146頁。

〔註89〕 馬歌東：《日本詩話二十種》上，第147頁。

〔註90〕 馬歌東：《日本詩話二十種》上，第145頁。

〔註91〕 段少華：《淺論王士禎與沈德潛的詩學思想之異同——以兩人的詩歌選本〈古詩選〉和〈古詩源〉為例》，《西昌學院學報》（社會科學版）第20卷第3期，2008年9月，第42～45頁。

則謂「盛唐諸人惟在興趣」、「言有盡而意無窮」。因此，我們也難以據此直接
把淇園的詩論與神韻說直接聯繫起來。

對於七言絕句，皆川淇園也非常注重「餘」的境界。他以李白的《春夜洛
城聞笛》和《秋下荊門》為例子論述盛唐七絕與中唐做法上的不同。

> 盛唐諸家七絕，辭皆渾成，意皆圓足，是以得全體活動，而天
> 機有餘。……如李白「此夜曲中聞笛柳，何人不起故園情」及「此
> 行不為鱸魚鱠，自愛名山入剡中」之類，亦皆是此法。蓋繳結，則
> 前言皆死；只提破，則前言猶活。七言絕句才是四句，盛唐人沒句
> 存之，以為反應回映之地；中唐人每句繳之，欲以便後之收煞，此
> 亦盛中做法所以相異之一端。

> 盛唐人作絕句，每其首，所命意往往堪取以為一個絕妙佳
> 題。……如李白《秋下荊門》詩，乃是溪口樹空望剡中；如《峨眉
> 山月歌》乃是身在三峽舟，思懸平羌月。……此類甚多。〔註92〕

與前述對樂府詩的評論類似，淇園也從「意思」、「規模」和「餘韻」等方面分
析盛唐七絕的特色。他認為盛唐七絕修辭自然，意思充實，因此才能達到「全
體活動，而天機有餘」的境地。淇園以其深厚的易學造詣著稱，他所說的「全
體」和「有餘」，是易學著作中常見的用語。〔註93〕「全體活動」是指詩歌整
體結構靈活，「天機有餘」的意思則與詩家常說「餘味」和「餘韻」類似。以
「有餘」論詩者多，以「天機」論詩者則不多。明代陳第的《毛詩古音考·讀
詩拙言附》中謂：「毛詩之韻，動於天機，不費雕刻，難與後世同日論矣！」
〔註94〕因此，「天機有餘」也能理解為自然、不費雕刻的意思。淇園認為盛唐
與中唐七絕最大的不同，在於盛唐七絕只在末句上有所保留，「以為反應回映
之地」，故而整體是靈活的同時，又能達到有餘的效果。《春夜洛城聞笛》和《秋
下荊門》正是這種做法的典型例子。

明、清詩歌批評家對這兩首詩的評論中，雖然沒有與淇園這段「做法論」

〔註92〕皆川淇園：《淇園詩話》，馬歌東：《日本詩話二十種》上，第148～149頁。

〔註93〕如宋代都絜《易變體義·卷五·震下坤上復》曰：「震不足，坤有餘，而全體
為坤焉。」（清文淵閣四庫全書本）《易變體義·卷九·上六無號終有凶》曰：
「九三健不足，而悅乃有餘，故全體為兌。」又清代王夫之《周易內傳·卷五
下·大衍之數五十其用四十有九》曰：「以為人用之，全體天道有餘。」（清船
山遺書本）

〔註94〕〔明〕陳第著，康瑞琮點校：《毛詩古音考》，北京：中華書局，1988年8月
第2版，第204頁。

完全一致的論述，但是在詩歌鑒賞方面有著不少相似之處。明代周珽《唐詩選脈會通評林》評《春夜洛城聞笛》曰：「意遠字精，爐錘巧自天然。」明代以「神韻」為宗的陸時雍在《唐詩鏡》中評價《秋下荊門》：「無意無色，自然高妙。」清代宋顧樂《唐人萬首絕句選評》更是極力稱讚《秋下荊門》：「清景幽情，自然深出，若著一點俗思，作不得亦讀不得。此等句點撥入神，筆端真有造化。」總的來說，淇園所列舉的兩首李白「盛唐七絕」都是具有「自然」、「清」、「遠」等美學特色的作品。其中，淇園似乎更偏愛《秋下荊門》。他不但認定《秋下荊門》是「全體活動，天機有餘」的盛唐七絕代表，更高度評價《秋下荊門》為「盛唐絕句的絕佳命題」的一個典型例子。如陸時雍所評價那樣，《秋下荊門》是一首符合神韻派對「沖淡清遠」、「自然清奇」的審美要求的作品，再加上「餘韻」的審美核心，從神韻的角度來看確實是典範之作。然而，我們若據此推論淇園的詩論就是受到神韻派的影響，顯然是過於片面和武斷的。

綜上，筆者同意松下之說，認為皆川淇園的詩學觀念主要還是繼承格調說。至於淇園詩論與神韻說，甚至與沈德潛、陸時雍之說的相似之處，主要是源於對嚴羽《滄浪詩話》的接受。松下忠早已提出，幾乎與王士禎同期的第二期江戶詩壇（1680～1759）詩人攝取神韻說是非常困難的。但這時期的祇園南海主張的「影寫說」就與神韻說有很多相似之處，這是因為「影寫說」與《滄浪詩話》之間有密切關係，而《滄浪詩話》又是神韻說的源頭。〔註95〕加上，南海本人就是「日本文人畫之祖」，他的詩論與其繪畫背景有較深聯繫。皆川淇園的情況也是同樣。此外，淇園詩論所重視的「神氣」、「精神」等核心，與其說是受詩學中的「神韻說」影響，毋寧說更多是與其本人的經學及書畫藝術背景密切相關。以經學為本、精通易學的淇園曾在《刻歐陽修文集序》一文中以「氣」論文，在《淇園詩論》、《淇園文集》中也多次就詩文書畫與「氣」、「象」、「精神」等美學概念的內在聯繫深入探討。羊列榮先生評價謂：「淇園詩學以易學為基礎，同時融會書、畫、樂等藝術創作的經驗與趣味的，帶有『自我發展』動機的詩學理論。」〔註96〕這種看法是全面且中肯的。

〔註95〕松下忠：《江戶時代的詩風詩論》，第151頁。
〔註96〕羊列榮：《淇園漢詩學述論：以其畫論和易學為背景》，《文學研究》106，九州大學大學院人文科學研究院，第61～83頁。

四、江戶後期唐詩選本中的李白詩

高棅唐詩選本的重新評價與李白詩歌

高棅編選的《唐詩品彙》是一部體系完整、理論獨到的唐詩選本，也是明初詩歌復古理論的重要起點。《唐詩正聲》作為《品彙》的精選本，正唐音，重格調，與《品彙》一繁一簡，同樣「終明之世，館閣宗之」（《明史·文苑傳》）。《品彙》與《正聲》不僅在明、清兩代，而且在整個漢字文化圈也產生了廣泛的影響。

根據林鵝峰所撰《年譜》，其父林羅山作於 22 歲（1604）的迄今為止所讀書目中，就包括《唐詩正聲》、《唐詩品彙》和《唐詩拾遺》〔註97〕。因此，可以確定在 1604 年前，這三種文獻已經東傳。

在日本，《唐詩正聲》和刻本的出現比《唐詩品彙》更早，版本種類也更多。

根據筆者的調查，現存江戶時代的《唐詩正聲》和刻本共五十六種，大致可以分為享保十一年本、享保十四年本、享保十七年重刊本、文化本、文政三年本、文政十一年本、天保十四年東夢亭注本、天保十四年津阪注本、堺屋刊本、京都河內屋藤四郎刊本、花洛書鋪林權兵衛刊本以及文皇堂刻本等十二種刻本。除了刊刻年代不明的四個版本以外，從刊刻年代可以看到，在江戶中期的享保時期受明代復古詩風影響，翻刻了三次《唐詩正聲》，之後的七十多年再也沒有相關的和刻本出版。直到十九世紀的文化、文政、天保時期，《唐詩正聲》才迎來第二次翻刻的高峰期，甚至在天保時期出現了兩種由日本學者注釋的新注本。

《唐詩品彙》在享保十八（1733）年首次在江戶時代出版和刻本，已經是享保九年刊的《唐詩選》服部校訂本大為流行以後的事情。〔註98〕據筆者調查，日本國內現存能確認為江戶時代刻本的共有三十三部。除了具體出版信息不明的五部以外，其餘文本可以劃分為享保十八年本十八卷本、享保十八年七絕本、享保十八年五絕本、元文三年本、寬政八年十五卷本、寬政九年拾遺本、文化十三年曬書樓本等七種刻本。總的來看，江戶時期的《唐詩品彙》和刻本大都採取抽選的方式，按詩體分類，先後以絕句十八卷、七律九卷、五律十五

〔註97〕松下忠：《江戶時代的詩風詩論》，第 189～190 頁。
〔註98〕關於當時對明七子及《唐詩選》的接受情況參詳劉芳亮《日本江戶漢詩對明代詩歌的接受研究》。

卷〔註99〕、拾遺十卷、五排十一卷、七古十三卷的方式分別出版。從刊刻年代來看，《唐詩品彙》的翻刻活動分為兩個時期，先是1734～1738年（享保、元文時期）的四年間，與古文辭派關係密切的江戶嵩山房陸續把服部南郭校訂《唐詩品彙》按詩體分類出版，先絕句後律詩，「服部南郭校，嵩山房刊」的合作模式完全採用了當時風靡日本的《唐詩選》的方式。其次，是寬政到文化時期（1789～1818），之前未得到翻刻的五律十五卷、拾遺和五言排律十一卷陸續出版，《唐詩品彙》漫長的翻刻活動才告一段落。

高棅選本在江戶詩壇的地位變遷

久保善教《木石園詩話》：「及元祿之際，錦里先生者出，始唱唐詩，風靡一世。然其所奉書，僅止於《滄浪詩話》、《品彙》、《正聲》、滄溟偽《唐詩選》、胡氏《詩藪》而已。」〔註100〕由此可知，早在江戶中期的元祿時期（1688～1703），高棅編選的《唐詩品彙》和《唐詩正聲》已經隨著宗唐詩風的確立受到推崇。到了享保時期（1716～1735），古文辭派的服部南郭推薦的學詩書目中，包括《唐詩選》、《唐詩品彙》、《滄浪詩話》和《詩藪》。〔註101〕可見，他推崇的書目與木下順庵一致。成功把《唐詩選》推廣為「國民必讀書」的服部南郭，同時也是和刻本《唐詩品彙》的校訂者。他所校版本在享保十八年（1733）年出版，成為《品彙》的首種和刻本。但是，由於體量太大，不便於大量印刷和廣泛傳播，《品彙》未能像《唐詩選》那樣成為最流行的大眾詩歌讀本。

古文辭派的林東溟在《諸體詩則》中，曾引用胡應麟《詩藪・外編卷四》中對高棅選詩的評述：「《正聲》不取四傑，余初不能無疑，盡取四家讀之，乃悟廷禮鑒裁之妙……至李杜二集，以前諸公未有措手者，而廷禮去取精覈，特愜人心。真藝苑功人，詞壇偉識也。」〔註102〕他還認為萱園學派學詩者，「非經廷禮再生之品選，不可為初學之法者多矣」。〔註103〕其後在「書品」條中，他更把高棅的《品彙》、《拾遺》、《正聲》與《文選》、《唐詩選》和《明七才子

〔註99〕指表中所列「寬政八年十五卷本」。目錄未標明所收詩體，但據《唐詩品彙》目錄，十五卷僅有五律一種，據此判定此本為五律本。

〔註100〕久保善教：《木石園詩話》，《日本詩話二十種》下，第42頁。

〔註101〕服部南郭：《南郭先生燈下書》，池田四郎次郎輯：《日本詩話叢書》第一卷，第58頁。

〔註102〕林東溟：《諸體詩則》卷上，池田四郎次郎輯：《日本詩話叢書》第九卷，第172頁。

〔註103〕池田四郎次郎輯：《日本詩話叢書》第九卷，第174頁。

詩集》一併列為「古今最上精選者」。〔註104〕

在江戶詩風走向「折衷化」的初期，明確推崇《唐詩品彙》和《唐詩正聲》的主要以前文討論的新格調派為主。芥川丹丘、中井竹山、畑中菏澤以及熊阪臺洲等新格調派詩人都曾對高棅選本有所論說。芥川丹丘在《丹丘詩話》（1751）中如此評論中國詩話：

> 古今詩話，惟嚴儀卿《滄浪詩話》斷千古公案。其他歐陽公《六一詩話》《司馬文公詩話》之類，率皆資一時談柄耳，於詩學實沒干涉，初學略之而可也。《滄浪詩話》以外，略可取者，陳師道《後山詩話》，雖其識非上乘，其論時入妙悟，故高廷禮《品彙》多收之，詩家最不可不讀也。〔註105〕

他在評定詩論「可讀」與「不可讀」時，以《品彙》為判斷標準，並認為《品彙》多收的內容是「詩家最不可不讀」的。由此可見，芥川丹丘對《品彙》持肯定態度，且受《品彙》影響不小。再到後來的畑中菏澤，更是直接主張學唐詩必讀《品彙》。他在《太沖詩規》（1797）中如此評價：「《品彙》將詩歌分高下，明確要點，然而對此也有爭論。明代楊升庵雖是位優秀的詩人，但有文人相輕之習，故而厭惡高氏《品彙》，稱其為無見無識之書……出於這種見解，（楊）就貶斥《品彙》，甚至詬病《品彙》中選入大量許渾、溫庭筠詩，此舉更是無理……總之，必讀的唐詩書目非《品彙》莫屬。」〔註106〕以上所論頗有替高棅抱不平之意，畑中菏澤又在同一著作中主張讀近體詩「應讀《品彙》及《唐詩選》所收之詩」，足見他對《品彙》的推重。〔註107〕上述兩人的詩論多承襲自古文辭派，因而所推崇的書目都與萱門無異，只是對於《品彙》的評價比以前有顯著提升，開始呈現《品彙》、《唐詩選》二書並重的現象。

另一方面，新格調派中批判古文辭學說及李、王詩論的詩論家，則以《品

〔註104〕池田四郎次郎輯：《日本詩話叢書》第九卷，第317頁。
〔註105〕芥川丹丘：《丹丘詩話》，《日本詩話二十種》下，第77頁。
〔註106〕筆者譯文。日語原文為「品彙ハ詩ヲ高下シテ、眼目ヲ明ニスルナリ、タダシコレニモ論アリ、明ノ楊升庵ハヨキ詩人ナレド、文人相輕スル習ニテ、高氏ノ品彙ヲニクミテ、無見識ナル書トイヘリ……コノ見識ユヱ、品彙ヲバ、退ケタナリ、其上品彙ニ許渾・溫庭筠ガ詩ヲアマタ入レタルヲソシレリ、コレ又無理ナリ、人心面ノ如ク、一樣ニハイハレヌ物ナリ、トカクニ品彙ヲステテヨムベキ唐詩の書ナシ。」畑中菏澤《太沖詩規》，《日本詩話叢書》第九卷，64～65頁。
〔註107〕畑中菏澤：《太沖詩規》，第84頁。

《彙》、《正聲》來抨擊古文辭派推崇的《唐詩選》。被松下忠稱為「新格調派代表」之一的中井竹山曾作以下論說：

> 然律詩之於老杜，無復異辭，獨有李于鱗氏，力持鶩辯，病老
> 杜以憤焉自放，以推王維、李頎，其心豈為非是而不貴也，無他焉。
> 《品彙》、《正聲》，終明世館閣宗之者，史冊可徵，渠歆豔之衷，與
> 妒忌會，乃鶩殊見，欲以陵駕廷禮氏也已，文士傾軋之態，可憎矣。
> 世之醉其毒者，奉以為金科玉律，其謬不足道也。予由是以老杜為
> 主，從唐宋已還之公論，以復廷禮氏之舊云。〔註108〕

他認為高棅選本是終明一世的正統學問，又批評李攀龍出於嫉妒，刻意提出新見，來凌駕於高棅之上。可見中井氏明顯推崇高棅，排斥李攀龍的詩論。同被視為「新格調派代表」的熊阪臺洲，在1797年先後撰有《白雲館詩式》和《白雲館近體詩眼》兩部詩論作品，其中提及家塾學詩所用教科書：「故家塾立法，令學詩者先誦《文選》詩，《選》詩成頌，而後《正聲》，而後《品彙》，而後李杜諸集。」〔註109〕他還對高棅和李攀龍的選詩活動進行比較：

> 余因檢《正聲》其詩前後，有與《品彙》不同者。乃知廷禮之
> 選《正聲》，朝諷夕頌，五日採一章，十日錄一篇也。而于鱗之選，
> 則異於是。其詩次序，一唯與《品彙》同，乃知于鱗之選唐詩，以
> 其英豪之氣，唯點檢《品彙》一過。批點於其合乎己者，遂命侍史
> 錄之即輒序而傳之也。況其取捨有不滿人意者乎。是余所以不得不
> 宗高廷禮也。〔註110〕

與此呼應，熊阪在《白雲館近體詩眼》中再次作出類似論述：「《正聲》所不取，而于鱗選收之者，不遑枚舉。則知于鱗之選，有所不公也。」〔註111〕並在後文中詳細列出「《正聲》所不取而于鱗選收之者」共二十五條。此外，《白雲館詩式》分體論詩部分中，熊阪每論一種詩體之前都先引高棅之論或提及高棅選本，足見他對高棅選詩推崇之極。綜上所述，在早期的復古、擬古風潮中《品彙》《正聲》與《唐詩選》一同受到推崇，其流行程度及重要性卻一

〔註108〕 中井竹山：《詩律兆》，《日本詩話叢書》第十卷，第313～314頁。
〔註109〕 熊阪臺洲：《白雲館近體詩眼》，一冊，江戶寬政九年（1797），昌平阪學問所舊藏本，日本公文書館。
〔註110〕 熊阪臺洲：《白雲館詩式》，一冊，江戶寬政九年（1797），昌平阪學問所舊藏本，日本公文書館。
〔註111〕 熊阪臺洲：《白雲館近體詩眼》。

直不如《唐詩選》；在萱門沒落、江戶漢詩走向更成熟的折衷化階段後，高棅選本的地位與評價得到顯著提升，甚至在《唐詩選》之上，為格調派所宗。

十九世紀的《唐詩正聲》出版

前面提到，十九世紀的文化、文政、天保時期是《唐詩正聲》和刻本的第二次出版高峰期，甚至在天保時期出現了兩種由日本學者注釋的新注本。在此之前，《唐詩正聲》的和刻本一直都以中國刊本本來的面目被翻印，沒有出現由日本人加以點校、注釋和解說的版本。即便是在享保時期的第一次出版高峰期，當時主導詩壇的古文辭派也只選擇對《唐詩品彙》進行校訂，而不是體量較小、更便於校訂的《唐詩正聲》。究其原因，可能是因為《唐詩正聲》與古文辭派推崇的《唐詩選》同樣被視作從《唐詩品彙》中選出，古文辭派為了鞏固《唐詩選》作為唐詩選本的主導地位，儘管在詩論中偶而有肯定《唐詩正聲》價值的論說，卻有意識地將《唐詩正聲》排除在出版活動之外。1604 年以前就傳入日本的《唐詩正聲》，經歷了兩百餘年才終於在天保十四年（1844）被兩位日本學者加以校注，其中原因值得關注。接下來，將以東夢亭《唐詩正聲箋注》為中心，探討《唐詩正聲》新注本出現的原因、意義及其與李白接受的關係。

在天保時期之前的文化、文政時期（1804～1830），《唐詩正聲》已經開始了它的第二次出版高峰，在約二十五年之間翻刻了三次。這個時期在日本歷史上被稱為「大御所時代」，表面上文化繁榮，由於幕府統治腐敗而處處面臨危機，加上資本主義生產方式萌芽，社會矛盾逐漸深化。1792 年開始來自外國的船隻頻繁「叩關」，幕府卻直到 1825 年（文政八年）還堅持貫徹「鎖國」政策。終於，社會矛盾在天保時期達到頂峰，幕府決定在幕府和各藩實行一系列的政治改革，緩和矛盾。然而，各藩財政窘迫、家臣貧困，農商矛盾激烈等問題長期積累，已開始動搖封建制度的基礎。〔註112〕1840 年的鴉片戰爭中，清朝向英國屈服，日本的當政者受到強烈的衝擊，維持和加強幕藩體制之心更加迫切。各藩的官僚開始在藩內實行改革，學者之間也分為主張「開國論」和「攘夷論」的兩大對立陣線。面對外來侵略，力求改革幕政的「尊王論」和主張排

〔註112〕儘管幕府希望通過改革鞏固幕藩經濟、富國強兵、抑制物價上漲，卻引起了更多人的批判和不滿。天保四至十年（1833～1839）爆發全國性的「天保飢饉」，1836 年八月幕府領地甲州郡內爆發騷動，1837 年發生大鹽平八郎起義等一系列事件。

斥外夷的「攘夷論」結合併形成尊王攘夷運動。水戶學派是尊王攘夷運動意識形態的支柱，水戶學以朱子學為中心，結合日本的神道和國學，倡導大義名分論的尊天皇思想，強調國家「正統」的觀念。

《唐詩正聲箋注》的成書背景

在討論《唐詩正聲箋注》在這一時期出現的意義之前，首先要介紹它的成書經過和著書目的。東夢亭（1796～1849），名斅，字伯頎，通稱文良，別號寄春草堂、悔庵。夢亭精通醫術、書法和經史詩文。據東夢亭《唐詩正聲箋注自序》：「先生（先師韓天壽）常教書生讀《唐詩正聲》，余亦厭近世詩風之陋，僅奉師訓，從事於此。」韓天壽是江戶後期與池大雅、高芙蓉齊名的文人畫家和書法家，關於他在詩文上成就記錄很少，但至少由此可以得知《唐詩正聲》是當時的家塾常用的教科書之一。夢亭在《自序》中介紹，由於他本人也愛讀《正聲》，所以親自作注十餘年，中途擱置了許久，直到天保十一年（1841）春與塾生合力完成校訂。因此，實際上夢亭對《正聲》作注的時間應在文政時期（1818～1830）。他的《鋤雨亭隨筆》中，也談到撰寫《唐詩正聲箋注》的目的：

> 近時作家，率好宋詩，而高、李所選唐詩諸本，至以覆醬瓿。
> 余謂：物極而變，二三十年後，必有興起者。竊撰《唐詩正聲箋注》，以俟來者。

之後又引清代宋葷《滿堂說詩》之論，視之為「詩學指南」：

> 詩者，性情之所發。「三百篇」、離騷尚已，漢魏高古不可驟學，元嘉永明以後，綺麗是尚，大雅寖衰，獨唐人諸體咸備，鏗鋐軒昂，為風雅極致，顧篇什浩繁，別裁不易。高廷禮《品彙》庶幾大觀，廷禮又拔其尤者，為《正聲》一編，近代《庶常館課》與《文章正宗》並誦習之，蓋詩家之正軌也。學者從此入門，趨向已定，更盡覽《品彙》之全編，考證三唐之正變，然後上則溯源於曹陸陶謝阮鮑六七名家，又探索於李杜大家，以植其根柢，下則泛濫於宋元明諸家，所謂取材富而用意新者，不妨瀏覽，以廣其波瀾，發其才氣，久之源流洞然，自有得於性之所近，不必撫唐，不必撫宋元明，而吾之真詩，觸境流出。〔註113〕

〔註113〕 東夢亭《鋤雨亭隨筆》，《日本詩話二十種》下，261頁。

東夢亭贊同學詩者以《正聲》入門，後學《品彙》的看法，這與新格調派的熊阪臺洲頗為相似，只是後者更重格調，認為學唐詩前應先學《文選》。此外，夢亭所引宋董之論，在主張唐詩是「風雅極致」、《唐詩品彙》是「詩家之正軌」的同時，又強調「不必撫唐，不必撫宋元明」，提倡廣泛學習各個時代的詩歌，以發自性情的「吾之真詩」為詩歌的理想境界。同一時期，長野豐山在《松陰快談》中也表達了類似的觀點：

> 唐詩有唐詩之妙，宋詩有宋詩之妙，而唐宋諸家各有悟入自得處，都不一般……學之者亦各學其所好可，其所好者，便其性情之所近也。

> 作詩者，第一性情，第二學問。

> 余於詩無所偏好，唐宋元明諸家之詩，或雄渾，或飄逸，或巧致，或清麗，凡足以悅吾心者，無所不愛。

> 客問余曰：「子學詩，唐耶？宋耶？」曰：「我不必唐，不必宋，又不必不唐宋。」〔註114〕

在東夢亭注《正聲》以前，清人游藝編的《李杜詩法精選》（原題《二刻增訂李杜諸體詩法》）在日本受到翻刻，卷首載有日本松元修（生平不詳）在1805年所撰的序。序中稱李、杜為「凌跨百代的絕特偉傑之才」，認為二家「其究精入神以感人者，彼此一揆」。在取法李杜的問題上，松元修主張：

> 取法度於彼，求新奇於我，各就才性之所長馳騁，此所以得其真也。蓋法度不法前軌，則不能精整莊嚴也。亦繩約乎其法，一意效其臍，則不能氣韻清高也。有法由焉而可致其才也，不可以繩約其才矣。〔註115〕

要之，就是既講究格調法度，又重視真我性情和精神氣韻的詩學觀點。這與東夢亭主張的詩論比較接近，也是文化、文政年間江戶詩壇在清代詩論影響下形成的主流詩論之一。

據松下忠介紹，文化、文政以後的江戶後期詩壇倡導折衷化詩論的詩人很多，東夢亭也是其中之一，而且持折衷詩論的詩人們都是唐詩的理解者甚至是鼓吹者。〔註116〕所謂折衷化詩論，是指在自己的詩論中吸收其他詩論的長處

〔註114〕長野豐山《松陰快談・卷三》，《日本詩話二十種》下，23～27頁。
〔註115〕松元修《李杜詩法精選序》全文見本書第二章第一節「李杜合集」。
〔註116〕參照松下忠《江戶時代的詩風詩論》，113頁。

以完善自己詩論的一種態度。松下忠認為東夢亭的詩論是折衷的,而且很重視神韻的境地。〔註117〕這點筆者也贊同。夢亭雖然沒有直接提倡王士禎的神韻說,但他在《鋤雨亭隨筆》中引用王士禎《漁洋詩話》、《香祖筆記》以及袁枚《隨園詩話》、《隨園隨筆》的內容,證明他對清代神韻說和性靈說都並不排斥。此外,夢亭師從文人書畫家韓天壽,也有可能受到書畫藝術中「神韻」的美學思想影響。夢亭在《鋤雨亭隨筆》有「詩之妙在韻致」之論,又批評模擬之詩為「奴詩」,認為「李杜之詩,二王之書,後人學之非不善也,然一句一字必其面目,則優孟衣冠耳。」〔註118〕在比較和歌與漢詩時,又指出詩與歌在「妙悟」上的一致性。〔註119〕可見,同樣是推廣代表明代復古格調說的唐詩選本,江戶後期的東夢亭與江戶中期的古文辭派的詩論基礎和目的都完全不同。

此外,就如同新格調派詩人以高棅選本來抨擊《唐詩選》那樣,即使天保時期的江戶詩壇的詩論鬥爭已經不再尖銳,達到詩論折衷化,人們始終對古文辭詩論和《唐詩選》持反對態度,批評的聲音也從未停歇。東夢亭《鋤雨亭隨筆》中,批評《唐詩選》將李白《登黃鶴樓送孟浩然》詩的「映」作「影」、「山」作「空」,認為這樣換字以後「語且重複,意亦索然」,集中「是類甚多,不可枚舉」,而對服部南郭《唐詩選附言》的評價則是「兩可難裁,從其多且正者,是亦妄耳。」〔註120〕同時,夢亭還舉李攀龍高誇自詡之事與荻生徂徠《孔子贊》中稱自己為「日本夷人物茂卿」之事,貶斥徂徠與李攀龍為人相類,言行多有「駭人耳目」之處。〔註121〕古文辭派衰落以後,江戶詩風一度由「唐」轉「宋」,性靈派推舉的《唐詩歸》和《三體詩》等唐詩選本沒有受到格調派和神韻派的認可,江戶詩壇一直未出現被廣泛認可、占主導地位的唐詩選本。因此,喜愛唐詩、欲重振唐詩風的折衷派詩人們希望以《正聲》來取代《唐詩選》,成為初學者學詩的教科書典範。

《唐詩正聲箋注》載有菅茶山在文政五年（1822）,即該書出版的二十二年前寫的序,其中就讚揚了東夢亭注詩「舉字面表事料,而意則不說」,認為「規矩可教,而妙處不可傳。強欲傳之,則或失其意旨。故其不說者,乃所以深說也。」菅茶山與許多同時期的詩人一樣,最初學古文辭學,後來認識到其

〔註117〕松下忠《江戶時代的詩風詩論》,156頁。

〔註118〕東夢亭:《鋤雨亭隨筆》,馬歌東:《日本詩話二十種》下,276頁。

〔註119〕馬歌東:《日本詩話二十種》下,293頁。

〔註120〕松下忠:《江戶時代的詩風詩論》,286頁。

〔註121〕松下忠:《江戶時代的詩風詩論》,259頁。

弊端以後脫離古文辭學，轉而學習朱子學，並在詩論上主張「反古文辭」詩風。
序中他對古文辭派與《唐詩選》的衰敗有詳細的論說：

> 李（攀龍）選在當時既為其友（王）弇州所譏彈，今時亦頗疑
> 其非真本。要之，不可謂佳選也。是以今之言詩者，排擊不遺餘力，
> 其書竟廢至於署。……《唐詩選》之廢雖非其詩之罪，而子遷（服
> 部南郭）附言、旁訓既已為時論所排斥，亦不復能服初學之心矣。
>
> （高）廷禮之選，固弗讓于鱗，則今取此舍彼，亦無不可也。況乃
> 其注之簡而確有所謂不說而深說之者乎？夫詩規於唐，而此則其正
> 統宗派，足以救時體之蕪雜。

　　神田喜一郎《岩波講座日本文學史》第十六卷把菅茶山視作受明代公安派
袁宏道「性靈說」影響，主張「清新性靈」詩風的代表之一。〔註122〕松下忠
則認為，菅茶山不必宋、不必明，對格調派和性靈派都有批判，並想攝取神韻
的境地。〔註123〕在前人的研究中，一般傾向將性靈說與格調說視作主張宋詩
與唐詩的二元對立面，有關性靈詩人與唐詩之間的關係鮮少被提及。奉袁宏道
之說、主張性靈詩風的山本北山在《孝經樓詩話》中貶斥《唐詩選》為「偽書」，
而《唐詩正聲》、《唐詩品彙》則是「妄書」。〔註124〕即使是折衷派詩人，也存
在將高棅選本與古文辭派、《唐詩選》一同排斥的例子。反古文辭的折衷派村
瀨栲亭（1744～1819）認為王士禎《唐人萬首絕句選》勝於《品彙》、《正聲》
和《唐詩選》，又稱「今者不論四唐」，明確否定了高棅選本及其唐詩觀。〔註
125〕然而，菅茶山不僅為帶有格調派標籤的《唐詩正聲》撰序，更是肯定「詩
規於唐」和《唐詩正聲》作為唐詩正統的模範作用，可知他的詩學主張並非單
純、狹隘地對袁宏道「性靈說」的接受，而是從各種詩說中吸取長處，並結合
自己的審美愛好發展成具有折衷化特色的詩論。

　　實際上，受到清代袁枚的影響，江戶後期（尤其是十九世紀以後）的性靈
派詩人大都主張這種具折衷化特色的詩論。袁枚是清代性靈派的代表，他的詩
論重視經世精神和傳統詩學中的「才性論」，又反對詩壇門戶之爭，主張折衷，

〔註122〕神田喜一郎：《岩波講座日本文學史第十六卷　日本漢文學》，東京：岩波書
　　　　店，1959 年。
〔註123〕松下忠：《江戶時代的詩風詩論》，第 155 頁。
〔註124〕山本北山：《孝經樓詩話》，《日本詩話叢書》第二卷，第 43～122 頁。
〔註125〕村瀨栲亭：《栲亭三稿》卷四《萬首唐人絕句鈔序》，四冊，江戶文政九年刊，
　　　　國文學研究資料館中村真一郎舊藏本。

與與明代袁宏道所主張的性靈說存在一定差異。在江戶日本，除了最早借助袁宏道性靈說來反古文辭說的山本北山之外，其後的性靈詩派已逐漸偏離公安派性靈說，更多地接受袁枚的性靈說。〔註126〕總的來說，十九世紀以後的江戶性靈說走向折衷化，既是江戶詩壇經歷激烈的詩學鬥爭後發展出來的必然結果，也是攝取清代性靈詩論的表現。

那麼，積極攝取清代詩論的江戶折衷派詩人為何推舉明代復古格調派的《唐詩正聲》為唐詩典範選本，而不是清人編選的其他唐詩選本呢？

《唐詩正聲》在中日詩歌史上的不同功能

無論是東夢亭引宋葷稱《品彙》為「詩家之正軌」說，還是菅茶山稱《正聲》為「唐詩正統宗派」說，明顯都著重強調高棅選本的「正」。高棅選詩以聲調之「正」闡釋唐詩的「正變」，提倡盛唐詩的「盛世之音」，這種觀念不僅是在文學範疇中提出的詩學主張，同時也是以政治上的需要和當政者的支持為前提的。如果說《唐詩品彙》為以後的明代唐詩選本提供了一個唐詩學的理論體系與審美框架，那麼《唐詩正聲》便是高棅對詩歌之「正」的審美要求的集中體現。結合十九世紀初以後江戶日本的政治、社會與思想來看，在政治腐敗、社會動盪不安、封建體制面臨重大危機的情況下，水戶學派的朱子學者們從儒學經世治國的角度，需要重新樹立和強化朱子學作為統治思想的正統地位，提出強調國家「正統」觀念的尊皇論來維護封建國家體制。

在文學方面，由於江戶後期的詩人們多數有儒學背景，其中較活躍的混沌詩社與朱子官學有著較深的學術淵源，所以在看待漢詩文的態度上表現出強調「正統」的思想和「撥亂反正」的迫切願望。這一點，在《唐詩正聲箋注》的另一篇序文中得到最集中的體現：

> 元和止戈以後，文教稍興。惺窩、羅山諸公輩出，洛、閩之說始明於世，及山崎氏與其徒研究而主張之，宋學大盛天下，無復異論焉。元祿、享保間，仁齋、徂徠各唱其所見，名曰「古學」。務排宋儒，視猶異端，學者靡然從之。雖有鳩巢、惕齋之確實，無之能救矣。及天明、寬政，樂翁候憂之，舉栗山、二洲、精里諸先生振起之，於是乎天下復知程朱之為正學，而至今不惑焉。是經學之數變而歸於正也。

〔註126〕劉芳亮：《日本江戶漢詩對明代詩歌的接受研究》第三章第二節，第187～194頁。

詩風唐為正矣。唐風之行於元祿、享保猶宋學之明與元和之後，
其廢於天明、寬政亦猶宋學之廢於元祿、享保。以至於今今人稍厭
時風之淫靡，而有響唐音之心。是伯頎（東夢亭）之所以有此著，
而余之知其必行也。

序文從經學的角度論江戶經學的「正變」，認為藤原惺窩、林羅山等人代表的
程朱宋學為「正學」，反之，伊藤仁齋、荻生徂徠等「反宋學」之徒就是「異
端」，又稱經歷「寬政異學之禁」以後，由昌平官學的學者們重振朱子學，使
江戶經學「歸於正」。接著，又將這種經學的「正變」引申到江戶詩壇的詩風
發展中，指主張詩風之「正」始於「宗唐」詩風的元祿、享保時期，而廢於以
清新性靈的宋詩風為主流的天明、寬政時期，需要通過重振唐音之「正」才能
糾正「時風之淫靡」，言下之意就是要像經學回歸朱子「正學」那般，將詩風
也「歸於正」。事實上，在「寬政異學之禁」之時，以朱子學者為主的混沌詩
社也自稱「正學」，將敵對的江湖詩社視作「異學」。但這所謂的「正學」與「異
學」的對立發生在寬政年間，相關代表人物在文化時期已經相繼離世，所以序
文所說的詩風「歸於正」應該另有所指。

　　以上序文由篠崎小竹（1781～1851）在天保十二（1842）年撰寫，當時的
日本已經經歷了天保飢饉、外國「叩關」、暴動起義和天保改革，也剛目睹完
清朝在鴉片戰爭後的境況，在各種意義上都急切地尋求將社會從一片混亂之
中回歸「正軌」的方法。篠崎小竹雖然終生不仕，以文人自居，但他十三歲開
始修古文辭學，二十三歲轉入昌平阪官學，跟隨古賀精里學朱子學，從文化時
期開始的五十年間一直經營私塾梅花社，教育了一千五百名以上的學生，以學
者的身份為京都、大阪地區的文化教育作重大貢獻。松下忠曾指出，篠崎小竹
生平著述與經學幾乎完全無關，是一位以詩文立身的文人。〔註127〕這樣一位
信奉朱子學，為教育盡心盡力的學者文人，即便生平不喜在著述中談論經學，
在國家危難之時也表現出他作為朱子學者的一面，從經學「正統」的角度來談
論詩學「正統」，企圖通過將漢文學問中的經學與詩文都回歸於「正」來達到
經世治國的目的。事實上，篠崎小竹早年曾自編選本《唐詩遺》（1805年序），
在序中論及歷代唐詩選本時，認為《品彙》和《正聲》「咸失汎容」。〔註128〕

〔註127〕　劉芳亮：《日本江戶漢詩對明代詩歌的接受研究》，第545頁。
〔註128〕　篠崎小竹：《唐詩遺》，七卷，大阪：梅花書屋，江戶文化二年（1805）序，
　　　　　日本早稻田大學圖書館藏。

由此可見，篠崎小竹對《唐詩正聲》的推崇從本質上來說並非「文學性」的，
而是通過文學表現經學思想的一種形式。

　　菅茶山的學生賴山陽（1781～1832）與篠崎小竹一樣，也曾編唐詩選本《唐
絕新選》，並在例言中論及高棅選本：

　　　　唐詩之選，至廷禮氏始備。于鱗氏欲超而上之，故不得不嚴酷
　　焉。然亦有不嚴者，絕句如二崔唱和，真為不類。蓋以廷禮所遺，
　　故意取之耳。

　　　　《品彙》失之繁，《正聲》失之簡。與其簡而有遺也，寧繁而過
　　取。故今之選，取於《品彙》者為多，而旁及群書。〔註129〕

由上可以總結出山陽對高棅選本的三個觀點：第一，山陽肯定高棅唐詩選本的
奠基地位。第二，在肯定高棅選本的前提下，山陽指出《品彙》和《正聲》所
選並非完美，尚有缺失。第三，山陽選唐詩，以《品彙》為範圍。他又肯定高
棅提出的「四唐」之分：

　　　　汪鈍翁曰：唐不可四。余曰：四唐如四時，春多春佳處，秋有
　　秋佳處。獨取春廢秋，有此理乎？然其盛衰榮枯，固有在焉。不察
　　於此，而徒曰盛唐盛唐者，從人後嗟歎耳。〔註130〕

雖然山陽並未如菅茶山那樣推崇《唐詩正聲》，但至少可以確定他對高棅的唐
詩選本及其唐詩觀持正面、贊同的態度。

　　值得注意的是，賴山陽在1800至1826年期間以漢文撰寫《日本外史》，
被視為對幕府末期的尊皇攘夷活動有重大影響的一部史學著作。〔註131〕山陽
在此書的《例言》第四則中，記載德川家族將日本發展至太平盛世的經過，對
江戶幕府的正統性表示擁護與肯定。由於賴山陽的父親賴春水是大阪混沌詩
社的成員，他從小就生活在大阪的學問中心，受菅茶山指導詩文，又受「寬政
三博士」之一的尾藤二洲指導朱子學（尾藤也是山陽的姨父），與篠崎小竹更
是鄰居好友的關係。這一時期的混沌詩社成員之間交往頻繁，無論是經學還是
文學上的背景與觀點都有較多的共同點。因此，《日本外史》中的國家觀和政

―――――――――――――――――――

〔註129〕賴山陽：《唐絕新選》，二卷，京都：吉田屋治兵衛，江戶文化七年（1810）
　　　　序，天保十五年刊（1844），日本早稻田大學圖書館藏。
〔註130〕賴山陽：《唐絕新選》。
〔註131〕《日本外史》仿照《史記》體裁，按家族、人物之別記述從平安時代到德川
　　　　第十代將軍家治掌權期間的武家興衰史，全二十二卷，並於1875年在中國
　　　　出版翻印。

治觀不僅代表賴山陽個人的觀點，也能看作是混沌詩社成員普遍的認知，篠崎小竹與賴山陽早期在思想和詩論上的一致性即為一證。

綜上所述，在江戶後期的文化至天保年間，社會混亂、急需「撥亂反正」的背景下，以信奉朱子官學、維護幕府統治的混沌詩社成員為主的學者一致將唐詩視作「正統宗派」和「學詩正軌」大力提倡，於是《唐詩正聲》被賦予「糾詩風、救時體」，使江戶詩風重新「歸於正」的重大作用，成為取代《唐詩選》，被不同詩學主張的詩人們一致認可的唐詩選本典範。

劉芳亮指出，萱園派沒落後《唐詩選》依然熱度不減，各種版本持續刊出的其中一個重要原因，就是當時儘管主張性靈的人們不滿《唐詩選》，也始終未能推出替代它的唐詩選本〔註 132〕。《唐詩正聲》雖然跟《唐詩選》一樣各體兼備，初盛中晚大體並收，且和刻版本也較多，但《正聲》在尊盛唐、重格調上本來就與《唐詩選》一脈相承，甚至認為《唐詩選》盛行所帶來的崇尚唐詩的氛圍對《正聲》的普及起了一定的推動作用，所以《正聲》不可能撼動《唐詩選》的主導地位。〔註 133〕單從版本和翻印數量來看，高棅選本確實不如《唐詩選》多。和刻本的數量反映文獻的傳播廣度和普及程度，高棅選本在前有《唐詩選》的讀者積累、又缺少通俗注解本的情況下，難以像《唐詩選》那樣在一般讀者之間流行起來。然而，從學術層面來看，高棅選本從十八世紀中期就開始逐漸受到越來越多的漢文學者的關注和重視，在十八世紀末已經為新格調派所宗，被評為《唐詩選》之上，甚至被用來抨擊《唐詩選》；到了十九世紀，尤其是天保年間，《唐詩正聲》作為《唐詩選》被詩壇排斥以後的唐詩選本典範，受到不同詩學立場的學者們的推崇與肯定。因此，《唐詩正聲》雖然沒有撼動《唐詩選》在出版市場和通俗層面的主導地位，但在漢文學者為主的學術領域中，高棅選本的地位顯然超越了《唐詩選》，成為公認的、正統的唐詩模範選本。

由此可以看出，高棅編選的《唐詩正聲》在日本漢詩史上的發展軌跡和作用與中國明顯不同。高棅作為明代復古格調詩的奠基人物，其詩論和選本為後來的「前後七子」等格調派的詩歌批評提供了基本理論框架，被視為明初詩歌復古的里程碑，產生了深遠的影響。〔註 134〕《唐詩正聲》更是高棅在編《唐

〔註 132〕劉芳亮：《日本江戶漢詩對明代詩歌的接受研究》，第 118 頁。
〔註 133〕劉芳亮：《日本江戶漢詩對明代詩歌的接受研究》，第 121 頁。
〔註 134〕張宏生、于景祥：《中國歷代唐詩書目提要‧第四編‧唐詩品彙》，遼海出版社，2015 年 1 月，第 1 版，第 215 頁。

詩品彙》後進一步將詩論細化的成果。然而，高棅選本雖在十七世紀以前就東傳日本，受到翻刻和傳閱，卻並未掀起新的詩學潮流，而是被《唐詩選》取代了在日本漢詩史上成為復古格調詩的奠基石和里程碑的功能。直到《唐詩選》在江戶詩壇的地位一落千丈以後，高棅選本受到更多關注和推崇，《唐詩正聲》更在十九世紀後突破了格調、性靈和神韻等特定時風的界限，被折衷派詩人們推舉為唐詩典範選本，起到撥亂歸正的功能。

《唐詩正聲》所收李白詩

《唐詩正聲》在當時被推舉為選本模範，成為詩壇主流話語，意味著詩壇重新定義了理想詩歌的標準。被高棅視作「唐詩正宗」的李白，以及《唐詩正聲》中選錄的李白詩，也隨之得到了重新評價和定位。

《唐詩正聲》共收九百二十九首詩，其中有李白詩八十二首，占總數的8.8%。從詩體來看，它們包括五言絕句七首、七言絕句十三首、五言排律四首、五言古詩三十三首、七言古詩十三首、五言律詩九首、七言律詩三首。另一方面，《唐詩選》選詩四百六十五首，其中李詩有三十三首，占7%，在數量和比例上都比《正聲》少。《唐詩正聲》和《唐詩選》所選李詩中，重複的詩歌有十七首：

表 4.1　《唐詩正聲》與《唐詩選》重複選錄李白詩

詩　體	篇　目
五言絕句	靜夜思、獨坐敬亭山
七言絕句	客中行、峨眉山月歌、聞王昌齡左遷龍標遙有此寄、黃鶴樓送孟浩然之廣陵、陪族叔刑部侍郎曄及中書舍人賈至遊洞庭湖、早發白帝城、春夜洛城聞笛、蘇台覽古
五言排律	送儲邕之武昌
五言古詩	經下邳圯橋懷張子房
七言古詩	烏夜啼
五言律詩	塞下曲（塞虜乘秋下）、秋思、送友人
七言律詩	登金陵鳳凰臺

其中，不難看出只有七言絕句部分的重複率最高。此外，高棅和李攀龍對《秋思》的辨體也存在異議，前者認為是五言律詩，後者則認為是五言排律。《唐詩正聲》和《唐詩選》均選錄的十七首李白詩，在當時可以說是受到「經典化」

的作品。那麼，《唐詩選》未收，而《正聲》選錄的六十五首李詩，則是江戶後期通過《唐詩正聲》被納入「正統」體系中成為唐詩典範的作品。這些得到重新評價和定位的李詩有：

表 4.2　《唐詩正聲》選錄，《唐詩選》未選錄李白詩

詩　　體	篇　　目
五言絕句	淥水曲、玉階怨、憶東山、自遣（對酒不覺暝）、送陸判官往琵琶
七言絕句	橫江詞（其五）、長門怨、永王東巡歌（其二）、贈汪倫、巴陵贈賈舍人
五言排律	送友人尋越中山中、秋日登揚州西陵塔、中丞宋公以吳兵三千赴河南軍次潯陽脫余之囚參謀幕府因贈之
五言古詩	古風 大雅久不作、古風 太白何蒼蒼、古風 齊有倜儻生、古風 松柏本孤直、古風 我到巫山渚、古風 蟾蜍薄太清、古風 天津三月時、擬古 涉江弄秋水（一作折荷有贈）、沐浴子、大堤曲、塞上曲（大漢無中策）、關山月、妾薄命、贈盧司戶、贈秋浦柳少府、贈何七判官昌浩、以詩代書答元丹丘、讀諸葛武侯傳、贈崔司戶文昆季、酬崔五郎中、經亂後將避地剡中留贈崔宣城、望終南山寄紫閣隱者、寄東魯二子、送江舍人之江東、同王昌齡送族弟襄歸桂陽、送韓准裴政孔巢父還山、登新平樓、金陵鳳凰臺置酒、望廬山瀑布水（西登香爐峰）、遊泰山、望月有懷
七言古詩	烏棲曲、長相思、北風行、遠別離、蜀道難、灞陵行送別、侍從宜春院苑奉詔賦龍池柳色初青聽新鶯百囀歌、單父東樓秋夜送族弟沉之秦、扶風豪士歌、廬山謠寄盧侍御靈丹、梁園歌、夢遊天姥吟留別
五言律詩	太原早秋、侍從遊宿溫泉宮作、過崔八丈水亭、觀胡人吹笛、口號贈盧徵君鴻、訪戴天山道士不遇
七言律詩	送賀監歸四明應制、別中都兄明府

總的來說，高、李之選最大的分歧在於古體詩部分。如前文所述，李攀龍的《唐詩選序》對江戶詩論影響深遠，其中「唐無五言古詩」和「太白縱橫，往往強穹之末。間雜長語，英雄欺人」等觀點，很大程度上導致唐代五言古詩和李白七言古詩的價值無法得到充分認識和評價。反觀《唐詩正聲》所錄李詩，數量最多的是五言古詩，其次是七言古詩和七言絕句，顯然高棅最認可李白在古體詩上的成就，其次才是七言絕句。因此，《唐詩正聲》被確立為江戶詩壇上的權威唐詩選本，證明江戶後期的詩人們也肯定了李白古體詩的模範作用和正統地位。在此之前，江戶詩壇關注的李白詩歌一直以七言絕句和樂府詩為最，人們對李詩的認知也因此存在較大的「偏向性」和「片面性」。而十九世紀初期以來的《唐詩正聲》出版熱潮，在糾正這種「偏向性」和「片面性」的意義

上發揮了一定作用。

賴山陽《唐絕新選》與篠崎小竹《唐詩遺》

前文中提到，在《唐詩正聲箋注》出現之前，賴山陽和篠崎小竹都分別自行編撰過唐詩選本。賴山陽《唐絕新選》僅收七言絕句，在其自序中評價當時較流行的《唐詩別裁》和《萬首唐人絕句選》謂：

> 余謂新城（士禎）詩名蓋世，其選於古，必有大過人者。乃百方求索，獲如拱璧。先讀其序引，多獲我心。及披閱之，則不類其所言也。

> 沈長洲（德潛），亦《品彙》之流，以其晚出，取捨頗公。然往往執學究科條，以律詩人……是寧可與言詩也哉？

與「《品彙》失之繁，《正聲》失之簡」相比，賴山陽對王士禎和沈德潛選詩的評價顯然更加嚴苛。他認同王士禎重視「神韻」的詩論，卻不認同其選詩內容；他認同沈德潛選詩的內容，卻反對其重視詩教作用的詩論。這也是當時「折衷化詩風」的一個典型表現。《唐絕新選》將李白排在開篇首位，其次是王昌齡。其正篇專選《唐詩選》未選入的作品，其中錄有李白詩十首。有趣的是，賴山陽在下卷設「備錄」，對《唐詩選》所選詩歌進行篩選，抄錄他心目中「明珠翠羽，萬目所珍」的作品。〔註135〕其中李白詩多達十四首，占《唐詩選》所選李白七言絕句的82%，只淘汰了《上皇西巡南京》二首與《秋下荊門》等三首作品。

表4.3　賴山陽《唐絕新選》選錄李白詩

卷　目	篇　目
正篇 （上卷）	橫江詞（橫江館前）、贈汪倫、南流夜郎寄內、從軍行、陪李曄賈至遊洞庭、山中問答、結襪子、長門怨、少年行、登廬山五老峰。
備錄 （下卷）	清平調三首、客中行、峨眉山月歌、聞王昌齡左遷龍標遙有此寄、黃鶴樓送孟浩然之廣陵、陪族叔刑部侍郎曄及中書舍人賈至遊洞庭湖、遊天門山、早發白帝城、蘇台覽古、越中懷古、與史郎中欽聽黃鶴樓上吹笛、春夜洛城聞笛。

〔註135〕賴山陽《唐絕新選・例言》：「輯唐詩者數十家，而行於此間者，于鱗為最。三家村亦藏歷下之選，人人誦習。故今之所取，係彼所不載。已而又念，明珠翠羽，萬目所珍。彼固不得獨私之，而我亦不得獨遺之也。因錄於後，其間又有所去取，以竢識者覽觀。」

對比《唐詩正聲》的七絕部分與《唐絕新選》，會發現《唐絕新選》淘汰的三首作品《唐詩正聲》同樣沒有選錄，而《唐絕新選》正篇選錄的十首李白詩，有三首見於《唐詩正聲》。《唐詩正聲》所載的十三首李白詩，有十一首與《唐絕新選》一致。由此可見，《唐詩正聲》雖然「失於簡」，遺漏了一些賴山陽心目中優秀的李白七絕作品，但它所選基本上都符合賴山陽的詩學審美。

另一方面，篠崎小竹《唐詩遺》以《唐詩別裁》為底本，選錄五古、七古、五律、五言長律、七律、五絕、七絕五百餘篇。篠崎小竹的選詩宗旨與賴山陽一樣，都是為了選入《唐詩選》所遺漏的優質唐詩。〔註136〕《唐詩遺》選入李白詩共二十首，涵蓋全部詩體。

表4.4　篠崎小竹《唐詩遺》選錄李白詩

詩　體	篇　　目
五言古	沐浴子、春思、聽蜀僧濬彈琴
七言古	長相思二首、寄王屋山人孟大融、宣州謝朓樓餞別校書叔雲
五言律	贈孟浩然、訪戴天山道士不遇、過崔八丈水亭、謝公亭、夜泊牛渚懷古
五言長律	送友人尋越中山水、春日歸山寄孟浩然
七言律	別中都兄明府
五言絕	玉階怨、清溪半夜聞笛、勞勞亭
七言絕	橫江詞（橫江館前）、巴陵贈賈舍人

其中，與《唐詩正聲》所選重複的有九首，涵蓋除五言長律以外的所有詩體，重複率將近一半。據《唐詩遺‧題言》，篠崎小竹進一步解釋他選擇從《唐詩別裁》選詩的原因，並提到日本人「以聲論詩」的困難：

> 吾邦於詩，體制可論，氣格可辨，情可盡而辭可修矣。至於聲調，則雖為名家，或不得不更隔一靴。第強言之，亦唯虞芮聚訟，無官聽斷，安所準則。詩主聲調，錙銖一繆，權衡皆差。即有編集，頤會箕斂，豈曰能選。故余一意取材《別裁》，不復別裁。

〔註136〕篠崎小竹《唐詩遺》自序：「滄溟之選，善則善矣，僅僅乎四百餘篇，未可謂盡也。而律體、臺閣居半，東方韻士、山野布褐，不可資以為教。其他《品彙》、《正聲》、《三體》之類，咸失汎容。獨沈歸愚之選，幾乎公正。故命弼也就《別裁》中而選其可者，而復得五百餘篇，名曰《唐詩遺》，即滄溟所遺，而格調不下滄溟選，猶風雅有正變也。蓋東方韻士，因斯二選而成學，則萬古不易之模範。」《題言》：「謂之遺者，李之遺，而非唐之遺也。」

江戶中期以來，重視格調的日本詩人一直嘗試解決日本漢詩的聲調問題，雖較前代有了一定改善和發展，仍難以徹底克服這一難題。因此，篠崎小竹雖然重視格調，但由於語言條件上的限制，並未將聲調納入選詩標準中，這是導致他選詩與《唐詩正聲》有一定出入的原因之一。由此也可以推斷，正因為篠崎小竹認為日本人在漢詩聲調問題上並沒有像中國人一樣的批評立場，他對後來出版的《唐詩正聲箋注》難以提出詩學上的批評，所以在撰序時選擇從經學的角度來談論《唐詩正聲》在「正詩風」上的功能。

《題言》中還提到李白的《古風》和《宮中行樂詞》：「詩有一題數首，頭尾循環，團成率然者，如陳、張《感遇》，李《古風》、《宮中》等……此編務簡，固多割愛於此。」《唐詩別裁》收錄了《古風》十六首和《宮中行樂詞》六首。也就是說，實際上《唐詩別裁》所收的這些詩歌都是符合篠崎小竹選詩標準的作品，只是因為篇幅太長無法收編其中。《唐詩正聲》收李白詩中以五古最多，其中收錄了《大雅久不作》、《太白何蒼蒼》、《齊有倜儻生》、《松柏本孤直》、《我到巫山渚》、《蟾蜍薄太清》、《天津三月時》等七首《古風》作品，雖然在選錄篇目上與《唐詩別裁》稍有不同，但與主張「唐無五古」，不推崇李白古體詩的《唐詩選》相比，顯然對李白五古的審美有較大拓展。

《唐詩遺》中與《唐詩正聲》所選不同的李白詩，具體地反映了篠崎小竹折衷化詩論的取向。松下忠認為篠崎小竹屬於早期受古文辭學影響，後來反古文辭，轉向學習袁枚的性靈說，這也是他和賴山陽後期詩論最大的不同點。〔註137〕松下忠所論，主要以篠崎小竹的詩文集與詩論作品為依據，在「三詩說」中唯獨沒有提到神韻說。然而，《唐詩遺》選入較多描寫山水自然，符合神韻說「清」、「遠」審美的李白詩歌，顯示出重視「神韻」的傾向。首先，《唐詩遺》所選五首李白的絕句中，有四首見於王士禎《萬首唐人絕句選》。其次，《宣州謝朓樓餞別校書叔雲》、《謝公亭》吟詠的謝朓，《贈孟浩然》、《春日歸山寄孟浩然》吟詠的孟浩然，均是符合神韻境界的山水田園詩人。〔註138〕此

〔註137〕松下忠：《江戶時代的詩風詩論》，第544～553頁。
〔註138〕〔清〕王士禎《池北偶談》卷十八論「神韻」謂：「汾陽孔文谷天胤云：『詩以達性，然須清遠為尚。』薛西原論詩，獨取謝康樂、王摩詰、孟浩然、韋應物，言：『白雲抱幽石，綠筱媚清漣，清也。表靈物莫賞，蘊真誰為傳，遠也。何必絲與竹，山水有清音。景昃鳴禽集，水木湛清華。清遠兼之也。』總其妙在神韻矣。神韻二字，予向論詩首，為學人拈出，不知先見於此。」〔清〕王士禎《漁洋詩話》卷下：「鍾嶸《詩品》，余少時深喜之，今始知其

外，篠崎小竹選入了王士禎高度評價的《夜泊牛渚懷古》。王士禎《帶經堂詩話》謂：「或問『不著一字、盡得風流』之說，答曰：太白詩『牛渚西江夜……』，詩至此，色相俱空，正如羚羊拌角，無跡可求，畫家所謂逸品是也。」〔註139〕又在《古夫于亭雜錄》中稱：「余少時最愛李太白『牛渚西江夜』、孟浩然『掛席幾千里』諸篇，數數擬之。」〔註140〕這些與神韻說有關，或者說是符合神韻說審美的李白詩有九首，與前述《唐詩正聲》的重複率相同。也就是說，《唐詩遺》所選李白詩，基本都是符合格調說和神韻說的作品，且在比例上各占一半。綜上所述，不但可以證明篠崎小竹詩論中未被論及的神韻說傾向，也通過《唐詩遺》這樣的案例，論證了折衷化詩風下李白詩審美存在一定的多樣性和複雜性。

踳謬不少。……中品之劉琨、郭璞、陶潛、鮑照、謝朓、江淹，下品之魏武，宜在上品。」

〔註139〕〔清〕王士禎：《帶經堂詩話》，清文淵閣四庫全書本。

〔註140〕〔清〕王士禎：《古夫于亭雜錄》卷三，清文淵閣四庫全書本。

結　語

　　縱觀日本江戶漢詩約二百五十年的發展歷程，其間經歷了幾個重要轉折點，詩風也隨之發生了較大的變化。從江戶初期的「未分化詩論」，到江戶中期詩論明確化，先有木門的「唐詩鼓吹」，後來古文辭派提倡唐、明詩風，將江戶詩壇的復古詩風推至最高峰，其影響甚至波及非讀書階層，實現了漢詩的普及化。江戶後期，為了改變古文辭學日漸腐敗、過分僵化的詩論、詩風，以宋詩風為主的性靈派，與主張對格調說進行內部修整的「新格調派」成為詩壇上「反古文辭」的對立勢力。在「唐宋詩之爭」、「格調性靈之爭」等激烈的詩學鬥爭下，催生出大量江戶詩話作品和詩社的成立，專業詩人數量陡增，江戶漢詩盛極一時。進入十九世紀以後，神韻說的影響顯著，詩論從對立鬥爭逐漸走向和解和相互融合，發展成格調、性靈、神韻「三詩說」兼容並包、各取所長的「折衷化詩風」。這實際上就是一個從未分化走向分化，分化後各自發展、相互摩擦以後又以新的方式相互融合、得到昇華的過程。

　　以李白受容為主線去探索江戶漢詩史，不僅印證了前人提出的相關論說，還可以看到一些在以往研究中未能反映的側面，為江戶漢詩史研究提供了更多細節與線索，使我們能夠更全面、具體地認識江戶漢詩。舉例來說，一直以來關於江戶漢詩的研究偏重於中後期，對初期關注較少。一般認為，石川丈山是這時期率先主張盛唐詩風的代表。通過本書第二章的考察，已證明松永尺五、林鵝峰、林讀耕齋和貝原益軒等著名學者均有尊盛唐詩、排斥中晚唐詩的傾向。順應這種發展趨勢和詩學思潮，木下順庵及其門生在江戶中期將「唐詩鼓吹」的詩論明確化，對後來的古文辭派也有極大的影響。因此，江戶初期的

詩風並不僅僅繼承前代的文學觀念而毫無創見,實際上,這時期對於中期蓬勃發展的復古詩風有著關鍵性的奠基和過渡作用,其中還有不少待發現和解決的問題值得深究。如本書提到關江戶初期各個文藝領域中李白作為「風雅」代表的觀念,圍繞這一觀點還存在較多值得展開的問題,如:江戶初期漢詩如何與其他文學融合、漢文學通過這種跨領域的文藝交流在其他領域的發展脈絡等。此外,一般認為古文辭派詩人奉李攀龍詩論為「金科玉律」,對古文辭詩文派的研究主要著重於服部南郭,而關於高野蘭亭的研究則不多。從高野蘭亭對李白詩的模擬創作來看,他尤其熱衷於學習李白的七言歌行體,說明他並不認同李攀龍《唐詩選序》「太白縱橫,往往強弩之末,間雜長語,英雄欺人耳」論。這反映出古文辭派實際上並非無條件地接受李攀龍詩論的一面,不但使我們能夠重新審視過去對古文辭派的刻板印象,也突出了高野蘭亭作為江戶時代最早的「專業詩人」在接受中國詩風、詩論上的主觀意識與審美個性。至於江戶後期,前人研究大多強調這一時期崛起的性靈派詩人與清新宋詩風,形成了這一時期與古文辭派相關的復古格調詩論、盛唐詩風被全盤否定的印象。本書的第四章選擇以「新格調派」為江戶後期詩壇的主要考察對象,從不同於性靈派的角度探索他們詩論中關於李白詩文的批評與創見,揭示了這一時期的格調派如何在繼承復古格調詩論的基礎上,通過「反古文辭」和對格調詩論進行取捨和內部修正,使日本的格調詩脫離古文辭派的藩籬得到新生,也為十九世紀的唐詩復興思潮奠定了基礎。通過這些例子,可以發現江戶漢詩本身還存在較大研究空間,在前人構建的宏觀漢詩史的基礎上,還需通過更多的微觀研究才能更具體、清晰地瞭解江戶漢詩的內涵與價值。

在江戶漢詩漫長又跌宕起伏的發展過程中,李白詩文作為被接受、學習和參考的文本,從未離開接受者的視野,在各個發展階段都發揮著它作為唐詩典範的作用與價值,從不同的角度、以不同的方式影響著不同時代、不同階層、不同立場甚至是不同領域的日本讀者,又通過江戶漢詩文和詩論著作受到江戶文人的重新定義、評價、發揮與變容。通過本書對多個人物、作品和團體的個案研究,我們可以發現江戶日本的人們對李白詩文的「受容」範圍、方式、態度都是多種多樣的。他們在接受李白詩文以後通過模仿、內化、與其他元素相融合,再加入自身獨特的個性與審美後創作的漢詩文作品,呈現出海外讀者對李白詩文的「變容」的無限可能性。

王紅霞《宋代李白接受史》將宋代的李白接受與傳播的特點概括為:

　　第一，李白謫仙形象有所拓展，變得真實化和立體化。第二，宋人傾向以純粹的儒家倫理道德觀念來評價李白的詩歌，並出現了褒貶的兩種不同聲音，並隨著李杜優劣論的發展而改變。第三，宋人熱衷於模仿李白詩歌中的藝術手法，但沒有形成潮流，更沒有上升成為有意識、成派系的詩學行動。第四，接受和傳播的載體比前代豐富，增加了詞、詩話、地理著作、繪畫等新的載體。〔註1〕

江戶日本受宋明理學影響極深，與宋代一樣重文輕武、以儒學為主導思想。總的來說，江戶時代的李白受容也呈現出與宋代十分相似的特點。

　　首先，與江戶時代之前的日本漢詩相比，江戶漢詩對李白的引用與借鑒顯然有極大的拓展。除了借李白的形象來賦詩誇讚別人以外，還有將李白的詩文內容和傳說逸事用作寫詩素材的案例，呈現出對李白其人其詩的強烈關注。初期的林鵝峰、讀耕齋兄弟視李白為「風流」的象徵，林鵝峰詠李白詩有「鳳凰臺上仙何去，二水中分似舊時」、「謫仙文字價千金，異世殊方隔古今」、「泉自山頂飛、謫仙來為客」、「直下銀河一貶謫，落則白髮千丈長」等句。林讀耕齋詠李白詩則有「開筵幽賞謫仙情」、「青天飛上謫仙遊」句。木下順庵為朝鮮使者賦詩「太白仙才誰共論，賦成鵬翼掩天門。百篇一斗豪吟客，大雅千年今又存。」江戶中期，即便是面向非讀書階層的通俗讀本《唐詩選國字解》，也認為李白是「渾身滿溢著文雅風雅之人，如世人所說他是出口成詩之人，不多加思索，半醉半醒忘我之際無意中吐出之語，最得自然之妙境」。可見，李白的「詩仙」形象已深入民心，滲透到一般讀者之中。江戶後期，新格調派的熊阪臺洲評李白之「不用意」實際上是「似不用意者則其用意之最至者」，認為「謫仙所謂錦心繡口，開口成篇，奚害其美。」以上諸例，表明了江戶時代的各個階段對李白的謫仙形象的認知與喜愛。

　　其次，江戶日本雖以宋學為正統學問、政治思想，也傾向從經學的角度來評價李白的詩歌，但江戶日本的朱子學者對李白的評價大多是正面、褒義的，呈現出超越宋學倫理道德觀念的特色。江戶初期的木下順庵題李白詩曰：「廬山暗挽銀河水，付與汾陽洗甲兵」、「惆悵漁陽莨蕩酒，大唐朝士幾人醒」，將郭子儀救國之功歸因於李白的幫助，又褒贊李白的政治眼光和才華，相當於對李白人品和歷史地位的肯定。江戶中期的朱子學代表室鳩巢，以繼承和發揚風

〔註1〕王紅霞：《宋代李白接受史》，上海古籍出版社，2010年10月，第312~315頁。

雅傳統為己任，對李白詩歌表達的政治、文學上的理想深有共鳴，並通過在擬古詩歌創作中學習、模仿李白中秋詩所表現的貫通古今的「月」意象來追求風雅、實現復古的理想。在他看來，李白身懷文才，卻遭小人所害，官場失意，是胸懷大志無法施展的正人君子。江戶後期，詩文徹底獨立於經學之外，即使是朱子學者論詩不再說理，只就詩學範疇討論文學問題。但隨著《唐詩正聲》在十九世紀被有儒學背景的詩人們推作模範選本，與當時需要以朱子學鞏固封建統治的經學思想相結合，被賦予「撥亂反正」的「正統」地位與文學意義，《唐詩正聲》中所錄李白詩也相應地成為文學上「正統」的意識形態的代表之一。但是，還是存在像古文辭經學派代表太宰春臺那樣，認為李白和杜甫一樣「終於詩人」，在經世治國方面成就不高的例子。

　　第三，與宋代相似，江戶詩人也熱衷於模仿李白詩歌中的藝術手法，它並未單獨成為一種有意識、成派系的詩學行動和潮流，而是作為江戶中期的木門和古文辭派的擬古詩創作潮流下的一環得以實現。對李白的模仿更多的體現在個別詩人的作品中。木門的祇園南海一生追慕李白，被譽為「江戶詩壇的李白」。除了飲酒詩以外，他在五言、樂府詩的創作中也受李白影響，襲用李白愛用的六朝典故，呈現李白式的魏晉風度崇拜。古文辭派的高野蘭亭則通過模仿李白飲酒詩中的詩語、詩題、詩意和修辭表現手法來創作七言飲酒詩，抒發內心的苦悶與對李白的仰慕之情，借「擬李白」的方式得到精神和心理上的寄託。

　　第四，傳播與接受載體在日本漢詩史上前所未有的豐富。實際上，除了與宋代以後的中國一樣增加了詩話、詩論著作、題畫詩、李杜合集、通俗小說、法帖等載體以外，江戶漢詩還通過日本本土的和刻本、漢詩文集、日本人自編的詩歌選本、日文通俗讀本、書畫、詩文講義、隨筆、書信、俳句、戲劇甚至是歌留多（花牌）等多彩多樣的方式來傳播與接受李白詩歌。本書篇幅有限，主要考察與漢詩文直接相關的文本，涉及到較具日本特色的傳播載體有：木下順庵、林鵝峰等人與朝鮮史臣的詩文交流；《本朝中華詩歌合》、《倭漢十題雜詠》等漢詩、和歌合選集；《百人一詩》、《唐百人一詩》、《唐宋百花一詩》、《唐才子一人一首》、《歷代詩選》等日人自編詩歌選本；以《日本詩話叢書》為主的大量江戶詩話、詩論著作；《駿臺雜話》、《芳洲先生口授》、《芙蓉館提耳》等教學講義、語錄；《唐詩選國字解》、《唐詩選辨蒙》、《唐詩選講釋》等日文通俗注解本，以及灑落本（日文通俗讀本）《聖遊郭》。未涉及到的其他範疇，

在前人研究中均有論說，但還比較零散，值得將來進一步總結並深入探索。

　　另外值得一提的是，本書涉及的案例中，多數詩人都主張格調詩論，或者對格調說表示理解，但是這並不代表江戶詩壇的李白受容僅限於格調派。格調說與唐詩風在江戶詩壇的確立是同步實現的，「李杜」作為唐詩代表被格調派所宗，使江戶時代的格調派在李白受容上顯示出更明顯的、系統的、理論化的特徵。但實際上，室鳩巢雖然屬於提倡格調詩的木門，他主張的、反對的觀點與袁宏道的詩論卻有很多相似之處，加之他曾稱自己愛讀《袁中郎尺牘》，受到性靈說的影響也是理所當然。〔註2〕在性靈派主導詩壇的江戶後期，被視為性靈說代表之一的市河寬齋在《談唐詩選》中專設「太白絕句用意不用意辨」一節，對釋大典《唐詩選》注本中對《靜夜思》的注釋進行了詳細的論析，顯示出他對李詩的深刻理解。至於神韻派，有三浦淇園以李杜詩歌的「興象」為理想，在《詩轍》中論詩頻繁以李白詩歌為例講述學詩技法。而被公認為「江戶詩壇的李白」的祇園南海，更是在王士禛的神韻說形成之前就提出獨自的「影寫說」，他的詩論與神韻說一樣受《滄浪詩話》影響，重視神韻的境界。以上例子，都表明了江戶詩論的多樣性與包容性。

　　最後，本書除了考察江戶日本對李白的受容以外，更強調他們對李白詩歌和中國詩歌理論的「變容」。《唐詩選》的日文注釋本中經過翻譯、重新詮釋的解說，讓我們看到了解讀李白詩歌的無限可能性，也顯示出在文化輸出的過程中由於互相理解不足、自身文化背景的特徵以及時代思潮的影響等原因導致的誤解和理解偏差。林家三代選中國詩歌，採用了原屬於和歌文學的選本形式，將中國詩歌融入日本傳統文學的載體中，形成一種獨特的選本模式，這種模式甚至被運用到用於娛樂的花牌（歌留多）中。從松尾芭蕉到與謝蕪村，江戶俳諧文學的代表人物都積極從漢詩中吸取養分，視李白為「風雅」的代表加以模仿學習，通過俳諧文學將李白詩文重新詮釋成嶄新的形式。以上案例都體現出中國詩歌具備較大的文化適應力和可能性。俳諧領域中，與謝蕪村將李攀龍評李白詩的「不用意」一詞定義為俳諧文學的理想境界。漢詩領域中，則有熊阪臺洲《律詩天眼》對「不用意」說進行全新的闡釋，重新定義李白才學和論創作論，更將本僅限於絕句體「不用意」說拓展到李白所有詩體的整體創作論中。中井竹山《詩律兆》繼承明代格調說的同時，又選入李白歷來評價不高的七律作品六首作為作詩範例，也顯示出他超越明代格調說的「變容」。

〔註2〕松下忠：《江戶時代的詩風詩論》，第143頁。

參考文獻

一、中國文獻（按出版地區分）

1. 卞東波：《域外漢籍與宋代文學研究》，北京：中華書局，2017 年 6 月第一版。

2. 蔡毅：《日本漢詩論稿》，北京：中華書局，2007 年。

3. 陳晨：《〈唐二家詩鈔〉版本考述》，《古籍整理研究學刊》，2009 年 5 月第 3 期，68～73 頁。

4. 陳芳：《〈滄浪詩話〉明代接受研究》，博士論文，復旦大學，2013 年。

5. 陳斐：《南宋唐詩選本與詩學考論》，鄭州：大象出版社，2013 年。

6. 陳福康：《日本漢文學史》（三冊），上海：上海外語教育出版社，2011 年。

7. 陳國球：《明代復古派唐詩論研究》，北京：北京大學出版社，2007 年。

8. 陳潔《〈滄浪詩話〉與明代復古、擬古詩潮》，《欽州師範高等專科學校學報》第 18 卷第 2 期，2003.6，31～34 頁。

9. 陳文忠：《文學美學與接受史研究》，合肥：安徽人民出版社，2007.12。

10. 陳寅恪：《吾國學術之現狀及清華之職責》，《國立清華大學二十週年紀念特刊》，1931 年 5 月。

11. 吹戶真實：《淺談李白在日本的受容——以對近世文學的影響為中心》，中國李白研究會《中國李白研究》（2018 年集），2017 年，296～299 頁。

12. 大庭修：《江戶時代中國典籍流傳日本之研究》，戚印平譯，杭州：杭州大學出版社，1998 年。

13. 道阪昭廣：《江戶時代後期日本人對漢詩的認識》，《西華師範大學學報》

（哲學社會科學版），2014 年第一期，7～12 頁。

14. 丁福保輯：《歷代詩話續編》，北京：中華書局，2006 年第二版。

15. 丁國旗：《日本隱逸文學中的中國因素》，北京：人民出版社，2015。

16. 段少華：《淺論王士禎與沈德潛的詩學思想之異同——以兩人的詩歌選本〈古詩選〉和〈古詩源〉為例》，《西昌學院學報》（社會科學版）第 20 卷第 3 期，2008 年 9 月，42～45 頁。

17. 范建明：《論中日詩壇上的「新格調派」以沈德潛與皆川淇園為中心》，《蘇州大學學報》，2007 年 11 月第 6 期，50～56 頁。

18. 韓勝：《清代唐詩選本研究》，北京：中國社會科學出版社，2010 年。

19. 郝潤華、莫瓊：《明代李白詩選注評點本考錄》，《歷史文獻研究》（總第 40 輯），2018 年 5 月，247～258 頁。

20. 洪禹載：《洪譯士東槎錄》，復旦大學文史研究院編：《朝鮮通信使文獻選編》第三冊，上海：復旦大學出版社，2015 年。

21. 後藤昭雄：《日本古代漢文學與中國文學》，高兵兵譯，北京：中華書局，2006 年。

22. 華生：《吳舒鳧生平考——與劉輝先生商榷》，《戲劇藝術》1988 年 2 月號，86～91 頁。

23. 蔣寅：《舊題李攀龍〈唐詩選〉在日本的流傳和影響》，《國學研究輯刊》第十二卷，2003 年第 12 期，363～386 頁。

24. 節山輯：《木門十四家集》，人民出版社、西南師範大學出版社：《域外漢籍珍本文庫第一輯集部》第四冊，2008 年。

25. 金生奎：《明代唐詩選本研究》（文化與傳播研究叢書），合肥：合肥工業大學出版社，2007 年。

26. 李國新：《明代詩聲理論研究》，北京：中國社會科學出版社，2017 年。

27. 李慶：《論〈唐詩品彙〉的唐詩觀》，《古代文學理論研究》（第二十輯），中國古代文學理論學會，2002，225～248 頁。

28. 梁梓茵：《日本五山文學〈濟北集〉對中國詩文的接受》（二冊），《古典詩歌研究彙刊》第二十輯第十八冊，臺灣：花木蘭文化出版社，2016 年 9 月。

29. 劉芳亮：《〈唐詩選〉在日本的流行及其原因再論》，《解放軍外國語學院學報》34（3），2011 年 5 月，120～126 頁。

30. 劉芳亮:《日本江戶漢詩對明代詩歌的接受研究》,濟南:山東大學出版社,2013 年。

31. 劉懷榮、孫麗選編:《日本漢詩研究論文選》,北京:中國社會科學出版社,2017 年。

32. 劉強:《剡溪:李太白與王子猷》,《江南論壇》,2007 年第 6 期,57～59 頁。

33. 盧燕平:《李白詩路管窺》,北京:中國社會科學出版社,2012 年。

34. 羅鷺:《五山時代前期的元日文學交流》,《四川大學學報》(哲學社會科學版)198,2015 年第 3 期,66～73 頁。

35. 馬歌東:《日本漢詩溯源比較研究》,北京:商務印書館,2011 年。

36. 馬歌東:《日本詩話二十種》上、下,廣州:暨南大學出版社,2014。

37. 〔明〕陳第著,康瑞琮點校:《毛詩古音考》,北京:中華書局,1988 年 8 月第 2 版。

38. 〔明〕高棅編,張恂校:《唐詩品彙》二十冊,明刊本,林家(大學頭)舊藏本,日本公文書館。

39. 〔明〕高棅編:《唐詩品彙》,九十卷,清文淵閣四庫全書本。

40. 〔明〕胡震亨輯:《唐音癸籤》,三十三卷,清文淵閣四庫全書本。

41. 〔明〕李攀龍:《古今詩刪》,三十四卷,清文淵閣四庫全書本。

42. 〔明〕陸時雍:《唐詩鏡》,五十四卷,清文淵閣四庫全書本。

43. 〔明〕王世貞:《弇州山人四部續稿》,二〇七卷,清文淵閣四庫全書本。

44. 〔明〕王世貞:《藝苑巵言》,八卷,明萬曆十七年武林樵雲書舍刻本。

45. 〔明〕許學夷:《詩源辯體》,三十六卷,明崇禎十五年陳所學刻本。

46. 裴斐、劉善良編:《李白資料彙編:金元明清之部》(全三冊),北京:中華書局,1994 年 7 月第一版。

47. 祁曉明:《〈滄浪詩話〉與日本鐮倉、室町時代歌論》,《暨南學報》(哲學社會科學版)153 期,2011 年第 4 期,95～116 頁。

48. 祈曉明:《〈滄浪詩話〉與日本江戶時代歌論》,《暨南學報》(哲學社會科學版)172 期,2013 年第五期,99～108 頁。

49. 祈曉明:《江戶初期詩人對於〈滄浪詩話〉的拒斥～以石川丈山〈詩法正義〉為例》,《文史哲》2014 年第 6 期(總 345 期),119～128 頁。

50. 祈曉明:《江戶時期的日本詩話》,北京:中國社會科學出版社,2009 年。

51. 青木正兒：《中國文學與日本文學》，梁盛志譯，國立華北編譯館，民國 31（1942）年四月初版。

52.〔清〕費經虞：《雅倫》，二十六卷，清康熙四十九年刻本。

53.〔清〕何文煥輯：《歷代詩話》上、下，北京：中華書局，2016 年。

54.〔清〕沈德潛選，俞汝昌增注：《唐詩別裁集引典備註》，二十卷，十二冊，資善堂刊，道光十八年序，早稻田大學圖書館土岐文庫本。

55.〔清〕王夫之：《周易內傳》，六卷，清船山遺書本。

56.〔清〕王士禛《池北偶談》，清文淵閣四庫全書本。

57.〔清〕王士禛：《帶經堂詩話》，三十卷，清乾隆二十七年刻本。

58.〔清〕王士禛：《分甘餘話》，四卷，清文淵閣四庫全書本。

59.〔清〕王士禛：《古夫于亭雜錄》，清文淵閣四庫全書本。

60.〔清〕王士禛：《居易錄》，三十四卷，清文淵閣四庫全書本。

61.〔清〕王士禛：《漁洋詩話》，三卷，清文淵閣四庫全書本。

62. 權宇：《試析日本詩話的價值取向與審美文化特性》，《延邊大學學報》（社會科學版）45（2），2012 年 4 月，34～39 頁。

63. 任文京：《陸時雍論「詩必盛唐」》，《文學遺產》，2012 年第 2 期，153～155 頁。

64. 石川八郎等編：《寶井其角全集》（全四冊），東京：勉誠社，1994 年。

65. 寺尾剛：《日本的李白研究簡介》，《中國李白研究（一九九零年集·上）——中國李白學會第二屆年會紀事》，安徽：中國李白研究會，1989.6。

66. 松下忠：《江戶時代的詩風詩論》，范建明譯，北京：學苑出版社，2008 年。

67.〔宋〕蔡正孫：《詩林廣記》，二十卷，清文淵閣四庫全書本。

68.〔宋〕都絜：《易變體義》，十二卷，清文淵閣四庫全書本。

69. 宋柏年主編：《中國古典文學在國外》，北京：北京語言學院出版社，1994。

70. 宋心昌：《李白五律藝術論略》，《河北師範大學學報》1992 年第 3 期，29～34 頁。

71. 蘇燾：《李攀龍及其唐詩選本中的李白接受觀》，《西華師範大學學報》（哲學社會科學版），2016 年第四期，13～17 頁。

72. 蘇燾：《明初選詩視角下對李白的審美類型批評——以高棅為中心》，《文藝評論》2015 年 2 月，104～107 頁。

73. 蘇泰:《明代格調詩學對李白的審美接受及其詩歌對話——以謝榛和王世貞為中心》,《綿陽師範學院學報》2017 年第 9 期,17～21 頁。

74. 蘇志敏:《李白七律「不工」之探析》,《陝西師範大學學報》(哲學社會科學版) 2015 年第一期,84～91 頁。

75. 孫立:《面向中國的日本詩話》,《學術研究》2012 年第一期,144～151 頁。

76. 孫立:《日本詩話視野中的中國古代文學》,北京:北京大學出版社,2012。

77. 孫立:《中國詩話之輸入與日本早期自撰詩話》,《安徽師範大學學報》(人文社會科學版) 44 (1),2016 年 1 月,25～35 頁。

78. 孫琴安:《唐詩選本提要》,上海:上海書店出版社,2005。

79. 譚雯:《從日本詩話看唐宋詩之爭》,《山東教育學院學報》122 期,2007 年,15～19 頁。

80. 〔唐〕李白撰,安旗、薛天緯、閻琦、房日晰箋注:《李白全集編年箋注》,北京:中華書局,2015 年 10 月第 1 版。

81. 〔唐〕李白撰,〔清〕王琦注:《李太白全集》,北京:中華書局,1977 年 9 月。

82. 〔唐〕李白撰,〔清〕王琦注:《李太白詩集注》,三十六卷,清文淵閣四庫全書本。

83. 王國巍:《敦煌及海外文獻中的李白研究》,四川:巴蜀書社,2010 年。

84. 王紅霞:《試論嚴羽〈滄浪詩話〉對李白的評價》,《中華文化論壇》2010 年第 1 期,57～64 頁。

85. 王紅霞:《宋代李白接受史》,上海:上海古籍出版社,2010 年。

86. 王麗娜:《李白詩歌在日本》,《中國李白研究》(2001～2002 年合集),合肥:黃山書社,2002.12。

87. 王順貴:《〈唐詩品彙〉何以成為典範的唐詩選——三種唐詩選本與〈唐詩品彙〉的關係》,《文學遺產》2013 年第 2 期,69～83 頁。

88. 王曉陽:《李白流夜郎遇赦心態與詩歌研究》,碩士論文,首都師範大學,2013 年。

89. 王永波:《李白詩在明代的編刻與流傳》,《山西大學學報哲學社會科學版》第 38 卷第一期,2015 年 1 月,17～24 頁。

90. 王勇、大庭修主編:《中日文化交流史大系·典籍卷》,浙江人民出版社,1996 年 11 月。

91. 文紅：〈論李白對魏晉人物的接受〉，《北方文學》，2017 年 6 期。

92. 吳雨平：《唐詩選本的日本化闡釋及其對中晚期日本漢詩創作的影響》，《江蘇社會科學》2009 年第 5 期，198～202 頁。

93. 王寶平主編：《中國館藏和刻本漢籍書目》，《日本文化研究叢書》，杭州：杭州大學出版社，1995 年 2 月。

94. 謝思煒：《李杜優劣論爭的背後》，《北京大學學報》（哲學社會科學版）46（2），2009 年 3 月，22～26 頁。

95. 熊慧蘇：《略論日本近世文學中的李白》，中文版載《中國李白研究（2001～2002 年集）——紀念李白誕生 1300 週年國際學術研討會論文集》，2001 年 10 月，675～687 頁。

96. 徐臻：《日本漢詩對謫仙李白的接受》，《廣東外語外貿大學學報》2015 年 03 期，64～68 頁。

97. 嚴紹璗、王曉平：《中國文學在日本》，《中國文學在國外叢書》，廣州：花城出版社，1990 年。

98. 楊萬里：《論嚴羽美學思想對神韻論的影響》，《邢臺學院學報》第 25 卷第 1 期，2010.3，88～90 頁。

99. 殷燕：《中岩圓月〈東海一漚集〉研究——以詩集為中心》，碩士學位論文，浙江工商大學，2012 年。

100. 余崇生：《古文真寶在日本》，《書目季刊》，29（4），1996，頁 50～58。

101. 郁賢皓：《李太白全集校注》（全八卷），江蘇：鳳凰出版社，2015 年。

102. 袁憲瀠：《〈滄浪詩話〉與明代復古詩學》，《中國韻文學刊》第 28 卷第 2 期，2014.4，15～20 頁。

103. 岳進：《明代唐詩選本中的李、杜之爭》，《江西社會科學》2013 年第九期，86～91 頁。

104. 張伯偉：《東亞漢文學研究的方法與實踐》，北京：中華書局，2017 年 6 月第一版。

105. 張伯偉：《論日本詩話的特色～兼論中日韓詩話的關係》，《外國文學評論》2002 年第一期，20～31 頁。

106. 張伯偉：《選本與域外漢文學》，《南京大學學報》（哲學・人文科學・社會科學），2002 年第 4 期第 39 卷，81～89 頁。

107. 張紅：《元代唐詩學研究》，湖南：嶽麓書社，2006 年。

108. 張宏生、于景祥：《中國歷代唐詩書目提要·第四編·唐詩品彙》，遼海出版社，2015 年 1 月，第 1 版。

109. 張曉希等著：《五山文學與中國文學》，北京：中央編譯出版社，2014 年。

110. 趙樹功：《李杜優劣論與才學、才法論》，《文學遺產》2014 年第六期，39～46 頁。

111. 鍾卓瑩：《江戶美術中的李白接受》，《域外漢籍研究集刊》2017（02），343～369 頁。

112. 周青松：《詩體選擇與李杜優劣論》，《成都師範學院學報》第 31 卷第 9 期，2015 年 9 月，91～96 頁。

二、日本文獻

1. 《岸本由豆流藏書目錄》，寫本，日本國會圖書館藏。

2. 《紅粟齋藏書目》，四卷，江戶寫本，農商務省舊藏本，日本公文書館。

3. 《吏隱亭藏書目錄》，江戶寫本，名古屋市蓬左文庫藏本。

4. 《凌雲院藏書目》（全二冊），江戶寫本，農商務省舊藏本，日本公文書館。

5. 《青柳館藏書目錄》，江戶寫本，日本國會圖書館藏。

6. 《唐詩選·三體詩》，東京：博文館，1913 年。

7. 《外典書籍目錄（圓光寺常住）》，大和文華館藏鈴鹿文庫，國文學研究資料館。

8. 《校正唐詩訓解》，京都文林軒刊本（刊年不詳），二冊，大和文華館，國文學研究資料館。

9. 《有造館書目》，四卷，鹿兒島大學附屬圖書館玉里文庫，日本國文學資料館。

10. 《御文庫目錄》（楓山秘府書目）三卷，江戶寫本，日本國會圖書館。

11. 安保博史《幾董俳諧と李白伝説──幾董句「花火盡て美人は酒に身投げけん」考──》，《東洋研究》177 號，2010 年，第 31～45 頁。

12. 安藤東野：《東野遺稿》，富士川英郎（等）編：《詩集日本漢詩第十四卷》（全二十卷），東京：汲古書院，1989 年。

13. 貝原好古：《益軒先生年譜》，寫本，一冊，白井文庫，日本國會圖書館。

14. 貝原益軒：《格物餘話》，《甘雨亭叢書》，三冊，江戶刊本，昌平阪學問所舊藏本，日本公文書館。

15. 貝原益軒:《歷代詩選》,三卷,一冊,江戶寶永元年刊本,昌平阪學問所舊藏本,日本公文書館。

16. 貝原益軒:《慎思錄》,六冊,江戶正德四年刊本,日本公文書館。

17. 貝原益軒:《自娛集》,三冊,江戶正德四年刊本,昌平阪學問所舊藏本,日本公文書館。

18. 本多狩蘭:《狩蘭臺集》,富士川英郎(等)編:《詩集日本漢詩第十四卷》(全二十卷),東京:汲古書院,1989 年。

19. 朝倉治彥監修、膽吹覺解題:《福井藩明道館書目》(全九卷),ゆまに書房,平成 15 年(2003)12 月。

20. 朝倉治彥監修、膽吹覺解題:《彥根藩弘道館書籍目錄》,ゆまに書房,平成 17 年(2005)。

21. 池田四郎次郎輯:《日本詩話叢書》(全十卷),東京:文會堂書店,1920 年。

22. 大石學:《近世藩制、藩校大事典》,東京:吉川弘文館,2006 年。

23. 大庭修:《舶載書目》(上、下),關西大學東西學術研究所,昭和 47 年(1972)。

24. 大庭修:《江戶時代における唐船持渡書の研究》,關西大學東西學研究所研究叢刊,1967。

25. 大庭修:《神宮文庫藏貝原益軒〈公私書目〉》,《皇學館論叢》1999 年,60〜81 頁。

26. 大庭卓也:《山口素堂と江戶の儒者をめぐって》《連歌俳諧研究》(106),2004 年,第 1〜10 頁。

27. 大野實之助:《平安漢詩與李白》,早稻田大學國文學會《國文學研究》9〜10,1954 年,313〜327 頁。

28. 大冢長干:《官庫書目》,七卷,江戶寫本,名古屋蓬左文庫藏。

29. 荻生徂徠:《徂徠集》,富士川英郎(等)編:《詩集日本漢詩第三卷》,東京:汲古書院,1985 年。

30. 東夢亭:《唐詩正聲箋注》,二十二卷,十冊,京都:勝村治右衛門,江戶天保十四年(1843)刊,早稻田大學圖書館土岐文庫本。

31. 多紀仁之助編:《南海先生後集》,和中金助,日本昭和三年(1928)。

32. 服部南郭:《唐詩選國字解》,早稻田大學編輯部編《漢籍國字解全書:

先哲遺著第十卷》，東京：早稻田大學出版部，1911 年。

33. 服部南郭撰，望月三英編：《南郭先生文集》，二十四冊，享保十二年至寶曆八年刊，昌平阪學問所舊藏本，日本公文書館。

34. 高倉一紀解題：《松平定信藏書目錄》（二卷），東京：ゆまに書房，平成17 年（2005）6 月。

35. 高橋章則：《曳尾堂藏書目錄──翻刻と解說》，《東北文化研究室紀要》通卷第 43 輯，2001 年，1～24 頁。

36. 高橋智：《海を渡ってきた漢籍──江戶の書志學入門》，東京：紀伊國屋書店，2016 年。

37. 高野蘭亭著，竹川政辰編：《蘭亭先生詩集》，江戶寶曆八年刊，六冊，昌平阪學問所舊藏本，日本公文書館。

38. 古賀煜：《侗庵非詩話》，日本國立國會圖書館藏本。

39. 關義直、關儀一郎共編：《近世漢學者傳記著作大事典》，東京：井田書店，昭和 18 年。

40. 鍋島報效會：《鍋島文庫、蓮池文庫漢籍分類目錄：佐賀縣立圖書館收藏》，1988 年 3 月，日本國會圖書館藏。

41. 浩然齋主人編：《貝原益軒百話》，大學館，日本明治四十三年，日本國會圖書館。

42. 和漢比較文學會編：《和漢比較文學叢書 16 俳諧と漢文學》，東京：汲古書院，1994 年 5 月。

43. 和漢比較文學會編：《近世文學と漢文學》，《和漢比較文學叢書》7，東京：汲古書院，1988 年。

44. 侯爵前田家尊經閣編：《尊經閣文庫漢籍分類目錄》，1934 年 3 月，日本國會圖書館。

45. 荒井秀夫：《江戶本屋出版記錄》，東京：ゆまに書房，昭和五十五年。

46. 吉川幸次郎等校：《日本思想大系 36 荻生徂徠》，東京：岩波書店，1973 年 4 月

47. 今關天彭著，揖斐高編：《江戶詩人評傳集》（二冊），東京：平凡社，2015 年。

48. 靜嘉堂文庫：《靜嘉堂文庫漢籍分類目錄正續全》，東京：大立出版社，1930 年。

49. 井上敏幸《風雅の定位：刊本〈笈の小文〉冒頭文と〈幻住庵記〉》，九州大學國語國文學會《語文研究》（52、53），1982.6，第42～55頁。

50. 久保天隨述：《近世漢學史》，東京：早稻田大學出版部，《早稻田大學三十九年度文學教育科第二學年講義錄》，日本明治四十年（1907）。

51. 久保田淳等編：《岩波講座日本文學史》（全十七卷），東京：岩波書店，1996年。

52. 堀越義幸《漢詩文調の文體——芭蕉俳諧を中心に（特集：江戶の文體 その生成と文采）》，《江戶文學》（37），2007年10月，第17～22頁。

53. 賴山陽：《唐絕新選》，二卷，京都：吉田屋治兵衛，江戶文化七年（1810）序，天保十五年刊（1844），日本早稻田大學藏。

54. 賴惟勤校：《日本思想大系37徂徠學派》，東京：岩波書店，1972年4月。

55. 立詮編：《倭漢十題雜詠》，寫本，五冊，江戶承應二年，林家大學頭舊藏本，日本公文書館。

56. 笠井助治：《近世藩校に於ける出版書の研究》，東京：吉川弘文館，1962年。

57. 梁川星巖題：《玉巖書堂儲藏書目》，江戶寫本，日本公文書館。

58. 林讀耕齋撰，林憲編：《讀耕先生全集》，三十冊，江戶寬文九年序刊本，林家（大學頭）舊藏本，日本公文書館。

59. 林鵞峰、林讀耕齋編：《唐百人一詩》，寫本，江戶明曆四年（1658），林家（大學頭）舊藏本，日本公文書館。

60. 林鵞峰：《唐宋百花一詩》，一冊，江戶寫本，林家大學頭舊藏本，日本公文書館。

61. 林鵞峰撰，林鳳岡編：《鵞峰先生林學士全集》，一〇五冊，江戶元祿二年序刊，紅葉山文庫本，日本公文書館。

62. 林羅山：《百人一詩》，寫本，江戶明曆元年（1655），日本公文書館。

63. 林羅山：《古文真寶後集》，早稻田大學編輯部編：《漢籍國字解全書：先哲遺著第十二卷》，東京：早稻田大學出版部，1911年。

64. 林羅山：《羅山林先生文集》，京都史蹟會編，日本大正七年（1918），日本國會圖書館藏。

65. 林羅山撰，林鵞峰編：《羅山林先生集》，六十冊，江戶寬文二年序刊，紅葉山文庫本，日本公文書館。

66. 林梅洞撰，林鳳岡編：《梅洞林先生全集》，十二冊，江戶寫本，林家大學頭舊藏本，日本公文書館。

67. 鈴木健一：〈林羅山の畫贊〉，《江戶詩歌の空間》，1998 年，161～172 頁。

68. 龍草盧撰，小幡文華編：《草盧集》，二十一冊，江戶寶曆十二至寬政七年刊，享和三年印，昌平阪學問所舊藏本，日本公文書館。

69. 名古屋蓬左文庫編：《名古屋市蓬左文庫漢籍分類目錄》，1975 年。

70. 名古屋蓬左文庫藏《明倫堂御藏書目》，江戶寫本。

71. 名古屋蓬左文庫藏《明倫堂御書物目錄》，江戶寫本。

72. 名古屋蓬左文庫藏《明倫堂御文庫御書目》，江戶寫本。

73. 名古屋市蓬左文庫監修：《尾張德川家藏書目錄》（全十卷），東京：ゆまに書房，1999 年 8 月。

74. 〔明〕高棅編，吳中珩校：《唐詩正聲》，八卷，京都：奎文館，江戶享保十一（1726）年刊，早稻田大學圖書館津田文庫本。

75. 〔明〕李于鱗：《唐詩選：四聲並假名附》，江戶：嵩山房，1867 年刊本，日本國立國會圖書館。

76. 木下順庵撰，木下寅亮編：《錦里文集》十冊，江戶寬政元年刊，昌平阪學問所舊藏本，日本公文書館。

77. 內閣記錄局編：《內閣文庫図書第二部漢書目錄》，東京：帝國地方行政學會，1914 年。

78. 鳥山芝軒：《芝軒鳥山碩夫先生吟稿》，四冊，江戶享保四年刊，昌平阪學問所舊藏本，日本公文書館。

79. 片山成器編：《白河文庫全書分類目錄》，日本國會圖書館。

80. 平野金華撰，松平賴寬編：《金華稿刪》，江戶享保十三年，錦山堂，昌平阪學問所舊藏本，日本公文書館。

81. 千葉芸閣：《唐詩選講釋》，二冊，江戶文化十年（1813）刊本，江戶嵩山房，岐阜大學附屬圖書館藏本，國文學研究資料館。

82. 乾裕幸《謠曲調と漢詩文調》，《連歌俳諧研究》1973（45），1973 年，第1～12 頁。

83. 淺倉有子、岩本篤志編：《高田藩榊原家書目史料集成》，ゆまに書房，2011 年。

84. 〔清〕游藝編：《李杜詩法精選》，二冊，江戶文化三年刊本，林家（大學

頭）舊藏，日本公文書館。

85. 清水漱芳堂：《唐選絕句百人一詩》，寫本，江戶享保元年（1716），日本公文書館。

86. 仁枝忠《芭蕉の俳論と漢文學》，《津山高專紀要》2（2），1969 年，第 245〜275 頁。

87. 日野龍夫：〈延寶前後の江戶詩壇〉，《宣長と秋成》，日本昭和 59 年。

88. 日野龍夫：《〈唐詩選〉と近世後期詩壇——都市の繁華と古文辭派の詩風》，《文學》39（3），1971 年 3 月，275〜286 頁。

89. 日野龍夫：《江戶人とユートピア》，岩波書店，2004 年 5 月。

90. 日野龍夫：《江戶の儒學（日野龍夫著作集卷一）》，東京：東京：ぺりかん社，2005 年初版。

91. 日野龍夫等校注：《萱園錄稿》，《新日本古典文學大系 64》，東京：岩波書店，1997 年。

92. 日野龍夫校：《唐詩選國字解》（全三冊），東京：平凡社，1989 年第三版。

93. 入江若水：《西山樵唱集》，一冊，江戶享保十九年刊，昌平阪學問所舊藏本，日本公文書館。

94. 山本和義、橫山弘注：《江戶詩人選集第三卷：服部南郭、祇園南海》，東京：岩波書店，1991 年 4 月。

95. 山本嘉孝「」〈室鳩巢の邊塞詩——盛唐詩の模仿と忠臣像の造形〉，《語文》108，大阪大學國語國文學會，2017.6，37〜50 頁。

96. 山本嘉孝：〈室鳩巢の擬古詩——模仿、虛構、寓意〉，《北陸古典研究》第 33 號，2018 年 12 月，22〜34 頁。

97. 山田尚子：《細川重賢の藏書と學問》，森正人編：《細川家の歷史資料と書籍：永青文庫資料論》，東京：吉川弘文館，2013 年。

98. 杉下元明：《祇園南海的壯年時代》，《日本漢文學研究》：二松學舍大學 21 世紀 COE プログラム「日本漢文學研究の世界的拠點の構築」（9），2014 年 3 月，27〜52 頁。

99. 杉下元明：《江戶漢詩——影響と変容の系譜》，東京：東京：ぺりかん社，2004 年 8 月。

100. 樋山精一：《官版書籍解題略》（1847），日本國書刊行會編：《解題叢書》，1916 年。

101. 神田喜一郎:《日本の漢文學》,《岩波講座日本文學史》第十六卷,東京:岩波書店,1959 年 1 月。

102. 榊原篁洲:《古文真寶前集》,早稻田大學編輯部編:《漢籍國字解全書:先哲遺著第十一卷》,早稻田大學出版部,1911 年。

103. 石川丈山:《覆醬集》,江戶寬文 11 年(1671),昌平阪學問所舊藏本,日本公文書館。

104. 市古夏生:《元祿、正德板元別出版書總覽》,東京:勉誠出版,2014 年。

105. 室鳩巢著,森銑三校:《駿臺雜話》,東京:岩波書店,1936 年 12 月。

106. 室鳩巢撰,大地昌言、伊東貞編:《鳩巢文集》,二十五冊,江戶崇文堂(寶曆十三年序)刊,內閣修史局舊藏本,日本公文書館。

107. 斯道文庫編:《江戶時代書林出版書籍目錄集成》(全三卷),東京:井上書房,1962.12～1964.4。

108. 松下忠:〈祇園南海與李白〉,載《漢文學會會報》14,東京文理科大學漢文學會,1953.6.25,8～11 頁。

109. 松永尺五撰,瀧川昌樂編:《尺五先生全集》,二冊,江戶寫本,和學講談所舊藏本,日本公文書館。

110.〔宋〕黃堅:《魁本大字諸儒箋解古文真寶》前集十卷、後集十卷,內閣文庫林家(大學頭)舊藏本,日本南北朝刊本。

111.〔宋〕于濟、蔡正孫:《精選唐宋千家聯珠詩格》,五冊,日本南北朝刊本,林家(大學頭)舊藏本,日本公文書館。

112. 太宰春臺撰,稻垣長章、堤有節編:《春臺先生紫芝園稿》,十二冊,江戶寶曆二年刊,昌平阪學問所舊藏本,日本公文書館。

113.〔唐〕李白撰,〔宋〕楊齊賢集注,〔元〕蕭士贇補注,〔明〕許自昌校,山脇重顯(道園):《分類補注李太白詩》,大二十冊,江戶延寶七年(1679)覆明刊本。

114. 藤井隆編:《近世三河、尾張文化人藏書目錄》(全八卷),東京:ゆまに書房,2005 年 12 月。

115. 藤井紫影校:《名家俳句集》,東京:有朋堂,昭和十年(1935)。

116. 藤原惺窩撰,林羅山編:《惺窩文集》,六冊,江戶寬文四年刊,甘露寺家舊藏本,日本公文書館。

117. 天理圖書館編:《古義堂文庫目錄》,《天理圖書館叢書》第 21 輯,1995

年 4 月。

118. 田島公：《禁裏、公家文庫研究》（全五輯），2015 年。

119. 畑地正憲編：《明倫館漢籍・準漢籍分類目錄》，1989 年，日本國會圖書館藏。

120. 尾形仂編：《蕪村全集》第四卷，東京：講談社，1994 年。

121. 小井川百合子編輯、解說：《藏書目錄にみる仙臺藩の出版文化》（全四卷），ゆまに書房，平成 18 年（2006）8 月。

122. 篠崎小竹：《唐詩遺》，七卷，大阪：梅花書屋，江戶文化二年（1805）序，日本早稻田大學圖書館藏。

123. 新井白石撰，新井明卿編：《白石先生餘稿》三冊，江戶享保二十年，昌平阪學問所舊藏本，日本公文書館。

124. 幸島宗意：《倭版書籍考》，長澤規矩也、阿部隆一編：《日本書目大成》第三卷，東京：汲古書院，昭和 54 年（1979）。

125. 熊阪臺洲：《白雲館近體詩眼》，一冊，江戶寬政九年（1797），昌平阪學問所舊藏本，日本公文書館。

126. 熊阪臺洲：《白雲館詩式》，一冊，江戶寬政九年（1797），昌平阪學問所舊藏本，日本公文書館。

127. 熊阪臺洲：《律詩天眼》，一冊，江戶寬政十年刊，昌平阪學問所舊藏本，日本國立公文書館。

128. 羊列榮：〈淇園漢詩學述論：以其畫論和易學為背景〉，《文學研究》106，（日本）九州島大學大學院人文科學研究院，61～83 頁。

129. 野口武彥：《祇園南海論》，《江戶文學的詩與真實》，中央公論社，1971 年。

130. 櫻井進：《皆川淇園の文學論》，《待兼山論叢》17（日本學），1983 年，1～15 頁。

131. 有木大輔：《江戶嵩山房小林新兵衛による〈唐詩訓解〉排斥》，九州大學中國文學會《中國文學論集》36，2007.12，87～101 頁。

132. 有木大輔：《唐詩選版本研究》，東京：好文出版，2013 年 7 月 13 日初版。

133. 有木大輔：《早稻田大學圖書館所藏天明二年初版〈唐詩選國字解について〉》，九州大學中國文學會：《中國文學論集》38，2009.12，107～121 頁。

134. 宇野東山:《唐詩選辨蒙》（吳吳山附注唐詩選辨蒙），江戶寬政二年刊，一冊，新瀉大學附屬圖書館佐野文庫本，國文學研究資料館。

135. 雨森芳洲:《芳洲先生口授》，江戶刊本，昌平阪學問所舊藏本，日本公文書館。

136. 與謝野寬等編:《日本古典全集‧芭蕉全集‧前》，日本古典全集刊行會，1926 年。

137. 彰考館文庫編:《彰考館圖書目錄》，日本大正七年（1918），日本國會圖書館。

138. 長澤規矩也:《和刻本漢籍分類目錄增補補訂版》，東京:汲古書院，日本平成 18 年（2006）。

139. 長澤規矩也:《和刻本漢詩集成唐詩》（全十冊），東京:古典研究會，1963 年。

140. 長澤規矩也:《和刻本漢詩集成總集編》（全十冊），東京:古典研究會，1963 年。

141. 長澤規矩也:《增改補訂漢文學者總覽》，東京:汲古書院，日本平成 23 年。

142. 長澤孝三:《漢文學者總覽》，東京:汲古書院，昭和五十四年。

143. 祇園南海:《南海先生集》，江戶寫本，一冊，林家（大學頭）舊藏本，日本公文書館。

144. 祇園南海:《南海先生文集》，富士川英郎等編:《詩集日本漢詩第一卷》（全二十卷），東京:汲古書院，1985 年。

145. 祇園南海:《一夜百首》，江戶寬政九年刊，昌平阪學問所舊藏本，日本公文書館。

146. 祇園南海述、新井白蛾考:《明詩俚評》，一冊，梧桐館梓，寶曆六年刊，佐野文庫舊藏本，日本國文學研究資料館。

147. 祇園南海撰，祇園尚濂輯:《湘雲瓚語》，二卷，板倉勝明編《甘雨亭叢書》，江戶安政三年（1856），昌平阪學問所舊藏本，日本公文書館。

148. 中村幸彥、岡田武彥校:《日本思想大系 47 近世後期儒家集》，東京:岩波書店，1972 年 3 月。

149. 中村幸彥:《中村幸彥著述集第三卷》，東京:中央公論社，1983 年。

150. 中村幸彥編:《大東急紀念文庫善本叢刊近世篇 11 書目集一》，東京:汲

古書院，1977 年。

151. 中村幸彥校：《日本古典文學大系 94 近世文學論集》，東京：岩波書店，1966 年 12 月。

152. 中井竹山：《奠陰集》，江戶寫本，十一冊，昌平阪學問所舊藏本，日本公文書館。

153. 冢本哲三編：《先哲叢談》，東京：有朋堂書店，日本大正十二年（1923）。

154. 冢本哲三選，落合東郭校：《新撰名家詩集》，東京：有朋堂書店，大正三年，日本國會圖書館。

155. 舟木藻雅堂輯：《大東詩集》，七卷，四冊，江戶：西村宗七，寬政十一年（1799）刊本，早稻田大學圖書館。

156. 宗家文庫調查委員會編：《宗家文庫史料目錄》，嚴原町教育委員會，1990 年 3 月，日本國會圖書館藏。

157. 足利學校遺跡圖書館編：《足利學校貴重書目錄》，1925 年 8 月。

158. 佐竹昭廣編：《曼殊院藏書目錄》，京都：臨川書店，日本昭和 59 年。

附錄一　相關文獻目錄整理

一、內閣文庫目錄中的李白詩文集

1. 《內閣文庫圖書假名類別目錄》（1890）、《內閣文庫圖書目錄漢書門類別》（1900）

第九卷 利部—詩文（1890）：李白集 16 種 李杜合集 6 種

第二卷 詩文—利部（1900）：與 1890 版內容基本一致

李太白詩集 （七種）	分類補注二十五卷首一卷，宋楊齊賢注，元蕭士贇補注，元至大三年版
	分類補注二十五卷首一卷，明許其昌校，明版
	分類補注二十五卷首一卷，明玉几山人校，明版
	分類補注二十五卷首一卷，日本山脇重顯校點，延寶七年版
	同上
	分類補注三十卷首一卷，明郭雲鵬校，明嘉靖二十二年版
	分類補注二十五卷首一卷文集一卷，宋楊齊賢注，元蕭士贇補注，朝鮮版
李太白文集 （二種）	1. 一卷，朝鮮版
	2. 六卷，清版
李太白文集輯注 （二種）	1. 三十二卷，清王琦，清版
	2. 三十六卷，清王琦，清版
李白詩類編	十二卷，不著編者名氏，明版
李青蓮清言集	二卷，明版

李詩五言辯律	一卷，明汪瑗撰，明版
李詩選注	十三卷，李詩辨疑二卷，明朱諫撰，明版
李翰林集	三卷，明版
李杜詩鈔述注（三種）	李詩十六卷杜詩十六卷，明林兆珂撰，明版
	李詩十六卷杜詩十六卷，明林兆珂撰，明版
	李詩十六卷杜詩十六卷，明林兆珂撰，明版
李杜全集	李詩二十五卷首一卷，杜詩二十卷文集二卷附錄一卷，明玉几山人校，明嘉靖二十五年版
李杜詩通	六十一卷，明胡震亨撰，清版
李杜詩法精選	二卷，清游藝編，文化三年版〔和刻〕
唐二家詩鈔	李白4卷，杜甫8卷，明梅鼎祚，明版

2.《內閣文庫圖書第二部漢書目錄》日本大正三年（1914）

第四門集部第二類別集

李青蓮清言集	明版
分類補注李太白詩集（五種）	1. 宋楊齊賢注、元蕭士贇補注、明許其昌校（明版） 2. 明玉几山人校 3. 山脇重顯校（延寶七年刊）（1679）〔和刻〕 4. 正德元年刊 5. 明郭雲鵬校（嘉靖二十二年刊）
李太白詩類編	十二卷（明版）
李詩選注	十三卷，明朱諫
李詩五言辯律	明汪瑗編
李太白文集（二種）	朝鮮版
李太白文集輯注	三十二卷，清王琦
李杜詩鈔述注	李白十六卷，杜甫十六卷，明林兆珂（明版）
李杜注通	六十一卷，明胡震亨（清版）
李杜詩法精選	清游藝編（文化三年刊）（1806）〔和刻〕
李杜全集	李詩二十五卷，首一卷，杜詩二十卷，文集二卷，附錄一卷，明玉几山人校（嘉靖25年刊）
唐二家詩鈔	李白4卷，杜甫8卷，明梅鼎祚，明版

3. 國立公文書館現存李白詩文集

	文獻名	作　者	數　量	年　代	舊藏者
1	唐翰林李白詩類編	李白（唐）	5 冊	刊本，明萬曆	豐後佐伯藩主毛利高標獻上本
2	李青蓮清言集	李白（唐）	2 冊	刊本，明萬曆	木村蒹葭堂
3	分類補注李太白詩	楊齊賢注（宋）、蕭士贇補訂（元）	10 冊	刊本，明正德，明正德元年	昌平阪學問所
4	分類補注李太白詩	楊齊賢注（宋）、蕭士贇補訂（元）、郭雲鵬校（明）	8 冊	刊本，明嘉靖，明嘉靖二十二年	昌平阪學問所
5	分類補注李太白詩	楊齊賢注（宋）、蕭士贇補訂（元）、玉几山人校（明）	14 冊	刊本(後印)，明嘉靖	昌平阪學問所
6	分類補注李太白詩	楊齊賢注（宋）、蕭士贇補訂（元）、許自昌校（明）	11 冊	刊本，延寶七年	昌平阪學問所
7	分類補注李太白詩	楊齊賢注（宋）、蕭士贇補訂（元）、許自昌校（明）	6 冊	刊本，明	林羅山
8	分類補注李太白詩	楊齊賢注（宋）、蕭士贇補訂（元）、許自昌校（明）	11 冊	刊本，延寶七年	
9	李太白文集	王琦輯注（清）、王緒校訂（清）	16 冊	刊本（序刊），清乾隆，清乾隆二十三年	豐後佐伯藩主毛利高標獻上本
10	李太白文集	李白（唐）	1 冊	刊本，朝鮮	昌平阪學問所
11	李太白文集	王琦輯注（清）、王緒校（清）	16 冊	刊本（跋刊），清乾隆，清乾隆二十四年	昌平阪學問所
12	唐翰林李太白文集	李白（唐）	1 冊	刊本，朝鮮正統，朝鮮正統十二年，慶尚道	林羅山
13	李詩五言辨律	汪瑗編（明）、汪仲弘校（明）	1 冊	刊本（序刊），明萬曆，明萬曆四十一年	豐後佐伯藩主毛利高標獻上本
14	李詩通	胡震亨編（明）	10 冊	刊本，清	昌平阪學問所

15	李詩鈔述注	林兆珂（明）	18冊	刊本（序刊），明萬曆，明萬曆二十七年	紅葉山文庫
16	李詩鈔述注	林兆珂（明）	16冊	刊本（序刊），明萬曆，明萬曆二十七年	林羅山
17	李詩鈔述注	林兆珂（明）	20冊	刊本（序刊），明萬曆，明萬曆二十七年	高野山釋迦文院
18	李杜全集	玉几山人校（明）	24冊	刊本，明嘉靖，明嘉靖二十五年	高野山釋迦文院
19	李杜詩法精選	游藝編（清）	2冊	江戶刊本，文化三年印	林家（大學頭）
20	唐二家詩鈔	梅鼎祚（明）	5冊	刊本（跋刊），明萬曆七年，鹿裘石室	林家（大學頭）

二、貝原益軒《歷代詩選》目錄

唐虞	帝堯	戒		孺子	滄浪歌
		擊壤歌	戰國	百里奚母（應為「妻」之誤）	屐廖歌
		康衢歌		荊軻	易水歌
	帝舜	南風詩	漢	漢高帝	大風歌
		舜歌		項羽	垓下歌
		皋陶賡歌		虞美人	答項王
夏	—	五子之歌（五首）		商山四皓	紫芝歌
殷	伯夷叔齊	采薇歌		戚夫人	春歌
		麥秀歌		李少卿（李陵）	與蘇武詩二首
周	—	祈招詩			與蘇武詩二首
春秋	甯戚 孔子	飯牛歌		蘇武	別李陵
		龜山操			留別妻詩
		去魯歌			戒友人詩
		獲麟歌		卓文君	白頭吟
		曳杖歌		—	飲馬長城窟行
		成人歌		—	君子行
		接輿歌		—	傷歌行
	徐人	季子歌		—	長歌行

	王昭君	怨詩			王羲之	蘭亭集詩
	一	古詩十九首	宋	謝靈運	齋中讀書
	一	藁砧			石壁精舍還湖中
	班婕妤	怨歌行		謝惠連	秋懷詩
	張平子（衡）	四愁詩			西陵遇風獻康樂
	梁鴻	五噫歌	齊	謝玄暉	直中書省
	諸葛孔明	梁甫吟			遊東田
魏	魏武帝	短歌行			和徐都曹
		苦寒行	梁	陶弘景	寄贈
		燕歌行		沈休文	應王中丞思遠詠月
	曹子建	七步詩			詠湖中雁
		箜篌引	卷上完		
	劉公幹	贈從弟	唐	太宗皇帝	帝京篇
晉	張華	勵志九章			首春
	傅玄	雜詩			秋日
	傅咸	孝經詩		玄宗皇帝	經魯祭孔子而歎之
	陶淵明	答龐參軍			同劉晃喜雨
		歸園田居六首		魏徵	述懷
		九日閒居		虞世南	蟬
		問來使		王勃	詠風
		飲酒其五			別薛華
		飲酒其七			滕王閣
		讀山海經		楊炯	夜送趙縱
		擬古詩			梅花落
		四時		盧照鄰	春晚山莊率題
		雜詩其一		駱賓王	在軍登城樓
		雜詩其五		陳子昂	登幽州臺歌
		責子			渡荊門望楚
		擬輓歌辭（其一）			春夜別友人
	阮籍	詠懷詩五首			白帝懷古
	左太沖	雜詩			峴衫懷古
	吳隱之	貪泉			感遇詩三首

崔敏童	宴城東莊			幽琴
陳圖南	歸隱			酬屈突陝
沈佺期	遊少林寺			穆陵關北逢人歸漁陽
宋之問	有所思		孟浩然	與諸子登峴山作
	泛鏡湖南溪			裴司士員司戶見尋
	下山歌			過故人莊
	寒食陸渾別業			田家元日
司馬承禎	答宋之問			春曉
杜審言	早春遊望			宿葉師山房期丁鳳進士不至
王灣	次北固山下			歲暮歸南山
張說	送梁六			送告人從軍
崔顥	黃鶴樓		李白	子夜吳歌
常建	破山寺後禪院			友人會宿
賈至	早朝大明宮呈兩省僚友			送張舍人之江東
	送李侍郎赴常州			送友人
	春思			春日醉起言志
王維	送秘書晁監還日本			早春寄王漢陽
	別輞川別業			登金陵鳳凰臺
	和賈至舍人早朝大明宮之作			題東谿公幽居
	輞川積雨			秋下荊門
	九月九日憶山東兄弟			與史郎中欽聽黃鶴樓上吹笛
	少年行			清江曲
	送丘為落第歸江東			把酒問月
	竹里館			戲子美
	送元二使安西			三五七言
劉長卿	過鄭山人居			廬山瀑布
	重送裴郎中貶吉州			峨眉山月歌
	東湖送逸人歸			答山中俗人
	醉李穆			黃鶴樓送孟浩然之廣陵

		山中與幽人對酌			奉酬李都督表文早春作
		清平調三首			後遊修覺寺
		客中行			漫成
		早發白帝城			春夜喜雨
		蘇台覽古			江亭
		越中懷古			可惜
		春夜洛城聞笛			落日
		哭晁卿衡			屏跡二首
	杜子美	絕句二首			客夜
		漫成			秋野
		春水生二絕（二首）			春日江村
		漫興（二首）			題張氏隱居
		絕句二首			奉和賈至舍人早朝大明宮
		漫興			題省中院壁
		江畔獨步尋花			曲江二首
		贈花卿			九日藍田崔氏莊
		貧交行			上局
		贈衛八處士			賓至
		寓居同谷縣作歌（一首）			狂夫
		飲中八仙歌			江村
		望嶽			南鄰
		遊龍門奉先寺			客至
		房兵曹胡馬			江上值水如海勢聊短述
		書鷹			嚴公仲夏枉駕草堂
		春日懷李白			秋盡
		人日			秋興（一首）
		春望			九日
		憶幼子			多病執熱奉懷李尚書
		酬孟雲卿		賀知章	回鄉偶書

高適	除夜作			山中
	人日寄杜二拾遺			逢鄭三遊山
	送李少府貶峽中王少府貶長沙		于良史	春山月夜
王昌齡	從軍行		楊巨源	早春
岑參	奉和中書賈至舍人早朝大明宮		僧靈徹	答韋丹
	同崔三十侍御灌口夜宿報恩寺		韓昌黎	早春
	韋員外家花樹歌			遣興
	玉關寄長安李主簿			謁衡山南海廟
	山房春事			左遷至藍關示姪孫湘
	春夢			幽懷
	與高適薛據同登慈恩寺浮圖			送諸葛覺往隨州讀書
元結	宿洄溪翁宅			榴花
	欸乃曲			芍藥
韓翃	同題仙遊觀			酬馬侍郎寄酒
	寒食			送僧澄觀
司空曙	峽口送友			從仕
	江村即事		柳子厚	田家
暢當	軍中醉飲寄沈八劉叟			田家
韋應物	答李儋			漁翁
	幽居			酬曹氏御過象縣見寄
	遊開園精舍			詔赴都
	訪隱者不遇		賈島	題李疑幽居
	江雪			暮過山村
	效陶彭澤			尋隱者不遇
王建	新嫁娘			渡桑乾
	十五夜望月			三月晦日贈劉評事
	渡桑乾		劉禹錫	松滋渡望峽中
	宮詞			八月十五夜玩月
盧玉川	白鷺鷥			烏衣巷

孟東野	審交		自詠
戴叔倫	除夜宿石頭驛		閒坐
張籍	西樓望月		賦得古原草送別
	寄李渤		商山路有感
白居易	續古詩	元稹	和樂天早春見寄
	贈友		鄂州寓嚴澗宅
	秋居書懷	裴璘	白牡丹
	春寢	李紳	適越
	題座隅	殷堯藩（一般認為許渾作）	晚自東郭留一二遊侶
	聞哭者	杜牧	九日齊山登高
	齊物二首		郡齋獨酌
	春遊		念昔遊（其三）
	洛陽有愚叟		邊上聞胡笳
	秋雨中贈元九		華清宮
	商山廟		清明
	感舊詩卷	李遠	聽人話叢臺
	燕子樓	許渾	洛陽城
	元日對酒		咸陽城東樓
	和友人洛中感春		秋思
	花下自勸酒		八月十五夜宿鶴林寺玩月
	同李十一醉憶元九	雍陶	公子行
	大林寺桃花		過南鄰花園
	題故元少尹集		秋居病中
	明妃曲	李義山	錦瑟
	東城尋春	楊敬之	贈項斯
	履道居	趙嘏	長安秋夕
	春題華陽觀		江樓書感
	臥病來早晚	方干	龍泉寺絕頂
	暮立		春日
	雪暮偶與夢得同致仕裴賓客王尚書飲	陳陶	隴西行

	皮日休	山茶			種花
	陸龜蒙	別離			讀書
	吳融	廢宅			馴鹿
		華清宮			春貼子詞（二首）
	聶夷中	傷田家			明妃曲
		田家			日本刀歌
	唐彥謙	仲山		周茂叔	春晚
	羅隱	杏花			牧童
	崔魯	春日長安即事			經古寺
		華清宮			石塘橋晚釣
	崔塗	春夕旅懷			遊大林
		曲江有感		邵康節	龍門道中作
	杜荀鶴	寄張書記			天津感事
		溪興			和張子望洛城觀花
	韋莊	白牡丹			蒼蒼吟寄答曹州李審言龍圖
		春愁			人生一世吟
		過金陵			省事吟
	王轂	苦熱行			皇極經世一元吟
	僧貫休	公子休			觀物詩
宋	林和靖	梅花			堯夫何所有
		退筆			暮春吟
	孫明復	八月十四夜			謝君實端明用只將花卉記冬春
	石曼卿	金鄉張氏園亭			心安吟
		瀑布			月到梧桐上吟
	韓魏公	過故關			清夜吟
	范文正公	和運使舍人觀廟			思聖吟
		廬山瀑布			安分吟
	冠萊公	春晝偶書			恍惚吟
	王元之	陸羽茶井			月陂閒步
	歐陽永叔	答丁元珍			思慮吟

		量力吟			首夏
		感事吟	張橫渠		土床
		爽口吟			芭蕉
		至誠吟	楊龜山		勉謝自明
		冬至吟	呂與叔		四子言志
		洛中	王荊公		山櫻
		次司馬公韻			夜直
	程明道	遊重雲			鍾山
		下山偶成			元日
		偶成			遊鍾山
		郊行即事	蘇子美		夏意
		盆荷			春睡
		象戲	梅聖俞		金山寺
		遊月陂			金陵
		九日訪張子直	蘇東坡		足柳公權聯句
		戲題			司馬溫公獨樂園
		秋日偶成二首			梨花
		野選			聚遠樓二首
		哭張子厚先生			白髮
		晚春			寶山晝睡
		酬韓資政湖上獨酌見贈			月夜與客飲酒杏花下
	程伊川	謝王佺寄丹			春日
	司馬溫公	花菴獨坐			惜春
		上元書懷			春宵
		太皇太后　春帖子			冬景
		與邵堯夫約會崇德閣邵未至			白牡丹
		真率會			上元侍飲
		過邵康節居	蘇子由		會子瞻兄宿逍遙堂
		看花絕句呈堯夫			涿州寄子瞻
		醉	黃山谷		古詩二首上蘇子瞻
		自題寫真			絕句二首

		演雅詩		謝王立之送花
		姨母李夫人墨竹二首	唐子西	二月見梅
		傀儡	陳簡齋	晚秋
		鄂渚南樓		盆池
		憶刑惇夫		墨梅二首
		謫居黔南		年華
		次韻中玉水仙花		別伯恭
		王充道送水仙花五十枝欣然會心為之作詠		觀雪
		題扇		春曉
		示姪		除夜
		病起荊江亭即事		登岳陽樓
		達觀臺		柳
		題李氏園壁	劉原父	春草
		贈子勉	羅豫章	顏樂齋
	秦少游	嘗茶		勉李愿中
		牽牛花		月臺
		納涼	范志能	田園雜興
	張文潛	夏日		鄂州南樓
		絕句二首		州宅堂前荷花
	陳後山	妾薄命	朱文公	克己
		雪後黃樓寄負山居士		曾點
		即事		春日
		十五夜月		春日偶作
		湖上		觀書有感二首
		登快哉亭		水口行舟
		春夜		次范碩夫題景福僧開窗韻
		秋懷		答袁機仲論啟蒙
		絕句（二首）		鵝湖和陸子壽

		湖氏客館觀壁間詩自警			棲霞亭
		寄籍溪			仙居樓
		南城吳氏社倉書樓為余寫真如此因題其上		真西山	贈盱江張平仲
	張南軒	中夜祝融觀月			夏日宮帖
		三月七日城南書院			長砂勸耕
		立春		葉平岩	寬兒輩
		春日		謝疊山	蠶婦吟
	呂東來	恭和御製秋日幸秘書省近體詩			慶全庵桃花
		賀車駕幸秘書省（二首）		文天祥	重陽
	陸子壽	會鵝湖論學			立春
	陸子靜	鵝湖和教授兄韻			感性
		簡朱干叔諸友			自遣
	蔡西山（元定）	西齋			自述
	度正	題濂溪	元	趙子昂	春日作
	陸放翁	梅			絕句
		雜興			大暑
		客去		許魯齋（衡）	觀物
		聽雨戲作二首		彭復雅	臨川道中
		殘臘		盧子衡	牡丹
		春日雜詠	明	劉伯溫	侍駕從畊承恩宴作
	楊誠齋	三三徑			旅興二首
		過揚子江			吳歌
		過侯王故第			江上曲
	僧志南	絕句			秋日即事
	方秋崖	春日			遣興
		梅邊		宋景濂	日東曲十首
	劉後村	鶯梭			天壽節侍宴奉天殿
	白玉蟾	東山道院		方孝孺	二月十四日書事

	進世子殿下（二首）		梅
	談詩	吳與弼	詠桃
	羲之籠鵝圖		感舊遊
	鸚鵡	陳白沙	釣舟
袁海叟	短歌行	李東陽	月中旅況
楊維楨（廉夫）	懷顧仲瑛		春興
張羽	雨夜	蔡虛齋	題扇
林鴻	宿逆旅聞泉聲	王越（世昌）	邊城春雪
	沈徵士鉉野亭	王陽明	中秋
楊基	彈琴高士		龍潭夜坐
	故山春日	唐荊川	午日廷宴
	鯉魚山阻風天甚寒雨皆成霜	邵二泉	食角黍有感
	廣德道中	羅一峯	題饒雯峯梅
徐賁	月明聽胡琴	蔡羽	春去
解縉	早朝賜宴	李夢陽	三忠祠
王恭	山窗夜雨		汴中元夕
薛敬軒	近日收書漸多戲成一律	何景明	秋日感懷
	立春日偶成	徐禎卿	寄子容
	畫梅	章楓山	陳處士南園詩卷
	題松竹梅圖	薛蕙	菊花
	春日遣興		山館
	臨終口號	高叔嗣	仲春山行
邱瓊山	古意	王鳳州	題畫
	村行		從軍行
	經籍		送蔡子木守衡州
	過友人園居		午日小酌
	古意		西山竹枝詞
商輅	中秋夜月湖舟對月	吳國倫	登黃鶴樓
	秋海棠	李攀龍	九日同許殿卿登南山

		春溪晚興
王穉登	湖上梅花歌	
茅鹿門	月夜江行聞笛	
汪道昆	仲魚至	
	除夕	
謝榛	春園	
	送杜太僕謫荊州	
	春柳	
屠隆	渡黃河	
陳子龍	越署早春	
	早春野望	

三、江戶時代三種《百人一詩》選詩目錄

序號	百人一詩	百人一詩改本	唐百人一詩	唐選絕句百人一首
1	大風歌（漢高祖）	大風歌（漢高祖）	詠弓（太宗皇帝）	絕句（杜子美）
2	別李陵（蘇武）	別李陵（蘇武）	螢（虞世南）	從軍行（王昌齡）
3	贈蘇武（李陵）	贈蘇武（李陵）	暮秋言懷（魏徵）	送元二使安西（王維）
4	秋蘭（張衡）	怨歌行（班婕妤）	聽百舌（劉令嫻）	蜀中九日（王勃）
5	短歌行（曹操）	秋蘭（張衡）	秋風函谷關應詔（徐賢妃）	邙山（沈佺期）
6	公讌詩（曹植）	胡笳（蔡琰）	設缸面酒款蕭翼（辯才）	送司馬道士遊天台（宋之問）
7	從軍（王粲）	公讌詩（曹植）	詠風（王勃）	宴城東莊（崔敏童）
8	贈從弟（劉楨）	從軍（王粲）	夜送趙縱（楊炯）	春和□□（《全唐詩》作宴城東莊）（崔惠童）
9	詠懷（阮籍）	贈從弟（劉楨）	曲江池（盧照鄰）	銅雀臺（劉庭琦）
10	贈兄秀才（嵇康）	詠懷（阮籍）	秋雁（駱賓王）	送梁六（張說）
11	勵志（張華）	贈兄秀才（嵇康）	感遇（陳子昂）	回鄉偶書（賀知章）
12	在懷縣作（潘岳）	勵志（張華）	登襄陽城（杜審言）	涼州詞（王翰）
13	詠史（左思）	在懷縣作（潘岳）	奉和春日翫雪（沈佺期）	涼州詞（王之渙）

14	樂府詩（陸機）	詠史（左思）	登逍遙樓（宋之問）	送李侍郎赴常州（賈至）
15	答兄機（陸雲）	樂府詩（陸機）	有所思（劉廷芝）	寄孫山人（儲光羲）
16	贈盧諶（劉琨）	答兄機（陸雲）	韋嗣立山莊應制（李嶠）	逢入京使（岑參）
17	遊仙（郭璞）	贈盧諶（劉琨）	題園壁（蘇頲）	三日尋李九莊（常建）
18	飲酒（陶潛）	遊仙（郭璞）	駕幸新豐溫泉應制（上官昭容）	除夜（高適）
19	登池上樓（謝靈運）	飲酒（陶潛）	幸蜀西至劍門（玄宗皇帝）	送杜十四之江南（孟浩然）
20	搗衣（謝惠連）	登池上樓（謝靈運）	送梁六（張說）	寄韓鵬（李頎）
21	扶風歌（鮑照）	搗衣（謝惠連）	春江晚景（張九齡）	題長安主人壁（張謂）
22	歸鴻（顏延之）	扶風歌（鮑照）	黃鶴樓（崔顥）	客舍逢祖詠（蔡希寂）
23	新亭渚別范雲（謝朓）	歸鴻（顏延之）	回鄉（賀知章）	少年行（吳象之）
24	餞謝文學（沈約）	新亭渚別范雲（謝朓）	遇劉五（李頎）	軍城早秋（嚴武）
25	登廬山香爐峰（江淹）	餞謝文學（沈約）	秋登宣城謝朓北樓（李白）	江南行（張潮）
26	揚州法曹梅花盛開（何遜）	揚州法曹梅花盛開（何遜）	登岳陽樓（杜甫）	春行寄興（李華）
27	入若耶溪（王籍）	侍宴（徐陵）	田園（王維）	重送裴郎中（中郎）貶吉州（劉長卿）
28	侍宴（徐陵）	舟中望月（庾信）	別孫訢（高適）	歸雁（錢起）
29	舟中望月（庾信）	江南思（惠休）	送張子尉南海（岑參）	聽鄰家吹笛（郎子［士］元）
30	人日思歸（薛道衡）	人日思歸（薛道衡）	歲暮歸南山（孟浩然）	初春（早春呈張十八員外）（韓愈）
31	秋日（唐太宗）	秋日（唐太宗）	送李侍郎（賈至）	滁州西澗（韋應物）
32	侍宴應制（虞世南）	侍宴應制（虞世南）	得閻伯均書（李季蘭）	送魏十六還蘇州（皇甫冉）
33	蜀中九日（王勃）	蜀中九日（王勃）	西宮春怨（王昌齡）	宿石邑山中（韓翃）

34	梅花落（楊炯）	梅花落（楊炯）	長安道（儲光羲）	送劉侍郎（李端）
35	隴頭水（盧照鄰）	隴頭水（盧照鄰）	即事（元結）	宿昭應（顧況）
36	在軍登城樓（駱賓王）	在軍登城樓（駱賓王）	送日本晁卿東歸（包佶）	寄楊侍御（包佶／包何）
37	侍宴甘露殿（李嶠）	侍宴甘露殿（李嶠）	寄李儋（韋應物）	聽曉角（李益）
38	渡荊門望楚（陳子昂）	渡荊門望楚（陳子昂）	漂母墓（劉長卿）	浪淘沙詞（劉禹錫）
39	春日懷歸（杜審言）	春日懷歸（杜審言）	宿靜林寺（靈一）	與賈島閒遊（張籍）
40	銅雀臺（沈佺期）	銅雀臺（沈佺期）	破山寺後院（常建）	十五夜望月（王建）
41	途中寒食（宋之問）	途中寒食（宋之問）	長歌（李泌）	嘉陵驛（武元衡）
42	廬山瀑布（張九齡）	雜吟（寒山）	登平望橋（顏真卿）	秋閨思（張仲素）
43	登金陵鳳凰臺（李白）	廬山瀑布（張九齡）	七里灘（李嘉祐）	登樓（羊士諤）
44	和賈至早朝大明宮（杜甫）	登金陵鳳凰臺（李白）	山中贈張正則（秦系）	浩初上人見貽絕句欲登仙人山因以酬之（柳宗元）
45	送秘書晁監還日本（王維）	和賈至早朝大明宮（杜甫）	贈強山人（郎士元）	題延平劍潭（歐陽詹）
46	臨洞庭（孟浩然）	送秘書晁監還日本（王維）	舟中送李八（皇甫冉）	王昭君（白居易）
47	除夜（高適）	臨洞庭（孟浩然）	春日登樓（盧綸）	聞樂天謫江州（元積）
48	送李判官赴晉絳（岑參）	除夜（高適）	遠山鐘（錢起）	（張祜）
49	從軍行（王昌齡）	送李判官赴晉絳（岑參）	峽口送友人（司空曙）	渡桑乾（賈島）
50	欸乃曲（元結）	從軍行（王昌齡）	寄楊衡州（韓翃）	楓橋夜泊（張繼）
51	滁州西澗（韋應物）	欸乃曲（元結）	簡寂觀（靈徹僧）	山亭夏日（高駢）
52	洞庭湖（劉長卿）	滁州西澗（韋應物）	酌劉員外（嚴維）	漢宮詞（李商隱）
53	暮春歸故山（錢起）	洞庭湖（劉長卿）	湖中（顧況）	秋思（許渾）

54	曲江春望（盧綸）	寄校書七兄（李季蘭）	酬祈判官（皎然）	僧院（釋靈一）
55	夜宴南陵留別（李嘉祐）	暮春歸故山（錢起）	賜百官櫻桃（韓愈）	塞下曲（釋皎然）
56	歸山（顧況）	曲江春望（盧綸）	別舍弟宗一（柳宗元）	經汾陽舊宅（趙嘏）
57	元日朝迴（韓愈）	答韋円（靈徹）	石頭城（劉禹錫）	瑤瑟怨（溫庭筠）
58	漁翁（柳宗元）	新進士（魚玄機）	送蕭處士遊黔南（白居易）	折楊柳枝詞（段成式）
59	烏衣巷（劉禹錫）	元日朝迴（韓愈）	行宮（元稹）	宮怨（司馬禮）
60	草（白居易）	漁翁（柳宗元）	感真元舊節（呂溫）	宴邊將（張喬）
61	菊花（元稹）	烏衣巷（劉禹錫）	汴州聞笛（武元衡）	贈張雲容舞（楊貴妃）
62	山中（盧仝）	草（白居易）	延平劍潭（歐陽詹）	謝人送酒（孟昌期妻）
63	胡蝶舞（李賀）	菊花（元稹）	游子吟（孟郊）	秋泉（薛濤）
64	登茅（孟郊）	登茅（孟郊）	憶江上吳處士（賈島）	燕子樓感事（關盼盼）
65	渡桑乾（賈島）	渡桑乾（賈島）	與賈島同遊（張籍）	雲鬟（趙鸞鸞）
66	宮詞（王建）	晚秋（皎然）	還自會稽歌（李賀）	絕微之（崔鶯鶯）
67	夕陽樓（李商隱）	夕陽樓（李商隱）	揚州早春（盧仝）	江村即事（司空曙）
68	華清宮（杜牧）	華清宮（杜牧）	惜春花（鮑文姬）	西歸出斜谷（雍陶）
69	浮萍（陸龜蒙）	浮萍（陸龜蒙）	金山寺（張祐）	夜發袁江（戴叔倫）
70	醉著（韓偓）	醉著（韓偓）	燕子樓（關盼盼）	登樂遊原（杜牧）
71	詠初日（宋太祖）	詠初日（宋太祖）	江中遇客（馬戴）	退朝望終南山（李拯）
72	中秋月（王禹偁）	中秋月（王禹偁）	汴河曲（李益）	華清宮（崔魯）
73	寄傅霖（張詠）	宮詞（花蕊夫人）	月夜泛舟（法振）	古別離（韋莊）

74	登樓（楊億）	登樓（楊億）	對月答元明府（戴叔倫）	宮詞（李建勳）
75	壽堂（林逋）	壽堂（林逋）	江村夜泊（項斯）	十日菊（鄭谷）
76	寓意（晏殊）	寓意（晏殊）	七夕（竇常）	邊庭夏怨（盧汝弼）
77	寄秦州田元珍（歐陽修）	寄秦州田元珍（歐陽修）	九日菊花應詔（廣宣）	下第後上高侍郎（高蟾）
78	五側體（梅堯臣）	五側體（梅堯臣）	潭上紫藤（李德裕）	別南溪（李涉）
79	絕句（蘇舜欽）	絕句（蘇舜欽）	唐昌觀玉蕊花（王建）	宮人斜（竇鞏）
80	金鄉張氏園亭（石延年）	閱武堂（曾鞏）	登樂遊原（杜牧）	隴西行（陳陶）
81	閱武堂（曾鞏）	遊金山（王安石）	籌筆驛（李商隱）	長門怨（崔道融）
82	遊金山（王安石）	雪後書北堂壁（蘇軾）	邊詞（姚合）	浮萍（陸龜蒙）
83	雪後書北堂壁（蘇軾）	會子瞻兄宿逍遙堂（蘇轍）	四皓廟（許渾）	黃鶴樓（呂洞賓）
84	會子瞻兄宿逍遙堂（蘇轍）	國平興懷李子光（黃庭堅）	淮上別友人（鄭谷）	城東早春（楊巨源）
85	國平興懷李子光（黃庭堅）	雪後黃樓（陳師道）	麟德殿讌百僚（宋尚宮）	南莊春晚（李群玉）
86	雪後黃樓（陳師道）	摘星廳（秦觀）	嘲陸暢（宋若憲）	悼亡妓（悼楊氏妓琴弦）（朱褒）
87	摘星廳（秦觀）	登（發）長平（張禾）	新雁（杜荀鶴）	逢鄭三遊山（盧仝）
88	登（發）長平（張禾）	梅花（晁補之）	晚秋（無可）	自沙縣抵龍溪縣值泉州軍過後村落皆空因有一絕（韓偓）
89	梅花（晁補之）	竹尊者（惠洪）	有別（陸龜蒙）	南北史感遇（司空圖）
90	醉眠（唐庚）	東園（道潛）	惠山聽松庵（皮日休）	宋氏林亭（薛能）
91	渡江（陳與義）	春晚（李易安）	花（黃滔）	仲山（唐彥謙）
92	謝人惠茶（韓駒）	渡江（陳與義）	江行（魚玄機）	秋色（吳融）
93	雪作（曾幾）	謝人惠茶（韓駒）	詠月（唐彥謙）	西施石（樓穎）

94	西樓（呂本中）	雪作（曾幾）	題紅葉（韓夫人）	題長安酒肆壁三絕句（鍾離）
95	親戚小集（范成大）	親戚小集（范成大）	蜂（羅隱）	雜詩（其十六）（無名氏）
96	過鑑湖（王十朋）	過鑑湖（王十朋）	早梅（齊已）	水調歌（雜曲歌辭‧水調歌第一）（作張子容、無名氏）
97	讀經（陸游）	讀經（陸游）	翠碧鳥（韓偓）	成德樂（王表）
98	牽牛花（楊萬里）	牽牛花（楊萬里）	重陽山居（司空圖）	邊詞（張敬忠）
99	豫章溝（劉克莊）	豫章溝（劉克莊）	山中作（處默）	渡湘江（杜審言）
100	上道臨行（謝枋得）	上道臨行（謝枋得）	獻錢尚父（貫休）	峨眉山月歌（李太白）

四、唐詩選、古文真寶收李白詩目錄

	唐詩選		古文真寶
五言絕句	靜夜思	五言古風短篇	王昭君
	怨情		子夜吳歌
	秋浦歌		友人會宿
	獨坐敬亭山		王右軍
	見京兆韋參軍量移東陽		對酒憶賀監二首
七言絕句	清平調三首　其一		送張舍人
	清平調三首　其二		贈鄭溧陽
	清平調三首　其三		嘲王歷陽
	客中行		紫騮馬
	峨眉山月歌		待酒不至
	上皇西巡南京歌　其一		少年子
	上皇西巡南京歌　其二		月下獨酌
	聞王昌齡左遷龍標尉遙有此寄		醉起言志
	黃鶴樓送孟浩然之廣陵		蘇武
	陪族叔刑部侍郎曄及中書舍人賈至遊洞庭湖		獨酌
	望天門山	七言古風短篇	峨眉山月歌

	秋下荊門		山中答俗人
	蘇台覽古		山中對酌
	早發白帝城		金陵留別
	越中懷古		思邊
	與史郎中欽聽黃雀樓上吹笛		烏夜啼
	春夜洛城聞笛		採蓮曲
五七言排律	秋思＊		登鳳凰臺
	送儲邕之武昌		寄王漢陽
五七言古詩	子夜吳歌		金陵月下吟
	經下邳圯橋懷張子房		東溪公幽居
	烏夜啼		上李邕
	江上吟		南陵敘別
五言律、排律	塞下曲		贈辛判官
	秋思＊		醉後答丁十八
	送友人		把酒問月
	送友人入蜀	長短句	將進酒
	秋登宣城謝脁北樓		觀巫山屏風
七言律詩	登金陵鳳凰臺		三五七言
			登棲霞山
			蜀道難
		歌類	襄陽歌
		曲類	烏棲曲
總數	33首（秋思重複，作一首）		39首

五、江戶時代《唐詩選》日文注本目錄（按出版年代排列）

1.《唐詩句解》（享保二十年〈1735〉序）入江南溟，漢文（備註：筆者所見此本為二卷一冊本，卷次排列上不同於《唐詩選》，卷一五絕，卷二七絕，卷中詩歌排列順序與《唐詩選》保持一致。京都大學藏有全七卷本，五絕卷有享保乙卯夏五月序，七絕卷尾有「滄浪居藏」，五律、七律、排律卷尾有「滄浪居藏刻」字。七古卷末「自五言古詩至于此為文園堂／主人書全齋文炳氏」，五律、七律、排律、七古為上下卷合冊。

2.《唐詩兒訓》（寶曆九年〈1759〉刊）新井白蛾，吹田屋多四郎（備註：

京都大學藏本，三卷，分別為五絕、七絕上、七絕下）

　　3.《唐詩選掌故》（明和元年〈1765〉序、跋）千葉芸閣，嵩山房，漢文。

　　4.《唐詩國字辨》（明和三、四年〈1766、67〉刊），京都文林軒田原勘兵衛，和文。

　　5.《唐詩選諺解》（明和年間）（備註：關西大學藏有寫本，宇成之著，書寫年份、書寫人不明，三卷存一、二卷）

　　6.《唐詩選事證》（明和四年〈1767〉序）本橋子恭。

　　7.《唐詩集注》（安永三年刊〈1774〉刊〉宇野明霞，京都文林軒，漢文。（備註：考引書目有《唐詩選》鍾惺評注本劉孔敦批點本、鍾惺譚元春評點本、石齋周參評本、蔣一葵箋釋黃家鼎評定本、吳吳山附注本、唐汝詢參注李徐震重訂《唐詩選彙解》、葉弘勳《唐詩選平》、錢謙益《唐詩合選箋注》、楊士弘編次張震輯注《唐詩三音》、高棅《唐詩正聲》、吳烶韋菴選注《唐詩直解》、王堯《唐詩合解》、吳門徐增子能父述《說唐詩詳解》、沈德潛《唐詩別裁》）

　　8.《唐詩解頤》（安永五年〈1776〉刊）大典顯常（釋顯常）。

　　9.《唐詩選餘言》（安永八年〈1779〉刊）戶崎淡園，嵩山房小林新兵衛。

　　10.《唐詩選國字解》（天明二年〈1782〉刊）服部南郭（1759歿），嵩山房，和文。

　　11.《唐詩選解》（天明三年〈1783〉刊）宇野東山。

　　12.《箋注唐詩選》（安永九年〈1780〉序、天明四年〈1784〉刊，戶崎淡園，一說天明二年（1782）。

　　13.《唐詩選講釋》（寬政二年〈1790〉序）千葉芸閣，嵩山房，和文。

　　14.《唐詩選和訓》（寬政二年〈1790〉刊）小林高英，嵩山房，和文。

　　15.《唐詩選辨蒙》（寬政二年〈1790〉刊）宇野東山，嵩山房，和文。

　　16.《唐詩選國字解（寬政三年改訂版）》（寬政三年〈1791〉刊）服部南郭，嵩山房，和文。

　　17.《唐詩選師傳講釋》（文化十年〈1813〉序），千葉芸閣，和文。

六、日本詩話、詩論著書目錄

文獻名	著　者	出版年	和文/漢文	詩話種類
濟北詩話一卷	虎關師煉	1346	漢	品評鑑賞

史館茗話一卷	林梅洞	1667	漢	日本漢詩史
詩律初學鈔一卷	梅室雲洞	1678	和	初學入門
初學詩法一卷	貝原益軒	1679	漢	初學入門
詩法正義一卷	石川丈山	1684	和	初學入門
南郭先生燈下書一卷	服部南郭	1733	和	初學入門+詩學論爭
老圃詩膜一卷	安積澹泊	1737	漢	品評鑑賞
綵巖詩則一卷	桂山綵巖	1739	和	詩學論爭
詩則二卷	林東溟	1741	漢	初學入門+詩學論爭
斥非一卷	太宰春臺	1745	漢	詩學論爭
詩論 附錄二卷	太宰春臺	1748	漢	詩學論爭
丹丘詩話三卷	芥川丹丘	1751	漢	初學+品評鑑賞
詩律兆十一卷	中井竹山	1758	漢	初學入門
詩學逢源二卷	祇園南海	1762	和	初學入門
藝苑談一卷	清田儋叟	1768	和	詩學論爭
藝苑譜一卷	清田儋叟	1769	和	雜論+品評鑑賞
日本詩史五卷	江村北海	1771	漢	日本漢詩史
淇園詩話	皆川淇園	1771	漢	詩學論爭+品評鑑賞
詩學新論三卷	原田東嶽	1772	漢	詩學論爭+品評鑑賞
詩學還丹二卷	川合春川	1777	和	初學入門
白石先生師範一卷	新井白石	1782	和	初學入門
作詩志彀 一卷	山本北山	1783	和	詩學論爭
詞壇骨鯁一卷	松村九山	1783	和	詩學論爭
詩訟蒲鞭一卷	雨森牛山	1785	和	詩學論爭
唐詩平側考三卷 附詩語考一卷	鈴木松江	1786	和	初學入門
詩轍六卷前三卷	三浦梅園	1786	和	初學入門
詩轍六卷後三卷	三浦梅園	1786	和	初學入門
詩訣一卷	祇園南海	1787	和	初學入門
葛原詩話四卷	釋慈周（六如上人）	1787	和	初學入門（詩語）
葛原詩話標記一卷	豬飼敬所	1787	和	初學入門（詩語）
詩史顰一卷	市野迷庵	1792	漢	日本史
太沖詩規一卷	畑中荷澤	1797	和	初學入門

白雲館近體詩眼一冊	熊阪臺洲	1797	漢	詩學論爭
白雲館詩式	熊阪臺洲	1797	漢	初學入門+詩學論爭
律詩天眼	熊阪臺洲	1798	漢	詩學論爭
詩聖堂詩話一卷	大窪詩佛	1799	漢	日本漢詩史
弊帚詩話 附錄三卷	西島蘭溪	1799	漢	日本漢詩史
葛原詩話後編四卷	釋慈周（六如上人）	1804	和	初學入門（詩語）
全唐詩逸三卷	市河寬齋	1804	漢	考證
五山堂詩話十卷	菊池五山	1807	漢	日本詩史+品評鑒賞+詩學論爭
五山堂詩話十卷（三四五六卷）	菊池五山	1807	漢	品評鑒賞
孝經樓詩話二卷 附聯珠詩格序	山本北山	1808	和	詩學論爭+品評鑒賞
竹田莊詩話一卷	田能村竹田	1810	漢	日本漢詩史+品評鑒賞
藝苑鋤莠二卷	松村九山	1811	和	詩學論爭
辨藝苑鋤莠二卷	系井榕齋	1812	和	詩學論爭
梧窗詩話二卷	林蓀坡	1812	漢	品評鑒賞+詩學論爭
詩爐	市河寬齋		漢	詩論+品評鑒賞
談唐詩選一卷	市河寬齋	1816	和	詩學論爭+品評鑒賞
作詩質的一卷	冢田大峯	1820	漢	初學入門+詩學論爭
松陰快談四卷	長野豐山	1820	漢	品評鑒賞+日本漢詩+雜論
滄溟近體聲律考一卷	瀧川南谷	1820	和	初學入門+考證
木石園詩話	久保善教	1831	漢	日本漢詩史
詩律一卷	赤澤一堂	1833	漢	初學入門+詩學論爭
夜航詩話六卷	津阪東陽	1836	漢	品評鑒賞
夜航餘話二卷·	津阪東陽	1836	和	品評鑒賞+日本漢詩
葛原詩話糾繆二卷	津阪東陽	1836	和	初學入門（詩語）
柳橋詩話二卷	加藤善庵	1836	漢	品評鑒賞+日本漢詩
葛原詩話糾繆二卷後兩卷	津阪東陽	1836	和	初學入門（詩語）
錦天山房詩話二冊上冊	友野霞洲	1847	漢	日本漢詩史
錦天山房詩話二冊下冊	友野霞洲	1847	漢	日本漢詩史

詩山堂詩話一卷	小畑詩山	1850	漢	日本漢詩史
鋤雨亭隨筆三卷	東夢亭	1852	漢	詩學論爭+品評鑒賞
詩格刊誤二卷	日尾省齋	1856	漢	初學入門
侗庵非詩話十卷	古賀煜	1861	漢	詩論、詩話論
幼學詩話一卷	東條琴臺	1878	和	初學入門
社友詩律論一卷	小野泉藏	1882	漢	詩律論
淡窗詩話二卷	廣瀨淡窗	1883	和	品評鑒賞+詩學論爭
詩格集成一卷	長山樗園	？	漢	初學入門

七、中井竹山《詩律兆》所載李白詩歌目錄

五律上	正格	恆調		1首/共11首	塞虜乘秋下，天兵出漢家。 將軍分虎竹，戰士臥龍沙。 邊月隨弓影，胡霜拂劍花。 玉關殊未入，少婦莫長嗟。	塞下曲
		變調	起句	6句/共129句	白玉一杯酒，綠楊三月時。	贈錢徵君少陽
					楚水清若空，遙將碧海通。	江夏別宋之悌
					高閣橫秀氣，清幽并在君。	過崔八丈水亭
					道隱不可見，靈書藏洞天。	奉餞高尊師如貴道士傳道籙畢歸北海
					側疊萬古石，橫為白馬磯。	至鴨欄驛上白馬磯贈裴侍御
					地擁金陵勢，城回江水流。	金陵三首
			前聯	1句/共40句	碧雲斂海色，流水折江心。	送麴十少府
			後聯	1句/共80句	竹色溪下綠，荷花鏡裏香。	別儲邕之剡中
			結句	2句/共80句	閒隨白鷗去，沙上自為群。	過崔八丈水亭
					不知白日暮，歡賞夜方歸。	觀獵
		詩家大忌（拗體）		4句/共65句	斗酒勿為薄，寸心貴不忘。	南陽送客
					平虜將軍婦，入門二十年。	平虜將軍妻
					亂流若電轉，舉掉揚珠輝。	至鴨欄驛上白馬磯贈裴侍御
					淹留未盡興，日落群峰西。	春日遊羅敷潭

五律中	偏格	恆調		0首／共11首		
		變調	起句	3句／共90句	羽林十二將，羅列應星文。	侍從遊宿溫泉宮作
					行歌入谷口，路盡無人蹤。	春日遊羅敷潭
					從軍玉門道，逐虜金微山。	從軍行
			前聯	2句／共77句	兩水夾明鏡，雙橋落彩虹。	秋登宣城謝朓北樓
					盛德無我位，清光獨映君。	贈郭季鷹
			後聯	1句／共40句	離顏怨芳草，春思結垂楊。	南陽送客
			結句	2句／共57句	揮手自茲去，蕭蕭班馬鳴。	送友人
					曲在身不返，空餘弄玉名。	相和歌辭・鳳臺曲
		詩家大忌（拗體）		0句／共42句		
五律下	拗格	正格拗起句體		0首／共41首		
		偏格拗起句體		1首／共6首	斗酒勿為薄，寸心貴不忘。坐惜故人去，偏令游子傷。離顏怨芳草，春思結垂楊。揮手再三別，臨岐空斷腸。	南陽送客
		正格拗前聯體		共7首	0首	
		偏格拗前聯體		共14首	0首	
		正格拗後聯體		共14首	0首	
		偏格拗後聯體		共4首	0首	
		正格拗結句體		共7首	0首	
		偏格拗結句體		共28首	0首	
		正格拗兩聯體		共9首	0首	
		偏格拗兩聯體		共9首	0首	
		前正後偏相半體		共14首	0首	
		前偏後正相半體		共17首	0首	
		一正一偏交互體		共3首	0首	
		一偏一正交互體		1首／共16首	行歌入谷口，路盡無人蹤。攀崖度絕壑，弄水尋回溪。雲從石上起，客到花間迷。淹留未盡興，日落群峰西。	春日遊羅敷潭
七律上	正格	恆調		共8首	0首	
		變調	起句	共79句	0句	

		前聯	1 句／共 33 句	真訣自從茅氏得，恩波寧阻洞庭歸。		送賀監歸四明應制
		後聯		共 46 句	0 句	
		結句		共 35 句	0 句	
		聲病		共 27 句	0 句	
七律中	偏格	恆調		共 8 首	0 首	
		變調	起句	1 句／共 56 句	杜陵賢人清且廉，東谿卜築歲將淹。	題東谿公幽居
			前聯	1 句／共 42 句	吳宮花草埋幽徑，晉代衣冠成古丘。	登金陵鳳凰臺
			後聯	共 34 句	0 句	
			結句	共 38 句	0 句	
		詩家大忌		共 13 句	0 句	
七律下	拗格	正格拗起句體		共 39 首	0 首	
		偏格拗起句體		共 17 首	0 首	
		正格拗前聯體	3 首／共 11 首	鳳凰臺上鳳凰遊，鳳去臺空江自流。吳宮花草埋幽徑，晉代衣冠成古丘。三山半落青天外，二水中分白鷺洲。總為浮雲能蔽日，長安不見使人愁。		登金陵鳳凰臺
				吾兄詩酒繼陶君，試宰中都天下聞。東樓喜奉連枝會，南陌愁為落葉分。城隅淥水明秋日，海上青山隔暮雲。取醉不辭留夜月，雁行中斷惜離群。		別中都明府兄
				宛溪霜夜聽猿愁，去國長為不繫舟。獨憐一雁飛南海，卻羨雙溪解北流。高人屢解陳蕃榻，過客難登謝朓樓。此處別離同落葉，朝朝分散敬亭秋。		寄崔侍御
		偏格拗前聯體		共 0 首		
		正格拗後聯體		共 1 首	0 首	
		偏格拗後聯體		共 3 首	0 首	

	正格拗結句體		共 2 首	0 首	
	偏格拗結句體		共 20 首	0 首	
	正格拗兩聯體		1 首／共 7 首	將軍豪蕩有英威，入掌銀臺護紫微。平明拂劍朝天去，薄暮垂鞭醉酒歸。愛子臨風吹玉笛，美人向月舞羅衣。疇昔雄豪如夢裏，相逢且欲醉春暉。	贈郭將軍
	偏格拗兩聯體		共 3 首	0 首	
	前正後偏相半體		共 9 首	0 首	
	前偏後正相半體		共 39 首	0 首	
	一正一偏交互體		共 1 首	0 首	
	一偏一正交互體		1 首／共 3 首	杜陵賢人清且廉，東谿卜築歲將淹。宅近青山同謝朓，門垂碧柳似陶潛。好鳥迎春歌後院，飛花送酒舞前簷。客到但知留一醉，盤中只有水晶鹽。	題東谿公幽居
	「拗體可準者。」				
七言絕句上	正格	恒調	1 首／共 16 首	朝辭白帝彩雲間，千里江陵一日還。兩岸猿聲啼不住，輕舟已過萬重山	早發白帝城
		變調	起聯	2 聯／共 70 聯	名花傾國兩相歡，常得君王帶笑看。	清平調
				峨眉山月半輪秋，影入平羌江水流。	峨眉山月歌
			結聯	2 聯／共 28 聯	但用東山謝安石，為君談笑靜胡沙。	永王東巡歌其二
				解釋春風無限恨，沉香亭北倚欄杆。	清平調
	詩家禁忌		共 18 聯	0 聯	
七言絕句中	偏格	恒調	共 16 首	0 首	
		變調	起聯	5 聯／共 49 聯	雲想衣裳花想容，春風拂檻露華濃。	清平調
				昔日繡衣何足榮，今宵貰酒與君傾。	送韓侍御之廣德
				蜀國曾聞子規鳥，宣城還見杜鵑花。	宣城見杜鵑花

				橫江館前津吏迎，向余東指海雲生。	橫江詞其五
				故人西辭黃鶴樓，煙花三月下揚州。	黃鶴樓送孟浩然之廣陵
		結聯	3聯／共42聯	孤帆遠影碧空盡，唯見長江天際流。	黃鶴樓送孟浩然之廣陵
				丈夫賭命報天子，當斬胡頭衣錦回。	送外甥鄭灌從軍三首
				只今惟有西江月，曾照吳王宮里人。	蘇台覽古
	詩家禁忌		共13聯	0聯	
七言絕句下	拗格	前正後偏體	7首／共120首	天回北斗掛西樓，金屋無人螢火流。月光欲到長門殿，別作深宮一段愁。	長門怨
				丹陽北固是吳關，畫出樓臺雲水間。千岩烽火連滄海，兩岸旌旗繞碧山。	永王東巡歌其六
				海潮南去過潯陽，牛渚由來險馬當。橫江欲渡風波惡，一水牽愁萬里長。	橫江詞其二
				鏡湖流水漾清波，狂客歸舟逸興多。山陰道士如相見，應寫黃庭換白鵝。	送賀賓客歸越
				乘君素舸泛涇西，宛似雲門對若溪。且從康樂尋山水，何必東遊入會稽。	與謝良輔遊涇川陵岩寺
				青蓮居士謫仙人，酒肆藏名三十春。湖州司馬何須問，金粟如來是後身。	答湖州迦葉司馬問白是何人
				出門妻子強牽衣，問我西行幾日歸。歸時倘佩黃金印，莫學蘇秦不下機。	別內赴徵
		前偏後正體	7首／共82首	劍閣重關蜀北門，上皇歸馬若雲屯。少帝長安開紫極，雙懸日月照乾坤。	上皇西巡南京歌十首其十
				帝子瀟湘去不還，空餘秋草洞庭間。淡掃明湖開玉鏡，丹青畫出是君山。	陪族叔刑部侍郎曄及中書賈舍人至遊洞庭五首

				萬國同風共一時，錦江何謝曲江池。石鏡更明天上月，後宮親得照蛾眉。	上皇西巡南京歌十首其五
				水綠天青不起塵，風光和暖勝三秦。萬國煙花隨玉輦，西來添作錦江春。	上皇西巡南京歌十首其九
				誰道君王行路難，六龍西幸萬人歡。地轉錦江成渭水，天回玉壘作長安。	上皇西巡南京歌十首其四
				白馬金羈遼海東，羅帷繡被臥春風。落月低軒窺燭盡，飛花入戶笑床空。	春怨
				日本晁卿辭帝都，征帆一片繞蓬壺。明月不歸沉碧海，白雲愁色滿蒼梧。	哭晁卿衡
拗體之整正者，四唐準用，如此之周，宋明相承，亦未息響，則後人何而得不由焉，我邦詩家以為禁忌者，豈不失於考也邪？					

附錄二　日本題畫詩文中的李白理解與形象塑造

　　李白詩文在日本五山文學時期開始受到重視，直到江戶時代才真正被廣泛接受。在考察江戶漢詩文對李白的接受情況時可以發現一個尤其突出的特徵，那就是江戶漢詩直接吟詠李白的案例大多數都是關於「李白圖」的題畫詩或畫贊。〔註1〕其中原因，離不開江戶時代盛行學習中國古代文人風尚的文化背景。筆者曾撰文討論江戶時代美術對李白的接受，從「詩仙形象」和「酒仙形象」的角度歸納了李白畫的四大系統的表現與特徵。題畫詩和畫贊除了描述畫面內容以外，往往還會加入作者對主題的理解及其個人的感情抒發。本文擬以題畫詩和畫贊等文本為線索，通過其中的描寫手法、內容與特點來探究日本文人對李白詩文及其人物形象的理解。

一、早期的傳播與發展

　　據周必大《二老堂雜誌》所載：「秘閣畫有小本《李白寫真》，崔令欽題。」崔令欽，唐博陵人，開元年間著《教坊記》。又據《宣和畫譜》：「唐韓幹畫，御府所藏有《李白封官圖》。」韓幹（706～783），與李白為同代人。可知，李白畫像早在李白生前已開始製作。宋代以降，各種以李白詩文與人物典故相關

〔註1〕據李明《畫贊之文體流變——兼論畫贊與題畫詩的關係》，畫贊是贊體，題畫詩是詩體，原是兩種文體，但在唐宋以後的畫贊是題畫詩之大宗。（《廣州大學學報（社會科學版）》13（6），2014，頁77～83）日本江戶時代接受的主要是中國唐宋以後分界較模糊的題畫詩與畫贊，本文的研究對象涵蓋以李白為主題的不同體裁的畫贊和題畫詩。

的特定畫題開始流行。據《畫繼》：「喬仲常有《李白捉月圖》。」《元遺山集》：
「《李白獨酌圖》，宣和所藏，李伯時筆。」《珊瑚網》：「王世貞爾雅樓所藏名
畫，有錢舜舉《李白觀瀑圖》。」〔註2〕與此相應地，相關的題畫詩和畫贊也逐
漸增多。現存關於李白的題畫詩中，最早應是唐五代釋貫休的《觀李翰林真》。
其後，宋代的蘇軾、饒節、陳師道、周紫芝，南宋趙孟　、樓鑰，金、元代的
元好問、呂子羽、蔡珪、宋九嘉、劉秉忠、王惲、張翥，明代的劉基、宋濂、
高啟、文徵明、王世貞等都有關於李白圖的詩作存世。

　　日本現存年代最早的李白圖為南宋馬遠（1140～1225）筆《李白觀瀑圖
扇》和梁楷（1150～？）筆《李白吟行圖》，但具體東傳時間不明。〔註3〕現
存由日本畫家創作的李白畫圖中，年代較早的有惟肖得嚴（1360～1437）贊
《紙本墨畫淡彩李白觀瀑圖》、仲安真康筆（生卒年不詳，室町時代人）《白
衣觀音‧李白‧陶淵明圖》、式部輝忠筆、景雲玄洪贊《觀瀑圖》（16世紀）
和狩野秀賴筆、惟高妙安贊《醉李白圖》（永祿九年，即1566）。至於日本早
期的題李白畫詩，可以追溯到義堂周信（1325～1388）的《李杜騎驢像二首》
和《李白》等例。〔註4〕由此可見，李白圖最晚在日本南北朝（1337～1392）
時已東傳，並成為了日本畫壇的畫題之一。據太田亨對杜甫畫贊詩的研究，
在日本中世（1184～1603）中期畫圖種類逐漸多樣化，開始出現大量以中國
文人為主題的作品。〔註5〕李白圖和題李白畫詩正是在這樣的背景下開始在
日本流行起來。

　　據筆者粗略統計，五山時期的多位詩僧都有涉及李白的題畫詩作，現整理
如下〔註6〕：

　　　　雪村友梅（1290～1347）《瀟湘八景‧瀟湘夜雨》

　　　　天境靈致（1291～1381）《題畫瀑》

　　　　義堂周信（1325～1388）《李杜騎驢像二首》、《李白》

〔註2〕參照〔唐〕李白著，〔清〕王琦注：《李太白全集‧卷三十六‧附錄六‧記圖畫
　　　三十二則》，北京：中華書局1998年版，第1657～1667頁。
〔註3〕分別藏於日本藤田美術館和東京國立博物館。
〔註4〕義堂周信：《空華集》，上村觀光編：《五山文學全集》第二卷，京都：思文閣，
　　　1992年11月，第1438、1848頁。
〔註5〕太田亨：《日本禪林における杜詩受容について——中期禪林における杜甫畫
　　　贊詩に著目して——》，頁370～403。
〔註6〕主要以《五山文學全集》和《五山文學新集》為考察範圍，包括以李白為題的
　　　題畫詩以及在詩題中沒有指定李白，但在詩中提到李白的題畫詩。

　　愕隱惠薁（1357～1425）《謫仙觀瀑圖》

　　惟肖得巖（1360～1437）《李白騎鯨圖》

　　南江宗沅（1378～1463）《贊李太白》、《扇面李白觀瀑》、《題飲中八仙圖》、《瀑雪》

　　東沼周巖（1391～1462）《觀瀑亭》、《淡墨海棠》、《愛松軒》

　　瑞溪周鳳（1391～1473）《李白看瀑》、《李白觀瀑圖》（一謫人間）、《李白觀瀑圖》（豪氣欲凌）

　　希世靈彥（1403～1488）《李白觀瀑圖》、《李白騎鯨圖》、《李白醉圖》、《李白扶醉圖》、《小廬山瀑布圖》、《藤元康扇畫杜甫飯顆圖詩序》

　　天隱龍澤（1422～1500）《題李白畫像》

　　萬里集九（1428～？）《李太白醉像畫贊》、《杜子美・李太白二人一軸贊》、《李太白醉像贊》、《瀑布圖》、《題太白醉像圖詩序》

　　橫川景三（1429～1493）《秉燭夜遊》、《李白看瀑圖》、《扇面（瀑布、無人）》、《軸贊》、《瀑布軸》、《李白醉像》（舉酒花前）、《李白醉像》（太白長庚）、《扇面》（松與鶴）

　　景徐周麟（1440～1518）《贊李白》、《李白觀瀑圖》、《便面李白像》

　　彥龍周興（1458～1491）《題觀瀑圖》、《扇面》、《扇面（廬山李白）》

　　光巖老人（生平不詳）《李杜一幅圖》

　　一桂老人（生平不詳）《扇面洞庭秋月》

　　五山時期的題李白畫詩有幾點特徵。首先，其創作時間集中在十五世紀。在義堂周信之前的雪村友梅和天境靈致，所題的畫本身與李白並無關係，也沒有在詩中提及李白，只是在題畫詩中化用李白的詩歌。進入室町時代以後，以「李白」為主題的題畫詩顯著增多。其中，創作數量最多的橫川景三、希世靈彥和萬里集九都是活躍於十五世紀的詩僧。其次，從題材來看，以上列舉的 44 首相關詩歌中，有 18 首與李白的廬山瀑布詩相關，有 11 首與李白醉酒的典故相關。第三，李白經常以與杜甫或蘇軾並列的方式出現在此類作品中。太田亨就曾指出，五山時期的杜甫畫贊詩的其中一個明顯的特徵，就是五山禪僧對「李杜」的關係表示出高度的關注。在義堂周信提出以杜甫《春

日憶李白》為贈答詩的模範以後，以「渭北春天樹，江東日暮雲」為典據的《雲樹圖》開始被大量製作。〔註7〕本文所列舉的相關作品中，《李杜騎驢圖》謂李白「詩名與杜齊」，《李杜一幅圖》有「渭樹江雲兩地思」句強調李杜之間的交往關係，《藤元康扇畫杜甫飯顆圖詩序》的「二子風流態度，宛然在目」和《杜子美·李太白二人一軸贊》的「唐家三百年風月，鍊作兩翁鬚數莖」等句，都表達了五山禪僧奉李杜為唐詩代表的仰慕之情。此外，上文所列共有七首提到蘇軾和李白的題畫詩作，從內容來看，其中四首關於瀑布，兩首關於松鶴。從作者來看，其中四首出自橫川景三之手，合稱二人為「兩謫仙」。黃庭堅《次蘇子瞻和李太白潯陽紫極宮感秋詩韻追懷太白子瞻》詩云：「不見兩謫仙，長懷倚修竹。」〔註8〕可見，五山詩僧受到黃庭堅影響，將蘇軾與李白視作具備仙人氣質的「詩人組合」。除了「李杜」和「兩謫仙」以外，五山時期還有將「李杜韓柳」或將白居易、李白、林逋和蘇軾合稱為「四賢」的說法。〔註9〕

　　進入江戶時代以後，隨著漢詩文群體與文人畫需求的擴大，李白畫詩的數量、種類和規模都有所增長，其具體數字難以全面統計。以下將以筆者所見的四十五位江戶詩人所作六十五首題畫詩和六篇畫贊文為依據，嘗試對江戶文人通過詩、畫、文構建出的李白形象進行考察。這些作品的主題大致可以分成四類：

　　（一）以李白詩文為題：觀瀑圖，桃李園，把酒問月，清平調，望天門山，峨眉山月

　　（二）以李白人物逸事為題：醉李白，飲中八仙，夢筆生花，太白捉月

　　（三）以李白整體生平為題：李白人物圖

〔註7〕太田亨：《日本禪林における杜詩受容について——中期禪林における杜甫畫贊詩に著目して——》頁370～403。

〔註8〕〔宋〕黃庭堅撰，劉尚榮點校：《黃庭堅詩集注》卷第十七，北京：中華書局，2003年5月第1版，第598頁。

〔註9〕日本公文書館和國會圖書館均有藏日本五山版《唐朝四賢精詩》，選錄李杜韓柳四家詩。策彥周良（1501～1579）《策彥禪師南渡集》有《題西湖四賢堂》（堂中畫樂天李白和靖東坡四賢之像）詩，據查未見有關於中土西湖「四賢堂」的資料，只有四川廣元市的一條相關史料：「四賢堂，關有思賢樓，居水門之上，有張孟陽、李太白、杜子美、柳子厚畫像，因以為名。」馬蓉、陳抗、鍾文、樂貴明、張忱石點校：《永樂大典方志輯佚·利州路志》，中華書局，2004年4月第1版，第3206頁。

（四）以李杜的關係為題：李杜圖

（五）在其他畫題中提及、聯想起李白或李白詩文

其中，第一、二、三類占大多數，而第三類又是第一、二類作品的「混合體」，故以下主要對前兩類作品進行分類介紹。

二、以李白詩文為題的題畫詩

與五山時期相比，江戶時代以李白詩文為題的題畫詩不僅數量有所增加，其題材也變得豐富多彩。除了五山時期就深受日本文人喜愛的「觀瀑圖」以外，江戶時代還出現了以李白《春夜宴桃李園序》《清平調三首》《把酒問月》《峨眉山月歌》《望天門山》等詩文作品為主題的繪畫作品，相關的題畫詩和畫贊也因此增多。

1. 李白觀瀑圖

「李白觀瀑圖」是在日本的李白畫像中年代最早，且最具代表性的畫題之一。從江戶初期的狩野尚信、狩野守信，到中期的吉村周山、鈴木春信、與謝蕪村，再到後期的葛飾北齋、谷文晁等畫家都曾創作以「李白觀瀑圖」為題的繪畫作品。「李白觀瀑」作為一個流行的文藝主題，在美術領域中表現為大量不同風格、形式的「李白觀瀑圖」陸續出現，在漢詩文領域中則表現為「李白觀瀑」題畫詩文以及引用、化用李白寫瀑布詩的文學作品的創作。〔註10〕江戶初期，林鵝峰為《李白觀瀑詩卷》題序曰：

> 卷中有十三首，戲倣本朝歌合之體。或句意相類者，或用字同格者。試分左右，以為六番。……唯今十三首，以廬瀑洗之，則他日三千尺之流，可以清吟胃乎。祝畢自歎曰：詩卷欠一人，追躡仙上天乎？方寸之愁，半百之翁，唯添白髮三千尺之長而已。〔註11〕

而今這部《李白觀瀑詩卷》雖已不得見，但據序文所述，詩卷仿傚日本的歌合體制，收錄十三首與「李白觀瀑」主題相關的詩歌作品，可見「李白觀瀑圖」和「李白觀瀑詩」當時在文人之間相當流行。據前人統計，林羅山所作畫贊中有六首李白相關作品，其中五首都與「李白觀瀑」相關，而求贊之人主

〔註10〕詳見拙論《江戶美術中的李白接受》，南京：《域外漢籍研究集刊》，2017年第2號，頁343～369。

〔註11〕林鵝峰：《鵝峰先生林學士文集》卷八十四《題李白觀瀑詩卷首》，林鳳岡編：《鵝峰先生林學士全集》，一〇五冊，江戶元祿二年序刊，紅葉山文庫本，日本公文書館。

要為鵝峰、讀耕齋兄弟及其他羅山門下學生。〔註12〕其子林鵝峰集中也有不少相關題作：

（一）李翰林觀瀑圖（《鵝峰先生林學士文集》卷一百零八）

　　傾倒銀潢水簾。仰望三千尺色。白髮聯長。

（二）李白觀瀑（《鵝峰先生林學士詩集》卷七十八）

　　山高濺瀑布，人老發文光。

　　直下銀河一貶謫，落則白髮千丈長。

（三）李白觀瀑圖（《鵝峰先生林學士詩集》卷十五）

　　廬瀑飛流左界潢，翰林坐愛遠瞻望。

　　豈唯白髮三千丈，一派文章光焰長。

（四）李白觀瀑圖（《鵝峰先生林學士詩集》卷一百零六）

　　泉自山頂飛，謫仙來為客。直下瀉銀河，仰見垂玉帛。

　　一條色破青，千丈髮逾白。長川掛有餘，引流到七澤。

從以上作品可以看出，鵝峰所作「李白觀瀑圖」題畫詩文雖然形式各有不同，但內容基本相類似，都將《望廬山瀑布》的「飛流直下三千尺」與《秋浦歌》中的「白髮三千丈」相聯繫，這與鵝峰在《題李白觀瀑詩卷首》一文中所言「唯添白髮三千尺之長而已」可謂異曲同工。這裡，鵝峰將「瀑布」、「三千尺」、「白髮」和「三千丈」等詩中詞語串聯使用，採取類似日本文學中「付合」〔註13〕的修辭方式。羅山的弟子阪井伯元（1630～1703）有《李白匡山讀書》詩曰：「曾在匡山吐繡腸，杜陵憐殺彼佯狂。飛流雖洗讀書眼，瀑布應輸白髮長。」〔註14〕江戶中後期的釋六如（1734～1801）的《李太白觀瀑圖》也用了同樣的表現手法：「纔臥匡廬又夜郎，塵顏洗盡奈愁腸。銀河空掛三千尺，十倍輸他白髮長。」〔註15〕可見，《望廬山瀑布》與《秋浦歌》兩首詩在林家一門的創作中形成了強烈內部聯繫，並且這種文學表現直到江戶中後期

〔註12〕鈴木健一：《林羅山の畫贊》，《江戶詩歌の空間》，東京：森話社，1998 年 7 月版，161～172 頁。

〔註13〕付合（つけあい），又稱「寄合」（よりあい），是連歌、俳諧中用兩個關聯詞語是兩個句子之間建立內部聯繫，使詩歌內容變得豐富並令人產生更多聯想的表現方式。

〔註14〕立詮編：《倭漢十題雜詠》第二冊，江戶承應二年寫本，林家大學頭舊藏本，日本公文書館。

〔註15〕釋慈周：《六如庵詩鈔》卷五，富士川英郎：《詩集日本漢詩》第八卷，東京：汲古書院，1985 年。

還被延續了下來。

　　此外，不少江戶詩人在「李白觀瀑」的詩文中表達對李白的看法。林讀耕齋《李白觀瀑圖》謂：「廬山瀑布者，海內之壯觀。李謫仙人者，古今之天才。然非廬瀑，則不能施謫仙之天才。非謫仙，則不能模廬瀑之壯觀。可謂人傑地靈者矣。」〔註16〕林鵝峰則在《示宮道次房九篇（其八）》一文中謂：「廬瀑者，壯觀之秀也。李白題詠，則詩與瀑共清。徐凝賦之，則有惡詩之訕。凝猶然，況於其餘乎。詩不可不作，亦不可妄作。」〔註17〕鵝峰與讀耕齋都將瀑布之美與李白的詩才結合來頌揚，認為只有李白的天才能描繪出廬山瀑布的壯觀。蘇軾《廬山瀑布》詩曰：「帝遣銀河一派垂，古來惟有謫仙詞。飛流賤沫知多少，不為徐凝洗惡詩。」鵝峰引蘇軾此論，認為其他人所寫廬瀑詩都是「惡詩」，言下之意即李白將廬山瀑布詩描繪到極致，後人再也無法突破其成就。另一方面，他引蘇軾之論卻絲毫不提蘇軾所作廬山瀑布詩，與熱衷於通過「觀瀑圖」來聯想李白與蘇軾「兩謫仙」的五山詩僧的態度大相徑庭。這反映出當時江戶初期漢詩從學宋詩轉向學唐詩的過渡期，以「蘇黃」為首的宋詩的主導地位已有所下降。鵝峰在《岩瀑石記》一文中列舉了唐宋關於瀑布的描寫，其中就以李白為首，張九齡次之，再其次為儲光羲和韓愈，唐代的徐凝、方干、寒山、陸蟾和宋代的石延年、王安石則被列為「其餘」詩人：

　　　　一日，余應忠陰之招，熟視之，則廬山面目在於斯。若使謫仙吟之，則謂銀河落九天乎。使九齡仰之，則謂絕頂有懸泉乎。使光羲望之，則謂飛空作雨聲乎。使昌黎對之，則謂懸瀑垂天紳乎。其餘，或曰玉虹垂地，或曰如白練飛，或曰懸岩擊石，或曰遠看如織，或曰萬音落石巔，或曰千尺掛雲端之類。

江戶中後期的同題作品中，依然存在提及徐凝而「忽視」蘇軾的情況。如梁田蛻岩（1672～1757）的《太白贊》：

　　　　畫李謫仙而不畫瀑布，何故。蓋青蓮花靈光廓然，無礙三千尺之飛流，宛在阿堵中矣。若夫肉眼呆闇，如徐凝輩，假令銀河不違額，咫尺亦白日變長夜，遂不能觀也。〔註18〕

〔註16〕林讀耕齋：《讀耕先生文集》卷十二《李白觀瀑圖》，林憲編：《讀耕先生全集》，三十冊，江戶寬文九年序刊本，林家（大學頭）舊藏本，日本公文書館。

〔註17〕林鵝峰：《鵝峰先生林學士文集》卷四十四。

〔註18〕梁田蛻巖《蛻巖集後編》卷六，王焱編《日本漢文學百家集》第一二六冊，北京燕山出版社，2019 年 7 月版。

再有菅茶山（1748～1827）的《題畫（應醒翁索）》：

> □條界砂青山邑，疑是銀河落九天。
>
> 亭有遊人恐詩客，若非徐凝定青蓮。〔註19〕

筆者所見江戶時代的「李白觀瀑圖」詩中，沒有一首提及蘇軾。顯然，在江戶詩人眼中，李白與蘇軾不再是並稱的關係。而「瀑布圖」與李白的關係，也變得更為緊密，即便畫題並未指明「李白」，也會自然聯想到李白：

> （一）宛然廬山瀑，銀河半天懸。真境難可寫，千載憶青蓮。〔註20〕
>
> （二）匡廬山畔酒樓前，仰看飛流下碧巔。數斗縱吞劉白墮，一篇難繼李青蓮。〔註21〕
>
> （三）一條瀑布匡廬巔，昔日題詩李謫仙。直下飛流何所似，解言白髮大三千。〔註22〕
>
> （四）彼箕之巔，有溜飛泉，劈開崖樹，厥尺三千，曾題陋句，唐突謫仙，今展斯畫，昔遊恍然。〔註23〕
>
> （五）山頭雲氣藏，瀑水源何許。思詩終不成，愧襲謫仙語。〔註24〕

此外，受到元明文學的影響，江戶文人傾向通過歌頌李白與郭子儀之間的「互救」情誼，將李白視作提前預判安史之亂的憂國詩人。據《唐才子傳·李白》：「初，白遊并州，見郭子儀，奇之，曾救其死罪；至是，郭子儀請官以贖，詔長流夜郎。」〔註25〕明代方孝孺（1357～1402）《題李白觀瀑布圖》詩云：

> 天寶之亂唐已亡，中興幸有汾陽王。孤軍匹馬跨河北，手扶紅日照萬方。
>
> 凌煙功臣世爭羨，李侯先識英雄面。沈香亭北對蛾眉，眼中已見漁陽亂。
>
> 故令邊將儲虎臣，為君談笑清胡塵。朝廷勳策當第一，珪組不

〔註19〕菅茶山：《黃葉夕陽村舍詩》（後編）卷六，弘化四年刊，昌平阪學問所舊藏本，日本公文書館。

〔註20〕尾藤二洲：《題瀑布畫》，《靜寄軒集》卷四，《日本漢文學百家集》第二一六冊。

〔註21〕釋日謙：《題畫》，《聽松庵詩鈔》卷五，《日本漢文學百家集》第二一五冊。

〔註22〕龍草廬：《題池大雅畫廬山瀑布圖為泉七》，《草廬集五編》卷八，《日本漢文學百家集》第一六一冊。

〔註23〕中井竹山：《奠陰集》卷八《題瀑布圖》，《日本漢文學百家集》第一九二冊。

〔註24〕賴山陽：《山陽遺稿》卷三《題畫》，《日本漢文學百家集》第二四九冊。

〔註25〕〔元〕辛文房，傅璇琮主編：《唐才子傳校箋·卷第二·李白》，中華書局，1995年11月第1版，第391頁。

敢麋天人。

　西遊夜郎探月窟，南浮萬里窮楚越。雲山勝地有匡廬，銀河掛
空酒飛雪。

　醉中信馬踏清秋，白眼望天天為愁。金閨老奴污吾足，更欲坐
濯清溪流。

　英風逸氣掀宇宙，千載人間寧復有？夢魂飛度南斗旁，笑酹廬
山一卮酒。

　雲松可巢今在無，九江落照連蒼梧。欲從李侯叫虞舜，盡傾江
水洗寰區。〔註26〕

再對照江戶初期的木下順庵（1621～1699）的《李白觀瀑圖》，江戶後期的古
賀精里（1750～1817）《青蓮圖》和幕府末期的成島柳北（1837～1884）的《李
白觀瀑圖》等作品：

　豪氣能知天下士，眼高四海有深情。

　廬山暗挽銀河水，付與汾陽洗甲兵。〔註27〕

　世間形狀白也風，廬山瀑布睨半空。

　依樣葫蘆可厭惡，茲圖獨見意匠工。

　甕堪倚靠書堪枕，天地茫茫大夢中。

　誰知醉眼猶如瀑，塵埃底認郭令公。〔註28〕

　天為謫仙賦才多，界破青山瀉銀河。

　々々倒瀉萬雷吼，騰擲翠蛟躍白黿。

　謫仙醫來聳毛髮，呼奇叫快舞且歌。

　百篇之詩一斗酒，玉山頹欲壓盤渦。

　君不見漁陽鼓轟如瀑布，潼關積尸山峩々。

　一片白雲隔塵界，醉鼾靜與泉聲和。

　嗚呼三千尺水今安在，謫仙々去亦如何。〔註29〕

可見，在江戶時代不同時期文人的眼中，李白在安史之亂中的形象積極正面，

〔註26〕陝西省地方志辦公室編纂：《歷代詠陝詩詞曲集成・明・方孝孺・題李白觀瀑
　　　　圖》，三秦出版社，2007年12月第1版，第211頁。
〔註27〕木下順庵：《錦里文集》卷五，《日本漢文學百家集》第六十五冊。
〔註28〕古賀精里：《精里初集抄》卷三，《日本漢文學百家集》第二二四冊。
〔註29〕成島柳北：《柳北詩鈔》卷一，東京：博文館，明治27年，日本國會圖書館。

帶有一定的英雄主義和傳奇色彩。這既受李白在明代和江戶時代詩壇上的崇高地位影響,同時也符合江戶時代的人們熱衷於英雄傳奇故事的文化背景。值得一提的是,「李白觀瀑圖」在江戶時代的公家也相當受歡迎。幕府御用畫師集團狩野家的探幽(1602~1674)、尚信(1607~1650)、安信(1613~1685)、岑信(1662~1709)、信朋(生卒年不詳)等都曾作「李白觀瀑圖」。此外,「御三家」之一水戶藩主德川光國亦曾作《題李白觀瀑圖》詩:「太白高名今古同,仰看瀑布眼無窮。盧山直下三千尺,縮在畫工方寸中。」〔註30〕

2. 桃李園圖

在中國,「桃李園圖」相關詩作最早見於明代。如楊慎的《臨江仙(題春夜宴桃李園圖)》和羅倫《題春夜宴桃李園圖贈陳粹之》。圖畫方面,據沙鷗《歷代文獻李白畫像考》統計,現有明清兩代十幅「春夜宴桃李園圖」存世。〔註31〕與「觀瀑圖」不同的是,「桃李園圖」是在江戶時代才開始被日本畫家採用的畫題。著名俳諧大師、文人畫家與謝蕪村,就有多幅「桃李園圖」作品傳世。林讀耕齋曾作《高力左近倩畫工圖李白桃李園圖以李白酌月為一畫又以桃李各為一畫並三幅求贊嚴君嚴君使余賦李》:「滿園明李媚春風,萬丈文光奪眾紅。太白坐花花太白,其名其姓亦相同。」〔註32〕

讀耕齋在《倭漢十題雜詠》中又有《桃李園》一詩,稱讚李白「文英獨步數千歲」。而在這首「桃李園圖」的贊詩中,讀耕齋又盛讚李白「萬丈文光奪眾紅」。林鵝峰的全集中雖未見任何「桃李園圖」的題畫詩文,但收錄了《讀李白春夜宴桃李園序》一詩,謂:「天倫樂事兩肩差,園裏春遊筆有華。其姓其名明李白,朦朧月下暗桃花。」〔註33〕從詩歌內容來看,此詩與讀耕齋的題詩相呼應,且鵝峰多次使用「筆有華」來形容李白的文采,顯然受李白「夢筆生花」的人物逸事影響,有關問題在後文將進一步論述。鵝峰在《倭漢十題雜詠》的《李白筆跡》詩中使用了「語帶霞兮花在筆」的表現,《讀李白惜餘春賦》則謂「語有煙霞筆有花」。〔註34〕可以說,「筆有華」就是鵝峰對李白文采

〔註30〕德川光國著,德川綱條編:《常山文集》卷八,寫本,十冊,日本公文書館紅葉山文庫本。

〔註31〕馬鞍山李白研究所編:《《中國李白研究》集萃下》,合肥:黃山書社,2017年9月,頁795~796。

〔註32〕林讀耕齋:《讀耕先生詩集》卷七,林憲編:《讀耕先生全集》。

〔註33〕林鵝峰:《鵝峰先生林學士詩集》卷六十七《讀李白春夜宴桃李園序》。

〔註34〕林鵝峰:《鵝峰先生林學士詩集》卷二《讀李白惜餘春賦》。

的整體評價。

　　江戶中期以降，熱愛文化的地方大名有所增加，他們被稱為「文人大名」，成為詩、書、畫等文藝領域中活躍的參與者。如學於荻生徂來門下的神戶藩主本多忠統（1691～1757），就曾作《題徂來家藏仇實父桃李園圖》：

> 　　徂徠先生家有宴桃李園圖，仇十洲所畫也。先生謂曰：余得之
> 不久，初商估攜來，上有李白之序文，衡山筆。（略）宴牛門之日，
> 掛在壁間也。桃李爛熳，半開半含，歡飲暢酣，宛見李之酒氣勃勃，
> 猶實與其客歡娛其園，妙手哉。（略）〔註35〕

此文記載了荻生徂來與本多忠統師生之間當時收集、賞玩舶來品書畫的一些細節，其中我們可以得知在徂徠所藏「桃李園圖」上有李白《春夜宴桃李園序》和醉酒的李白人像，並且在徂徠一門聚會宴飲時，會以這幅應景的圖畫裝飾在室內，以供眾人共賞。筆者拙文曾指出，江戶時代的「春夜宴桃李園圖」多數都書有《春夜宴桃李園序》全文。尤其是把與謝蕪村的作品拿來比對的話，從早期作品中沒有「文」，到後期有「文」，再到年代最晚的作品以「文」為主，可以看出「畫」的部分隨著「文」的增加而成反比例減少。從這一變化中可以推測，在蕪村心目中《春夜宴桃李園序》這篇漢文本身的文學價值，逐漸比「春夜宴桃李園圖」這個畫題的重要性來的要大。〔註36〕顯然，這種書畫形式的「桃李園圖」是一種文學載體，是江戶文人群體閱讀、傳播並欣賞《春夜宴桃李園序》的重要途徑。

　　另一例子來自江戶後期的熊阪盤谷（1767～1830）。他是熊阪台州之子，二十二歲到江戶遊歷寫下遊記《南遊稛載錄》，記載了當時諸名賢對他的厚待。〔註37〕其中，有《奉謝鳳樓鵞侯見惠桃李園圖扇》云：

> 鵞侯風調好誰倫，桃李芳園畫裏新。
> 群季坐花添氣色，□□醉月傲陽春。
> 看來還愧袁宏對，持去堪遮庾亮塵。
> 今日向人誇示處，卻疑身與謫仙親。〔註38〕

〔註35〕本多忠統：《猗蘭臺集初稿》卷四，《日本漢文學百家集》第一四六冊。
〔註36〕鍾卓螢：《江戶美術中的李白接受》，《域外漢籍研究》第十六輯，2017年。
〔註37〕德田武：《〈吾妻鏡補〉與熊阪台州・盤谷（下）》，《明治大學教養論集》383，2004年3月，頁57～110。
〔註38〕熊阪盤谷：《南遊稛載錄》（戊亥遊囊）享和元年刊本，二冊，日本公文圖書館。

贈詩的對象「鶩侯」即當時的朝散大夫豐後守阿部正議（1764～1803），字子文，號鳳樓，是一位擅長書、畫藝術的文人大名。贈詩上聯從《春夜宴桃李園序》中引用「桃李芳園」、「坐花」、「醉月」、「陽春」等語點題，下聯卻用了袁宏和庾亮秋夜賞月的典故，結合盤谷遊學時為冬季，可想他的用典與作詩時節無關，而是通過李白聯想到「詠月」的相關故事。可見，雖然《春夜宴桃李園序》的主題是賞花，但在盤谷眼中，李白與「月」的聯繫更密切。

3.「清平調」、「把酒問月」、「望天門山」及「峨眉山月」圖

除了《桃李園圖》之外，以《清平調三首》、《把酒問月》、《望天門山》和《峨眉山月歌》等李白詩為題的圖畫和題畫詩也在江戶時代開始興起。據目前所見，中國以「清平調」命名的畫作僅有清代蘇六朋（1791～1862）《清平調圖》，也無相關的題畫詩文作品存世。而江戶中期的入江若水（1671～1729）集中有《題五城洞岩老人所畫清平調圖》詩。〔註39〕「洞岩老人」即江戶初期的佐久間洞巖（1653～1736）。從創作年代來看，日本的「清平調圖」很可能是江戶文人自發創作的畫題。

「把酒問月圖」則可以追溯到元代鄧雅的《題李如愚太白把酒問月圖》和王逢《題郡守翟仲直太白問月圖》詩。此畫題在明代依然流行，有吳節《把酒問月圖為李修撰作》、夏言《題宗伯嚴介溪李太白把酒問月圖用白韻》、於子仁《李白把酒問月圖》、張以寧《題李白問月圖》等詩存世。〔註40〕在日本，「把酒問月圖」的題畫詩集中出現在江戶後期，如大窪詩佛（1767～1837）的《題李白問月圖》：

> 天上長庚星，人間李太白。想應因傲放，長蒙塵土謫。
> 作詩驚一世，光焰千萬尺。貴妃捧硯書，御手調羹食。
> 一被小人中，去為四方客。身著宮錦袍，乘舟過采石。
> 遊遍東南州，久厭塵世窄。把杯問月明，此意有誰識。
> 古今如流水，天上歸期迫。歸期知何時，牛渚捉月夕。
> 斯人亡千年，姓名垂竹帛。寫作畫圖看，高風凜埔席。
> 請看天上星，至今光赫赫。〔註41〕

〔註39〕入江若水：《西山樵唱集》卷上，《日本漢文學百家集》第一二四冊。
〔註40〕鄧雅以下詩分別見於《玉笥集》卷二、《梧溪集》卷二、《吳竹坡先生詩集》卷九、《桂州詩集》卷七、《康熙武岡州志》卷十、《翠屏集》卷一。
〔註41〕大窪詩佛：《詩聖堂詩集》初編卷十，《日本漢文學百家集》第二三五冊。

再有齋藤正謙（1797～1865）的《題李清蓮問月圖》：

> 一樽酒，一輪月。與君成三人，相逢不相失。
>
> 今月仍是古時月，今人孰是古時人。
>
> 停杯慨然仰天坐，滔滔人世與誰親。
>
> 一自浮雲蔽白日，北來胡塵暗王室。
>
> 人間何處可久留，騎鯨歸去廣寒窟。
>
> 千秋明月舊乾坤，想見文采今尚存。
>
> 歌一闋，酒一樽。大笑酹君君應聞。〔註42〕

以上兩首不僅同題，且均為古體詩，這也從側面反映出江戶後期詩風以及對李白詩歌的審美轉向。在日本幕末詩壇上，以廣瀨旭莊為首的詩人群體為了反對纖細淫靡的南宋詩風，傾向創作自由奔放的詩歌。〔註43〕其中，就有不少長篇古體詩。李攀龍的《唐詩選序》對江戶詩論影響深遠，其中「唐無五言古詩」和「太白縱橫，往往強弩之末。間雜長語，英雄欺人」等觀點，很大程度上導致唐代五言古詩和李白七言古詩的價值無法得到充分認識和評價。直到十九世紀初期《唐詩正聲》再次受到文人的關注，李白古體詩的模範作用和正統地位才在日本受到廣泛肯定。〔註44〕

　　江戶中後期的菅茶山（1748～1827）集中記載了兩個相關的畫題。首先，有題《江月泛舟圖》詩一首：「半空峯影半輪秋，誰棹金波數曲流。想昔青蓮李供奉，思人思月下渝州。」〔註45〕詩中直接提到「青蓮李供奉」，並引用了「半輪秋」、「下渝州」等語，顯然《江月泛舟圖》是按照《峨眉山月歌》的詩意繪製而成。其次，他在文章中回憶二十三歲時所見、由文人畫家池大雅（1723～1776）所作的《天門山圖》：

〔註42〕齋藤拙堂撰、吳鴻春輯校：《鐵研齋詩存》卷四，東京：汲古書院，2001年版。

〔註43〕合山林太郎：《幕末京攝の漢詩壇——広瀬旭莊・河野鐵兜・柴秋村を中心に——》，《日本文學》60（10），2011年，頁30～39。

〔註44〕《唐詩正聲》所錄李詩，數量最多的是五言古詩，其次是七言古詩和七言絕句。又有《唐詩品彙》評：「太白天仙之詞，語多率然而成者，故樂府歌詞咸善。或謂其始以《蜀道難》一篇見賞於知音，為明主所愛重，此豈淺材者僥倖際其時而馳騁哉！不然也。白之所蘊，非止是。今觀其《遠別離》、《長相思》、《烏棲曲》、《鳴皋歌》、《梁園吟》、《天姥吟》、《廬山謠》等作，長篇短韻，驅駕氣勢，殆與南山秋氣並高可也。雖少陵猶有讓焉，餘子瑣瑣矣。」

〔註45〕菅茶山：《黃葉夕陽村舍詩》（後編）卷五《江月泛舟圖》。

余在京時，與飯田玄泉者善，玄泉學畫於池大雅，每與余出遊，輒過其廬，余亦因與大雅相識。一日，玄泉誇示大雅畫天門山圖，上題李白詩，余愛其畫而病其詩，及落款草書太狂，乃乞大雅別作一圖，且楷書其名，不題其詩，持三紙附之。〔註46〕

飯田玄泉「上題李白詩」的《天門山圖》至今未見，而菅茶山所求「不題其詩」的《天門山圖》則現藏於廣島縣立歷史博物館。雖然菅茶山明確表示對李白《望天門山》詩的否定，但通過這段記述可以得知，池大雅至少繪製過兩幅《望天門山》的詩意圖，且文人們對畫圖上的題詩和書法均有各自的審美要求。值得一提的是，在中國並未見《峨眉山月歌》和《望天門山》詩意圖的相關詩文存世作品。因此，這些由日本文人留下的畫圖、題詩和文字記載都具有其獨特的文化價值。總的來看，除了五山時期興起的「李白觀瀑圖」以外，江戶文人用作畫題的李白詩文均收於江戶時代最流行的《唐詩選》和《古文真寶》選本中，足見這兩部選本對李白詩文在江戶時代的傳播與流行的影響之大。

三、以李白人物逸事為題的題畫詩文

五山時期以李白人物逸事為題的題畫詩文主要有「李白騎鯨」、「醉李白」和「飲中八仙」等三種題材，到了江戶時代，就進一步擴展至「太白捉月」、「醉中赴召」和「夢筆生花」等主題。事實上，所謂的「醉李白」圖又題作「李白醉像」、「醉李白」、「李白扶醉」等多種題目。而從內容來看，「飲中八仙」和「醉中赴召」也可以視作與「醉李白」同一系統。在中國，李白飲酒、醉酒是畫家最熱衷的題材之一，畫作有《李白獨酌圖》、《李白醉飲圖》、《李白扶醉圖》、《李白舟中醉臥圖》、《李白酒船圖》等等。元人劉秉忠、顧觀、王惲、陳顥等都有題詠《太白醉歸圖》之作。〔註47〕在日本，李白愛酒的形象同樣深入人心，各個時期的詩人都有「醉李白」的相關題畫作品。其中，有不少都著重描寫李白在長安任翰林供奉直到賜金放還的經歷，尤其是在宮中與唐玄宗、楊貴妃相關的膾炙人口的逸事：

（一）酒市雄豪李謫仙，扶人醉著未醉眠。貴妃捧硯帝調羹，一曲

〔註46〕菅茶山：《黃葉夕陽村舍文》卷之四《題大雅畫軸匣》，《黃葉夕陽村舍詩遺稿》，東京：金刺芳流堂1896年版，日本國會圖書館。

〔註47〕〔金〕元好問，張靜校注：《中州集校注·李白醉歸圖》注，中華書局，2018年9月，第1版，第2178頁。

清平響九天。〔註48〕

（二）漫著朝衣醉未醒，長安市上任伶俜。謫仙若許歸天上，好轉長庚作酒星。〔註49〕

（三）長安酒肆百艘船，日日春風醉謫仙。一向沉香亭下醒，□花此落五雲箋。〔註50〕

（四）深夜西園侍宴回，沉香亭畔醉欹未。東顛扶起還西倒，猶向市樓思一杯。〔註51〕

（五）廬岳雲松未可攀，桃花何處問仙寰。長安市上一杯裏，別有天地非人間。〔註52〕

（六）一斗合自然，夢遊碧落天。阿瞞不解事，只道早乘船。〔註53〕

（七）酕醄一斗眼生花。醉腳盤珊路轉賒。閙殺龜年檀板手。沉香亭北日將斜。〔註54〕

可以看到，以上「醉李白」圖相關的題畫詩或提到「長安市」、「沉香亭」等地名，或提到「貴妃捧硯」、「御手調羹」的典故，或直接提及「貴妃」、「阿瞞」的名諱，這些都與「天子呼來不上船」、沉香亭詠牡丹等故事有直接聯繫。可見，雖然李白有多首飲酒詩存世，但在江戶時代對李白「酒仙」形象的形成影響最深的詩歌應是杜甫的《飲中八仙歌》和李白的《清平調詞三首》。因此，江戶時代的「飲中八仙圖」詩中對李白的描述，也與「醉李白」圖詩有較多相似之處。如前面提到過的熊阪盤谷所題《奉謝鳳樓鴛侯見貌寄飲中八仙圖》：「青蓮居士酒家裏，開元天子使人呼。呼來上船不能上，天子便令力士扶。受詔輒賦清平調，詩成名聲動帝都。」〔註55〕還有中井竹山《分飲中八仙題李謫

〔註48〕人見竹洞：《人見竹洞詩文集》卷十《李白扶醉圖》，東京：汲古書院，1991年版。

〔註49〕釋大典：《北禪遺草》卷二《醉李白圖》，《日本漢文學百家集》第一七三冊。

〔註50〕皆川淇園：《淇園詩集》卷三《題李白醉中赴召圖》，富士川英郎：《詩集日本漢詩》第六卷，1986年。

〔註51〕柴野栗山：《栗山堂詩集》卷四《題醉李白》，《日本漢文學百家集》第二〇六冊。

〔註52〕賴山陽：《山陽詩鈔》卷一《題李白醉圖》，富士川英郎：《詩集日本漢詩》第十卷，1986年。

〔註53〕市河寬齋《寬齋先生遺稿》卷四《醉李白圖》，《日本漢文學百家集》第二二〇冊。

〔註54〕木崎愛吉、賴成一編：《賴山陽全書詩集》卷廿三《醉李圖》，賴山陽先生遺跡顯彰會，1931～1932年，日本國會圖書館。

〔註55〕熊阪盤谷：《南遊稛載錄》（戊亥遊囊）享和元年刊本。

仙圖應尾藤子需》：「詩酒唐家第一豪，清平三首調尤高。長安市上昏昏醉，博得明皇宮錦袍。」〔註56〕

　　也有把多首李白詩融合起來引用的案例，如菅茶山的《醉李圖》：

　　　　名花傾國兩相歡，樂章更微新詞篇。

　　　　何人才思稱聖旨，自稱臣是酒中仙。

　　　　御手調羹妃捧硯，寵光千古少人舉。

　　　　總為浮雲能蔽日，放歸僅賜買山錢。

　　　　深山大澤龍蛇遠，日色慾盡花含煙。

　　　　嗚呼！皇如能照忠誠，肯授道籙足平生。

　　　　奈何青騾棧道雨，鬧盡三郎郎當聲。〔註57〕

除了《清平調詞三首》和《飲中八仙歌》以外，這裡還直接引用了李白《長相思其二》、《登金陵鳳凰臺》、《遠別離》、杜甫《送孔巢父謝病歸遊江東兼呈李白》以及《鶴林玉露》所載「三郎郎當」典故。其中，杜甫詩收於《唐詩選》，三首李白詩則收於《唐詩正聲》。菅茶山早年學古文辭學，又曾為《唐詩正聲》的日本箋注本作序，對李白詩的接受顯然主要來自於明代復古格調派推崇的唐詩選本。

　　此外，與「李白觀瀑圖」情況類似，「醉李白」圖的題畫詩文也受明人影響，傾向於稱讚李白的政治眼光，認為他是真正能辨忠奸的人才。明代詹同（1303～1378）有《李白醉飲圖》詩：「百川鯨吸散清狂，豈但文章萬丈光。最是有功唐社稷，眼中先識郭汾陽。」〔註58〕詹同不僅讚賞李白在文學上的成就，更因李白「先識郭汾陽」而誇張地稱其為「有功唐社稷」的歷史偉人，與吟詠「李侯先識英雄面」、「眼中已見漁陽亂」的方孝孺看法一致。江戶初、中、後期的木下順庵（1621～1699）、釋六如（1734～1801）和大槻磐溪（1801～1878）分別為「醉李白」圖題詩：

　　（一）懶看傾國醉冥冥，狂態猶含豪氣馨。惆悵漁陽莨蕩酒，大唐朝士幾人醒。〔註59〕

〔註56〕中井竹山：《奠陰集》第六冊詩部卷四，江戶寫本，十一冊，日本公文書館本。

〔註57〕菅茶山：《黃葉夕陽村舍詩》卷三《醉李圖》，《日本漢文學百家集》第二一九冊。

〔註58〕〔唐〕李白著，〔清〕王琦注：《李太白全集‧附錄六‧記圖畫三十二則》，中華書局，1977年9月，第1版，第1664頁。

〔註59〕木下順庵：《錦里文集》卷五《李白醉像》，《日本漢文學百家集》第六十五冊。

（二）百年三萬六千場，天醉臣亙老醉鄉。只是眼中花不瞥，戎間
劃見郭汾陽。〔註60〕

（三）長安市上酒中仙，唯有劉伶堪比倫。四海滔滔醉名利，先生
自是獨醒人。〔註61〕

被俞樾評為「東國詩人之冠」的廣瀨旭莊（1807～1863），以其擅長的長篇古
詩體為「醉李白圖」題詩曰：

不畫醒屈原，卻寫醉青蓮。

不識後李赤，獨重前李白。

今古滔滔稱君才，足知君才果誰哉。

唯有賀監與坡老，其餘矮人觀場來。

沉香亭北巧笑倩，亦是漢家昭陽殿。

名花傾國三首詞，可當一編列女傳。

中壘翰林於漢唐，宗室愛君非尋常。

駃騠鹽車多失意，酣飲放歌猶悲淚。

叱高力士辨汾陽，李侯雖醉不曾醉。

嗚呼，如侯之醉醉，足珍世上多少不醉人。〔註62〕

首先，這首詩集前述的「沉香亭北」、「名花傾國」、「叱高力士」和「辨汾
陽」等江戶時期「醉李白圖」的象徵性內容於一身。此外，還提到李白追慕的
屈原、追慕李白的李赤以及賞識李白的賀知章、蘇軾等人物，藉此歌詠李白的
歷史地位。這些對李白本人的歌頌都是題詠詩常見的手法。

此外，廣瀨旭莊還引了「駃騠困鹽車」語，出自唐代胡曾《詠史詩‧虞阪》：
「未省孫陽身沒後，幾多駃騠困鹽車。」前文提到江戶幕府末期對李白古體詩
的審美轉向，其背後的重要原因在於當時日本社會動盪，文人因為抱有越來越
強的國家危機意識而加深對歷史的關心，詠史也因此成為了當時漢詩的主旋
律之一。〔註63〕旭莊引用了一系列典故，感慨「李侯雖醉不曾醉」，實際上也

〔註60〕釋慈周：《六如庵詩鈔遺編》卷中《醉李白圖》，富士川英郎：《詩集日本漢詩》
第八卷。

〔註61〕大槻磐溪：《磐溪詩鈔二編》《李白大醉圖》，《寧靜閣一集》，六卷，弘化五年，
日本國會圖書館。

〔註62〕廣瀨旭莊：《梅墩詩鈔》二編卷之三《題醉李白圖》，富士川英郎：《詩集日本
漢詩》第十一卷，1987年。

〔註63〕參照揖斐高：《江戶詩歌論》第二部第二章《詠史的展開》，東京：汲古書院，
2001年。

是藉此來抒發自己有感於世道紛亂的心情和對當時「世上多少不醉人」的諷刺。類似的手法亦見於菅茶山《書狡童調醉人詩後》:「人道沉酣久不醒,大賢亦被市童輕。」〔註64〕因此,此詩雖然表面上是一首題畫詩,但同時也是一首借古諷今的詠史詩。而李白作為詩人借古諷今的歷史載體,代表了江戶後期同樣憂心國家大事,卻懷才不遇的文人心態。

除了「醉李白」圖以外,江戶時代還有「太白捉月圖」和「夢筆生花圖」。前者多為金、元人所題詠,如金蔡珪《太白捉月圖》、程巨夫《謫仙捉月圖》等。〔註65〕大窪詩佛《清新詩題·題畫類》載「太白捉月圖」詩題,卻無相關題詩。同題詩作目前僅見一例,即藤森弘庵(1799～1862)的《太白捉月圖》:「世人未透死生關,異躅空傳采石灣。誰識謫仙遊已倦,飄然獨策玉蟾還。」〔註66〕一般而言,日本詩人對金、元人的接受多見於五山時期和江戶初期。然而,「捉月圖」詩直到19世紀才被日本詩人所詠,可謂個中例外。後者未見於中國題畫詩,在日本的相關題畫詩作最早見於江戶中期。「夢筆生花」典故載於五代王仁裕《開元天寶遺事》,宋張孝祥《鷓鴣天》詞:「憶昔彤庭望日華,忽忽枯筆夢生花。」市河寬齋(1749～1820)《李白夢筆生花圖》云:「人道青蓮不用意,醉中言語自然詩。那知毫末生花夢,不是千磨百鍊時。〔註67〕」這裡除了「夢筆生花」以外,還引用了李白另一廣為流傳的故事「鐵杵磨針」,旨在表達李白的才華不僅全賴天賦,更是通過刻苦學習和積累而成。與同一時期的熊阪臺洲(1739～1803)《律詩天眼》中論李白詩的「不用意」曰:

> 其意蓋欲如謫仙賦《清平調》,或於醉後恍惚時,以不用意得之。此蓋泥滄溟「工者顧失」語也。殊不知其似不用意者則其用意之最至者,而其似工者則其用意之未至者也。

中國詩論家對李白的「天才」討論很多,導致日本文人普遍抱有「以天分勝者近李,以學力勝者近杜」的認識。直到江戶中後期,才開始出現「其似不用意者則其用意之最至者」這種認知上的轉變,日本文人心中的李白形象也因此變

〔註64〕《黃葉夕陽村舍詩遺稿》卷之六《書狡童調醉人詩後(是詩既書,傍人笑云,錦袍是太白,子以為尋常醉客歟。余即省,更題一絕。)》

〔註65〕〔唐〕李白著,〔清〕王琦注:《李太白全集》卷三十六附錄六《記圖畫三十二則》,中華書局,1977年9月,第1版,第1662頁。

〔註66〕藤森弘庵:《春雨樓詩鈔》卷六《太白捉月圖》,《日本漢文學百家集》第二七〇冊。

〔註67〕市河寬齋:《寬齋先生遺稿》卷二《李白夢筆生花圖》,《日本漢文學百家集》第二二〇冊。

得更豐富而真實。

四、餘論

　　綜上，本文簡單梳理了以李白為主題的畫贊詩文東傳到日本後的發展脈絡，並對日本江戶時代的相關題畫作品進行初步的分類與探析。總體而言，五山時期的李白畫贊詩文作品呈現出偏愛特定題材、內容的審美取向，隨後在江戶時期，無論是畫題、作品載體、還是體裁、內容都逐漸變得多樣化〔註68〕，由日本文人塑造的李白形象也更加多彩、立體化。本次調查聚焦在題畫的文本內容上，而與李白詩相關的畫贊製作背後實際上牽涉到李白圖的製作、詩文的創作（包括求詩或贈詩）、書寫，以及成品後人們對詩、書、畫的鑒賞和交流等一系列文藝活動。在這一過程中，無論通過何種媒介和形式，製作者的關注點始終離不開李白的詩文作品和人物生平。作為今後的課題，結合詩、書、畫等幾方面的視角來剖析日本文人對李白的形象塑造，將有助於進一步理解李白與日本古代文化史的關係。

徵引書目

1. 人見竹洞：《人見竹洞詩文集》，東京：汲古書院，1991 年版。
2. 上村觀光編：《五山文學全集》全五卷，京都：思文閣，1992 年 11 月版。
3. 大槻磐溪：《寧靜閣一集》，六卷，弘化五年，日本國會圖書館。
4. 木崎愛吉、賴成一編：《賴山陽全書詩集》卷廿三《醉李圖》，賴山陽先生遺跡顯彰會，1931～1932 年，日本國會圖書館。
5. 太田亨：《日本禪林における杜詩受容について——中期禪林における杜甫畫贊詩に著目して——》，頁 370～403。
6. 王焱編：《日本漢文學百家集》，全四百六十九冊，北京燕山出版社，2019 年 2 月 1 版。
7. 〔金〕元好問，張靜校注：《中州集校注》，北京：中華書局，2018 年 9 月第 1 版。
8. 中井竹山：《奠陰集》，江戶寫本，十一冊，日本公文書館本。
9. 玉山竹二編：《五山文學新集》，全六卷，東京大學出版會，1971 年 7 月版。

〔註68〕以作品載體為例，本次調查的作品中涉及到便面、扇圖、團扇、障子、詩卷、畫卷等形式。

10. 立詮編：《倭漢十題雜詠》，江戶承應二年寫本，林家大學頭舊藏本，日本公文書館。

11. 成島柳北：《柳北詩鈔》，東京：博文館，明治 27 年，日本國會圖書館。

12. 合山林太郎：《幕末京攝の漢詩壇——広瀬旭莊・河野鐵兜・柴秋村を中心に——》，《日本文學》60（10），2011 年，頁 30～39。

13. 〔唐〕李白著，〔清〕王琦注：《李太白全集》，北京：中華書局，1977 年 9 月第 1 版。

14. 李明：《畫贊之文體流變——兼論畫贊與題畫詩的關係》，《廣州大學學報（社會科學版）》13（6），2014，頁 77～83。

15. 〔元〕辛文房，傅璇琮編：《唐才子傳校箋》，北京：中華書局，1995 年 11 月第 1 版。

16. 林鳳岡編：《鵝峰先生林學士全集》，一〇五冊，江戶元祿二年序刊，紅葉山文庫本，日本公文書館。

17. 林讀耕齋著、林憲編：《讀耕先生全集》，三十冊，江戶寬文九年序刊本，林家（大學頭）舊藏本，日本公文書館。

18. 馬鞍山李白研究所編：《〈中國李白研究〉集萃下》，合肥：黃山書社，2017 年 9 月。

19. 陝西省地方志辦公室編：《歷代詠陝詩詞曲集成》，三秦出版社，2007 年 12 月第 1 版。

20. 〔宋〕黃庭堅撰，劉尚榮點校：《黃庭堅詩集注》卷第十七，北京：中華書局，2003 年 5 月第 1 版。

21. 富士川英郎：《詩集日本漢詩》全二十卷，東京：汲古書院，1985～1987 年。

22. 菅茶山：《黃葉夕陽村舍詩》，弘化四年刊，昌平版學問所舊藏本，日本公文書館。

23. 菅茶山：《黃葉夕陽村舍詩遺稿》，東京：金刺芳流堂，1896 年版，日本國會圖書館。

24. 揖斐高：《江戶詩歌論》，東京：汲古書院，2001 年版。

25. 鈴木健一：《江戶詩歌の空間》，東京：森話社，1998 年 7 月版。

26. 熊阪磐谷：《南遊絪載錄》（戊亥遊囊），享和元年刊本，二冊，日本公文書館。

27. 德川光圀著，德川綱條編：《常山文集》，寫本，十冊，日本公文書館紅葉山文庫本。

28. 德田武：《〈吾妻鏡補〉と熊阪台州‧盤谷（下）》，《明治大學教養論集》383，2004 年 3 月，頁 57～110。

29. 鍾卓瑩：《江戶美術中的李白接受》，南京：《域外漢籍研究集刊》，2017 年第 2 號，頁 343～369。

30. 齋藤拙堂撰、吳鴻春輯校：《鐵研齋詩存》卷四，東京：汲古書院，2001 年版。

附錄三　論文相關人物關係圖

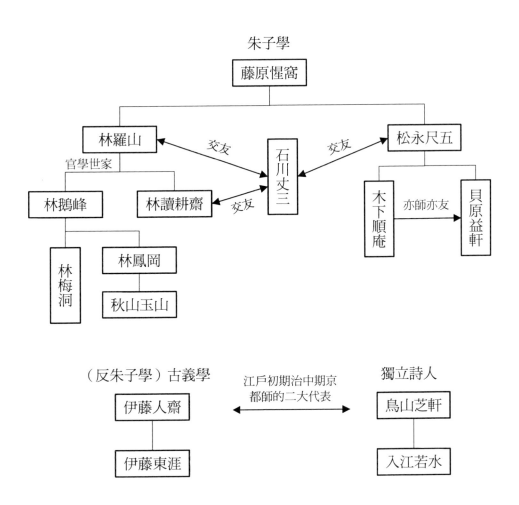

朱子學
藤原惺窩

林羅山　　交友　　石川丈三　　交友　　松永尺五

官學世家

林鵝峰　　林讀耕齋　　交友

木下順庵　　亦師亦友　　貝原益軒

林梅洞

林鳳岡

秋山玉山

（反朱子學）古義學　　江戶初期治中期京都師的二大代表　　獨立詩人

伊藤人齋　　　　　　　　　　　　　鳥山芝軒

伊藤東涯　　　　　　　　　　　　　入江若水

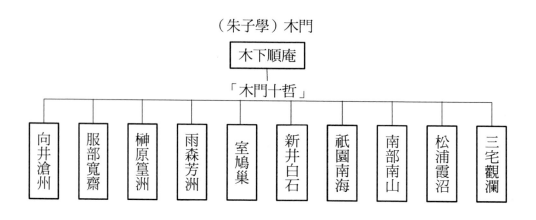

（朱子學）木門

木下順庵

「木門十哲」

向井滄州　服部寬齋　榊原篁洲　雨森芳洲　室鳩巢　新井白石　祇園南海　南部南山　松浦霞沼　三宅觀瀾

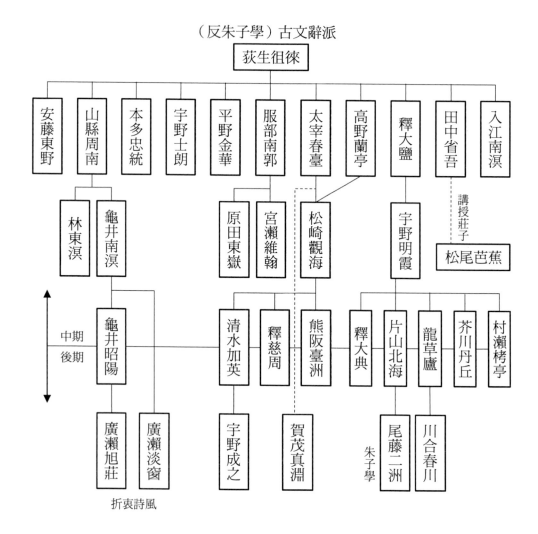

（反朱子學）古文辭派

荻生徂徠

安藤東野　山縣周南　本多忠統　宇野士朗　平野金華　服部南郭　太宰春臺　高野蘭亭　釋大鹽　田中省吾　入江南溟

林東溟　龜井南溟

原田東嶽　宮瀬維翰　松崎觀海　宇野明霞

講授莊子

松尾芭蕉

龜井昭陽　清水加英　釋慈周　熊阪臺洲　釋大典　片山北海　龍草廬　芥川丹丘　村瀬栲亭

中期
後期

廣瀨旭莊　廣瀨淡窗　宇野成之　賀茂真淵　尾藤二洲　川合春川

朱子學

折衷詩風

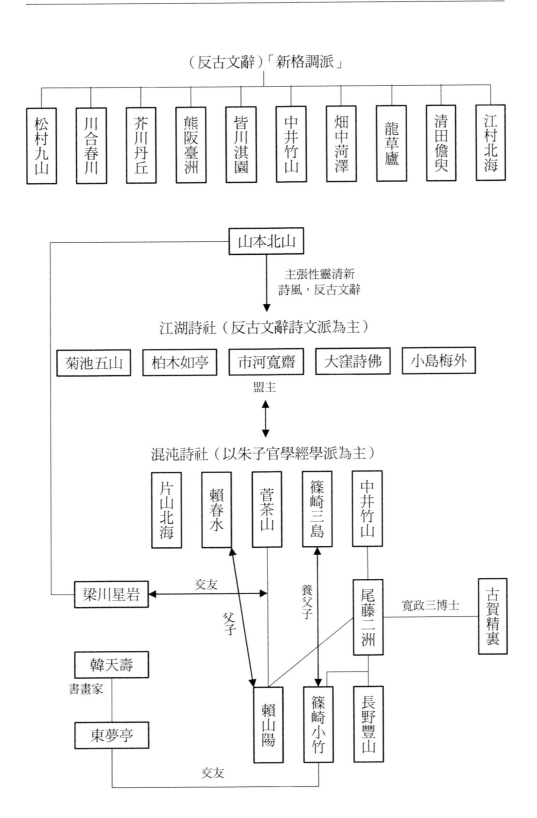